Alexandre Arante Ubilla Vieira

[Organizador]

Manual de
Educação e Ensino

CB043893

Coordenação editorial
Alexandre F. Machado

1ª edição | São Paulo | 2013

**Ícone
editora**

Projeto gráfico, capa e diagramação
Richard Veiga

Revisão
Saulo C. Rêgo Barros
Juliana Biggi
Cláudio J. A. Rodrigues

Todos os direitos reservados à:
ÍCONE EDITORA LTDA.
Rua Anhanguera, 56 – Barra Funda
CEP: 01135-000 – São Paulo/SP
Fone/Fax.: (11) 3392-7771
www.iconeeditora.com.br
iconevendas@iconeeditora.com.br

FOLHA DE APROVAÇÃO

A presente obra foi aprovada e sua publicação recomendada pelo conselho editorial na forma atual.

DEDICATÓRIA

Dedico esta obra a minha família
que diretamente me apoia nas decisões
tomadas no dia a dia, sendo minha esposa,
meus pais e meu filho Breno. Espero, com
a ajuda de Deus e de muitos profissionais,
dar ao meu filho uma Educação consistente
e eficaz para enfrentar cada dia com
sucesso e determinação!

AGRADECIMENTOS

Não há dúvidas de que Deus está presente em minha vida e é a Ele que agradeço pelo que faz por mim e às pessoas que coloca em meu caminho.

Quero agradecer também a todos que direta e indiretamente fizeram parte desta obra tão importante relacionada à Educação, a Prof.ª Márcia Greguol, que apresentou sugestões mais que necessárias para que conteúdos significativos fossem abordados nesta obra, e a Srta. Isabel Cristina Hipólito, uma pessoa com caráter e dedicação a tudo que realiza, pelo seu apoio a este projeto!

Jamais posso esquecer de algumas pessoas que realmente se dedicaram e lutaram ao máximo para que tais conteúdos fossem os mais valiosos e fidedignos do contexto educacional e social, e cuja aceitação em escrever esta obra foi imediata!

São eles: Prof ª. Adriana Soriano, Prof ª. Alexandra Alves, Prof ª. Angela Adriana, Prof ª. Bianca Guidini Santaguita, Dra. Daniela Ruiz, Prof. Francisco Djacyr, Prof. Izaías Cordeiro Neri, Prof ª. Jehmy Katianne, Prof. Jouhilton Estevão, Prof. Marcelo de Souza, Prof ª. Maria Augusta Lacerda, Prof ª. Maria Rute P. de Souza, Prof ª. Neurisângela Maurício, Prof ª. Paula Mendes, Prof ª. Raquel Arruda, Prof. Rivaldo Neri, Prof. Rodrigo Avelar, Prof ª. Rosa Maria Maia, Prof ª. Sônia Oliveira, Prof. Vicente Cândido, Prof ª. Walérya Caminha. Dizer "obrigado" a todos vocês ainda é pouco, seja pela dedicação, pelo incentivo, pelo carinho, por acreditarem em mim, por isso não posso considerá-los simples colaboradores, mas sim amigos!

Esta obra vem provar como é bom trabalhar com profissionais dedicados e competentes. Diante disso, fico na torcida para que o sucesso esteja presente todos os dias na vida social e profissional de vocês.

Muito obrigado!

Deleita-te também no Senhor
e Ele te concederá o que deseja o teu coração.
Entrega o teu caminho ao Senhor;
Confia n'Ele e Ele tudo fará.
(Salmos 37:4-5)

PREFÁCIO

TECENDO TRAMAS; CONSTRUINDO PONTES

Este livro apresenta diversos textos, tendo a educação como o fio condutor em todos os aspectos por ele tratados. Os autores, de forma magistral, apresentam múltiplas, porém, coesas ideias sobre a grande e responsável tarefa de educar, de inserir, de integrar crianças e jovens provenientes de diferentes situações geográficas, políticas, sociais, econômicas, perpassando pelas questões culturais, históricas e de gênero, com vistas a uma sociedade mais justa. Para tanto, discutem a relação família e escola, formação profissional, políticas públicas, e a enorme responsabilidade de se educar segundo padrões estéticos, éticos com a necessária sensibilidade que deve permear todas as relações humanas em qualquer instância e tempo.

Valendo-se de referências da atual legislação, planos de metas governamentais brasileiras, de obras de autores consagrados, de textos contemporâneos, inserindo citações de compositores da música brasileira, os pesquisadores levam o leitor a uma análise sobre o panorama atual de nosso país. Utilizando a história da colonização e da educação brasileira revela-se o "estado da arte" que pode e deve ser alterado de modo a atender as demandas dos tempos atuais.

Temas tais como medicalização da infância, hiperatividade, *bullying*, jogos interpessoais, a necessidade do brincar e a leitura do mundo; os questionamentos e as metodologias, a cultura como suporte civilizatório, o regionalismo e a globalização, as novas tecnologias, o exercício de diferentes papéis e as competências para o mundo do ser e do atuar socialmente são itens cuja discussão pertinente nos leva, por certo, à revisão das nossas crenças e pensamentos.

Também o entendimento acerca de ensinar e de aprender pode favorecer a necessária mediação entre todas as pessoas, seja no ambiente formal como nas estruturas com relações não sistematizadas.

Valendo-se de clareza conceitual e de linguagem adequada, o livro que o Prof. Alexandre Vieira tão bem soube organizar, em seu conjunto, pode ser utilizado tanto em cursos de graduação como para a educação continuada; tanto para uma análise filosófica como para utilização pontual e objetiva.

Assim sendo, recomendo a obra àqueles que se dedicam à educação e à construção de relações interpessoais de qualidade. Por se tratar de um texto amplo e sério, merece inserção nos meios acadêmicos e meritória divulgação.

Ana Cristina Arantes

Prof.ª Dra. História e Filosofia da Educação FEUSP.

Avaliadora Nacional de Cursos MEC/INEP/SINAES.

EDUCAÇÃO E ENSINO – UMA ANÁLISE SOBRE AS VERTENTES EDUCACIONAIS

É com grande alegria que venho aqui expressar algumas palavras sobre este livro, que vem ao encontro da didática de educar dentro de um âmbito escolar e familiar. A arte de educar está dentro de uma filosofia que contribui para a aprendizagem do aluno e traz como recompensa um fator importante, que é a oportunidade de interação e integração entre professor e aluno, visando a um processo de ensino e aprendizagem estendido às diversas esferas da educação.

O trabalho de educar requer um empenho incondicional por parte do professor e quando se é feito com responsabilidade e compromisso, o resultado é fantástico, pois o aluno desperta seu intelecto com mais facilidade, proporcionando um desenvolvimento intelectual, humano, contribuindo assim para uma melhor dimensão da sociedade e em muitos momentos sendo um agente primário no processo de construção da sociedade. Sociedade esta que necessita cada vez mais de profissionais da educação que prezem pelo bom trabalho pedagógico e, sobretudo, por aquilo que os alunos irão nos devolver após sua saída da escola.

Quando falamos em escola nos reportamos a um ambiente em que estão inseridas pessoas que ensinam e pessoas que aprendem, porém, sua funcionalidade vai além desta característica. A escola hoje está centrada nas competências do ensinar e aprender, e quem trabalha neste ambiente se depara com as dificuldades peculiares deste ofício.

Esta obra organizada pelo Professor Alexandre Vieira nos retrata as dificuldades encontradas na educação e ao mesmo tempo os valores apresentados pela arte do ensinar.

Boa leitura!

Prof. Marcelo Costa da Silva

Especialista em Gestão Escolar com Ênfase em Direito Escolar.
Diretor Administrativo e de Planejamento da Secretaria de Educação de Vargem Grande Paulista – SP.

SOBRE OS AUTORES

PROF. ALEXANDRE ARANTE UBILLA VIEIRA
Autor e Organizador

⇒ Autor do livro: *Atividade Física: tudo o que você queria saber sobre qualidade de vida e promoção da saúde em diversos aspectos.*

⇒ Mestre em Reabilitação do Equilíbrio Corporal e Inclusão Social pela UNIBAN Anhanguera.

⇒ Especialista em Fisiologia e Treinamento Desportivo pela UNIFESP.

⇒ Pós-graduado em Bases Fisiológicas e Metodológicas do Treinamento Desportivo pela UNIFESP – Universidade Federal de São Paulo.

⇒ Licenciado e Bacharel em Educação Física pela UNISA – Universidade de Santo Amaro/SP e Aluno Especial pela USP – Universidade de São Paulo.

⇒ Professor Universitário nas disciplinas Didática, Atividade Física para Saúde, Educação Física Adaptada e Atividades Aquáticas.

⇒ Possui experiência na área de Educação Física e no Ensino Superior na área de Educação e Educação Física, com ênfase em Filosofia, Sociologia e História; Educação Física Adaptada e Atividade Física para Saúde.

⇒ Possui trabalhos, orientações acadêmicas e publicações nacionais e internacionais direcionadas aos temas Educação e Educação Física.
⇒ Palestrante pelo Brasil nos temas relacionados à Educação e Saúde.
⇒ Autor de mais de 500 artigos e matérias em revistas, jornais e *sites* da Internet.
⇒ Membro do "Núcleo Operacional Acadêmico" da UNIBAN.

COLABORADORES

Prof.ª Adriana da Silva Soriano

Graduada em Educação Física pela Universidade de Mogi das Cruzes/SP; Pós-graduada em Educação Física Escolar e em Educação do Deficiente da Áudio Comunicação pela UNIFMU; Intérprete em LIBRAS pela FENEIS/ São Paulo; Docente da Universidade Bandeirante e no Instituto das Filhas de São José de Vila Matilde; Ministra cursos na área de LIBRAS, Recreação e Inclusão. Realizou trabalhos no Instituto Mater Dei – Deficientes Intelectuais e Doentes Mentais, Instituto Severino Fabriani – Para Crianças Surdas, EECS Escola Especial de Crianças Surdas – Fundação de Rotarianos de São Paulo.

Prof.ª Angela Adriana Almeida

Professora Especialista em Psicopedagogia Institucional – pela Universidade Castelo Branco – UCB; Especialista em Docência Universitária – pela Universidade de Uberaba – UNIUBE; Especialista em Inspeção Escolar pela Faculdade do Noroeste de Minas – FINON.; Graduada em nível pós-médio no curso de Magistério das séries iniciais; Graduada em Pedagogia com Supervisão Escolar – pelo Centro de Ensino Superior de Uberaba – CESUBE; Trabalha como professora em escola da Rede Estadual de ensino, e como Coordenadora pedagógica de uma creche comunitária em Uberaba – MG.; Ministra palestras e minicursos sobre os temas, Educar para a paz, *Bullying* – em diversos contextos sociais e Respeitando e Convivendo com as Diferenças; Escreve e orienta artigos e trabalhos científicos e publica textos na Internet.

Prof.ª Bianca Guidini Santaguita

Graduada em Educação Física pela UNIP; Pós-graduada em Administração e *Marketing* Esportivo e pós-graduanda em Atividade Física Adaptada e Saúde pela Universidade Gama Filho; Professora dos cursos de Licenciatura e Bacharelado em Educação Física da UNIBAN, lecionando as disciplinas de Educação Física Adaptada e Atividade Física e Saúde e *personal trainner* com trabalho especializado para grupos especiais. Professora de Educação Física com classes inclusivas e especiais. Atuou como professora de natação da Associação de Desportos para Deficientes (ADD) durante 6 anos. Atuante do grupo de estudos da UNIFESP/ESEF com o projeto sobre propriocepção em atletas com Síndrome de Down.

Dra. Daniela Ruiz de Mendonça

Psicóloga, psicopedagoga, orientadora educacional e consultora pedagógica; Especialista em psicopedagogia pela Universidade São Marcos; Graduada em psicanálise pela AMHPE (Associação Médica Holística de Psicanálise); Graduada em psicologia pela Universidade São Marcos; Especialista em processos de aprendizagem; Realiza atividades investigatórias no Diagnóstico Psicológico da criança e do adolescente; Aplica Treinamento de professores no processo de autoria, relacionamento professor-aluno, dinâmicas para reuniões de pais e orientação sobre TDAH; Realiza diversas palestras no Brasil sobre os temas curriculares.

Prof. Francisco Djacyr de Souza

Professor Mestre em Educação pela Universidade Federal do Ceará – Faculdade de Educação; Atua como professor das disciplinas de estrutura e funcionamento da educação básica do curso de educação física da Faculdade Integrada do Ceará e na disciplina de Responsabilidade Social e Ambiental de Processos Gerenciais; Licenciado em Geografia pela Universidade Estadual do Ceará; Professor da Rede Pública e Privada de Ensino; Atua na área de Educação Ambiental e Educação Patrimonial.

Prof. Izaías Cordeiro Neri

Mestrando no programa em "Educação Matemática" pela UNIBAN BRASIL; Licenciado em Matemática pelo Instituto de Matemática e Estatística da Universidade de São Paulo/IME/USP; Pós-graduado em Educação Matemática; Ex-professor da rede pública estadual onde lecionou por 10 anos; Ex-professor do curso e colégio Objetivo; Atualmente leciona na Universidade Bandeirante Brasil (UNIBAN) nos cursos de licenciatura com as disciplinas na área de matemática e sistemas de informação; Criador e mantenedor do *site* www.geometriadinamica.com, que mostra alguns programas de geometria dinâmica, tutoriais e sugestões de atividades.

Prof.ª Jehmy Katianne Walendorff

MBA em Gestão Empreendedora; Bacharel e Licenciada em História pela UNIOESTE de Marechal Cândido Rondon/PR; Graduanda em Administração com linhas de formação em Gestão Ambiental e Empreendedorismo; Possui artigos em *sites* sobre o tema; Realiza pesquisa sobre Sexualidade Humana.

Prof. Jouhilton Estevão Moreira Santos

Músico Profissional; Professor de música do programa A. A. B. B. na Comunidade em São Mateus; Regente da Banda Municipal da Prefeitura Linhares e São Mateus; Músico da banda Cuba Libre (www.cubalibre.com.br); Monitor Educacional; Possui diversos cursos sobre teoria musical, regências, práticas de improvisação, musicalização e oficinas pedagógicas; Possui experiência nos instrumentos: Sax Alto, Flauta Transversal, Gaita, Flauta Doce e Percussão. Possui diversos trabalhos gravados nos Estados do RJ, BA e ES; Atuante em diversos *sites*, sendo o principal twitter.com/jojoca_santos e myspace/jojocaestevao.com; Autor de diversos temas sobre musicalização em meios eletrônicos.

Prof. Marcelo Souza Oliveira

Graduado em Serviço Social pela Universidade do Sul de Santa Catarina – UNISUL; Graduado pelo Instituto de Educação Estadual do Pará – IEEP; Especialista em Coordenação de Grupo (Instituto Teológico de Santa Catarina/ITESC); Educador e Assistente Social; Profundo conhecedor e estudioso das políticas públicas que regem a Educação Brasileira; Assistente social de ONGS em Santa Catarina; Analista sobre Educação e Política na Sociedade Brasileira.

Prof.ª Maria Augusta Lacerda

Mestranda no programa "Adolescente em conflito com a Lei" pela UNIBAN Brasil; Especialista em Educação ambiental pela UNISA; Graduada em Ciências sociais pela Universidade Federal do Paraná; Docente nas faculdades Morumbi Sul e Albert Einstein (2005); Possui cursos extensivos em Sociologia da Sociedade, Ciências Humanas e Doutrinas Políticas; Aprovada pela Secretaria da Educação em Concurso Público; Participante atuante em congresso latino-americano de Pedagogia em Cuba.

Prof.ª Maria Rute Pereira de Souza

Pedagoga, Advogada, Mestranda pela UNIBAN do Mestrado Profissional: "Adolescente em conflito com a lei". Docente do Instituto de Educação (Estrutura e Funcionamento da Educação Básica e Princípios e Métodos de Gestão Educacional). Supervisora de Ensino na rede pública estadual há trinta anos, na qual organiza e promove cursos de aperfeiçoamento para gestores e professores. Dirigente Regional de Ensino na Diretoria de Ensino Região Osasco (Gestão de 2003/2005). Consultora na elaboração do projeto de lei que instituiu o Sistema de Educação Municipal de Osasco (2009). Conselheira membro do Conselho Municipal de Educação do Município de Osasco (desde 2003). Palestrante e consultora no campo da Educação e Gestão de Políticas Públicas voltadas para a infância e adolescência.

Prof.ª Neurisângela Maurício

Membro do Conselho Municipal de Acompanhamento e Controle Social do Fundo de Manutenção e Desenvolvimento da Educação Básica e de Valorização dos Profissionais da Educação (FUNDEB); Graduada em Pedagogia pela Universidade do Estado da Bahia – UNEB; Especialista em Metodologia e Didática do Ensino Superior pela Faculdade de Guanambi – Bahia; Coordenadora Pedagógica da Rede Pública de Ensino de Palmas de Monte Alto; Graduada em Teologia e acadêmica do curso de Licenciatura em Letras; Possui experiência na área de Educação nas instituições públicas, estaduais, municipais e particulares, com ênfase em docência, atuando principalmente na orientação de trabalhos de conclusão de curso e diversas pesquisas; Atua como docente de Língua Portuguesa e Química nos níveis Fundamental e Médio; Organizadora, Articuladora e coordenadora geral de eventos educacionais e culturais de pequeno e grande portes (oficinas/conferências/fóruns) no município de Palmas de Monte Alto.

Prof. Paula Mendes

Psicóloga Social e Pesquisadora; Especialista em Fenômeno das Drogas na área de redução da demanda pela Universidade Federal de Santa Catarina/UFSC; Mestre do Curso de Pós-graduação em Enfermagem da UFSC (Saúde do Adolescente); Supervisora e Coordenadora de Cursos para Adolescentes e do Programa Oficina de Estágios/2007; Diretora Executiva da Oficina da Vida – Gestão 2007-2008; Professora Universitária do Curso de Psicologia/UNISUL; Tutora Conteudista desde 2009 do portal Educação; Tutora do Curso de Especialização de Educação a Distância do Curso de Saúde Pública/UFSC; Sócia da Sempre Gestão; Diretora Operacional da ONG "Saúde Criança" em Florianópolis/2010; Possui experiências em Projetos de Formação Pessoal e Profissional de jovens por meio da ONG "Associação Escola Oficina da Vida".

Prof.ª Raquel de Arruda Siqueira

Graduada em Pedagogia: Magistério das Matérias Pedagógicas do Ensino Médio e Pedagogia Empresarial, pela Universidade Luterana do Brasil – ULBRA/Canoas RS; Realiza palestras e cursos sobre "Violência Escolar

- *Bullying"* em escolas; Realiza projetos educativos direcionados ao tema *Bullying*; Possui artigos em diversos *sites* sobre os temas educacionais e violência escolar.

Prof. Rivaldo Neri de Araújo

Professor de Língua Portuguesa da Rede Pública de ensino no Distrito Federal; Graduado em Letras com especialização em Docência do Ensino Superior e Bacharelado em Teologia pela Faculdade El Shadai/Paraná; Supervisor, Instrutor e Coordenador Educacional do SESI (2000).

Prof. Rodrigo Avelar

Pedagogo e Educador; Graduado pela Universidade Cândido Mendes (UCAM); Atua na modalidade de educação infantil pela Prefeitura Municipal de Teresópolis; Desenvolve trabalhos de pesquisas sobre as relações entre leitura, sociedade e escola e sua influência na formação do indivíduo; Recebeu o Prêmio Paulo Freire na categoria estudante durante a Conferência Estadual de Educação realizada em Nova Friburgo(2007); Pós-graduando em Língua Inglesa pelas Faculdades Integradas de Jacarepaguá (FIJ), onde desenvolve pesquisa que busca elucidar as implicações da leitura na perspectiva existencialista no processo de ensino-aprendizagem de Língua Inglesa.

Prof.ª Rosa Maria Maia de Oliveira

Mestrado em Psicologia pela UNIFIEO; Graduada em Direito pelo Centro Universitário das Faculdades Metropolitanas Unidas; Graduada em Psicologia pelo Centro Universitário das Faculdades Metropolitanas Unidas; Graduada em Pedagogia pela Faculdade de Filosofia, Ciências e Letras Professor José Augusto Vieira. Atualmente é professora efetiva da rede estadual de educação; Consultora do SENAC-SP; Professora da Universidade Bandeirante de São Paulo; Experiência na área de Psicologia Clínica e Supervisão; Psicologia do Ensino e Aprendizagem e Consultoria Empresarial; Desenvolve projeto de pesquisa em Psicologia Educacional do Centro Universitário UNIFIEO e Ensino-Aprendizagem no Contexto Social e Político; Extensão Universitária em Pós-graduação; Psicologia Clínica no Centro Universitário das Faculdades Metropolitanas Unidas/ FMU/São Paulo/Brasil.

Prof.ª Sônia das Graças Oliveira Silva

Professora Pós-graduada em Educação Infantil, Mídia e Deficiência e Arte, Cultura e Educação pela Universidade Federal de Juiz de Fora; Graduou-se em Magistério em Ribeirão Preto/São Paulo e Licenciada em Ciências Exatas pela Unifeg/Guaxupé – Minas Gerais. Possui diversos artigos publicados em revistas, jornais e *sites* da Internet.

Prof. Vicente Cândido

Mestre no programa "Adolescente em conflito com a Lei" pela UNIBAN Brasil; Especialista em Coordenação Pedagógica pela Universidade Veiga de Almeida; Graduado em Pedagogia, com habilitação em Administração Escolar; Professor de Didática e Estrutura e Funcionamento da Educação Básica para os cursos de Pedagogia e Licenciaturas na UNIBAN; Possui vasta experiência na área de formação de professores e uso de tecnologias; Professor de Educação Tecnológica das séries iniciais (educação infantil), Ens. Fundamental I e II no Colégio Ofélia Fonseca, em São Paulo; Vivência docente com uso de tecnologias na educação desde 1994, passando por vários colégios como o São Luís e o Colégio Rio Branco, entre outros; Desenvolveu cursos de Formação de Professores e uso de novas tecnologias na Prefeitura de Santo André e no SINPRO – Sindicato dos Professores de São Paulo.

Prof.ª Walérya Caminha

Graduada em Letras e Pós-graduada em Gestão e Coordenação Escolar pela Faculdade do Vale do Jaguaribe. Colunista dos Diretórios de Artigos Eletrônicos: Webartigos e Artigonal com os seguintes artigos: Novas tecnologias da educação: o computador como ferramenta de transmissão do conhecimento/A aquisição da linguagem e O papel do gestor escolar: educar para a cidadania ou para a liberdade?; Possui trabalhos postados também nos *sites* de Educação da Fundação Verde Herbert Daniel; no Portal Ada Souza Soft; no Directory M; no NetSaber Artigos e no Só Pedagogia; Aplicadora das provas do Governo do Estado do Ceará: o (SPAECE) Sistema Permanente de Avaliação da Educação Básica do Ceará, no Ensino Infantil e Médio; Expositora em Seminários de Iniciação Científica e em Simpósios de Pesquisa Científica na Faculdade do Vale do Jaguaribe – FVJ.

APRESENTAÇÃO

Podemos destacar que a Educação é a principal fonte de cidadania de uma sociedade, porém, como ela está sendo realizada?; Quais são os fatores que dificultam a prática educacional numa sociedade?

Ao iniciar esta obra junto com outros colaboradores, pude verificar o quão a educação e suas possibilidades são ricas em informação e conhecimento.

Por meio deste, o leitor poderá usufruir temas do cotidiano com uma leitura simples, objetiva, agradável e de fácil entendimento, afinal, são especialistas em cada área.

Sob este aspecto, a primeira parte desta obra – "Como obter Educação por meio do ensino?" – oferece aos profissionais da Educação, Educação Física, Pedagogia, Sociologia, Filosofia, entre outras áreas, interagir de maneira clara e significativa com o fator educacional.

Sabendo das inúmeras etapas da educação, procuro citar temas de extrema importância à sociedade, como Educação na Infância, Adolescência e Idade Adulta, a Violência Social, o processo cultural, a Educação Escolar e Universitária, o professor como centro do fator ensino-aprendizagem, a Educação Brasileira, a Família e o processo de Educação, a psicologia como fonte primordial de entendimento de um sistema educacional, a leitura como bagagem fundamental para o ensino e a Educação Especial, tão necessária em toda a humanidade.

Através destes aspectos, a Sociedade deve compreender a importância da Educação, para que se obtenha cidadãos justos, críticos conscientes e coerentes de suas atitudes em sociedade.

A segunda parte deste livro – "Educação e Ensino" – apresenta diversos itens relacionados à educação, sendo que, diante de inúmeras questões do âmbito educacional, não poderíamos deixar para trás estes capítulos que fazem parte de uma cultura diferenciada e de extrema necessidade a toda população que almeja o conhecimento.

Os capítulos que seguem fazem parte de conhecimentos, experiências e de pesquisas de cunho didático e profissional, em que os temas são relevantes para profissionais da área educacional, graduandos ou mesmo amantes da educação.

Temas que fazem parte do cotidiano social e que causam grande discussão nos meios de educação e até mesmo na mídia, seja televisiva ou outra que porventura venha a somar à educação como principal fruto de cidadania, em que os temas que são abordados estão diretamente ligados à educação, sendo uma relação direta com a Política, Sexualidade, Música, Educação a Distância, Tecnologia, Matemática, Mídia e sua influência na educação, Educação Ambiental, Educação e Filosofia, Educação e Professor, Educação Especial e, por fim, a Educação Corporativa.

Espero que, nesta obra, as vertentes educacionais possam ajudar ao leitor analisar, questionar e propiciar discussões relevantes ao principal meio de conhecimento e extrema importância à sociedade e ao ser humano: a Educação.

ÍNDICE

Parte
1

Como obter educação por meio do ensino?

Uma análise sobre as diversas vertentes educacionais

1 EDUCAÇÃO E INFÂNCIA

Prof.ª Sônia das Graças Oliveira Silva

INTRODUÇÃO

Num processo de leituras e pesquisas pretende-se repensar a educação ao longo da vida e a difícil tarefa de educar os filhos que, nos dias atuais, torna-se cada vez mais complicada. Estimular a reflexão sobre o tema, assim como o levantamento de possíveis dúvidas e a tentativa de elucidá--las da melhor maneira possível, é a intenção deste texto.

Educar é algo desafiador e complexo e é necessário que os pais caminhem junto com os filhos e cresçam com eles. Esse caminhar deve acontecer desde o nascimento até a fase adulta, em que começa a independência do filho.

No entanto, nós, pais, não temos muita experiência. Na bagagem que temos de vivência, o que podemos levar para educar nossos filhos não está nas leituras ou no trabalho apenas. Está no nosso sentimento, nas emoções, nas intuições, na sensibilidade. É isso que precisamos para exercitar a arte de educar com amor.

Ouso fazer uma tentativa de esclarecer o mais possível este assunto, o que para muitos pais gera uma enorme insegurança, principalmente, quando são mais jovens e se trata do primeiro filho. Para isso, procuro usar bem mais que conhecimentos bibliográficos, mas conhecimentos práticos da vivência de quem também já passou por etapas difíceis, outras mais fáceis e prazerosas, mas que no final nos levam, a nós todos, pais e mães, a esta bagagem gratificante e única que é a convivência com os nossos filhos.

1.1 | EDUCAÇÃO E INFÂNCIA

1.1.1 | Infância

Quando se fala em educação infantil, é comum se lembrar dos tempos de criança. A infância é um tempo que marca a vida das pessoas. Época de muitos momentos maravilhosos que passaram, alguns marcaram mais, talvez por terem causado alguma dor, outros não foram muito fáceis e têm também aqueles momentos que foram totalmente esquecidos, perdidos na memória, ou simplesmente porque ninguém quer se lembrar deles.

Muitos fatos destes momentos esquecidos referem-se a coisas ruins e negativas que aconteceram na escola e que fizeram as crianças esquecerem parte de seu aprendizado. Mas, muitas coisas boas da infância na escola são sempre lembradas, por mais que passe o tempo.

É inesquecível a mão da mãe ou do pai, que levava a criança todo o trajeto da escola com firmeza e passava para ela toda a segurança do mundo, os amigos, a hora gostosa do recreio, as brincadeiras, as cantigas, aquela professora carinhosa...

É muito importante que a escola jamais deixe de ser um tempo de eternas e maravilhosas lembranças, especialmente do tempo que passamos dentro dela. Seria bom que todos reconhecêssemos a escola como um lugar de buscar conhecimento, um lugar de procurar crescer, um lugar onde o ser humano fosse levado a questionar e responder perguntas, a aprender e apreender conhecimentos que vai levar para a vida toda.

No entanto, não é o que acontece na maioria das vezes. Muitas crianças vão à escola por imposição dos pais, da sociedade, ou porque todas as crianças vão... Porque têm de se formar, ter uma profissão. Tem também os que vão à escola porque lá podem se alimentar, pois falta alimento em casa, ao menos uma refeição poderão conseguir no ambiente escolar. Infelizmente, o intuito de crescimento como cidadãos dificilmente está em primeiro plano.

Façamos agora um paralelo da infância com a escola.

Sabe-se que a infância é algo em permanente construção. A concepção que nossos pais tinham quando éramos crianças é muito diferente da concepção que nós, hoje, temos de nossos filhos. Já na história sobre a infância, em estudos de Philippe Ariès (1981)[1], percebe-se claramente que a ideia de infância, diferenciada do adulto, é uma construção moderna, que surgiu em fins do século XVII.

Nessa época e conforme relata Ariès, logo que a criança deixava de ser dependente dos cuidados da mãe ou da ama, tornando-se mais autônoma, já podia ser inserida no mundo dos adultos e começava a participar de seus trabalhos e jogos. A criança participava de tudo junto com o adulto, até as roupas eram iguais, só variando em tamanho. Pareciam adultos em tamanhos menores. Nas sociedades antigas não existia a consciência de infância, o que não quer dizer negligenciar ou abandonar as crianças. Não ter a consciência de infância não é o mesmo que não ter afeição. O que se quer relatar é que a criança não tinha suas particularidades, justamente porque não havia o sentimento da infância. Para o autor, as crianças, incorporadas no mundo do adulto e da família, não eram vistas de modo diferenciado, de modo especial como o são hoje.

Ariès transcreve um trecho de Molière, no século XVII, quando diz que a criança muito pequenina, demasiado frágil ainda para se misturar à vida dos adultos, "não contava", demonstrando a persistência de uma mentalidade antiga. A criança pequena não contava porque podia morrer, era preciso superar esse período de alta mortalidade, em que a sobrevivência era improvável. Passado esse tempo, aí sim, ela poderia ser introduzida no mundo dos adultos.

A socialização dessas crianças não era importante nem era controlada pela família, assim como a transmissão de conhecimentos e de valores sociais. O vínculo afetivo entre pais e filhos, tão importante hoje em dia, era muito pequeno, considerando-se a alta taxa de mortalidade infantil.

Segundo Ariès (1981) a passagem da criança pela família e pela sociedade era muito rápida e até insignificante, não deixava rastros na memória, nem tocava profundamente a sensibilidade dos adultos. As famílias da época não se apegavam muito à criança, já consideravam a possibilidade de perdê-la, visto esse alto índice de mortalidade infantil. Caso a criança morresse, como muitas vezes acontecia, ficavam tristes, aborrecidos, mas não havia desespero, pois se pensava que logo outra criança a substituiria.

Havia certo conformismo com a morte das crianças, apenas uma tristeza passageira. Até o século XIII fica evidente essa indiferença em relação à infância, em relação as suas características próprias, principalmente quando se repara nos trajes usados pelas crianças. Assim que abandonava os cueiros, aquela faixa que era enrolada em seu corpo, a criança era vestida como os adultos, como os homens e mulheres da época. Inclusive os conhecimentos adquiridos pelas crianças aconteciam

---

1 ARIÈS, Philippe. *História Social da Criança e da Família.*

junto aos adultos, pois, muitas vezes, elas eram entregues a famílias estranhas para serem educadas, para prestarem serviços domésticos ou para aprenderem algum ofício.

Na Idade Média, a escola não era dirigida especialmente para as crianças, como temos hoje em dia, a escolinha infantil, Ensino Fundamental, tudo dirigido às crianças. Ariès relata que só por meio de várias mudanças que ocorreram na sociedade, como a ascensão da burguesia, a difusão do impresso e o crescente interesse pela alfabetização e moralização que a separação acontece. Desse modo, a criança para de aprender a vida diretamente com os adultos, estando constantemente misturada a eles e vai sendo separada do mundo de gente grande, mantida à distância, numa espécie de quarentena, só depois seria solta no mundo.

Esta quarentena de que fala Ariès é a escola. Foi o início da separação das crianças de suas famílias. A escola substituiu a aprendizagem como meio de educação. A criança deixou de ser colocada junto aos adultos e deixou de adquirir conhecimentos de modo direto pelo contato com eles.

Áries[2] faz uma comparação com os dias de hoje e acrescenta:

> *Essa quarentena foi a escola, o colégio. Começou então um longo processo de enclausuramento das crianças (como dos loucos, dos pobres e das prostitutas) que se estenderia até nossos dias e ao qual se dá o nome de escolarização.*

As crianças indo à escola foi como uma chamada à razão, que pode ser entendida como uma das faces do grande movimento de moralização dos homens promovido pelos reformadores católicos ou protestantes ligados à Igreja, às leis ou ao Estado[3]. Para isso contou-se com a cumplicidade das famílias, pois a família acabou se tornando o lugar de uma afeição necessária entre cônjuges e entre pais e filhos, algo que não era visto antes. Ariès considera que essa afeição surgiu, sobretudo, pela importância que se passou a atribuir à educação. Surgiu um sentimento novo, de interesse dos pais pelos estudos dos filhos, como acontece hoje.

Foi nessa época que a criança começou a aparecer realmente, saiu do anonimato, como disse Ariès. A criança passou a ter tanta importância que se tornou um grande sofrimento o pensamento de perdê-la. Não se poderia substituí-la por outra. Os pais queriam dar um estudo melhor aos filhos e, então, não teriam condições de fazer isso com uma família tão numerosa como era antes. Portanto, não surpreende que essa revolução

---

2 Ariès, 1981, p. 11.

3 *Idem.*

escolar e sentimental tenha sido seguida, com o passar do tempo, de uma redução voluntária da natalidade, observável no século XVIII.[4]

No século XVIII as famílias já se preocupavam muito com a higiene, a saúde física e a educação de seus filhos. Tudo que se referia às crianças e à família tornara-se um assunto sério e digno de atenção. Não apenas o futuro da criança, mas também sua simples presença e existência eram dignas de preocupação – a criança havia assumido um lugar central dentro da família.[5]

A concepção de infância foi mudando ao longo dos séculos. Atualmente, a criança é considerada alguém que tem a sua identidade, seus direitos.

Voltando agora para épocas mais recentes, há que se considerar também que a infância rural é muito diferente da infância urbana. No mundo rural, sítios ou fazendas, longe das cidades, de modo geral, o tempo da infância é muito curto, a criança entra rapidamente para o mundo do adulto, aprendendo coisas e assimilando conhecimentos novos que a maioria das crianças que moram na cidade não possui; a criança da roça começa a ajudar nas tarefas caseiras mais cedo.

Logo que a criança começa a entender mais, já pode ir ajudando seus pais. Leva alguma ferramenta para a roça, leva o almoço para o pai ou para os irmãos mais velhos, toma conta do irmão caçula, ajuda a sua mãe em casa, tudo com naturalidade, sem explorações.

Acontece exatamente o contrário na cidade. O tempo da infância se prolonga, visto que os pais não levam as crianças para o trabalho. Deixam-nas em escolas ou creches. O trabalho dos pais fica cada vez mais distante do ambiente da família. E, quando ainda sobra um pouco do tempo das crianças que não podem ficar sozinhas em casa, na maioria das vezes, os pais, de melhor poder aquisitivo, as colocam em aulas especiais como balé, música, violão, línguas estrangeiras e outras coisas. A criança passa a ter uma vida como a de um "executivo", que tem todo o tempo ocupado.

Quantas crianças de hoje, dos grandes centros urbanos, não sabem o que é jogar bolinhas de gude, bolinhas nas tocas, passar anel, jogar betis, pular corda, não sabem as cantigas de roda, nem pular amarelinha e muito menos soltar uma pipa. Não brincam na terra, não fazem bolinhos de barro, pois raramente se sujam, não molham os pés na água fria da chuva. O que elas sabem e conhecem muito é de computador, televisão, video games, filmes, desenhos animados, celulares e outras coisas que são oferecidas pela tecnologia avançada dos tempos modernos.

---

4   Ariès, 1981, p. 12.

5   Ariès, 1981, p. 164.

Aí entra a escolaridade precoce das crianças. Essa concepção de submeter as crianças o mais cedo possível à escola está dominando a sociedade. Muitas crianças não estão vivendo a infância completa porque precisam ser escolarizadas muito cedo.

As crianças têm direito de vivenciar a sua infância e não deixá-la passar rapidamente sem as cantigas de roda, sem os jogos e brincadeiras, sem as histórias de fadas, príncipes e bruxas. Isso é inerente à criança.

É preciso lembrar também que a globalização trouxe mudanças à identidade da infância. Essa identidade é hoje resultante de vários processos políticos, econômicos, culturais e sociais. Hoje temos lojas especializadas em roupas para crianças de todas as idades, lojas de calçados, de brinquedos, de eletrônicos, etc. Elas não precisam usar as roupas idênticas às dos adultos em tamanho menor.

Durante anos a escola foi responsável por construir a identidade da infância e hoje essa escola tem diante de si uma infância que vem de camadas sociais heterogêneas, onde, em alguns lugares, impera a indisciplina, o medo, a violência, a criminalidade.

A partir daí, torna-se mais forte a necessidade de aperfeiçoamento constante e permanente dos profissionais da educação infantil. Para que seja possível enfrentar os desafios dessa sociedade globalizada, não podemos abrir mão de valores importantes como o respeito, a solidariedade e a ação conjunta em favor das crianças.

É preciso lutar contra os erros e a exclusão, com intuito de juntos construirmos um novo futuro. Há necessidade de se vencer a distância entre a realidade da escola e o contexto social.

Para valorizar os conhecimentos que as crianças possuem e garantir a aquisição de novos conhecimentos, é necessário que o profissional reconheça as características da infância.

Que a escola infantil dê condições materiais, pedagógicas, culturais, sociais, humanas, alimentares; em que a criança seja sujeito de direitos e experimente esses direitos.

Para que a escola seja possível é necessário que não nos preocupemos apenas com as habilidades e conhecimentos que a criança irá adquirir com os conteúdos preparando-a para a fase adulta, mas com a vivência da criança, no hoje, no agora.

1.2 | EDUCAÇÃO, ESCOLA E FAMÍLIA

Em seu lar a criança experimenta o primeiro contato social de sua vida, convivendo com sua família e os entes queridos. As pessoas que cuidam das crianças, em suas casas, naturalmente possuem laços afetivos e obrigações específicas, bem como diversas das obrigações dos educadores nas escolas. Porém, esses dois aspectos se complementam na formação do caráter e na educação de nossas crianças.

A participação dos pais na educação dos filhos deve ser constante e consciente. A vida familiar e escolar se completa.

Torna-se necessária a parceria de todos para o bem-estar do educando. Cuidar e educar envolve estudo, dedicação, cooperação, cumplicidade e, principalmente, amor de todos os responsáveis pelo processo, que é dinâmico e está sempre em evolução.

Os pais e educadores não devem se esquecer de que, apesar das transformações pelas quais passa a família, esta continua sendo a primeira fonte de influência no comportamento, nas emoções e na ética da criança.

É fato que família e escola representam pontos de apoio e sustentação ao ser humano e marcam a sua existência. A parceria, família e escola, precisa ser cada vez maior, pois quanto melhor for o relacionamento entre ambas, mais positivos serão os resultados na formação da criança. Essa parceria é que vai ser o diferencial na formação do educando.

A vida na instituição escolar deve funcionar com base na tríade pais – educadores – crianças, como destaca Bonomi[6] (1998). A boa relação entre os pais e a escola é fundamental durante o processo de inserção da criança na vida escolar.

A Professora Di Santo (2007)[7] lembra que a fundamentação para a relação educação/escola/família foi publicamente amparada pela legislação nacional e diretrizes do MEC, aprovadas no decorrer dos anos 90. Podemos citar o Estatuto da Criança e do Adolescente (Lei n. 8.069/90), nos artigos 4º e 55º, que diz:

> ***Art. 4º.*** *É dever da família, da comunidade, da sociedade em geral e do poder público assegurar, com absoluta prioridade, a efetivação dos direitos referentes à vida, à saúde, à alimentação, à educação, ao esporte, ao lazer, à profissionalização, à cultura, à dignidade, ao respeito, à liberdade e à convivência familiar e comunitária.*

> ***Art. 55.*** *Os pais ou responsável têm a obrigação de matricular seus filhos ou pupilos na rede regular de ensino.*

---

6 BONOMI, Adriano. O Relacionamento entre Educadores e Pais. In: BONDIOLI, Anna; MANTOVANI, Susanna. *Manual de Educação Infantil: de 0 a 3 anos.*

7 DI SANTO, Joana Maria R. Centro de Referência Educacional – Consultoria e Assessoria em Educação.

A Lei de Diretrizes e Bases da Educação (Lei n. 9.394/96), nos artigos 1°, 2°, 6° e 12°, diz que:

> **Art. 1°.** *A educação abrange os processos formativos que se desenvolvem na vida familiar, na convivência humana, no trabalho, nas instituições de ensino e pesquisa, nos movimentos sociais e organizações da sociedade civil e nas manifestações culturais.*
>
> **Art. 2°.** *A educação, dever da família e do Estado, inspirada nos princípios de liberdade e nos ideais de solidariedade humana, tem por finalidade o pleno desenvolvimento do educando, seu preparo para o exercício da cidadania e sua qualificação para o trabalho.*
>
> **Art. 6°.** *É dever dos pais ou responsáveis efetuar a matrícula dos menores, a partir dos seis anos de idade, no ensino fundamental.*
>
> **Art. 12°.** *Os estabelecimentos de ensino, respeitadas as normas comuns e as do seu sistema de ensino, terão a incumbência de: VI – articular-se com as famílias e a comunidade, criando processos de integração da sociedade com a escola; VII – informar pai e mãe, conviventes ou não com seus filhos, e, se for o caso, os responsáveis legais, sobre a frequência e rendimento dos alunos, bem como sobre a execução da proposta pedagógica da escola.*

O Plano Nacional de Educação (aprovado pela Lei n. 10.172/2007), que define como uma de suas diretrizes a implantação de conselhos escolares e outras formas de participação da comunidade escolar (composta também pela família) e local na melhoria do funcionamento das instituições de educação e no enriquecimento das oportunidades educativas e dos recursos pedagógicos. Citamos, ainda, a Política Nacional de Educação Especial, que tem como uma de suas diretrizes gerais: adotar mecanismos que oportunizem a participação efetiva da família no desenvolvimento global do aluno.

De modo geral, a família é o primeiro grupo de pessoas com quem a criança tem contato assim que nasce. Sabe-se que o bebê logo apresenta suas preferências, seus gostos e suas diferenças individuais, então, ao se integrar na família que já tem os seus hábitos, regras e seu modo próprio de viver, a criança aprenderá a se comportar e a modificar suas preferências, comunicando-se então com esta família. Está aí, neste círculo de pessoas que rodeiam a criança, a fonte original da identidade da criança.

Aos pais cabe cuidar do crescimento dos filhos, da sua saúde física, psíquica e emocional, do seu desenvolvimento, enfim, de sua felicidade. Na tarefa de educar seus filhos, os pais percorrem a trajetória que vai da dependência quase total do bebê até a crescente autonomia e futura independência do filho adulto.

A bagagem de aprendizado que vem para a criança logo que ela nasce é elemento extremamente importante para sua vivência e convivência com outras pessoas. A família, então, é a primeira escola da criança. Educar é um trabalho de amor e consiste, sobretudo, na possibilidade dos pais de crescerem junto com seus filhos, respeitando e acompanhando seus caminhos.

Desde cedo, os pais precisam transmitir à criança os seus valores, como, ética, cidadania, solidariedade, respeito ao próximo, autoestima, respeito ao meio ambiente, enfim, pensamentos que levem essa criança a ser um adulto flexível, que saiba resolver problemas, que esteja aberto ao diálogo, às mudanças, às novas tecnologias.

A criança já aprende desde pequena o que a mãe não gosta, o que é perigoso, o que pode e o que não pode fazer. Percebe-se, então, a importância da orientação dos pais.

À família cabe entender que a criança precisa de liberdade, mas por si só não tem condições de avaliar o que é melhor ou pior para ela mesma. A família é o suporte que toda criança precisa e, infelizmente, nem todas têm. É o sustentáculo que vai ajudar a criança a desenvolver o conhecimento ajustado de si mesmo e o sentimento de confiança em suas capacidades afetiva, física, cognitiva, ética, estética, de inter-relação pessoal e de inserção social, para agir com perseverança na busca de conhecimento e no exercício da cidadania.

A receita de como melhor educar os filhos não existe. Muitas variáveis existem no relacionamento entre pais e filhos que precisam ser consideradas. A idade, o nível de compreensão, o ambiente doméstico, o grau de entendimento entre os pais, são algumas delas. Sem contar o fato de que os filhos não são iguais, uns são tímidos, introvertidos, calados, briguentos, zangados, ou ainda alegres e extrovertidos, assim, como os filhos são tão diferentes uns dos outros que a maneira de lidar com eles, de cuidar, também deverá ser diferente. Muitas vezes, os pais até dizem: *Você está agindo igualzinho ao seu irmão...* Ou ainda: *você se parece em tudo com o seu irmão.* Mas tem casos inversos também, como, por exemplo, quando os pais dizem: *Você precisa fazer como o seu irmão...* Ou ainda: *gostaria que você fosse estudioso como seu irmão...*

Muitos irmãos chegam a ter as mesmas dificuldades, ou gostam das mesmas coisas, mas não são iguais. Um pode ser mais dependente do que o outro, para tudo ele solicita a presença da mãe e não precisa ser o caçula para ser assim (muitas vezes os mais velhos é que são os bebês chorões), enquanto o outro é independente e se vira sozinho em qualquer situação, é mais falante, capaz de enfrentar situações que o outro irmão não enfrentaria. Enfim, os irmãos, e, é claro, me refiro às meninas também, são diferentes, nem melhores, nem piores, apenas diferentes.

Cabe aos pais encontrar a melhor maneira de se relacionar com cada um. De modo geral, a mãe sempre encontra um jeitinho próprio de falar com aquele que tem o "gênio mais difícil", procurando não comparar um com o outro, tentando conhecer todas as suas particularidades, pois, quanto mais os filhos sentirem o afeto e a segurança passados por seus pais, mais facilmente aceitarão a ajuda deles. É conhecendo os filhos que se reconhece se houve ou não mudanças em seu comportamento, apontando alguma dificuldade ou problema que está ocorrendo. Precisamos saber por que hoje aquele filho está tão alegre, tão entusiasmado, ou porque se trancou no quarto e está chorando, ou, ainda, não chora, mas agride a todos com palavras e não quer conversar com ninguém.

Essas observações que os pais fazem de seus filhos são importantíssimas, principalmente, se eles são adolescentes. Aí entra a "psicologia dos pais", saber como falar com eles, usando uma linguagem apropriada para a idade, para a ocasião sendo francos e sinceros, olhando nos olhos quando falam e não de costas fazendo alguma tarefa, usando as armas mais fáceis e infalíveis: o amor e o diálogo. É isso que, certamente, levará os pais a abrir caminhos para um maior entendimento com seus filhos.

Há quem diga que educar um filho nos dias de hoje é uma tarefa de Hércules, tenho ouvido muito esse comentário. São muitas as alegrias, mas são tantos os conflitos e aflições ao assumir os papéis de pai e mãe que o casal, muitas vezes, entra em pânico. Muitas perguntas passam pelas cabeças dos pais, sentem-se inseguros, precisando de orientação e não conseguem definir qual o seu papel, se de pais ou de educadores.

A própria estrutura da família tem passado por alterações radicais, principalmente, no que se refere à distribuição de tarefas para o homem, para a mulher e para os filhos.

Segundo Venturi[8] (2003), um dos grandes problemas, bem visível na criação e educação dos filhos, é a imposição de limites. Conseguir impor limites e ter autoridade, sem ser autoritário. A autoridade torna-se uma manifestação de amor e afeto quando exercida com equilíbrio. Ela transmite segurança. A criança ou adolescente não amará mais os seus pais porque eles lhe dão total liberdade, porque pode fazer o que bem entender. Ela perceberá a falta de estrutura e de segurança, sentindo-se

---

8   Jacir J. Venturi. Diretor, professor e escritor.

menos protegida para a vida. É importante os pais perceberem que a criança precisa de liberdade, mas que sozinha não tem condições de avaliar o que é melhor ou pior para ela mesma.

Educar os filhos não é fácil, é uma tarefa muito complexa. O seu desenvolvimento passa por várias fases e a cada momento novo precisamos ter criatividade e mudar a conduta com muita disposição para entendê-los e atendê-los.

É de vital importância os pais darem aos filhos a segurança do seu amor. É mais importante a qualidade do afeto que a quantidade de tempo disponível aos filhos. A vida profissional dos pais nos dias atuais, apesar de suas elevadas exigências, pode ser ajustada a uma vida particular equilibrada, em que se possa dar o mínimo de atenção que os filhos requerem.

É necessário conceder tempo às crianças, para que sejam crianças. Muitos adultos sobrecarregam a agenda dos filhos como se fossem pequenos executivos. Horário para tudo: escola, balé, futebol, língua estrangeira, música, excesso de lições, outras atividades sociais etc. E se esquecem de que são, ainda, apenas crianças. Precisam brincar, partilhar, ter amigos, e, desse modo, desenvolver a socialização, a convivência.

Os pais precisam transmitir valores aos filhos. Valores como respeito ao próximo, ética, cidadania, solidariedade, respeito ao meio ambiente, autoestima, que levarão as crianças a serem adultos tranquilos, carinhosos, flexíveis; adultos que sabem resolver problemas e são abertos ao diálogo e às mudanças do mundo.

Os caminhos de nossa evolução pessoal são difíceis e tortuosos, deparamo-nos com muitas frustrações, adversidades e desilusões, mas, quando superamos as dificuldades, surgem as alegrias e desenvolvemos a nossa autoconfiança. Não existem pais perfeitos nem filhos perfeitos. Educando, convive-se com muitos erros e muitos acertos. O importante é dar exemplos certos, coisa que só se consegue educando com o coração.

1.2.1 | O comportamento dos pais e sua influência

Realmente, a criança sofre influência das pessoas que a cercam. Essa influência acontece de forma natural e, geralmente, inconsciente. Para as crianças, os adultos são modelos de comportamento e a forma como agem diante de situações boas, prazerosas ou situações difíceis, complicadas, é um referencial fundamental para sua formação. A prova disso é que muitas vezes nós, pais e mães, "nos enxergamos" nas atitudes de nossos filhos.

O que gera um grande problema é quando os pais tentam fazer dos filhos uma continuação de si mesmos, ou, ainda, tentam dar na vida dos filhos uma reviravolta que gostariam de ter dado em suas próprias vidas.

Com isso, os adultos passam a ser "ditadores" do destino de seus filhos, causando, muitas vezes, discórdia e sofrimento, pois pensam que podem controlar o presente e o futuro das crianças e adolescentes.

Os pais, de modo geral, fazem somente planos bons para os filhos, sonham coisas maravilhosas para a vida deles. Mas é importante levar em conta que nem sempre esse sonho é o melhor para eles.

Muitos exemplos podem ser considerados, como aqueles pais que querem escolher a carreira profissional que os filhos devem seguir. Por vezes, essa carreira é a que eles, os pais, por um motivo ou outro, não conseguiram seguir. Tem-se a impressão de que querem ver nos filhos a si próprios, quando mais jovens, interferindo até mesmo na aparência física, opinando sobre os cuidados com o corpo dos filhos, o que devem fazer, revelando nesse modo de agir os ideais de sua própria beleza.

A criança e o adolescente precisam ter os próprios sonhos, precisam idealizar a própria vida. A influência desse modo pode acarretar insegurança e medo de não se dar bem em uma profissão que não foi a escolhida pelos pais e isso pode fazer com que os filhos acabem escolhendo e se ajustando a sonhos que não eram os seus.

Percebe-se, então, que, muitas vezes, semelhanças existentes entre pais e filhos podem ser fruto da convivência, do comportamento dos adultos. E aí está um grande desafio nas relações familiares: aprender a aceitar as diferenças, as opiniões de outras pessoas, aceitar que os desejos dos filhos podem ser diferentes dos desejos dos pais.

Considera-se que é para a vida que um filho é criado e há que se considerar, então, que regras ou receitas não existem para seguir, nem rígidas, nem preestabelecidas na tentativa de se obter êxito na boa educação de uma criança.

De modo geral, uma mulher chega a ser mãe sem ter se preparado fundamentalmente para sê-lo; dessa maneira, as receitas também de nada serviriam para tentar moldar os descendentes de quem se encarrega desta louca e maravilhosa tarefa.

Em muitos casos, a falta de tempo dos pais causa graves problemas dentro do lar. Alguns pais não sabem nada sobre seus filhos, vivem ausentes de casa. Não têm tempo para conversar com as crianças. Os filhos não percebem a casa como um lar, apenas moram nela.

Outros pais não percebem que protegem demais. Eles tentam resolver todos os problemas dos filhos, se apegam excessivamente a eles e, às vezes, consideram que os filhos não conseguirão enfrentar determinadas situações, ajudando mais do que precisariam. Isso torna os filhos dependentes, precisando de atenção e ajuda constante de outras pessoas.

Há também aqueles pais autoritários, dominadores, exigentes. Esses ajudam a criar filhos impulsivos e agressivos, desenvolvendo neles uma personalidade insegura e instável. Desse modo eles terão dificuldades para se adaptarem aos grupos de amigos, às brincadeiras, dificultando suas amizades.

Outro caso é o de pais que tudo permitem. Estes pais mimam demais os filhos e admitem seus caprichos. As crianças tornam-se egoístas e ficam esperando dos outros uma atenção contínua, não conseguem aceitar frustrações e reagem com impaciência e agressividade.

A indiferença de alguns pais para com os filhos é um fato impressionante. Esses pais não dão mostras de carinho e afeto. As crianças ficam tristes e fogem da convivência com os outros, têm dificuldades em relacionar-se porque não tiveram a base de afeto necessária para isso. Agem com os companheiros com a mesma frieza com que são tratados. Muitas vezes, essa indiferença significa uma rejeição aos filhos e os pais os tratam com prepotência e insensibilidade. Isso diminui a autoestima das crianças e resulta, mais tarde, em atitudes antissociais e agressivas.

Está comprovado que, se as relações familiares, entre pai e mãe, entre pais e filhos e entre irmãos forem adequadas, os filhos conseguirão adaptar-se mais facilmente à convivência social fora de casa.

Para os pais demonstrarem carinho com os filhos não precisam renunciar a exigir coisas deles. As próprias crianças demonstram que querem que os pais exijam delas, quando recebem menos atenção sentem-se menos queridas. Com carinho, os pais devem ter para com os filhos uma exigência compreensiva, ou seja, ser ao mesmo tempo compreensivos e exigentes. A compreensão sem exigência cria pais permissivos, e a exigência sem compreensão cria pais autoritários.

Educar envolve a consciência. Os pais precisam se questionar se estão educando para a autoconfiança e autoestima dos filhos. Precisam ter clareza mental, ter equilíbrio, o que levará a harmonia, serenidade, flexibilidade e espontaneidade.

1.3 | A CAMINHO DA PRIMEIRA ESCOLA

O ser humano está o tempo todo aprendendo. Nesse sentido, é papel fundamental da família decidir, desde cedo, o que sua criança precisa aprender e qual escola deverá frequentar.

O ingresso na escola é um evento muito importante na vida de uma criança, pois é o primeiro passo rumo à independência em relação aos pais. Trata-se da preparação de um espaço próprio, que marcará sua trajetória para o futuro.

Para os pais também se trata de um tempo decisivo, principalmente se é o primeiro filho. É um momento de separação, tem-se a impressão de que aquele bebê cresceu e está se tornando menos dependente, e nós, pais, não gostamos disso, pois queremos nossos "filhotes" sempre ao nosso redor.

Quando este novo espaço surge, vários sentimentos se entrelaçam em função da "separação" que acontece com a ida da criança para a instituição de educação infantil. Estes sentimentos evidenciam o desejo que a mãe tem de que a criança se adapte na escola ou não. Quando se menciona a questão de não querer que o filho fique na escola não é um pensamento premeditado, e sim um sentimento que foge ao controle dos pais.

Segundo a psicopedagoga Di Santo, alguns pais sentem-se culpados por colocarem os filhos muito cedo na escola. No entanto, nos dias de hoje, em que as famílias são cada vez menores o que dificulta as relações das crianças com outras da mesma idade, o fato de muitas delas ingressarem na escola nos primeiros anos de vida pode representar um ganho, favorecendo o desenvolvimento infantil.

Alguns cuidados são importantes para o ingresso da criança na primeira escolinha, pois é um ambiente novo, muitas pessoas estranhas, com outras regras diferentes a seguir. É necessário preparar a criança para sua entrada na escola. Levá-la para conhecer as instalações, mostrando tudo com entusiasmo, pode ser o primeiro passo.

Quanto mais nervosos os pais parecerem, mais apavorada ficará a criança. Ela poderá entender que, se sua mãe está tão ansiosa, parecendo triste ao despedir-se dela é porque não deve ser muito bom ficar neste colégio. Daí para começar o choro é rapidinho. E, não raras as vezes, choram as duas, a mãe e a criança.

Por isso, é tão importante os pais ficarem calmos e naturais, transmitindo, assim, essa calma e naturalidade para sua criança. A escola deve ser um lugar de prazer para seu filho e um ingresso tranquilo na vida escolar ajudará a criança a se relacionar com o novo ambiente e a enfrentar alguma dificuldade que porventura surgir.

Depende muito da habilidade e eficiência dos pais escolherem a escola adequada às expectativas da família, e, é claro, que vá agradar a pessoa mais interessada: a criança. Os pais deverão estar atentos às diversas propostas oferecidas na cidade. E são tantas! São muitas propagandas recebidas em casa ou veiculadas pelos meios de comunicação. Cada uma apregoando mais e mais maravilhas que sua criança irá vivenciar se estudar naquela escola!

Cuidar de uma criança em um contexto educativo demanda a integração de vários campos de conhecimentos e a cooperação de profissionais de diferentes áreas. São muitos os aspectos a considerar. É importante saber se os pais entendem a escola de educação infantil como um lugar para passar o tempo da criança ou como um lugar onde deixá-la por algumas horas. Ou se acham que é bom que o filho vá para a escola para conviver com outras crianças de sua idade, não importando qual é a proposta pedagógica da escola. Será que eles se preocupam em saber quais os princípios de ensino-aprendizagem seguidos pela escola? Ou de que valores humanos e sociais eles falam?

Alguns valores considerados importantes devem ser analisados pelos pais. Por exemplo: se a escola considera importante a participação dos pais e da comunidade na vida escolar. Essa escola respeita as diferenças individuais e culturais de cada criança? Os professores trabalham em conjunto? Eles acreditam na capacidade e no desejo de aprender das crianças? A escola está empenhada na formação de seres humanos melhores e está ensinando valores compatíveis com essa formação?

A escola entende que é necessário à criança brincar muito, visto que isso ajuda em seu desenvolvimento? Valoriza o tempo de brincadeiras, incentivando-as e ensinando a criança a brincar?

Essa escola respeita a idade da criança de 4 ou 5 anos, não a obrigando a se alfabetizar se não for de sua vontade? Isso poderá acontecer automaticamente desde que a criança participe por sua livre vontade de atividades voltadas para a alfabetização.

Na visita à escola deve-se observar tudo, perguntar tudo que tiver vontade, não levar dúvidas para casa, pois você entrará em pânico se houver dúvida. Perceber a forma de atendimento, observar algumas atividades, ver se há facilidade para estacionamento, ver como é a entrada e a saída de crianças, se existem porteiros ou pessoas responsáveis pela saída das crianças.

Outro ponto a ressaltar é quanto ao espaço físico. É primordial ter um espaço bom, tanto interno quanto externo, ao ar livre, de preferência, com áreas verdes.

É preciso haver muita limpeza, ordem, organização dos espaços. Os objetos escolares precisam ser do tamanho adequado às crianças. Playgrounds modernos, com brinquedos próprios para evitar que as crianças se machuquem.

No caso de escadas, verificar se há o uso de material antiderrapante. A cozinha precisa estar em perfeitas condições de higiene, com funcionários preparados para este serviço. Verificar tudo em relação à segurança da criança. Havendo tanque de areia, verificar se é coberto para não haver contaminação com fezes de animais e a troca e lavagem da areia periodicamente.

Enfim, são muitos pontos, que podem fazer com você seja até considerado "chato" por algumas pessoas da escola, mas, se isso acontecer, será um bom motivo para você perceber que essa escola não será boa para seu filho. Certamente deve estar preocupado com o lugar onde seu filho passará grande parte do dia.

Desse modo, as instituições de educação infantil precisam oferecer às crianças um ambiente físico e social onde elas se sintam protegidas e acolhidas, e ao mesmo tempo seguras para se arriscar e vencer desafios. Quanto mais rico e desafiador for esse ambiente, mais ele lhes possibilitará a ampliação de conhecimentos acerca de si mesmos, dos outros e do meio em que vivem.

Os pais precisam verificar se a escola está preocupada em desenvolver as capacidades dos alunos, se os conteúdos vão ajudar as crianças nas suas vivências e se leva em conta os conhecimentos e capacidades que a criança já tem, procurando aumentá-las. A escola precisa pensar naqueles alunos que têm mais dificuldades em desenvolver as capacidades básicas.

Embora os indivíduos tenham a tendência, em função de sua natureza, a desenvolver capacidades de maneira heterogênea, é importante salientar que a escola tem como função potencializar o desenvolvimento de todas as capacidades, de modo a tornar o ensino mais humano, mais ético.

1.4 | ENTRANDO NA PRIMEIRA SÉRIE

Estamos no final do ano e as preocupações dos pais se voltam para o término do ano escolar dos filhos. É preciso aumentar o tempo de estudo e diminuir o tempo de brincadeiras. Esta preocupação, de modo geral, vai dos filhos pequenos até os jovens, que já estão se preparando para o vestibular.

Os pequenos, que estão se encaminhando para o primeiro ano do Ensino Fundamental, acrescentam em suas vidas um primeiro marco importante. Eles estão cheios de expectativas em relação a essa entrada na primeira série, parece que agora é que começa a escola de verdade! Sabem que essa passagem é um momento especial, com certeza, entrar no ensino fundamental não é apenas iniciar a escolaridade obrigatória, mas também começar um trabalho mais sistemático de leitura e escrita.

A família tem aí um papel decisivo. Juntamente com os professores, os pais estarão agindo como mediadores culturais no processo de formação humana das crianças. É muito importante que a escola esteja atenta às situações envolvidas no ingresso dos pequenos no Ensino Fundamental, não importando se vieram diretamente da família, ou de uma pré-escola. Desse modo será mais fácil manter os laços sociais e afetivos, assim como as condições de aprendizagem que vão dar à criança segurança e confiança.

Cabe à escola dar continuidade e ampliação ao contexto socioafetivo e à aprendizagem, em vez de fazer uma ruptura. Isso vai garantir à criança que está entrando na primeira série, o ambiente acolhedor para enfrentar os desafios da nova etapa. Pois, se sabe o quanto é importante este primeiro ano para que as crianças tenham sucesso por toda a sua vida de estudante.

O acompanhamento dos pais neste início é primordial. A tarefa de alfabetizar é da escola, mas os pais podem ser aliados neste processo, podem acompanhar a vida escolar das crianças, valorizar seus esforços, incentivá-los, pois quando há o envolvimento da família, os resultados são bem melhores.

É importante para a criança saber que os membros de sua família valorizam tudo que diz respeito a sua escola, como, por exemplo, suas tarefas de casa. Quando a criança percebe que isso é importante para sua família, sente que existe uma boa razão para fazer e entregar tudo direitinho. Ainda mais se os pais reforçarem para a criança a importância de aprender a ler e escrever. Mostrar o quanto será útil este aprendizado para resolver os problemas do dia a dia, por exemplo: fazer uma receita, ler revistinhas, livros, informar-se, aprender um jogo, ler para se divertir, escrever cartas, bilhetes, ler as placas nas ruas etc.

É importante que os pais respeitem a fase em que sua criança está vivendo para que não seja exigido demais, nem de menos. Cada criança tem seu tempo, seu jeito de ser, seu ritmo. As suas conquistas virão com o tempo, com calma e não de um dia para o outro.

Muitos erros acontecerão, eles fazem parte do aprendizado e são apenas tentativas de acerto. Mas, para isso estarão lá os professores, coordenadores, enfim, uma equipe para ajudar quando for preciso, e, em casa, as crianças, mesmo que silenciosamente, estarão contando com o apoio dos pais e familiares.

1.5 | A ESCOLA NA FORMAÇÃO DO CIDADÃO

O papel fundamental da educação no desenvolvimento das pessoas e das sociedades amplia-se ainda mais no despertar do novo milênio e aponta para a necessidade de se construir uma escola voltada para a formação de cidadãos (PCNs, 1998).

Na escola, durante processos de socialização, a criança tem a oportunidade de desenvolver a sua identidade e autonomia. Interagindo com os amigos da escola se dá a ampliação de laços afetivos que as crianças podem estabelecer umas com as outras e com os adultos. Isso poderá contribuir para o reconhecimento do outro e para a constatação das diferenças entre as pessoas.

As escolas são, realmente, espaços de socialização, oferecem às crianças o contato e o confronto com adultos e outras crianças de várias origens socioculturais, de diferentes religiões, etnias, costumes, hábitos e valores, fazendo dessa diversidade um campo privilegiado da experiência educativa.

Desse modo, na escola, criam-se condições para as crianças conhecerem, descobrirem e ressignificarem novos sentimentos, valores, ideias, costumes e papéis sociais.

A escola deve dar total atenção à criança como pessoa, que está num contínuo processo de crescimento e desenvolvimento, compreendendo sua singularidade, identificando e respondendo às suas necessidades.

A atenção recebida na escola reflete na criança fazendo com que tome consciência do mundo de diferentes maneiras em cada etapa de seu desenvolvimento. As transformações que ocorrem em seu pensamento se dão simultaneamente ao desenvolvimento da linguagem e de suas capacidades de expressão.

A criança bem atendida, considerada um cidadão, enquanto cresce se depara com fenômenos, fatos e objetos do mundo; pergunta, reúne informações, organiza explicações e arrisca respostas. Desse modo, ocorrem mudanças fundamentais no seu modo de conceber a vida, a natureza e a cultura.

Além de promover a educação da criança, mostrando o correto, muitas vezes a escola terá de propiciar situações para que os pais reflitam sobre seus papéis e atribuições, tendo em vista que seus filhos permanecem mais tempo com os profissionais da escola do que com eles mesmos.

A criança é movida pelo interesse e curiosidade, e, motivada pelas respostas dadas pelo profissional da escola, por meio de informações vindas dos livros, notícias, reportagens, televisão, rádio, etc. ela ficará segura, sentindo-se protegida naquele espaço onde é cidadã.

A infância é um período de desenvolvimento cultural do ser humano, cuja importância vai ficando cada vez mais clara e precisa à medida que avançam os conhecimentos sobre o desenvolvimento do cérebro.

As descobertas nesta área já são tão importantes que chegam a afetar a natureza de currículos da Educação Infantil em alguns países. É o caso, por exemplo, da França, que introduziu um currículo para a infância apoiado em pilares diferenciados dos que nortearam a educação da infância durante a maior parte do século XX.[9]

Neste novo currículo, as práticas culturais da infância ganham relevo e o tempo é distribuído de forma que atividades que envolvam música e movimento sejam equiparadas em importância às atividades mais especificamente voltadas à apropriação da leitura e da escrita. Busca-se, assim, uma escolarização que vise à formação da criança enquanto ser de cultura em desenvolvimento.

Se acreditarmos que o principal papel da escola é o desenvolvimento integral da criança, devemos considerá-la em suas várias dimensões: afetiva, ou seja, nas relações com o meio, com as outras crianças e adultos com quem convive; cognitiva, construindo conhecimentos por meio de trocas com parceiros mais e menos experientes e do contato com o conhecimento historicamente construído pela humanidade; social, frequentando não só a escola como também outros espaços de interação, como praças, clubes, festas populares, espaços religiosos, cinemas e outras instituições culturais; e finalmente na dimensão psicológica, atendendo a suas necessidades básicas como higiene, alimentação, moradia, sono, além de espaço para fala e escuta, carinho, atenção, respeito aos seus direitos (MEC, 2005).

Podemos então observar que os Parâmetros Curriculares Nacionais elaborados pela Secretaria de Educação Fundamental do Ministério da Educação (MEC), em 1998, ressaltam tudo isso do seguinte modo: são objetivos do Ensino Fundamental que os alunos sejam capazes de:

⇒ compreender a cidadania como participação social e política, assim como exercício de direitos e deveres políticos, civis e sociais, adotando, no dia a dia, atitudes de solidariedade, cooperação e repúdio às injustiças, respeitando o outro e exigindo para si o mesmo respeito;

⇒ posicionar-se de maneira crítica, responsável e construtiva nas diferentes situações sociais, utilizando o diálogo como forma de mediar conflitos e de tomar decisões coletivas;

⇒ conhecer características fundamentais do Brasil nas dimensões sociais, materiais e culturais como meio para construir progressivamente a noção de identidade nacional e pessoal e o sentimento de pertinência ao País;

⇒ conhecer e valorizar a pluralidade do patrimônio sociocultural brasileiro, bem como aspectos socioculturais de outros povos e nações, posicionando-se contra qualquer discriminação baseada em diferenças

---

9 Revista *Criança*, publicação do MEC.

culturais, de classe social, de crenças, de sexo, de etnia ou outras características individuais e sociais;

⇒ perceber-se integrante, dependente e agente transformador do ambiente, identificando seus elementos e as interações entre eles, contribuindo ativamente para a melhoria do meio ambiente;

⇒ desenvolver o conhecimento ajustado de si mesmo e o sentimento de confiança em suas capacidades afetiva, física, cognitiva, ética, estética, de inter-relação pessoal e de inserção social, para agir com perseverança na busca de conhecimento e no exercício da cidadania;

⇒ conhecer o próprio corpo e dele cuidar, valorizando e adotando hábitos saudáveis como um dos aspectos básicos da qualidade de vida e agindo com responsabilidade em relação à sua saúde e à saúde coletiva;

⇒ utilizar as diferentes linguagens – verbal, musical, matemática, gráfica, plástica e corporal – como meio para produzir, expressar e comunicar suas ideias, interpretar e usufruir as produções culturais, em contextos públicos e privados, atendendo a diferentes intenções e situações de comunicação;

⇒ saber utilizar diferentes fontes de informação e recursos tecnológicos para adquirir e construir conhecimentos;

⇒ questionar a realidade formulando-se problemas e tratando de resolvê--los, utilizando para isso o pensamento lógico, a criatividade, a intuição, a capacidade de análise crítica, selecionando procedimentos e verificando sua adequação.

O que temos ainda hoje é um caminho a ser percorrido. Um caminho de cooperação que só será efetivo se os pais compreenderem que à escola não cabe exercer a função moral da família. E, se a escola promovesse ações de conscientização junto a essas famílias para que ficasse clara a importância do dever de cada um no desenvolvimento do aluno/filho, e que, embora essa parceria escola e família seja essencial, cada um desses setores deve conservar suas particularidades (DI SANTO, 2007).

CONSIDERAÇÕES FINAIS

No decorrer deste texto percebe-se que há mudanças nos conceitos de infância. As formas de organização das sociedades e a inserção da criança nelas, em todos os contextos, tanto social, econômico, político e cultural, é que vão dar o formato às diferentes concepções de infância.

Neste século, quando aconteceram muitas mudanças nas relações humanas e também mudanças no papel da mulher e da família, percebe-se que houve muitos estudos buscando conhecimentos sobre o desenvolvimento, as necessidades e as competências das crianças. Atualmente, as questões que envolvem a criança têm sido tema de várias discussões, em diferentes áreas, principalmente na mídia, atribuindo a atenção especial que a criança vem recebendo às novas circunstâncias e condições de vida das crianças e à inserção social da infância.

O papel de cuidar e educar, tradicionalmente pertencente à mulher, deixou de ser assim. Talvez porque a mulher queira uma realização profissional ou por necessidade financeira, porque precisa ajudar nas despesas do lar, talvez por querer ser mais independente, ter autonomia, enfim, esse papel não cabe mais somente à mulher e mãe. Em alguns casos, mesmo sabendo que a criança não deveria ficar desde pequenina sem a presença da mãe, essa mãe acaba deixando a criança para trabalhar, justamente pensando em dar o melhor de si para atender a demanda de necessidades de sua criança.

Segundo Corsino[10], principalmente nos centros maiores, tanto as classes populares como também as camadas médias e altas da sociedade procuram pela Educação Infantil para seus filhos. As classes média e alta costumam pagar, ou seja, colocar seus filhos em escolas particulares, já as classes populares esperam pelas escolas públicas, que, em muitos casos, não têm vagas para todos. A frequência das crianças a creches e pré-escolas, além de ser um direito da criança e dos pais trabalhadores, tem razões e significados diferentes para cada grupo e/ou família, fazendo diferença na sua estruturação e forma de ver a criança. De qualquer modo, as escolas de Educação Infantil tornaram-se indispensáveis para as famílias e para as crianças.

A atual realidade brasileira pede que se leve em conta a injusta distribuição de renda, que causa entraves, não permitindo que uma grande parte da população faça valer seus direitos e interesses fundamentais. É papel de o Estado democrático investir na escola, para que ela prepare e instrumentalize crianças e jovens para o processo democrático, forçando o acesso à educação de qualidade para todos e às possibilidades de participação social.

É uma necessidade, dever e obrigação de todos trabalhar em conjunto em prol da educação. A escola com o apoio da comunidade e esta com o apoio da escola tem de trabalhar no sentido de levar os pais à escola. A qualidade da educação, cada vez mais, depende da parceria entre a escola e a família. É necessário a comunicação, o respeito e o acolhimento entre a família e a escola, pois, assim, os maiores beneficiados serão as crianças.

10   Patrícia Corsino. Tese de Doutorado. Departamento Educação, Programa de Pós-graduação da Pontifícia Universidade Católica do Rio de Janeiro. Orientadora: Sonia Kramer, 2003.

REFERÊNCIAS

ABRAMOVICH, Fanny. *Quem educa quem?* São Paulo: Summus, 1985.

ARIÈS, Philippe. *História social da criança e da família*. 2ª ed. Rio de Janeiro: Guanabara, 1986.

BRASIL. MEC – Coordenação de educação Infantil – DPEIEF/SEB – *Revista CRIANÇA* – do professor de educação infantil. Brasília, DF, n. 42, dez/2006.

BRASIL. Estatuto da Criança e do Adolescente – Lei n. 8.069/1990. Brasília, DF, 1990.

BRASIL. Secretaria de Educação Fundamental. *Parâmetros Curriculares Nacionais*. Brasília, MEC/SEF, 1997.

BONOMI, Adriano. O relacionamento entre educadores e pais. In: BONDIOLI, Anna; MANTOVANI, Susanna. *Manual da educação infantil de 0 a 3 anos*. POA: Artmed, pp. 161-184, 1998.

CORSINO, Patrícia. *Infância, linguagem e letramento*: Educação infantil na rede municipal de ensino do Rio de Janeiro. [Tese de Doutorado]. Pontifícia Universidade Católica do Rio de Janeiro. Rio de Janeiro, 2003.

COSTA, Anna MARIA. *Conheça o seu filho*. Editora Quadrante.

DI SANTO, Joana Maria R. Centro de Referência Educacional – Consultoria e Assessoria em Educação. Disponível em: <http://www.centrorefeducacional.com.br>. Acesso em outubro/2007.

STENSON, James B. *Filhos: Quando educá-los?* Ed. Quadrante.

TIBA, Içami. *Quem ama, educa!* Editora Gente, 2002.

VENTURI, Jacir J. Educar um Filho: Trabalho de Hércules? Disponível em: <http://blog1. educacional.com.br/articulistaoutros/p70572>. Acesso em: 09/11/2009.

2 | EDUCAÇÃO E PSICOLOGIA

Dra. Daniela Ruiz de Mendonça

INTRODUÇÃO

A proposta deste item é correlacionar as questões psicológicas às educacionais traçando uma linha que tem por objetivo unir estas duas dimensões tão essenciais e presentes em nossas vidas. Para tal, recorro a exemplos do dia a dia escolar, momentos do consultório e da dinâmica familiar do aluno.

No item 1 as questões psicológicas intrínsecas nas questões educacionais são tratadas de maneira simples e objetiva, na tentativa de validar essa parceria e na busca de criar outros pensamentos correlacionados ao tema.

Há intenção clara de instrumentar o professor para que ele tenha êxito em sua tarefa de ensinagem. Para tal, proponho a reflexão da importância de se estudar o funcionamento mental e biológico das crianças a fim de conhecê-las em sua totalidade, minimizando, assim, possíveis problemas na relação professor-aluno.

No item 2 a proposta é aprofundar o tema da relação professor-aluno, ressaltando que as duas figuras que compõem essa díade são pessoas com desejos e sentimentos e, portanto, portadoras de afetividade. A afetividade é mola propulsora das relações e propiciadora de grandes encontros na educação. Prestar atenção nisso é de extrema importância, pois valida as questões de subjetivação e singularidade tanto do professor, como do aluno.

No item 3 apresento as posições e exigências das famílias no que se refere às questões escolares e das escolas e os possíveis desencontros destas duas entidades. É preciso refletir sobre estas questões para que assim se possa entender os direitos e deveres de cada uma, desta forma, beneficiando o aluno inserido neste contexto.

Na preocupação de apontar os problemas que carrega um aluno rotulado com um diagnóstico, proponho no item 4 a reflexão sobre diagnósticos precipitados e as consequências de um rótulo-diagnóstico na vida escolar de uma criança. Esse tema é muito importante à medida que traz sérias contribuições sobre as perturbações causadas em crianças em idade escolar.

No item 5 há intenção clara de propor um posicionamento de autoconhecimento do professor para que, em sua tarefa de ensinagem, possa ele refletir sobre suas posturas, seus medos, seus desafios, seus acertos e suas reações sobre seus pensamentos e sentimentos. A essa tarefa de pensar sobre seus próprios pensamentos é dado o nome de Metacognição.

Também neste Item esclareço como se dá a construção do conhecimento e proponho um diálogo entre alguns autores da psicologia e pedagogia que nos amplificam sobre o saber, o desejo e as possibilidades de aprendizagem.

No item 6 faço uma quebra de paradigmas sobre o comportamento infantil. Trago a ideia de que nós, psicólogos, ao recebermos uma criança no consultório, não podemos classificá-la com esse ou aquele diagnóstico, mas devemos entender a dinâmica familiar para compreendermos as motivações de certos comportamentos infantis.

Não é o trabalho da reeducação comportamental, nem muito menos educacional. É, acima de tudo, respeito à singularidade de cada criança. E também à crença de que a criança tem a capacidade de transformações, bastando acreditarmos nela.

Para finalizar, o item 7 traz grandes contribuições sobre um transtorno (TDAH) da infância e adolescência que abarca sérios problemas na aprendizagem e na autoestima. Entretanto, apresento outro olhar sobre esse transtorno, buscando em Jean Bergès o apoio fundamentado que aponta para as relações familiares como o berço dos sintomas apresentados pelas crianças.

2.1 | IMPORTÂNCIA DO DIÁLOGO ENTRE A EDUCAÇÃO E PSICOLOGIA

Quando buscamos os estudos psicológicos, encontramos a ciência da alma, aquela que estuda o ser, seus sentimentos, pensamentos e emoções. Suas atitudes, suas fraquezas, sucessos e seu jeito de ser no mundo. O ser humano é puramente subjetivo, uma vez que cada um de nós tem uma maneira singular de nos apresentarmos ao mundo ou de nos interagirmos com ele.

Nós, professores, sabemos, sem sermos especialistas no comportamento humano, as características de personalidade quando olhamos nosso aluno. Não é preciso ter um olhar clínico próprio do psicólogo, para apreendermos sobre uma criança, seu jeito de ser e sua atuação social. A professora consegue dizer como é seu aluno, o que pensa, como reage e pode até prever comportamentos, isto é, ela já tem a compreensão das características psicológicas de seus alunos, sem ser especialista das etapas do desenvolvimento humano.

Então encontramos aí um belo exemplo de uma concepção de psicologia na educação. Essa primeira visão simplista da psicologia e educação foi trazida para suscitar no leitor a ideia de que o fazer psicológico está em todas as relações, sejam elas profissionais, familiares ou sociais. A educação não pode ser considerada uma ciência isolada e fechada. É nela que acontecem os grandes encontros sociais, emocionais, históricos e, claro, psicológicos, entre outros.

É certo que não podemos desconsiderar que a psicologia abarca inúmeras técnicas, e seu estudo aprofunda o conhecimento no comportamento e nas emoções humanas. E, claro, somente o profissional psicólogo pode usar testes psicológicos e realizar atendimentos e tratamentos psicológicos, estando, portanto, limitada em sua aplicação no âmbito escolar.

Quero aqui enfatizar que a psicologia está presente na educação, assim como o ar está presente nos pulmões. Mas o que ocorre por muitas vezes é separar, afastar ou anular a questão psicológica nas relações, como se um ser fosse isso ou aquilo e não uma totalidade, como se psicologia fosse só observação de comportamento ou resolução de conflitos.

Vejam, numa sala de aula quando uma professora deixa que seu aluninho de 3 anos permaneça com seu paninho agarrado a ele o tempo todo, demonstra que compreende a necessidade da criança em ter o objeto nas mãos, porque ela se sente melhor, mais calma. Ora, estamos usando a teoria winnicottiana, que nos explica que esse objeto pode ser chamado de objeto transicional, faz parte do desenvolvimento normal da criança e funciona mais ou menos como um objeto de substituição para a criança, que na ausência da mãe deposita no objeto segurança e conforto.

A educação se esvazia de psicologia quando o profissional não se apoia em nenhum dos teóricos do desenvolvimento humano para realizar seu trabalho e crê que é apenas um depositário do saber, e o aluno, apenas um receptor deste conhecimento. Pode ser falha na formação deste, entretanto, a reflexão a que me proponho é que, por muitas vezes, o professor crê que não há tempo para aprofundar as relações estabelecidas em sala de aula, mantendo desta forma um contato distante e impessoal com os aprendizes. Entretanto, essas relações já existem por si próprias, sendo necessário que o professor tenha essa consciência para que possa sustentar a relação com o aluno.

Essa incompreensão é grande causadora de tragédias na educação. Achar que cada disciplina é separada em estanques e a função do professor é somente distribuir seus saberes é com certeza um assunto para um precioso debate.

Penso que psicologia e educação precisam andar de mãos dadas. Não é preciso ser psicólogo na sala de aula, mas é preciso ter olhos sensíveis. Nomeio assim porque só o olhar sutil, aquele olhar nas entrelinhas, vê o que não está sendo revelado claramente. É preciso que o educador tenha embasamento teórico para que se compreenda o aluno de uma maneira global, isto é, entender fases do desenvolvimento humano, características peculiares de cada idade, emoções e pensamentos das crianças segundo o estudioso de sua preferência. Isso significa respeito às crianças e facilidades na sala de aula. Não creio ser a metodologia, mas a prática pedagógica pautada na possibilidade de desenvolver nos alunos todas as suas potencialidades.

O professor que escolhe um ou dois estudiosos do comportamento humano como um alicerce profissional e o atrela ao conhecimento acadêmico a ser trabalhado na escola encontra motivação em si e na sala de aula, pois se sente mais seguro, mais confiante. Também encontra muitos alunos dispostos a aprender e um ambiente favorável para a aprendizagem, uma vez que o professor compreende a criança na sua totalidade e nas suas particularidades, sendo, portanto, assertivo em sala de aula.

Um exemplo disso é uma professora que, em seu compromisso pedagógico, se utiliza das teorias piagetianas e prepara atividades próprias para a idade dos seus alunos. Ela confecciona uma caixa com vários objetos, de diferentes formas, tamanhos e texturas para crianças de 1 ano e meio manipularem, porque sabe que, nesta idade, as crianças estão no que Piaget (1997) chama de período sensório-motor, fase em que o conhecimento infantil sobre o mundo é feito por meio do tocar com as mãos ou levar à boca.

Enfim, estar munido de conhecimento (fazer pedagógico) para ter consciência do que se está fazendo na sala de aula, de que jeito, como e para que, corresponde, assim, à boa consciência pedagógica.

2.2 | A PSICOLOGIA E A RELAÇÃO PROFESSOR-ALUNO

Que esta relação existe e não pode ser ignorada já sabemos. Quando não há comprometimento do professor nesta relação, quando não estabelece boa e verdadeira relação positiva com seu aluno, acaba por acionar o que a psicanálise chama de mecanismo de defesa, tanto da sua parte quanto da parte do aluno. É o aluno que rejeita o professor, porque se sente rejeitado por ele, pelo menos é o que às vezes sente o aluno. É o aluno que rejeita a disciplina, porque não tolera o professor que a ministra. É o professor que acha a turma "difícil" e já entra na sala mal-humorado. Esses mecanismos, como o próprio nome designa, constituem-se em um modo de nos defendermos de uma situação em que nos sentimos desmoronar ou quebrar em pedacinhos e, para que isso não ocorra, criamos maneiras de agir e reagir, de modo a nos defendermos, perante a atitude do outro. Ambos sofrem, professor e aluno.

Há uma pessoa por trás do professor e também do aluno! Pessoa com sentimentos, desejos, medos e opiniões. Tomemos como exemplo uma sala de aula de alunos no último ano do Ensino Fundamental. Uma turma que era muito agradável nos anos anteriores agora inferniza a vida dos professores com falatório, desinteresse e muita, mas muita bagunça. Se a escola ativar somente o mecanismo da ordem e regras provavelmente não terá uma turma controlada, calma como antes. É preciso se perguntar: o que está acontecendo? Por que estão diferentes este ano? O que motiva essa turma a agir assim? É por meio de possíveis questionamentos que caminhos se abrem e novas respostas e percepções afloram. Será que esta turma não estava se sentindo mal porque era o último ano deles juntos? Será que não estavam assustados com novos caminhos que estavam por vir? Será que era sofrido demais levar a lembrança de uma turma amiga, unida, calma, então bagunçavam para não sofrerem muito depois? Os comportamentos humanos, sozinhos ou em grupos, são incríveis. Sentimentos não ou mal compreendidos podem se tornar catastróficos. Essa é a leitura que o educador pode fazer da sua turma. Isso é olhar nas entrelinhas e ver o que está por trás de alguns comportamentos que não correspondem aos reais sentimentos.

Cada um de nós tem um jeito particular de se apresentar ao mundo e de reagir aos acontecimentos. Também temos nosso jeito para aprender algo. Uns precisam de imagens, outros de movimento, outros aprendem relacionando com algo que já sabe. É também a singularidade da aprendizagem! Assim também somos nos relacionamentos. Com um é preciso ter mais paciência, com outro é só chegar perto e explode uma bomba de cutucões e alfinetadas.

Entender as diferenças na sala de aula, o jeitinho que cada aluno usa para aprender e o modo de ser de cada um, já é um bom início para o professor que ousa mudar-se. A mudança é do professor sim, pois é ele que tem condições intelectuais de repensar a relação e buscar ajuda, para que a relação se harmonize. É o professor que pode olhar o aluno de maneira diferente. São percepções sutis daquele que olha e vê.

Penso que são duas coisas diferentes: olhar o aluno nos olhos é ter o que chamo de *atencionalidade*[11], ação daquele que lhe dá atenção. Recordamo-nos com afeto daquele professor que nos olhou, que nos deu atenção e que falou conosco num diálogo amigável, mesmo nos dando uma bela bronca. Entretanto, daquele professor que nos olhou, mas não nos viu, nem ouviu, guardamos mágoa ou raiva, porque estava embutido no olhar dele o sentimento da rejeição. Veja bem, o professor pensa que não está rejeitando o aluno, porque se dirige a ele sempre que possível. Mas de que forma? Perguntando se hoje ele fez sua tarefa? É isso que o aluno espera ouvir do professor, somente? Todos nós sentimos quando não somos queridos ou quando nossa presença é desagradável. E ao sentirmo-nos rejeitados, sofremos e atuamos de diferentes modos. Há o aluno que se comporta mal na sala de aula, atrapalha, levanta o tempo todo ou aquele que está presente-ausente, isto é, o corpo está ali pesado sobre a cadeira, mas o pensamento está em outro lugar senão aquele lugar que lhe dá prazer, seja com o *video game* ou no jogo de futebol.

Segundo Marchand (1985: 19):

> *A educação supõe, desde o primeiro contato com determinada criança, o aparecimento do par-afetivo, cuja harmonia ou desacordo leva todo o ensino para os numerosos (des)caminhos possíveis.*

No século passado havia um grande distanciamento do professor com o aluno. Hoje muitos professores ganham amigos na sala de aula. Entretanto, ainda há, metaforicamente, apagadores de lousa sendo jogados nas cabeças dos alunos e reguadas nas palmas das mãos, porém, de um jeito mais desumano ainda: a indiferença. Esta, quando presente nas relações, dilacera a alma e provoca angústia. A indiferença ocorre nos dois lados, tanto do professor para com o aluno, como deste para com o professor. Infelizmente, há muitos alunos que são indiferentes à presença do professor. Fica esquecido que sala de aula é lugar de compartilhar conhecimento, lugar de ouvir opiniões, lugar de respeito ao pensamento do outro. Mas, por que a escola está assim?

---

11   Este termo é utilizado pela psicopedagoga argentina Alicia Fernández quando em seu discurso busca se referir à real e significativa atenção dada a crianças, jovens e anciãos.

2.3 | A PSICOLOGIA E A EXIGÊNCIA ESCOLAR E FAMILIAR NOS DIAS DE HOJE

O pensamento sobre a escola e o que se espera dela têm mudado muito nas últimas décadas. A escola antigamente era o lugar para se ter a formação acadêmica: ler, escrever, contar e conhecer a história dos países etc. Hoje se espera que ela possa dar o que os pais não têm tempo para dar em casa, ou seja, educação, respeito ao próximo, respeito às figuras de autoridade, higiene e questões morais e todo o conteúdo acadêmico formal.

A despeito da escola também ser uma instituição educativa, é papel fundamental da família inserir a criança no mundo simbólico, ou seja, da cultura, transmitindo-lhe valores, direitos e deveres, instituindo uma lei que permite a esta criança se posicionar frente ao mundo. À medida que a escola delega este papel, ocorre uma confusão de exigências: os pais exigem que a escola mude e se responsabilize pelo comportamento alterado da criança ou pelo fracasso escolar. E a escola pede aos pais para tomarem providências quanto à má aprendizagem do aluno e a conduta inadequada deste.

Como ambos, pais e escola, não conseguem, por muitas vezes, administrar estes problemas, ocorre o encaminhamento desta criança para um profissional que dê uma solução rápida e eficiente para que aconteça o tão sonhado bom desempenho e bom comportamento do aluno.

Vivemos hoje numa sociedade do *fast*, da comida rápida, dos apressados, da hora marcada, e das cobranças em tudo. A empregada doméstica tem de saber lavar e passar bem, cozinhar melhor ainda e realizar bom atendimento telefônico, além de ser excelente babá e conselheira para a dona da casa. O pensamento desta sociedade é que médico bom é aquele que cura rápido. Mas são tantas as especialidades que ainda hoje são criadas que perdemos o entendimento do que serve para o quê. Esse modo de pensar faz parte de um contexto da sociedade pós-moderna que traz consigo ideias próprias do século XX. Segundo Outeiral (2003), a sociedade contemporânea é marcada pela velocidade de informações, modelos de relações da ordem virtual, descartável, com ênfase no produto e não no processo. O ser humano fica visto em partes, todo fragmentado, e como entender uma dor no corpo se não questionarmos como, quando e em que situação surgiu essa dor?

A escola necessita de uma "cura" rápida do seu aluno, pois pretende deixá-lo apto para a sala de aula. Nesse momento, ocorre um fato muito importante e é sobre ele que quero me debruçar agora. Pretendo apontar para uma visão sobre o aluno encaminhado, sobre uma escola que pede ajuda e uma família que grita por socorro procurando, muitas vezes, na criança a causa dos problemas apresentados por ela.

O momento do encaminhamento é decisivo na vida de uma criança. Diante de muitas queixas sobre a criança, como escolher que profissional consultar?

Diz-se da criança: não para quieta, fala na hora errada, levanta-se muito da cadeira, não presta a atenção em nada na escola, fica muito tempo no computador e uma lista que se segue sobre dificuldades, exageros e falta de comprometimento da criança. Certa vez, uma mãe me ligou contando que necessitava de minha ajuda psicoterapêutica, porque sua filha não ficava quieta na cadeira da escola e não prestava muita atenção no que a professora dizia. Ouvi atentamente o relato da mãe e qual não foi minha surpresa quando ela me disse que a criança em questão tinha apenas 3 anos. Foi preciso fazer esta mãe refletir sobre o que ela espera de uma escola, se ela concordava com as queixas da escola e o que planejava sobre esse início escolar da vida da filha, porque aos 3 anos não é possível exigir esse comportamento.

Creio que um dia as escolas vão esperar da criança que ela seja apenas uma criança, e que haverá respeito pelo seu desenvolvimento emocional, estrutural e social. A criança terá novamente tempo e espaço para brincar, para se mexer e aplicar sua curiosidade, e consequentemente seu precioso desejo por aprender.

A criança encaminhada pode ter a sorte de ser atendida em suas reais necessidades, compreendida não pelos seus desarranjos e erros, mas pelo que sabe fazer, por seus sentimentos, pensamentos, desejos e por tudo o que está escondido atrás de comportamentos inadequados. Penso que essas crianças devam ser ouvidas e atendidas com *atenciona-lidade*. Um minucioso trabalho de escuta e a compreensão de que esse jeito agitado ou desatento de ser pode ser a única maneira que a criança encontrou para dizer ao mundo que algo não está bem com ela ou dentro da família dela.

As famílias estão, muitas vezes, perdidas. Não entendem porque as crianças estão tão desinteressadas dos estudos e porque os comportamentos estão fora dos seus controles. A insegurança da família é muito grande. Ora encontramos pais exigentes que questionam a metodologia da escola ou a aula do professor, ora encontramos pais ausentes, que não sabem nem o nome dos coordenadores. Por vezes escola e família vivem um confronto infindável. Zagury (2002: 14), educadora e escritora, evidencia uma importante questão que aponta para o fato de que os prejudicados são os alunos:

> *[...] trata-se mais do que tudo de evitar que tal confronto se transforme numa disputa em que os únicos vencidos serão nossas crianças. Por isso é mister tratar de compreender*

que, se a escola não é ainda hoje aquela ideal, por outro lado, é ainda o único lugar em que nossos filhos encontram pessoas que dedicam suas vidas – assim como nós pais – à formação das novas gerações.

Há poucas décadas, o significado que a escola tinha para a criança era totalmente diferente das concepções de muitos alunos, nos dias de hoje. Antigamente mantínhamos uma relação saudável com o saber, gostávamos de ir à escola. Entretanto, hoje muitas crianças não gostam de ir à escola. A principal queixa é sobre a relação com o professor. É preciso atentar para o fato de que antigamente a autoridade do professor era muito clara. A construção desta relação se dava de forma hierárquica, muitas vezes de maneira rígida, e mesmo assim era gostoso ir para a escola. Também nessa época o fracasso escolar era de responsabilidade unicamente do aluno, desta forma nos empenhávamos muito mais para vencer os desafios e dificuldades. No entanto, mesmo com essas diferenças havia o empenho do aluno e o respeito ao professor. Nossos pais nos aconselhavam a respeitar a professora. Muitas meninas, nas suas séries iniciais escolares, queriam ser professoras quando crescessem. Havia uma identificação positiva com a figura da educadora. E o que ela nos dizia era uma verdade inquestionável, chegávamos a contrariar nossos pais ao defendermos as ideias da nossa professora.

Penso que a opinião dos pais sobre as pessoas sempre foi de muita relevância para as crianças. Foram nossos pais que instituíram a importância do professor e também foram eles que destituíram o professor da sua valência. Se os pais deixam de dar a devida importância aos educadores, como as crianças vão construir essa relação?

2.4 | A PSICOLOGIA E OS RÓTULOS

A escola tem a responsabilidade de auxiliar a família compreender que a criança precisa de outra ajuda profissional, pois se esgotaram as tentativas da escola e também da família de auxiliarem a criança que apresenta sintomas[12]. Contudo é da responsabilidade da família escolher este profissional. Gostaria de elucidar sobre os diagnósticos precoces e mal fundamentados. O que ocorre, muitas vezes, é a criança receber um diagnóstico-rótulo de disléxica ou hiperativa e carregar este fardo, sendo apontada ou reconhecida, na escola, por este rótulo. Outras vezes a criança é medicada

---

12 Sintoma, tal qual explicitado pela psicanálise, refere-se a um modo disfarçado, mascarado, enigmático de apresentar um conflito. Dito de outra forma, uma mensagem de que algo não vai bem com a criança.

para que tenha o comportamento normalizado, isto é, aquele que a escola estabelece como correto. Esse procedimento já é por si só invasivo e desprovido de valorização e aceitação das singularidades de cada criança.

É nesse sentido que chamo a atenção do leitor para essas questões tão comuns na nossa sociedade, nas nossas casas e escolas. São comuns porque se tornaram comuns, corriqueiras, para corresponderem ao *fast* do mundo moderno. Entretanto, causam sofrimento ao aluno estigmatizado. Por este motivo a psicologia não pode ser vista como algo distante, algo fora do contexto escolar. É preciso ser sensível para sentir a dor do aluno que não consegue aprender ou que não consegue se conter em sala de aula. A sensibilidade está no profissional, não na profissão, por isso que afirmo que podemos mudar nossa postura, de um olhar que acusa para olhares que abraçam e tocam com amor esses alunos ditos problemáticos. Trago uma frase de Rubem Alves que complementa o que pretendi dizer:

> *O nascimento do pensamento é igual ao nascimento de uma criança: tudo começa com um ato de amor. Uma semente há de ser depositada no ventre vazio. E a semente do pensamento é o sonho. Por isso os educadores, antes de serem especialistas em ferramentas do saber, deveriam ser especialistas em amor: intérpretes do sonho.*

Muitos destes alunos se defrontam com o fracasso escolar e a esse respeito Fernández (2001a: 26) nos apresenta o fracasso escolar e a própria dificuldade de aprendizagem como fatores que afetam profundamente o sujeito aprendente na relação com o mundo e consigo mesmo:

> *[...] a criança que dele padece sofre pela subestimação que sente ao não poder corresponder às expectativas dos pais e professores.*

Penso que a autoestima é algo a ser construído na relação com o outro. Se o outro só vê nossos erros, como poderemos nos sentir bem? Sabem aquelas crianças cujos pais só fazem comentários negativos a respeito delas? Sabem aquelas reuniões de pais, na escola, que a professora só aponta os problemas dos alunos? Há pais que me dizem que não vão às reuniões porque sabem que somente vão ouvir reclamações sobre o seu filho, e isso se tornaria desagradável.

Há ainda de se esperar que a escola e a família façam uma parceria e que as beneficiadas sejam as crianças. Enquanto essa parceria não vem, muitos alunos sofrem recebendo rótulos: bagunceiro, agitado, mal-educado, desafiador etc. Os rótulos vêm para nomear de forma degradante uma característica ou um conjunto delas, comportamentos ou apenas jeito de ser no mundo. Fernández[13] nos diz que "ao rotular faz-se calar toda a possibilidade". Para o aluno rotulado fica quase impossível fazer algum movimento de mudança. É como se não pudesse esperar nada deste aluno. Por isso, toda a possibilidade de transformação se anula. Fica o fardo pesado do rótulo, porque um rótulo é um peso a ser carregado pelo aluno: o peso da culpa, do não acerto, o peso de ser diferente. O que acaba por minimizar as chances de crescimento pessoal, emocional e intelectual do aluno, pois a escola toma para si este diagnóstico, instala o rótulo e o perpetua.

Em conclusão, parece-me que a escola é uma pequena parte, mas significante, da sociedade, e quem não corresponder às suas exigências, muitas vezes, será marginalizado, assim como o aluno é ao ser rotulado de disléxico ou hiperativo. Então, na escola, e depois fora dela, o sujeito não é reconhecido pelas suas capacidades e habilidades e pelo que sabe fazer de melhor, mas sim estigmatizado pelos seus "defeitos".

2.5 | O EDUCADOR, O AUTOCONHECIMENTO E A CONSTRUÇÃO DO CONHECIMENTO

Hoje está cada vez mais difícil o professor assumir que há falhas educacionais, sejam no planejamento ou em ação na sala de aula. O professor não consegue aceitar algumas limitações dos seus alunos, não consegue ainda se ver em sala de aula, analisar sua atuação e aceitar as suas próprias limitações. O autoconhecimento proporciona domínio sobre si mesmo, sobre as suas próprias possibilidades e sobre sua força geradora de mudanças. É preciso uma disponibilização interna para a mudança, que beneficiará tanto professor, como aluno e, consequentemente, a relação entre eles. Nesse momento, do conhecimento de si mesmo, ocorre a autorização para ensinar e a possibilidade criadora do professor. É preciso "autorizar-se a pensar", como diz Fernández (1994: 5). E pensar é questionar, é ampliar o conhecimento, é arriscar-se. É isso que um bom professor pode fazer pela sua turma: estimular o pensamento, interrogar, questionar, levantar hipóteses. Digo bom professor, porque precisa de coragem para estar numa sala que tem alunos pensantes, aqueles que podem questionar até aquilo que o professor desconhece e este aceitar seu desconhecimento e ir buscar esse saber junto com o aluno.

---

13 Palestra proferida na Universidade São Marcos em 12 de abril de 2007, cujo título foi "(Des)construindo a concepção de hiperatividade e déficit de atenção e construindo a concepção de atividade e atenção".

Essa tarefa chama-se metacognição: é pensar sobre o seu pensamento, é pensar-se enquanto cria, é mais que autoconhecimento, é pensar sobre seus próprios processos. Portilho (2009: 123) utiliza esse termo para trabalhos com professores e crianças em seus próprios processos de aprendizagens:

> *Uma avaliação metacognitiva tem o objetivo de ajudar o avaliado a tomar consciência dos aspectos fortes e frágeis no seu processo de aprendizagem, verificando se existe ou não controle da situação, com vistas à transformação dos caminhos percorridos até o momento. É pensar, refletir e agir sobre a realidade, em especial sobre as estratégias de aprendizagem adotadas.*

Muitos profissionais já pensam sobre suas ações numa reflexão individual por muitas vezes, essa reflexão não é consciente. Então, é preciso ter consciência destes pensamentos. São pensamentos que valem à pena, porque nos mostram o que somos e o que precisamos melhorar. Creio que é uma aposta em si mesmo. Um investimento com garantia de bons rendimentos, porque a autoanálise não serve para autodepreciação, mas sim para autoconstrução, reflexão e seleção do que é bom e do que não se tem mais uso, como por exemplo metodologias arcaicas. É preciso imaginação e criatividade para apresentar uma aula interessante, que infelizmente faz parte de concorrência com os *videos games* e jogos de computador, que são sedutores e muito atraentes para o aluno.

Arriscando apontar o que seria ideal, penso em salas com turmas pequenas, para que o saber circule pelos alunos, sem tumultos. Apoio os professores quando dizem que uma sala de aula numerosa não permite que todos possam mostrar seu saber, porque o tempo que se tem é bastante curto. Entretanto, a culpa não pode ser depositada no curto tempo, mas no modelo comportamental da aprendizagem, que prioriza estímulos e respostas previstas. Desta forma, espera-se que o aluno memorize as respostas dadas pelo professor, assim não proporcionando um ambiente de reflexão e argumentação. O aluno precisa pensar. Neste sentido, o professor tem papel importante, porque vai se deparar com interrogações e conclusões que são exclusivas das crianças e não do sistema educacional. Para Macedo (1994: 129) o professor deveria "experimentar suas próprias técnicas [...] desenvolvendo sua própria autonomia" para que a criança desenvolva a dela.

Quando pensamos, geramos perguntas e são elas que norteiam nosso caminho, indicando para onde vamos. A pergunta é ao mesmo tempo instigadora e desafiadora. A escola ensina as respostas, quando na verdade deveria ensinar a fazer perguntas e a trilhar os caminhos para as respostas, devendo essas conter a questão objetiva e subjetiva do pensamento do aluno.

Um aluno autor de seus próprios pensamentos é questionador, é pensador. Daí que, muitas vezes, a escola nega essa possibilidade, pois a "autoria de pensar supõe e produz um sujeito *inquieto*[14]", como nos mostra Fernández (2001b: 92). A escola, muitas vezes, se incomoda com as perguntas e inquietação dos seus alunos. E, ao exigir silêncio absoluto, impossibilita a troca de informações e o exercício da autoria de pensamento.

Fazer perguntas não é fazer questionamentos sem sentido, é colocar em palavras interrogativas os pensamentos. É perguntar para compreender melhor, para ampliar o que já aprendeu. A pergunta está entre o que conheço e aquilo que quero conhecer. E para compreender a criança precisa inventar respostas, aventurar-se, agir sobre a pesquisa e se deleitar nas descobertas. Macedo (1994: 128) utiliza as palavras "observar, perguntar, interpretar e registrar" como fundamentais na aprendizagem e acrescenta que na escola é importante que se "desenvolva a habilidade de comunicação". Então, estariam as crianças contando e recontando histórias, fatos, relatos, e estariam exercitando a relação positiva com o outro, na medida em que "realizam o trabalho de equipe".

Grandes descobertas na ciência aconteceram por acaso? Mesmo que a maçã tenha caído, fortuitamente, da árvore, o físico Isaac Newton precisou questionar esse fato, levantar hipóteses e formular as possíveis respostas. Para os grandes pensadores fica o título inatingível de "descobertas científicas". Mas nos apropriamos deste saber e o transformamos para adequá-los à nossa vida. Isso é aprendizagem sadia, uma vez que não apenas conhecemos, mas acrescentamos, manipulamos e modificamos o conhecimento construído em função das nossas necessidades e de nossos desejos. É nossa subjetividade mesclando com a objetividade do conhecimento. É a própria construção do conhecimento ou a construção da inteligência. Andreozzi (2007: 53) complementa tal ideia ao relacionar a construção da inteligência ao desejo inconsciente: "O movimento de construção da inteligência não é autônomo; está ancorado no movimento do desejo, inconsciente".

Macedo (1994: 132) nos fala da aprendizagem, ponderando que ela é universal, isto é, acontece com qualquer criança, todas aprendem, independente do meio em que vivem, porque "é da ordem do espontâneo". Revela ainda que a criança aprende segundo o nível de desenvolvimento que ela esteja, sendo necessário, então, "levar em conta as possibilidades prévias da criança".

---

14 Grifo da autora.

Linkeis (2007)[15], psicóloga e psicopedagoga, acrescenta uma importante contribuição quando relata que, numa sala de aula, o que o professor diz é entendido de uma maneira diferente para cada aluno, pois o sujeito aprendente é também ser subjetivo. Desta forma, cada aluno transformará em algo próprio tudo o que aprendeu. É esperado que todos os alunos aprendam, entretanto, não se aprende igualmente, pois cada aluno dá um sentido próprio à aula assistida.

É importante refletir sobre a postura de muitos professores que, costumeiramente, ensina os seus alunos em aulas expositivas, longas e no nível das hipóteses. Consideremos um aluno que não atingiu o período formal – período que o jovem consegue pensar hipoteticamente – terá dificuldades de compreensão do que o professor diz, uma vez que, até os onze ou doze anos, ainda está operando concretamente – período que a criança necessita de algo concreto para construir seu pensamento. É certo que os alunos necessitam de aulas que permitam o uso de recursos concretos. Se isso não acontece, como o conhecimento vai ser construído pela criança? Sem o aparato cognitivo, que ainda não dispõe, como vai fazer abstrações, levantar hipóteses, ou pensar sobre ações futuras?

Esta compreensão é muito importante para que se entenda que um dos motivos da desatenção do aluno origina-se no momento em que ele não consegue abstrair o que o professor ensina. O que, por sua vez, aciona outros comportamentos como desinteresse e apatia pela escola ou professor.

2.6 | O COMPORTAMENTO ESCOLAR DA CRIANÇA E DO ADOLESCENTE À LUZ DA PSICOLOGIA

Vamos traçar um perfil do bom aluno? Bom aluno é aquele que fica sentado o tempo todo na cadeira da sala de aula, faz perguntas relevantes ao professor, como se adivinhasse o pensamento dele, sobre a aula? Também é bom aluno aquele que faz todas as lições em silêncio e olha nos olhos do professor, atentamente? Entrega trabalhos na data certa e não faz gracinhas na sala de aula?

Tudo bem! Esse aluno existe, claro, são poucos, mas estão nas salas de aula. Ocorre que, nas últimas décadas, esse era o perfil de quase toda a sala de aula. As exceções eram os alunos que não prestavam atenção no que o professor dizia, conversavam sobre outros assuntos, faziam brincadeiras e faltavam ao respeito para com o professor e os

---

15 Ideia proferida pela professora Rita de Cássia M. B. B. Linkeis na aula do dia 22 de fevereiro de 2007 na Disciplina Desenvolvimento do Papel Profissional do Psicopedagogo, do curso de Especialização *Lato sensu* em Psicopedagogia da Universidade São Marcos.

colegas de classe também fazem parte da lista dos que tomo a liberdade de chamar de inadequados.

Hoje temos uma sala quase cheia de inadequados. Falta de atenção e de respeito são as principais queixas dos professores sobre os alunos. Por que os aprendizes estão assim? Penso que dialogar sobre esse fato nos remeterá às questões morais e educacionais. O comportamento inadequado do aluno é resultado dos tempos modernos, em que o professor recebe um aluno para educá-lo em todos os sentidos. É o professor que ensina a criança a falar obrigado, bom-dia e a pedir desculpas. É o professor que tenta preencher uma lacuna deixada pela família, em que a educação e respeito estão distorcidos, e os aspectos morais, cidadania e comprometimento são apenas detalhes pequenos, para muitas famílias.

Não há como transferir a responsabilidade dos pais sobre estas crianças. São eles, e ponto final, os únicos que podem transmitir, direcionar e mostrar o que é certo e o que é errado nesta sociedade. Chamo de pais ou cuidadores aqueles que são responsáveis pela criança, que moram com ela e cuidam dela. Desta forma, os cuidadores são tios, avós ou padrinhos ou os próprios pais que devem educar sempre, principalmente na adolescência. Fase em que o jovem necessita de direcionamento, diálogo e atenção. Muitos pais param de ensinar, porque acham que já ensinaram o bastante, e também por que se deparam com a pseudoindependência do adolescente, que pensa que já sabe tudo na vida.

A criança que apresenta problemas comportamentais é encaminhada, algumas vezes, para a clínica psicológica. Os pais a levam porque acreditam que a criança tem problemas. O profissional deve ser cauteloso, reconhecendo que a criança não é um objeto a ser estudado, porque obviamente ela não é um objeto! Hoje as crianças estão apresentando sintomas de adultos: depressão, ansiedade ou estresse agudo. O que não significa que elas necessariamente têm o problema, pois muitas crianças inteligentes constroem os sintomas ao observarem demais seus pais ou as figuras significativas da sua vida.

As crianças estão falando menos e observando mais. Dolto (1999: 11), psicanalista francesa, relata uma verdade sobre a atenção das crianças:

> [...] uma criança reflete e escuta melhor quanto menos olha a pessoa que está falando. [...] Para nós, adultos, é o contrário: gostamos de olhar para a pessoa com quem estamos falando. Quanto à criança, se ela está com as mãos ocupadas com alguma coisa, se está folheando um livro, uma revista ou história em quadrinhos, ou se está

brincando de alguma coisa, esse é o momento em que ela escuta, que escuta fantasticamente, tudo o que se passa à sua volta. Ela escuta "de verdade" e memoriza.

Por isso é mister dizer que as crianças estão aprendendo conosco, mesmo sem nos dirigirmos a ela. Isso significa que elas observam comportamento, palavras e reações dos adultos, incorporando esses modelos e os utilizando depois.

As crianças estão desenvolvendo menos brincadeiras que envolvem elaboração do pensamento. Ficam horas a fio defronte ao computador. Elas olham a tela que, a princípio, propõe reflexão, desafios e associações, entretanto, não apresenta as reações e descobertas características da condição humana. Nos jogos do computador, é quase tudo determinado; as crianças sabem o que a esperam, sabem o que vão encontrar. Então, a brincadeira fica esvaziada de inovação. Contudo, a brincadeira com o outro pode proporcionar: inovação, construção de conhecimento, hipóteses, raciocínio e imaginação. Brincar implica construir ideias e pensamentos. A brincadeira com outras crianças proporciona desenvolvimento da linguagem, criatividade, construção de pensamentos e exposição de ideias. Daí surgirem muitos problemas na aprendizagem e no desenvolvimento escolar das crianças e dos adolescentes. Pais e professores percebem, no contexto escolar, que falta a esses jovens opiniões, levantamento de hipóteses, construções e interpretações de textos ou situações, posicionamento, planejamento futuro e elaboração de ideias.

A psicologia vê a criança e seu desenvolvimento inseridos numa família com hábitos e rotinas específicos. Uma criança com uma história de vida. Não há como classificá-la num diagnóstico. Se isso ocorrer, acaba toda a possibilidade de esta criança ser vista em sua singularidade. No consultório não me relaciono com um hiperativo, me relaciono com Lucas, com João, Pedro, Maria. Mais uma vez dispenso os rótulos.

Para se entender os comportamentos das crianças e dos adolescentes é preciso investigar a família, o posicionamento e os relacionamentos que ela cria com esta família e com o mundo. Não é importante classificar seu problema, mas oferecer um ambiente clínico de reciprocidade e espontaneidade. E os sintomas apresentados aparecem como espelhos da história de vida desta criança. Há entendimento do psicólogo de que ele não pode ser mais um que só enxerga os problemas da criança. Se a olhamos como todo o mundo a vê, então não há possibilidade de superação das dificuldades. Entretanto, se a olharmos como um ser normal e cheio de surpresas, aí teremos o compromisso com a subjetividade infantil, e as possibilidades de mudanças serão significativas.

2.7 | UM OLHAR PARA O TRANSTORNO DO DÉFICIT DE ATENÇÃO COM OU SEM HIPERATIVIDADE

No cenário da atual sociedade acompanhamos o uso de nomenclatura para todos os tipos de comportamento. São os diagnósticos-rótulos que rompem com a angústia de não se ter um nome para os sintomas que se têm. Entretanto, essas nomenclaturas estão sendo usadas em excesso pelos profissionais. Um deles é o Transtorno do Déficit de Atenção com ou sem hiperatividade. Basta os pais falarem que o seu filho é desatento e agitado para o rótulo ser colado na testa da criança e, muitas vezes, o remédio ser receitado.

Discutir sobre o TDAH no contexto atual é de extrema importância para que assim se possa compreender porque inúmeras crianças são medicadas desnecessariamente, e rotuladas invariavelmente.

O que pretendo mostrar é a importância de um diagnóstico cuidadoso que não generalize nem estigmatize crianças que apresentam os sintomas do transtorno.

Faz-se importante entender a construção deste diagnóstico: O TDAH teve em 1980 a sua caracterização nosológica pela Associação Americana de Psiquiatria, conforme assinala Cypel (2003). Essa caracterização estabelece três condições para o diagnóstico: impulsividade, desatenção e hiperatividade. Esses sintomas são causadores de grandes perturbações no ambiente escolar, uma vez que a criança ao ser desatenta ou agitada "perde" explicações dos professores e acaba tendo prejuízos nas notas escolares.

Muitos profissionais, ao diagnosticarem o TDAH, baseiam-se nas orientações do manual diagnóstico e estatístico de transtornos mentais da American Psychiatric Association (DSM-IV), publicado em 1994, em sua quarta edição. Estudiosos do transtorno, como Barkley (2002), afirmam que, entre os sintomas, pelo menos seis deles devem persistir por mais de seis meses.

Pretendo apontar para o fator de decisão sobre o transtorno: só os sintomas que são considerados. Se a criança apresenta os sintomas, então ela tem o transtorno! É essa atitude que considero questionável, pois estigmatiza e medica até as crianças que realmente não possuem o transtorno. A história de vida desta criança não é levada em consideração por muitos médicos.

2.7.1 | Uso do medicamento

Crianças e adolescentes estão sendo medicados em apenas 20 minutos de consulta médica. Basta apenas que sejam faladas as palavras: desatenção e agitação! Nos EUA, as crianças são medicadas indiscriminadamente.

Fernández (2001a: 204) afirma que "o número de crianças entre dois e quatro anos que usa Ritalina, uma droga estimulante, nos últimos anos, duplicou nos Estados Unidos da América".

Mas o que explica o exagero sobre a medicação? Creio que o modo de abordar os sintomas no século XXI é o uso de medicação. Estamos na era em que o remédio é usado para suprimir a dor psíquica. Muitas pessoas tomam remédios para ficarem mais felizes. Por mais que se fale em homem com visão holística de si, ainda permanece a herança das grandes descobertas da medicina e, principalmente, a evolução e aprimoramento dos achados científicos sobre os componentes químicos que agem especificamente sobre a dor do indivíduo, mesmo que esta dor seja emocional.

Creio que muitas crianças estão apresentando sintomas como uma maneira de expressar que algo não vai bem com ela ou com a família dela. Desta forma, me arrisco em entrar numa questão mais delicada ou talvez perigosa: O que as crianças estão denunciando com o seu modo irrequieto de ser e sua atenção desfocada? Por que é tido como correto ter atenção em um só foco?

2.7.2 | Atenção, o que é?

Em seus estudos psicanalíticos, Freud (apud Fernandez, 2001a) chamou de "atenção flutuante" às várias maneiras de perceber os estímulos concomitantes a outros. Então, vamos examinar nossos adolescentes e verificar a presença da atenção flutuante ocorrendo nas suas horas vagas: conseguir ouvir música e cantar enquanto escreve para três amigos na Internet, em bate-papo online. Mas na escola, nada de prestar atenção ao que o professor fala! Creio que o interesse está presente só nas horas vagas. O conteúdo escolar e as relações na sala de aula ficam desinteressantes.

O aluno dirige sua atenção para os focos que estão relacionados com seu desejo.

Isso explica porque muitos alunos não aprendem. Se o desejo por aprender pertencer aos pais e não à criança, isto é, se o desejo não for dela, então a aprendizagem não ocorre de maneira satisfatória. Muitas crianças fazem as tarefas escolares sem desejo próprio, mas para atender ao desejo do outro. Nesse sentido, a psicopedagoga Rubinstein (2003: 81) aponta: "sem desejo não há possibilidade de aprender, pois aprender implica domínio, apropriação". Quando uma criança se apropria do conhecimento, transforma-o dando-lhe um sentido maravilhosamente singular.

É por isso que alunos ditos com o TDAH se saem muito bem em testagens de atenção e concentração, ficam horas no computador ou falando ou fazendo algo, sem se distrair. O coração deles está ali. E a motivação para terem esta atenção encontra-se presente. Em hebraico, atenção se escreve assim: LASSIM LEV e significa "colocar seu coração", como esclarece Rubinstein (2003: 178).

2.7.3 | O olhar da família

Objetivando proceder com um contraponto ao discurso até este momento, apresento Jean Bergès, neurologista e psicanalista francês que faz um paralelo entre a criança hiperativa e sua relação com o olhar de pessoas significativas, principalmente o olhar materno.

É interessante a concepção apresentada por Bergès (1988) quando nos fala que a agitação da criança não a incomoda, mas sim ao outro que tem o desejo que ela permaneça bem quietinha. Esse desejo, expresso pelo olhar dos pais, revela uma mensagem para a criança que busca responder pelas suas atitudes.

Funciona mais ou menos assim: a criança agitada apresenta ao mundo um jeito de ser em resposta ao modo como foi olhada. Se olhada em excesso, mostra ao mundo essa agitação que lhe foi, de certa forma, imbuída, se olhada em escassez, apresenta uma agitação para se fazer notar, para ser percebida pelas figuras significativas da sua vida.

Diante de tais estudos, posso concluir que os sintomas da desatenção, acompanhada ou não da hiperatividade, são os mesmos para a criança que tem realmente o distúrbio e aquela que não tem. E que, muitas vezes, crianças desatendidas pelas famílias estão recebendo o diagnóstico errado e, nesta busca pela atenção, são forçadas a "normalizar" seus comportamentos através de psicotrópicos.

Creio que não podemos medicar ou tratar somente os sintomas que uma criança apresenta. É preciso compreendê-la dentro da dinâmica de sua família. É preciso investigar que lugar ocupa dentro da família, quais expectativas a família deposita sobre esta criança e de que forma os sintomas se desenvolvem. É precioso saber que uma criança nasce hiperativa, sendo assim a hiperatividade não pode simplesmente aparecer em qualquer momento da vida da criança. Se isso aconteceu, então não há como dizer que esta criança tem o TDAH. Estes sintomas apresentados por um portador do TDAH ou por uma criança diagnosticada com o transtorno mesmo sem possuí-lo, ou por uma criança desinteressada e desatenta na escola revelam nas entrelinhas a história deles com o mundo e, essencialmente, com as famílias. A psicologia entende esses sintomas como algo que, na impossibilidade de aparecer de outro jeito, encontra na desatenção e na agitação motora uma via de expressão que acaba por revelar que algo não está bem na própria criança, mas advém das suas relações com pessoas significativas.

É preciso uma análise atenta, cuidadosa do sujeito, com investida em sua história de vida. Minuciosamente se descobre, tecendo fio por fio, a rede de emoções, percepções, desejos que constituem um sujeito, para que, dessa forma, seja possível vê-lo também em suas capacidades e no seu próprio poder de resiliência.

CONSIDERAÇÕES FINAIS

Sempre é tempo de se refletir sobre como melhorar as condições do aprender e do ensinar. Portanto, faz-se essencial que se aponte os caminhos para que tais processos se realizem.

É neste sentido que a psicologia se une à educação para traçar um caminho rumo a novas maneiras de se pensar a relação professor-aluno de modo que ambos possam usufruir o sucesso em ensinar e em aprender.

Em todos os itens deste capítulo procurei trazer contribuições no que diz respeito à valorização do professor e olhares valiosos aos alunos. É preciso uma retomada da minha produção escrita para que assim possa ampliar os objetivos de cada item.

No item 1 busquei estreitar o laço que une a psicologia e a educação, mostrando que, entre outras coisas, é preciso instrumentar o professor para que sua tarefa de ensinagem seja mais segura para si e para as crianças. Ressaltei que o que faz diferença em sala de aula é o olhar do educador sobre a relação estabelecida com o conteúdo, sobre a realidade escolar e sobre a criança principalmente.

Na tarefa do professor em se atualizar, vários recursos podem ser usados. O uso da Internet facilita o estudo do professor sobre os teóricos do desenvolvimento de maneira mais rápida se comparado à época quando fazíamos nossas pesquisas nos livros da biblioteca, portanto, hoje há mais facilidade para se obter conhecimento, para ler histórias de quem elaborou uma aula diferente, para também relatar sobre seus sucessos na sala de aula.

Na relação professor-aluno, tema desenvolvido no item 2, procurei, à luz da psicologia, revelar as singularidades de cada um, as motivações, os sentimentos e desejos que tornam uma pessoa um ser único e inigualável. Ninguém é igual a ninguém, então torna-se imprescindível que a figura do professor e a figura do aluno sejam valorizadas em suas particularidades.

Explorei também a questão da qualidade da atenção dada à criança e a relação professor-aluno sendo permeada por afetividade. Desta forma, considero a afetividade como fator essencial para que os saberes possam circular e a aprendizagem possa se efetivar.

No item 3 ressaltei a importância da voz dos pais na educação das crianças. Apontei para o fato de que a maneira como os pais conduzem seus valores de vida, seus pensamentos sobre a moral e situações do dia a dia refletirão de modo impactante sobre a criança. Assim, a opinião dos pais pode influenciar a opinião de seus filhos. É preciso refletir sobre essas questões, para que, na educação das nossas crianças, haja o incentivo à valorização e ao respeito pelo educador.

Ainda neste item, trabalhei as questões psicológicas intrínsecas na exigência escolar e familiar. Trouxe alguns exemplos desta exigência mútua, para compreender porque a relação escola-família está tão complicada. Apontei para o fato de que estamos numa era do *fast* em nossa sociedade. Para não perder tempo, a sociedade impôs a rapidez em tudo aquilo que vamos fazer: alimentos rápidos, cursos rápidos. Nós aderimos porque adotamos um estilo de vida que se faça muitas coisas em curto espaço de tempo. Desse modo atropelamos nosso organismo, desejos e deveres: a família delega à escola o que compete a ela própria fazer.

Pensando nas consequências de se corresponder ao *fast* da nossa sociedade — mundo moderno —, trouxe para discussão, no item 4, uma análise sobre os rótulos instalados nos alunos e, por vezes, perpetuados pela escola. Apresentei o rótulo como algo que impossibilita muitas crianças de se desenvolverem com qualidade de vida emocional na escola, além de comprometer a cognição e o uso da inteligência dentro da sala de aula.

No item 5 me apropriei da palavra metacognição, que significa pensar sobre seus próprios processos, para apontar o caminho do professor ao autoconhecimento. Essa descoberta e análise sobre si mesmo proporcionam a autonomia do pensamento e o *start* da criatividade. De posse da percepção sobre si, isto é, conhecendo-se e autorizando-se a ensinar, pode o professor estimular, nos alunos, o questionamento sobre os saberes, a investigação sobre o conhecimento adquirido, desta forma, ressignificando o que foi aprendido.

No item 6 discorro sobre o comportamento escolar da criança, evidenciando que, muitas vezes, as crianças apresentam ao mundo um jeito de ser que corresponde às turbulências familiares. Por este motivo, torna-se imprescindível uma escuta cuidadosa do profissional que fará a análise da criança. O profissional deverá observar que no emaranhado de conflitos e porquês há um ser singular e com todas as capacidades de mudança, se houver a participação efetiva da família.

Aponto, também, para a importância do brincar em parceria com outras crianças. Neste sentido, brincar com outras crianças estimula várias habilidades, como construção de ideias e pensamentos, levantamento de hipóteses e argumentação. Enquanto a brincadeira solitária no computador, por vezes, é previsível, podendo trazer um prejuízo ao corpinho da criança que fica várias horas em postura inadequada na cadeira.

No 7 e último item apresentei um novo olhar sobre o déficit de atenção com ou sem hiperatividade, mais especificamente sobre os sintomas deste transtorno. O enfoque foi direcionado para a questão de que muitas crianças apresentam os sintomas de desatenção ou hiperatividade como uma forma de revelarem que algo não vai bem consigo mesma e/ou na família, entretanto, estão sendo rotuladas e medicadas para "normalizarem" seu comportamento. O transtorno existe e o remédio, na dosagem certa, pode ajudar essas crianças que realmente possuem o transtorno, contudo não se pode aceitar que um número tão elevado de crianças possuem o TDAH. Muitos diagnósticos estão sendo feitos precipitadamente, concomitante com a falta de *atencionalidade* a estas crianças.

Em conclusão, sobre os itens explanados neste capítulo, é essencial que seja evidenciada a questão do olhar diferenciado para a criança e para sua história de vida. Apontei para o fato de que a criança precisa ser entendida em suas potencialidades e não em seus "defeitos". Apresentei a família exercendo grande influência na vida pessoal e escolar da criança.

Trouxe, também, a concepção de um professor que precisa se valorizar e investir em si mesmo para obter sucesso em sala de aula e na sua vida profissional.

Portanto, à luz da psicologia, a educação encontra boas saídas para problemas antigos e persistentes.

Esta leitura convida pais, professores e estudantes a compreender as crianças em suas reais necessidades, olhando-as com *atencionalidade* e estimulando-as a sempre progredir. Palavras que asseguram um bom caminho para crianças, adolescentes, alunos e nossos filhos rumo à autonomia na escola e na vida.

REFERÊNCIAS

ANDREOZZI, Maria Luiza. *Piaget e a intervenção psicopedagógica*. São Paulo: Olho d'água, 2007.

BARKLEY, Russell A. *Transtorno de Déficit de Atenção/Hiperatividade (TDAH)*: guia completo e autorizado para os pais, professores e profissionais da saúde. Porto Alegre: Artmed, 2002.

BERGÈS, Jean. *Doze textos de Jean Bergès*. Porto Alegre: APPOA, 1988.

CYPEL, Saul. *A criança com Déficit de atenção e hiperatividade*: atualização para pais, professores e profissionais. São Paulo: Lemos, 2003.

FERNÁNDEZ, Alícia. *Os idiomas do aprendente:* análise das modalidades ensinantes com famílias, escolas e meios de comunicação. 1ª ed. Porto Alegre: Artmed, 2001a.

_____. *O saber em jogo:* a psicopedagogia propiciando autorias de pensamento. Porto Alegre: Artmed, 2001b.

_____. *A inteligência aprisionada.* Porto Alegre: Artes Médicas, 1991.

_____. *A mulher escondida na professora:* uma leitura psicopedagógica do ser mulher, da corporalidade e da aprendizagem. Porto Alegre: Artmed, 1994.

MACEDO, Lino de. *Ensaios construtivistas.* São Paulo: Casa do Psicólogo, 1994.

MARCHAND, Max. *A afetividade do educador.* São Paulo: Summus, 1985.

OUTEIRAL, José; CEREZER, Cleon. O mal-estar na escola. Rio de Janeiro: Revinter, 2003.

PIAGET, Jean. *Problemas de psicologia genética.* Rio de Janeiro: Forence, 1973.

_____. *A construção do real na criança.* Rio de Janeiro: Zahar Editores, 1979.

_____. *Seis estudos em psicologia.* Rio de Janeiro: Forence Universitária, 1997.

PORTILHO, Evelise. *Como se aprende?* Estratégias, estilos e metacognição. Rio de Janeiro: Walk Ed., 2009.

PULASKI, Mary Ann Spencer. *Compreendendo Piaget.* Rio de Janeiro: Guanabara Koogan S. A, 1980.

RUBINSTEIN, Edith Regina. *O estilo de aprendizagem e a queixa escolar:* entre o saber e o conhecer. São Paulo: Casa do Psicólogo, 2003.

_____. O sujeito da aprendizagem e a linguagem: olhando através do *zoom* e lendo nas entrelinhas. In: RUBINSTEIN, Edith Regina [Org.]. *Psicopedagogia:* fundamentos para a construção de um estilo. 1ª ed. São Paulo: Casa do Psicólogo, 2006. Cap. 4, pp. 101-164.

ZAGURY, Tania. *Escola sem conflito:* parceria com os pais. Rio de Janeiro: Record, 2002.

3

EDUCAÇÃO COMO PROCESSO CULTURAL

Prof. Francisco Djacyr Silva de Souza

INTRODUÇÃO

A Educação sempre teve importância para os diversos aspectos de desenvolvimento das nações e o conhecimento sempre foi fonte de poder, conquistas e desenvolvimento. A História conta que as nações que alcançam hoje níveis invejáveis de avanço científico, tecnológico e cultural sempre tiveram na educação suporte para tal crescimento. É comum relacionarmos o desenvolvimento ao processo de avanço na educação e na valorização de seu processo como um todo abrangendo suficientemente todos os que estão direta ou indiretamente envolvidos. A educação tem uma importância vital na melhoria do padrão de vida dos povos, pois com educação de qualidade certamente temos avanço tecnológico e tal processo pode ser utilizado para aumento da produtividade, desenvolvimento científico e melhoria das demandas sociais diversas de nossa sociedade.

O mundo moderno é pautado por grande robotização e grande avanço científico e tecnológico, vivemos a época da Terceira Revolução Industrial em que a necessidade de um ótimo ensino de massa em todos os níveis é cada vez maior e mais importante no processo de relações entre os povos. A melhoria do padrão cultural dos povos é vital para seu crescimento e somente povos com nível cultural elevado estarão firmes no processo de crescimento individual e coletivo. É preciso pensar não apenas no desenvolvimento econômico, mas sobretudo na melhoria do nível social reduzindo os índices de analfabetismo, melhorando a educação de base e garantindo acesso de todas as crianças em idade escolar à escola. As leis e demandas sociais têm hoje na educação uma importância vital, e é preciso que o nível cultural de nosso povo seja aumentado para uma melhor facilitação de acesso a outras demandas sociais.

A Educação tem sido objeto de discussões diversas e uma das grandes bandeiras dos movimentos populares em geral, pois a cada dia que passa o modelo econômico em vigor no nosso país tem sido pautado em um processo de negação desta demanda para a maioria dos indivíduos, pois o neoliberalismo que tem feito parte da relação política dos países latino-americanos tem se caracterizado firmemente em um processo de retirada de direitos sociais e precarização do trabalho. Desse modo, vemos em todos os governos medidas que procuram negar às parcelas da população educação pública e de qualidade com ações diversas como geração de temporariedade aos trabalhadores em Educação, negação de infraestrutura adequada em seu funcionamento e muitas formas de gestão que promovem uma espécie de incapacidade do Estado na geração de um nível de educação que seja realmente voltada para os interesses populares e na concretização firme de uma formação de indivíduos, críticos, criativos e formados numa concepção de valores que sejam firmes no interesse coletivo.

O processo educativo é importante de ser praticado em todas as instâncias da sociedade, porém, a Escola é o local mágico em que ela pode acontecer e ser firme numa forma concreta de acontecimento que gere criação, senso crítico, formação de valores e, sobretudo, geração de ideais de dignidade e respeito aos seres humanos e busca plena de formação de cidadãos conscientes e ávidos por mudança.

3.1 | ENVOLVIMENTO DA SOCIEDADE NA EDUCAÇÃO

A cada dia que passa cresce em importância a necessidade de envolvimento da população no processo educativo de cada indivíduo, pois a educação é boa para toda sociedade e um processo de educação de qualidade tem sempre um significado especial na redução das desigualdades sociais e na melhoria do país em termos de avanço tecnológico e desenvolvimento. Somente garantindo educação de qualidade para todos poderemos fazer com que os cidadãos tenham acesso a outros bens da sociedade e garantia dos direitos plenos para a concretização da cidadania plena.

A educação hoje é uma discussão que envolve todos os setores da sociedade, porém, tem se tornado em muitos casos apenas retórica política e não tem efetividade no momento das gestões, pois a economia tem sido prioridade para os governos de plantão que têm esquecido que a educação de qualidade tem o poder de alavancar o desenvolvimento e fortalecer a dignidade dos seres humanos. A sociedade deve se envolver mais na concretização de um processo de geração de educação de qualidade, pois todos os cidadãos merecem ter um nível cultural elevado para poder compreender a vida política, econômica e social de seu país e assim garantir melhores dias para si e para seus familiares.

Hoje em dia é preciso fortalecer a participação das comunidades no processo de construção da prática educativa, é preciso abrir os estabelecimentos escolares à participação da sociedade em geral e os movimentos populares devem colocar a educação como ponto de pauta de suas reuniões, ações e propósitos. A Educação tem de ser discutida em todos os setores da sociedade e ser analisada por todos os indivíduos que devem participar do processo de formação e crescimento dos indivíduos que estão na escola.

Muitos movimentos em prol da educação de qualidade jamais terão sucesso se não houver uma provocação da sociedade em busca de tal fato, pois somente povo organizado tem o poder pleno de decidir, exigir e reivindicar melhores dias para todos indistintamente. O poder do povo deve ser sempre vivificado em processos de luta, engajamento e conscientização para que todos saibam como buscar seus direitos e exercer plenamente a cidadania ativa e responsável.

No caso da Educação é preciso que a temática esteja em pauta em todos os locais onde se possam aglomerar pessoas e em todos os diversos grupos sociais que fazem parte do cotidiano das pessoas. É urgente promover debates sobre a educação que temos e a educação que queremos, para que os indivíduos tenham conhecimento da fragilidade do Estado no processo de construção da educação de qualidade e os fatores que promovem esta deficiência e que prejudicam sempre aos que mais precisam.

No ambiente escolar, deve-se partir sempre para um processo de construção da prática educativa em cima de ações que façam com que a comunidade escolar participe da formação e práxis pedagógica, que discuta os métodos educativos, que passe aos educadores a realidade de seu cotidiano e os fatores que têm dificultado a geração de uma educação de qualidade. No processo educativo, a participação da comunidade escolar é sempre fundamental e é mais do que importante desenvolver uma prática de aproximação popular da escola para que todos conheçam suas características, desafios e deficiências e fazer com que todos juntos possam efetivar uma luta que gere um processo de educação que melhore o nível de vida dos povos e que seja adequada a um processo de construção de conhecimento que gere boas coisas a todos os membros de uma sociedade.

No processo educativo, a participação da família é fundamental e tem de ser incentivada, valorizada e estimulada. A Escola deve ser aberta à comunidade, que tem de ser provocada a conhecer o Projeto Político Pedagógico da Escola, a discutir métodos de aprendizagem e a colaborar com o desenvolvimento de seus filhos dentro e fora da Escola. É preciso fortalecer os conselhos escolares e desenvolver mecanismos mais efetivos de participação para que todos os membros do processo educativo tenham oportunidade de fortalecer o processo educativo e garantir educação de qualidade para todos, indistintamente.

O art. 13 da LDB em seu inciso VI prevê a colaboração por parte dos professores em relação a atividades de articulação da escola com as famílias e a comunidade, tal perspectiva abre opções para um processo colaborativo da Sociedade com a concretização da Educação de qualidade, é preciso que cada indivíduo seja motivado a conhecer a importância da educação e tenha um processo de conscientização valorosa sobre a necessidade de avanços na Educação e no papel do Poder Público nesta demanda social de grande importância para todo e qualquer processo de desenvolvimento de uma nação. Nosso povo tem de ser levado a crer nos educadores e entender tudo sobre sua importância lutando firmemente pela sua valorização e arguindo o Poder Público neste sentido.

Em outro artigo, a LDB diz que a gestão democrática do ensino será baseada no princípio de geração de mecanismo de participação das comunidades escolar e local em conselhos escolares, o que abre a perspectiva ativa de participação popular no fortalecimento da Educação como meta da Sociedade e como direito do povo. É importante que a comunidade também tenha acesso à educação, como podemos exigir a colaboração dos pais no processo educativo se temos um índice ainda muito alto de analfabetismo? Para isso é preciso também elevar o nível educativo de nosso povo para que ele no momento em que tenha educação possa também colaborar para a educação de seus filhos.

Para alcançar a meta de concretização da educação de qualidade é preciso também desenvolver um processo de mudança da sociedade e gerar justiça social, igualdade e democracia dando ao povo oportunidades de questionar o poder, exigir direitos, exercer cidadania, cobrar posições éticas dos que dominam a vida política do país e engajar-se firmemente na mudança do regime para um processo de garantia dos direitos de forma concreta e verdadeira.

Para reforçar uma posição de ação da sociedade em prol de uma Educação de qualidade, achamos importante expor aqui ideias de um texto de 1982 que já previa esta necessidade de luta de cada cidadão no processo de concretização da educação digna e real para todos.

> *A sociedade pode e deve mudar, mas somos nós que temos de provocar essas mudanças. Nós que achamos, por exemplo, que a escola é uma coisa muito importante e que ela está funcionando muito mal.*
>
> *As mudanças só virão se os principais interessados se mexerem. As mudanças não vêm de cima para baixo nem são dadas de presente. As mudanças são sempre resultado da ação dos que protestam contra o tratamento injusto que vêm recebendo da escola e exigem uma escola diferente que atenda realmente aos interesses da maioria.*
>
> *Como a escola é peça dessa engrenagem maior, mudando a escola estaremos também ajudando a mudar a sociedade.*
> (CECCON & OLIVEIRA, 1982: 83)

A população sabe sim da importância da educação, porém, devido à negação de seus direitos é impelida a colocar outros setores como saúde, moradia, segurança como prioridades e se esquece de que somente com educação teremos estas outras demandas atendidas e garantidas a todos. É preciso que haja um processo de conscientização popular sobre a importância da educação para todos e justificar sua importância na fundamentação da garantia de alcance das necessidades populares.

3.2 | EDUCAÇÃO E MÍDIA NA CONTEMPORANEIDADE

A educação tem sido muito discutida no que diz respeito ao aspecto midiático, no entanto, temos constatado que ainda há muito ruído na comunicação no que diz respeito à educação. Em vários casos, talvez por conivência ou por puro atrelamento dos que fazem a comunicação ao processo de dominação política do Estado, a Educação é pouco discutida no processo comunicativo de maneira geral, apesar de algumas redes de televisão de nosso país já dedicarem espaço em suas programações para essa dimensão da vida humana.

Os espaços para discussão no meio midiático devem ser ampliados e a notícia sobre educação deve ser passada de forma crítica, questionadora e baseada em um processo de análise que faça com que as pessoas tenham acesso a um processo informacional que provoque em cada cidadão o desejo de luta por uma educação de qualidade e por igualdade de oportunidades a todos a uma educação de qualidade, eficiente e que dê perspectivas de crescimento a todos e atue firmemente no desenvolvimento do país. A educação que temos tem de ser questionada e a atuação do Estado na garantia desta demanda social tem de ser analisada criticamente nos meios de comunicação, para que todos possam se apropriar de um processo de conhecimento que faça com que se envolvam na construção de uma ação pedagógica pautada na verdade e no engrandecimento cultural de nosso povo.

Os meios de comunicação tem hoje papel decisivo no processo de geração da educação e procuram divulgar ideias que conduzam a um processo de desalienação de nosso povo e contribuam para a geração de um conhecimento crítico em que todos os indivíduos saibam da importância da educação e se engajem na luta por sua garantia às diversas camadas populares. A mídia deve ser questionada e é preciso que se formem grupos de pressão na análise da forma como a comunicação tem sido oferecida ao povo e como cada cidadão pode atuar de maneira a compreender os conteúdos ideológicos e os fatores engendrados no processo comunicativo.

Nos momentos atuais, a mídia vem em muitos casos favorecendo a alienação popular e deseducando nosso povo. Temos geração de heróis efêmeros que em nada contribuirão para a melhoria do padrão de vida de nosso povo e geração de uma comunidade crescente de pessoas aculturadas, alienadas e descontextualizadas de sua posição perante a transformação da sociedade. É preciso que os meios de comunicação incluam em seus planejamentos espaços que provoquem um envolvimento das pessoas no processo de formação cultural e de engrandecimento educativo de nosso povo. É preciso varrer das programações televisivas e radiofônicas criação de mitos sem nenhum propósito social e nenhum compromisso com os anseios do povo. É preciso que os meios impressos sejam desatrelados do poder e emitam notícias verdadeiras que promovam o desejo do povo para a luta, para fortalecimento das ideias de construção de uma sociedade justa e igualitária e para a concretização da cidadania plena e real.

Os movimentos populares devem ter acesso ao processo comunicativo e deve-se fortalecer a ideia de que comunicação é um bem público que deve ser essencialmente democrático e fiel aos anseios de conhecimento que vivifique ideias de ética, cidadania e engajamento popular. É preciso questionar a comunicação que temos e investigar o papel das mídias na formação da sociedade para evidenciar um processo comunicativo desalienante e que tenha eficácia na valorização do povo.

Em educação, é importante desenvolver práticas de utilização da mídia como crescimento intelectual de nosso povo. As novas mídias estão aí para serem usadas de forma a concretizar um papel educativo que envolva a todos e seja, sobretudo, fortalecido pela forma mais altruísta de ver o mundo e compreender suas transformações. O processo educativo deve ter a mídia como auxiliar e fazer com que os usuários da educação saibam filtrar conteúdos, analisar a notícia e utilizar cada conhecimento mostrado pelos meios de comunicação como elemento auxiliar para seu crescimento intelectual.

A comunicação deve ser verdadeira, ética e responsável em todos os sentidos e fazer com que seus usuários tenham acesso aos aspectos da verdade e da responsabilidade nas mensagens emitidas pela mídia e possam crescer a partir dos conteúdos veiculados pelos diversos meios de comunicação, o que vai provocar uma alternativa de utilização da mídia como meio de crescimento intelectual e como formação de mentes a serviço de um objetivo maior: A MELHORIA DA SOCIEDADE.

Nos dias de hoje, a comunicação é vital para o crescimento intelectual e tem papel importantíssimo na formação de nosso povo. A notícia quando veiculada traz em si informações valiosíssimas que serão utilizadas para um processo informativo que favorecerá o desenvolvimento de pensamentos e a formação de ideias. Cabe a cada educador se informar e informar seus alunos, e ter sempre consigo o desejo de aprofundar as ideias contidas no processo informativo da mídia que for utilizada.

É deveras importante analisar o conteúdo ideológico das mídias no processo de formação dos indivíduos e é vital que se promova uma análise dos conteúdos evidenciados e haja sempre uma visão crítica sobre a informação passada, verificando sempre o que está por trás das ideias veiculadas nos meios de comunicação. Em nosso país é comum o domínio dos meios de comunicação por grupos políticos, econômicos e religiosos, o que nos faz crer que nem sempre a informação é isenta ou desprovida de algum interesse dos que se dizem proprietários dos meios de comunicação.

FREIRE (1996) afirma e reforça essa posição quando relata que:

> *Não temo parecer ingênuo ao insistir não ser possível pensar sequer em televisão sem ter na mente a questão da consciência crítica. É que pensar em televisão ou na mídia em geral nos põe o problema da comunicação, processo impossível de ser neutro. Na verdade, toda comunicação é comunicação de algo, feita de certa maneira em favor ou na defesa, sutil ou explícita, de algum ideal contra algo e contra alguém, nem sempre claramente referido. Daí também o papel apurado que joga a ideologia na comunicação, ocultando verdades, mas também a própria ideologização*

no processo comunicativo. Seria uma santa ingenuidade esperar de uma emissora de televisão do grupo de poder dominante que, noticiando uma greve de metalúrgicos, dissesse que seu comentário se funda nos interesses patronais. Pelo contrário seu discurso se esforçaria para convencer que sua análise da greve leva em consideração os interesses da nação. (FREIRE, 1996: 139-140)

O efeito da mídia nas sociedades é passível de análise e investigação, pois vivemos um momento de alto nível de tecnologia e de encurtamento de distâncias via informação, no entanto, tais informações não podem ser desprovidas de uma análise crítica e consciente de seus usuários, entendendo claramente o sentido do que é divulgado e os objetivos com que elas chegam até nós. Não há neutralidade na informação, por isso devemos lutar para que esta informação seja pautada numa vivência de construção de valores que permitam a redução da exclusão e busca plena da melhoria do nível de vida dos povos indistintamente.

3.3 | CULTURA NO PROCESSO DE ENSINO

Falar de cultura no Brasil é primeiramente questionar o modelo aplicado no processo de formação de nosso povo que desde o início do processo colonizatório se baseou na ocultação da cultura original e na opressão aos processos culturais surgidos pelos povos que aqui vieram, como os negros e alguns migrantes. A cultura sempre foi um problema para o país e reflete essencialmente os problemas que hoje temos no processo de concretização da educação para todos.

A cultura de um povo reflete suas manifestações diversas que povoam o território em busca de sobrevivência e nas lutas cotidianas que geram conhecimento, manifestações, conhecimentos passados de geração a geração e outras ideias que se vivificam no nosso processo de configuração étnica e nossa formação sociocultural.

O Brasil é um país de grandes dimensões onde se misturam todos os tipos de grupos étnicos, e nesse processo temos grandes vivências e manifestações culturais típicas de nossa pluralidade, que é uma evidência de nosso processo de formação. A Escola não deve desprezar essa condição do país e deve sempre procurar enaltecer os diversos aspectos de nosso povo para dar aos indivíduos um processo de geração de formação cultural que possa caracterizar o conhecimento e colaborar para dar aos cidadãos condições de expressão, luta e politização.

A Escola é um ambiente importantíssimo para valorização de processos culturais e para questionamento dos diversos modelos engendrados na construção do saber e na formação de nosso povo. A Escola deve propiciar sempre espaços para conhecimento e investigação da cultura e fazer desses momentos oportunidades para questionar diversos estereótipos criados pelo modelo dominante da educação que sempre procurou desprezar o processo cultural de nosso povo e sempre buscou ocultar o papel dos grupos étnicos formadores de nossa população.

A Escola é um local privilegiado para a criação de um processo de valorização da cultura e para investigar os problemas de negação desta faceta da sociedade à grande maioria da população. É preciso que a Escola e o Poder Público fomentador de suas ações criem e valorizem espaços para formação cultural dos que procuram a Escola atuando como catalisadora de vivência e investigação dos processos culturais diversos na infinidade de elementos que povoam o imaginário brasileiro.

É importante que a Escola procure fortalecer o engrandecimento cultural dos que a ela vão consolidando sempre um processo de criação de espaços para formação cultural, incentivo ao engrandecimento cultural e criação de ideias que façam com que todos os cidadãos tenham acesso a processos culturais que deem a todos oportunidade de formação e conhecimento da diversidade cultural de nosso povo.

O artigo 26 da LDB prevê em seu parágrafo 2 a necessidade de desenvolvimento do ensino da arte, colocando-o como componente curricular obrigatório que vai promover o engrandecimento cultural de nosso povo. Em outro parágrafo é previsto que há necessidade de enaltecimento da contribuição das matrizes indígenas, africana e europeia na formação do povo brasileiro. Como vemos, a lei maior da educação prevê sempre a questão da cultura e faz um apanhado da necessidade de incluir o processo cultural na formação intelectual dos que fazem a educação básica e superior.

A Educação aliada a um desenvolvimento sólido de ações culturais terá uma importância vital na formação dos que buscam a escola que deve se envolver em ações que tenham sempre o enaltecimento dos processos culturais da comunidade na qual a Escola esteja inserida, valorizando sempre a produção local e os conhecimentos dos cidadãos da comunidade escolar. A escola não deve desprezar o caráter educativo do processo cultural verificando sempre visões de mundo, concepções religiosas, ideias dos povos e ensinamentos gerados por todos aqueles que formaram nossa população.

CAMPOS (2008) afirma categoricamente que é preciso que a Escola não se esqueça de que o mundo precisa urgentemente observar a nova cultura que emerge em novas linguagens, imagens e códigos que devem fazer parte do contexto de prática escolar e buscar sempre perceber a pluralidade dos bens culturais dentro e fora do contexto escolar.

É importantíssimo que a Escola procure desenvolver ações culturais para que suas ações sejam celeiros de um processo de transformação política e o conhecimento seja adequado aos anseios daqueles que estão na Escola e que faça parte do contexto de formação dos educandos.

A Escola deve sempre estar aberta às manifestações culturais da comunidade circundante e deve discutir as questões diversificadas das relações culturais do povo brasileiro, tais como racismo, invasão cultural, alienação cultural e processos políticos da cultura e suas manifestações. É importante também desenvolver espaços para compreender os mecanismos de formação cultural de nosso povo e o papel da fomentação cultural no processo educativo.

A questão cultural tem grande importância na concretização da educação, pois somente pessoas cultas e conscientes podem desenvolver ações na melhoria das ações educativas e se engajarem na melhoria da vida nos aspectos sociais, políticos e econômicos propugnando pela justiça, liberdade e valorização dos indivíduos.

3.4 | A CULTURA POPULAR E A EDUCAÇÃO

A cultura popular tem sido desprezada no contexto da educação formal, que sempre desprezou o conhecimento produzido por indivíduos geralmente desprovidos do poderio dominante e da cultura dita erudita em todos os processos de geração do conhecimento. Desse modo, a pergunta que surge é a seguinte: Há lugar para a educação no processo de cultura popular? Ou mesmo qual a relação entre cultura popular e educação? Saindo do lugar comum da pergunta é importante que façamos uma apreciação das características da cultura popular e verifiquemos o contexto em que esta se insere no processo educativo e na geração de conhecimento.

Um dos elementos fundamentais da cumplicidade entre cultura e educação é a valorização do conhecimento popular e suas manifestações. Para que isso seja possível, é preciso que a Sociedade desenvolva um processo permanente de discussão, debate e aprendizado sobre os aspectos da cultura popular e faça um entendimento mais forte do significado da relação entre cultura e processo educativo. A partir dessa concepção é necessário que se oportunize sempre espaços para reconhecimento do valor educativo da cultura popular e se desenvolva análises e discussões dos fatores que promovem o conhecimento a partir das relações que vêm ocorrendo entre os indivíduos e entre suas relações cotidianas.

É importante sempre tirar lições educativas geradas a partir da configuração das ações populares e de seu contexto cultural. O conhecimento é gerado pela cultura que promove aprendizados sobre os aspectos da natureza e da situação da população em busca da sobrevivência que sempre vai buscar na relação com o ambiente vivido oportunidades de aproveitamento dos meios e gerando ciência neste processo, mostrando deste modo que a cultura é geradora de conhecimentos e formadora de ideias que servem de aprendizado entre os homens.

O processo de conhecimento gerado a partir das relações culturais dos seres humanos deve ser reconhecido no contexto da ciência, pois a formação de ideias e pensamentos científicos estão sempre pautadas pela mediação cultural dos povos e pelos seus processos gerados nas relações cotidianas de busca de sobrevivência, moradia, alimentos e outros mecanismos de garantia da vida. A ciência é uma aliada perfeita da cultura, pois a cumplicidade entre essas duas categorias se fortalece à medida que vão ocorrendo relações sociais, políticas e econômicas entre os povos.

É válido que se faça sempre uma união entre o pensamento dito erudito e o popular para realizar um processo de complementaridade e valorizar os dois aspectos do processo de geração de conhecimento para que o desenvolvimento cultural de nossa sociedade possa mostrar o valor da formação de ideias, conceitos e situações que venham a ocorrer na relação entre os povos. Vale entender que a ciência é resultado de um processo de geração de tentativas de sobrevivência dos homens que, ao realizarem esses esforços, estavam criando e fazendo cultura que certamente contribuíram plenamente para o reforço do processo de conhecimento e, por conseguinte, desenvolvendo atos educacionais e de entendimento do mundo.

A Cultura Popular tem grande importância no processo de coesão social e tem grandes contribuições para a formação do pensamento e do conhecimento do povo por meio principalmente de suas manifestações e ideias que são geradas nas relações cotidianas em busca da sobrevivência, fazendo com que o homem possa produzir, construir e formar conceitos de vida.

O vínculo entre Cultura Popular e desenvolvimento do ensino com cumplicidade destes dois elementos servirá plenamente aos propósitos de um bom processo de conhecimento e construção plena do saber, pois com desenvolvimento cultural temos um avanço de conhecimento, do desejo de aprendizado com concretização de uma nova visão de mundo pautada no avanço pleno do conhecimento.

3.5 | ESCOLA, CULTURA E CIDADANIA – PASSOS A UM CRESCIMENTO NA FORMAÇÃO

No contexto da sociedade atual, não devemos prescindir de um processo de reconhecimento da importância da cultura na coesão social e da valorização do associativismo e da cooperação entre indivíduos. Somente indivíduos com nível cultural satisfatório terão condições de compreender ideologias, ações políticas, valor dos bens sociais e, sobretudo, seu papel no contexto de formação de cada ser que procura a educação.

A cultura tem grande importância no contexto de formação dos que buscam a escola que tem de ter contato com o que vem sendo construído pelas sociedades no decorrer de seu processo histórico e na busca incessante de suas necessidades materiais e espirituais. É preciso que hajam espaços para uma melhor formação cultural e para a concretização de ideias sobre o mundo em que vivemos e o papel das formações sociais e espaciais. Todos os problemas que acontecem na educação nos dias de hoje só serão resolvidos com cidadãos conscientes de sua importância, no entanto, essa conscientização só é possível a partir de um nível cultural elevado e concreto de cada indivíduo. A Educação não pode ser dissociada da cultura e povos com cultura elevada com certeza poderão exigir Educação de qualidade.

Nos dias de hoje é de grande importância desenvolver mecanismos de engrandecimento cultural da população para que esta tenha condições de um processo de questionamento do Poder e das políticas engendradas no processo de construção da educação. Somente povo com cultura suficiente para questionar e exigir as ações do poder poderá compreender o valor do desenvolvimento de um processo educacional suficiente e pleno de sucesso em termos de qualidade e eficiência.

A cidadania cultural tem uma importância vital no engrandecimento da participação popular. É vital que se promova um processo de reconhecimento da cultura como elemento a mais na obtenção de uma educação de qualidade no contexto de formação social e política de nossos povos. Não é aceitável que deixemos de valorizar a cultura e compreender seu papel na melhoria do nível de formação de nossas comunidades. A cultura é um elemento de vital importância para um melhor aproveitamento dos costumes produzidos pelos povos e geração de um nível de conhecimento que tenha a essência do processo de formação e obtenção do conhecimento.

A Educação deve ser valorizada em todos os tipos de ações governamentais tanto para melhorar o nível de consciência popular quanto para promover o crescimento científico e tecnológico das nações que precisam desenvolver práticas adequadas de geração do conhecimento para um processo de engrandecimento no que diz respeito a avanço industrial, científico e de produtividade. Não podemos prescindir de uma Educação de qualidade para o desenvolvimento pleno do país e para a valorização do cidadão como um todo.

Somente com crescimento cultural nosso povo terá oportunidades de desenvolver um processo de consciência que servirá plenamente para fortalecimento da cidadania e criarão espaços para discussão, análise crítica e compreensão do que se passa na sociedade e do entendimento do papel do Estado na garantia da educação para nosso povo. A cultura é de grande importância para um melhor entendimento da Educação e seus processos, pois povos com cultura elevada sabem e podem exigir as demandas que o Estado precisa garantir para todos.

É importante que devamos mudar os aspectos culturais de nossa sociedade nos dias de hoje para a comunidade por meio do engrandecimento cultural possa cobrar do poder público a Educação plena e voltada para a melhoria da vida do povo e o crescimento científico e tecnológico do país.

É vital que a cultura seja um ponto de análise, debate e discussão em todos os setores que discutam o problema da educação, pois a partir do engrandecimento cultural estaremos dando aos indivíduos condições para um melhor aprofundamento das questões sociais e busca incessante de melhoria nos setores diversos da sociedade e que são responsabilidades do Poder Público. A boa formação cultural vai propiciar visões ampliadas de cidadania, participação popular e obtenção plena dos direitos de cada indivíduo na sociedade em que vivem.

3.6 | EDUCAÇÃO PARA TODOS (UMA CULTURA DE EXIGÊNCIA)

O questionamento sobre a Educação deve fazer parte do contexto de luta de todos os que precisam sempre desenvolver uma atitude de confronto de conhecimento entre a educação que existe na prática e a educação que o povo realmente merece. O questionamento deve fazer parte da formação cultural de nossas sociedades, que precisam ter cultura suficiente para compreender as motivações ideológicas de grupos gestores que chegam ao Poder e a forma como este processo se dá nas políticas públicas de educação que hoje estão intimamente ligadas aos interesses da classe dominante. A cultura popular deve ser fomentada por um processo de luta pela educação de qualidade em todos os momentos da vida e em todos os tipos de relação de nossas sociedades.

Os questionamentos sobre o tipo de educação que hoje temos só serão possíveis dentro de um processo de formação popular que seja intimamente ligado a um componente cultural ativo que envolva os indivíduos na luta por demandas populares. Certamente povos alienados não saberão exigir garantias de direitos sociais, entre eles o da Educação de qualidade. Precisamos, mediante os mais diversos meios que modelem relações entre pessoas desenvolver uma cultura de reconhecimento do papel da Educação na melhoria da sociedade e na consolidação da justiça social para todos.

Temos hoje várias formas de ação que visam esconder do povo seus direitos e fazer com que a população não compreenda o papel da educação nem a busque como um direito fundamental dos seres humanos. Talvez seja esta postura que tem promovido a falta de lutas populares em prol da educação de qualidade e faça com que os indivíduos não entendam o papel da educação no contexto de soerguimento da nação e na geração de propostas de crescimento científico e tecnológico que vislumbre a educação como suporte de crescimento do país.

Compreendendo que vivemos uma nova ordem pautada hoje pelo avanço das tecnologias sabemos que com certeza somente uma nação com educação de qualidade para desenvolver o potencial criativo e de descoberta poderá ter uma firmeza nas formas de crescimento e competitividade tão exigidas no mundo atual. A escola é o passo inicial para todo crescimento do país como um todo. A geração de uma cultura forte no sentido da luta por demandas sociais é deveras importante para um processo de engrandecimento dos indivíduos em todos os momentos da vida.

As comunidades populares devem ser impelidas a compreender o papel da educação e questionar as políticas públicas hoje desenvolvidas no âmbito de governos que na verdade utilizam "máscaras" de populares e muitas vezes continuam fomentando a falência do Estado e incentivando o processo de privatização das demandas sociais. A educação é um elemento a mais para desenvolver lutas contra este modelo que acaba gerando tanta exclusão, destruição de culturas, alienação e processos de empobrecimento nos níveis de crescimento intelectual de nossos povos. A alienação é um artifício forte e às vezes eficaz para gerar uma massa de analfabetos e excluídos que aprofundarão nossa dependência e nosso atraso hoje vislumbrado e verificado.

A geração de uma cultura forte é uma tarefa que deve ser promovida em todos os setores da sociedade tanto para fortalecimento e coesão da sociedade como para sua pujança em termos de luta, garantia de direitos e, fundamentalmente, coesão social para um processo bem maior de geração de conquistas que só serão possíveis com indivíduos cultos, não alienados e conscientes de seus direitos. A geração de uma cultura de exigência da educação de qualidade pode ser plenamente desenvolvida se houver mudanças tanto na concepção como na forma de ação em termos de cultura para nossos povos.

3.7 | REFLEXÕES SOBRE ANALFABETISMO E INCULTURA

O analfabetismo é um mal que sabemos que atrasa as sociedades e acaba por promover uma situação de marasmo no contexto de outras formas de crescimento das sociedades modernas. Mas talvez o grande mal de nossa sociedade seja, hoje o fenômeno da incultura que acaba por promover os índices alarmantes e crescentes da exclusão nos diversos setores da vida econômica de nossos povos. O fenômeno da incultura tem sido crescente em sociedades de hoje e faz com que muitas nações acabem por atrasar seu modelo de desenvolvimento e seu processo de avanço científico e tecnológico.

A incultura faz com que muitos povos sejam atrasados em todos os setores e seus índices sociais sejam cada vez mais fracos, o que é reflexo de sua incapacidade de gerar desenvolvimento pleno e alcançar o ritmo de crescimento promovido pelo avanço científico e tecnológico dos dias de hoje. Nessas sociedades temos um processo de atraso que faz com que os indivíduos sejam submetidos a um processo de dominação e geração forte do subdesenvolvimento com graves problemas sociais.

A incultura é um processo grave que deve ser enfrentado a partir de geração de oportunidades de geração de conhecimento e formação de processos de aprendizado que façam com que os indivíduos possam ter discernimento e compreender os processos subliminares que estão por trás das mensagens que lhes chegam.

O processo de alienação cultural é um sintoma claro de que é preciso melhorar o nível cultural de nosso povo para que todos possam ser autônomos no conhecimento e cientes das mensagens que estão presentes no processo de geração da aprendizagem que muitas vezes é doutrinária e procura adequar as pessoas ao sistema vigente. A educação é importantíssima para gerar um processo de erradicação da incultura, pois somente com educação de qualidade os indivíduos poderão plenamente desenvolver ideias e gerar conhecimento e busca da cidadania muitas vezes perdida nos processos de dominação que promovem a incultura para dominar e submeter indivíduos ao sistema.

O processo de incultura é responsável direto pela falta de um nível de desenvolvimento que atenda aos interesses de todos os membros da sociedade, pois acaba gerando atraso no que se refere à produção industrial e aos setores tecnológicos. Atacar o processo de incultura é urgente em nossa sociedade que deve urgentemente promover a melhoria do nível cultural de nosso povo e dar-lhe acesso ao conhecimento, promovendo efetivamente o crescimento e a formação ativa na geração de ideias, visões de mundo e compromisso político para que todos possam ter vez e voz em todos os setores da sociedade como um todo.

É preciso desenvolver ativamente a melhoria do nível cultural dos cidadãos e promover oportunidades de discussão sobre o que afeta os indivíduos no que diz respeito ao processo de alienação cultural e da não caracterização de níveis de entendimento do que se passa na sociedade e compreensão dos motivadores ideológicos da negação da cultura aos indivíduos.

A incultura é, certamente, promovedora de conformismo, alienação e desmobilização das sociedades e somente atitudes firmes em prol de erradicação do analfabetismo poderão erradicar a incultura e formar um povo coeso, firme na luta e questionador dos modelos que ora se desenvolvem na sociedade brasileira. A incultura de nosso povo promove a falta de participação e exclusão dos cidadãos nas decisões políticas, econômicas e sociais e contribui ativamente para a geração da pobreza, da miséria e da falta de políticas que deem ao nosso povo a garantia de suas demandas mais urgentes e necessárias.

O processo de incultura gera indivíduos amorfos, sem opinião e desacreditados no poder de mobilização e de desenvolvimento de ações em busca de melhorias de suas próprias condições de vida. A incultura deve ser combatida como ações de melhoria do conhecimento na comunicação, no acesso a processos culturais e, sobretudo, na garantia de políticas públicas que gerem a educação de qualidade que seja voltada para engajamento político e para geração de um mundo melhor e justo para todos.

CONCLUSÃO

Diante das reflexões ora expostas, é importante constatar que nosso processo cultural sempre foi marcado por ações de exclusão diante da pluralidade cultural que hoje temos e que insiste em ser ocultada pela classe dominante. A educação deve contribuir para acabar com este mal que ora se oculta em políticas equivocadas de educação, direcionadas à grande maioria de nosso povo. Somente povos educados em termos de formação crítica e consciente poderão ter cultura suficiente para reduzir problemas sociais e buscar educação pública de qualidade para todos os povos.

Refletir sobre educação e cultura é questionar nosso modelo colonizatório e buscar uma nova sociedade para a geração de um mundo em que a pluralidade cultural faça parte do processo de conhecimento que deve sempre ser uma construção. Precisamos entender nosso processo de formação cultural, investigar o processo de alienação e compreender os modelos de educação que temos hoje que acabam por negar ao povo uma identidade cultural e um entendimento real dos motivadores da cultura brasileira.

Para entender a educação como processo cultural é urgente que se faça a compreensão da visão de mundo dos povos de cada nação e analisar o que há de oculto no processo de alienação cultural presente nas sociedades atuais. A educação deve ser uma prioridade e tal como Raul Seixas diz em sua música *Não Fosse o Cabral* o problema é *"... falta de cultura para cuspir na estrutura..."* Se nossas sociedades pensarem assim e compreenderem esta mensagem certamente poderemos viver uma nova realidade em que a justiça, a liberdade e igualdade sejam perspectivas de um processo educativo que dê ao nosso povo a certeza de luta, cidadania e construção ética do conhecimento.

REFERÊNCIAS

BARCELOS, Valdo, *Educação Ambiental: sobre princípios, metodologias e atitudes,* São Paulo, Vozes, 2008 – Coleção Educação Ambiental.

BERNA, Vilmar Sidnei Demaman, *Pensamento Ecológico: Reflexões Críticas sobre meio ambiente, desenvolvimento sustentável e responsabilidade social,* São Paulo, Paulinas, 2005.

BURSZTYN, Marcel [Org.]. *Para Pensar o Desenvolvimento Sustentável,* São Paulo, Brasiliense, 1ª ed, 1993.

CAMARGO, Haroldo Leitão, *Patrimônio Histórico e Cultural,* São Paulo, Aleph, 2002.

CAMPOS, Casemiro de Medeiros, *Educação: Utopia e Emancipação,* Fortaleza, Edições UFC, 2008.

CARNEIRO, Moaci Alves, LDB FÁCIL, *Leitura Crítico – Compreensiva artigo a artigo,* Petrópolis, Rio de Janeiro, 1998.

CARVALHO, Gilmar [Org.]. *Bonito pra chover:* ensaios sobre a cultura cearense, Fortaleza, Edições Demócrito Rocha, 2003.

CECCON, Cladius, *A Escola da Vida e a vida na Escola,* São Paulo, Vozes, 1998.

CHAVES, Gilmar [Org.]. *Ceará de Corpo e Alma:* um olhar contemporâneo de 53 autores sobre a terra da luz, Rio de Janeiro, Relume Dumará, Fortaleza, Ceará, Instituto do Ceará, 2006.

CHOAY, Françoise, *A Alegoria do Patrimônio,* São Paulo, Estação Liberdade, Editora UNESO, 2001.

COVRE, Maria de Lourdes Manzini, *O que é Cidadania,* São Paulo, Brasiliense, 1991.

DAMASCENO, Maria Nobre, *Artesania do Saber: Tecendo os fios da Educação Popular,* Fortaleza, Editora UFC, 2005.

DIMENSTEIN, Gilberto, *Aprendiz do Futuro: Cidadania Hoje e Amanhã,* São Paulo, Editora Ática, 1999.

FAGUNDES, Márcia Botelho, *Aprendendo Valores Éticos,* Belo Horizonte, Autentica, 2001.

FONSECA, Maria Cecília Londres, *O Patrimônio em Processo:* A trajetória da Política Federal de Preservação do Brasil, Rio de Janeiro, UFRJ, IPHAN, 1997.

FREIRE, Paulo, *Pedagogia da Autonomia,* Rio de Janeiro, Paz e Terra, 1997.

GALLO, Sílvio [Org.]. *Ética e Cidadania:* Caminhos da Filosofia-Elementos para o ensino de filosofia, Campinas, São Paulo, Papirus, 1997.

HARVEY, David, *A Condição Pós–Moderna:* Uma Pesquisa sobre as origens da mudança cultural, São Paulo, Edições Loyola, 1993.

INSTITUTO DO PATRIMÔNIO HISTÓRICO E ARTÍSTICO NACIONAL, *Cartas Patrimoniais,* 2ª ed. rev. aum., Rio de Janeiro, IPHAN, 2000.

LUCKESI, Cipriano, *Filosofia da Educação,* São Paulo, Cortez, 1992.

MATOS, Kelma Socorro [Org.]. *Cultura de Paz, Educação Ambiental e Movimentos Sociais – Ações com sensibilidade,* Fortaleza, Ed. UFC, 2006.

NETO, Francisco de Assis, *Ambientes na Escola,* Fortaleza, Expressão Gráfica, 1996.

_____. *Patrimonius no Ensino,* Fortaleza, Expressão Gráfica, 1997.

ORIÁ, Ricardo. *Educação Patrimonial:* Conhecer para preservar. Disponível em: www. educacional.com.br. Acesso em 16/11/08.

QUEIROZ, Moema Nascimento, *A Educação Patrimonial como Instrumento de Cidadania.* Disponível em www.revistamuseu.com.br. Acesso em 04/01/08.

RIBEIRO, Darcy, *O Povo Brasileiro:* Evolução e Sentido do Brasil, São Paulo, Companhia das Letras, 1995.

EDUCAÇÃO BRASILEIRA

"Uma visão pedagógica para um ensino transformador"

Prof. Rivaldo Neri

INTRODUÇÃO

Não é nosso interesse iniciar esta reflexão apresentando, em cifras reais, quanto se investe em educação no Brasil. Entendemos que qualquer brasileiro, por menos informado que seja, sabe que em nosso país há recursos suficientes para serem aplicados na escola pública brasileira. Nosso objetivo, portanto, é conclamar a todos os interessados para uma discussão mais ampla de como poderemos participar e aplicar os recursos destinados à educação.

"Nada caracteriza melhor a vergonha social brasileira do que a naturalidade com que aceitamos haver 'escola de rico' e 'escola de pobre'"[16]. Essa excelente reflexão, feita por um ilustre professor e político brasileiro, expressa exatamente a incerteza por que passa estudantes "pobres" – aqui me aproprio da palavra – de nosso imenso país. É lamentável quando vemos jovens frequentarem a escola pública simplesmente por frequentarem. Não há perspectiva nem expectativa de galgarem dias melhores. De quem é a culpa? Certamente deles. Mas o que eles fizeram? Ou melhor, o que eles não fizeram?

---

16 Cristovam Buarque: Professor da Universidade de Brasília e senador pelo PDT/DF. http://www.nota10.com.br/novo/web/artigos_view.php?id_artigos=23. Acesso em 04-06-2009.

Um país cuja política pública educacional prioriza a quantidade, sem manifestar real interesse pela formação pessoal do indivíduo, jamais alcançará uma educação de qualidade.

Sou professor da rede pública de ensino do Distrito Federal. Isso mesmo, tenho o privilégio de estar no centro do país, onde as decisões mais importantes relacionadas a nossa gente são tomadas. Mas o que isso me confere? Simplesmente a façanha de atuar em uma sala de aula em que nada mais nada menos cinquenta e nove alunos se amontoam para aprender. Que tipo de formação estamos oferecendo a nossos alunos?

É simplesmente impossível aprender com qualidade em um ambiente desproporcional ao ensino-aprendizagem. Aqui não me refiro a alunos isolados; mas a todo o grupo, todos merecem aprender. Em escola de "ricos" enfrenta-se os mesmos problemas? Certamente que não. É muito provável que haja um ambiente arejado, alunos por sala de acordo com a capacidade real, entre outros pontos favoráveis a uma educação de qualidade. Mas por que não ser assim na escola pública? Talvez porque os interesses dos políticos de plantão não sejam os mesmos dos alunos e pais, considerados "pobres". Ou quem sabe a escola pública não seja para os filhos desses ilustres cidadãos.

Outro grave problema é a falta de investimento real para a capacitação do professor. Não é possível conceber uma qualidade do ensino público se não se prioriza o mais essencial dos requisitos: a formação continuada do mestre e sua valorização profissional.

Talvez no papel haja muitos projetos de melhoria para o ensino público, inclusive a qualificação profissional dos mestres e um pseudo "piso salarial". Mas por que não se cumpre o que está na lei, o que garante a nossa Constituição Federal?

A escola, sem sombra de dúvidas, é a mola mestra que impulsiona o progresso de um povo. A realidade social brasileira teria outra história para contar se investimentos corretos e concretos fossem aplicados na educação. Uma educação igual para todos, é essa a conclamação que fazemos.

A educação não pode ser privilégio de uns. É um direito de todos. Isso é o que garante a nossa Constituição, em seu artigo 205:

> **Art. 205.** *A educação, direito de todos e dever do Estado e da família, será promovida e incentivada com a colaboração da sociedade, visando ao pleno desenvolvimento da pessoa, seu preparo para o exercício da cidadania e sua qualificação para o trabalho.*

O objetivo central do estudante do ciclo básico é o seu acesso a uma universidade. A nossa Constituição garante igualdade a esse direito, em função do mérito. Pois bem, "mérito", e não favor do Estado. Se assim o for, por que não priorizar uma educação básica de qualidade para todos?

Não queremos discorrer, a partir daqui, orientados apenas por dados técnicos passados pelos órgãos governamentais. Nossa intenção também é apresentar a problemática que envolve a educação com base mais precisa em conversas diárias que tivemos com colegas de profissão. Esses mesmos colegas, que assim como eu dia a dia vivemos a "rotina" de uma sala de aula.

4.1 | CONAE – UM SONHO PARA A EDUCAÇÃO BRASILEIRA

Nesse mesmo contexto foi proposto pelo governo federal uma Conferência Nacional de Educação. Eis, portanto, a oportunidade que faltava.

É sem dúvida um grande marco para a educação brasileira que está prestes a acontecer. É nosso dever, enquanto educadores, estudantes, governantes ou mesmo membros de uma sociedade organizada opinar acerca desse assunto. Não podemos perder essa grande oportunidade.

No entanto, muito ainda tem de ser discutido, planejado e feito para que em nosso país tenhamos uma educação de qualidade para todos. Vejamos, portanto, quais são os desafios que propõe a CONAE – Conferência Nacional de Educação:

⇒ Elaborar conceitos, diretrizes e estratégias nacionais para a efetivação do Sistema Nacional Articulado de Educação coerente com a visão sistêmica da educação que reafirma a autonomia dos entes federados e avança na organicidade do Plano Nacional de Educação;

⇒ Integrar todos os níveis, etapas e modalidades da educação escolar numa abordagem sistêmica, com vistas a consolidar os subsistemas nacionais articulados de planejamento e gestão, de financiamento, de avaliação e de formação (inicial e continuada) dos profissionais da educação;

⇒ Dar início ao processo de institucionalização do Fórum Nacional de Educação, convocado e instalado pelo Ministério da Educação, enquanto instância de consulta, proposição, articulação, organização e acompanhamento da política nacional de educação e de coordenação permanente das conferências nacionais de educação, no âmbito do Sistema Nacional Articulado de Educação;

⇒ Propor reformulações necessárias para que o planejamento de ações articuladas torne-se a estratégia de implementação do Plano Nacional de Educação no âmbito do Sistema Nacional Articulado de Educação;

⇒ Discutir as condições para a definição de políticas educacionais que promovam a inclusão, a diversidade, dentro de uma perspectiva orgânica e republicana da educação;

⇒ Definir parâmetros e diretrizes para contribuir com a avaliação e a qualificação do processo de ensino-aprendizagem.

Fica claro que este é um momento decisivo para os novos rumos que a educação irá tomar no Brasil. É notória a preocupação dos governantes acerca desse assunto. No entanto, por que a educação neste país não se *desenvolve*?

No ano de 2001, o então presidente da República sanciona a Lei n. 10.172/2001 instituindo o PNE – Plano Nacional de Educação, com duração de 10 anos para o seu desenvolvimento. Entre os tópicos importantes, destacamos:

> **Art. 1º**. *Fica aprovado o Plano Nacional de Educação, constante do documento anexo, com duração de dez anos.*
>
> **Art. 2º**. *A partir da vigência desta Lei, os Estados, o Distrito Federal e os Municípios deverão, com base no Plano Nacional de Educação, elaborar planos decenais correspondentes.*
>
> **Art. 3º**. *A União, em articulação com os Estados, o Distrito Federal, os municípios e a sociedade civil, procederá a avaliações periódicas da implementação do Plano Nacional de Educação.*
>
> **§ 1º**. *O Poder Legislativo, por intermédio das Comissões de Educação, Cultura e Desporto da Câmara dos Deputados e da Comissão de Educação do Senado Federal, acompanhará a execução do Plano Nacional de Educação.*
>
> **Art. 6º**. *Os Poderes da União, dos Estados, do Distrito Federal e dos Municípios empenhar-se-ão na divulgação deste Plano e da progressiva realização de seus objetivos e metas, para que a sociedade o conheça amplamente e acompanhe sua implementação.*

Esse documento contém aproximadamente cem páginas. No entanto, apenas analisando esses artigos que listamos acima já é possível perceber que o plano falhou. A lei existe, entretanto, não fora cumprida na sua íntegra. Nove anos se passaram. Em 2010 venceu o prazo estipulado para que a educação neste país apresentasse melhor qualidade. Mas por que falhou?

Não é a nossa intenção ser tão pessimista acerca desse assunto de suma importância para o país. Por outro lado, também não podemos ser ingênuos quando se trata de ações governamentais para a melhoria do ensino público. Sempre é possível, em épocas eleitoreiras, ouvir discursos radiantes sobre educação ao tempo em que se vê a bandeira da educação sendo erguida por todos os políticos. Isso é importante. No entanto, reiteramos a pergunta: por que a educação em nosso país não alcança os patamares desejáveis?

Não é difícil propor uma resposta: não houve participação ativa de duas peças fundamentais no processo, professor e aluno. Não se pode pensar em educação de qualidade sem ouvir as partes diretamente ligadas. Em seus objetivos propostos, o PNE apresenta boas perspectivas para a educação brasileira. Em síntese, o Plano tem como objetivos:

⇒ A elevação global do nível de escolaridade da população;

⇒ A melhoria da qualidade do ensino em todos os níveis;

⇒ A redução das desigualdades sociais e regionais no tocante ao acesso e à permanência, com sucesso, na educação pública e democratização da gestão do ensino público, nos estabelecimentos oficiais, obedecendo aos princípios da participação dos profissionais da educação na elaboração do projeto pedagógico da escola e a participação das comunidades escolar e local em conselhos escolares ou equivalentes.

Considerando que os recursos financeiros são limitados e que a capacidade para responder ao desafio de oferecer uma educação compatível, na extensão e na qualidade, à dos países desenvolvidos precisa ser construída constante e progressivamente, são estabelecidas prioridades neste plano, segundo o dever constitucional e as necessidades sociais.

Pois bem, percebe-se claramente a boa intenção do plano. Muitas são as prioridades. Todavia, na prática, não é assim que tem acontecido. O professor é o último a opinar em um assunto estritamente ligado ao seu cotidiano. O professor não é estimulado a fazer educação.

Recentemente, em minha escola, em reunião pedagógica, foi discutida a baixa formação acadêmica de nossos alunos. Em conclusão a esse tópico, todos os mestres presentes entenderam que entre as causas do baixo rendimento do aluno a que mais pesa é a má-formação no ensino fundamental que compreende as séries de 5ª a 8ª, agora, até a nona série.

No intuito de mostrar ao mundo capitalista que a educação no Distrito Federal está progredindo, a Secretaria de Educação de Estado propõe um projeto de aceleração sem critérios pedagógicos bem definidos e a participação efetiva dos professores. O resultado é que apenas com base nos dados técnicos, sem a participação direta dos professores e dos próprios alunos, não há como obter sucesso com projetos dessa natureza. Talvez, na concepção governamental, tenha havido progresso. No entanto, a prioridade do governo é a quantidade – alunos que passaram de uma série para outra sem pré-requisitos – esquecendo-se, sumariamente, do quesito qualidade.

4.2 | NOVOS RUMOS PARA A EDUCAÇÃO BRASILEIRA

Eis um novo tempo que se apresenta para a educação brasileira neste século. Em um país em que a urna eletrônica para atender ao serviço eleitoral é admirada por todo o mundo não pode deixar de priorizar a educação digital e, consequentemente, a valorização do professor. O mundo passa por uma grande transformação e não podemos, enquanto educadores, formadores de opinião, ficar fora desse processo revolucionário por que passa a educação.

Sempre que falamos nos novos rumos que a educação está tomando, muitos se assustam e até pensam que estamos viajando nas alturas. De fato, estamos sim viajando para um futuro bem próximo em que *"Nada do que foi será de novo do jeito que já foi um dia[17]"*. Estamos na era do descobrimento intelectual em todos os níveis de aprendizagem.

Decididamente, acreditamos que nos próximos anos a educação por meio dos muitos recursos tecnológicos ganhará tanto espaço e adeptos que é impossível não participar desse momento. Não adianta fugir a esta realidade. Precisamos entender o que está acontecendo ao nosso redor (no mundo inteiro) e ser um agente proativo deste novo modelo educacional para não perdermos o foco principal, enquanto educadores, que é o de proporcionar a todos o conhecimento e o crescimento pessoal.

De certa forma, tudo que se nos apresenta novo deixa-nos, às vezes, céticos ou mesmo com um pé atrás. No entanto, perceba, estamos falando de educação – novos rumos – como estamos encarando este fato? Qual tem sido nossa participação nesta discussão?

Não queremos ser demagogos e afirmar que assim será, e pronto. Mas é preciso entendermos que a educação se constrói com educação, conhecimento construído mutuamente, pontos de vista diferentes, visando a um bem comum.

Diante do exposto, é mister compreender que não se pode ser omisso a todo esse movimento sobre educação em nível de federação. O governo

---

17 Como uma Onda, música de Lulu Santos. Extraído de: http://vagalume.uol.com.br/lulu--santos/como-uma-onda-no-mar.html – em 19-06-2009.

apresenta uma proposta. A nós educadores, alunos e sociedade em geral cabe a missão de pensar juntos os novos rumos que queremos para a educação.

Tratando-se de política educacional, pode-se pensar em algo extremamente complexo, haja vista os interesses bem diversificados. Governantes, muitas vezes, orientados apenas pelo senso administrativo, propõem políticas que visam exatamente à garantia de seu mandato. Pais de alunos — e aqui se registra um grande número da sociedade civil — pensam simplesmente em deixar os filhos nas escolas para que possam trabalhar. Mas e o futuro de nossas crianças e jovens brasileiros, não conta? Essa é uma indagação que deve ser refletida nos quatro cantos do país.

Um planejamento estratégico para a educação tem de priorizar primeiramente a escola. Não é possível se pensar em educação sem que todas as análises e projetos tenham seu início no seio escolar.

Se assim o for, por que não dar um grande passo neste momento em que está prestes a acontecer o maior encontro sobre educação em nosso país?

> Um dos eixos das mudanças na educação passa pela transformação da educação em um processo de comunicação autêntica, aberta entre professores e alunos, principalmente, mas também incluindo administradores e a comunidade, principalmente os pais. *Só vale a pena ser educador dentro de um contexto comunicacional participativo, interativo, vivencial.* (MORAN, 1991)

Quando se pensa em educação de qualidade, pressupõe-se a capacidade de alguém de aprender e, por conseguinte, viver melhor em sociedade. Todavia, o termo educação não pode ser restringido apenas ao espaço singular de uma sala de aula, embora seja fator prioritário. Uma educação que proponha formar cidadãos para o pleno exercício da cidadania deve ter, portanto, seu início no seio familiar. Essa é uma tese defendida, quase unânime, por todos os educadores. Entretanto, é apenas o começo para que então se consolide no seio escolar, em que professores, alunos, pais, sociedade civil e governamental pensem em conjunto a melhor educação para nosso povo.

Defendemos a ideia de que, para o sistema educacional brasileiro ser um sucesso, a responsabilidade deve ser assim distribuída: 100% cabe ao Estado; 100% à família; 100% aos gestores de educação e professores; 100% ao aluno.

Perceberam? Se uma das partes falhar, não teremos um ensino de qualidade.

Diante dessa questão tão importante, pensamos no ser humano enquanto indivíduo. Que tipo de cidadão desejamos formar? O ser humano não é um ser divisível. Ele é um indivíduo, que significa indivisível.

> Indivíduo é uma palavra interessante. Ela significa indiviso. É aquilo que, em qualquer espécie, animal, mineral ou vegetal, constitui uma unidade distinta. (GALDÊNCIO: 1999, p. 48)

Muitos governantes e administradores públicos reconhecem o valor social e econômico de uma boa escolarização. No entanto, por que tanto esquecimento para com a educação? Os problemas são visíveis: baixos salários; escassez de professores qualificados e de livros e materiais didáticos; prédios decadentes e mal equipados; ineficiência administrativa e rigidez curricular e pedagógica que perpetua altas taxas de repetência e evasão.

Essa constatação foi feita pelo pesquisador David N. Plank, diretor do Centro de Política Educacional da Michigan State University, nos Estados Unidos da América. Em seu livro *Política educacional no Brasil: caminhos para a salvação pública*, lançado pela ArtMed, ele atribui o fracasso educacional brasileiro exatamente à péssima política pública que prioriza os interesses privados, em detrimento do interesse majoritário da sociedade.

Plank ainda faz severas críticas ao que apregoa a nossa Constituição, os planos e objetivos educacionais declarados em discordância com o que, de fato, são perseguidos. Isso simplesmente para favorecer interesses da classe privada, dominante.

É assim que desejamos construir um país solidificado em sua democracia? Com políticas públicas bem direcionadas a interesses particulares? Decididamente, o Brasil espera muito mais de seus governantes.

4.3 | DEMOCRATIZAÇÃO DO ENSINO PÚBLICO

> Os problemas do sistema não se encontram na política democrática, ou na baixa expectativa dos cidadãos brasileiros para consigo mesmo e para com seus filhos. Residem, em vez disso, nos obstáculos que são colocados no caminho da participação de muitos cidadãos no sistema político democrático. (PLANK, 2001)

A péssima constatação de uma educação deficiente no Brasil não é algo novo. Desde a década de 50, nossas escolas vêm suportando o total descaso de nossos políticos, muito embora em seus discursos tenham prontamente o apelo a uma educação de qualidade. Entre o discurso e a prática, muita coisa ainda tem de ser feita.

Estamos em uma época em que a globalização tem acelerado o progresso mundial. Acordos internacionais cada vez mais são firmados, visando à interação comercial e ao crescimento mútuo dos países. Entretanto, em sua política educacional, cada nação é responsável pelo sucesso ou fracasso. Vários países chegaram a uma educação de qualidade apostando exatamente em práticas comerciais. Afinal, a educação é um serviço prestado, e o cliente é o povo.

Por que o Brasil também não passa a apostar em políticas educacionais que deram certo? Talvez porque o remédio não seja tão agradável aos anseios políticos de nossos governantes. Um povo que aprenda exercer seu pleno direito de cidadania pode ser uma ameaça "perigosa" aos mandatos políticos atuais. Mas se considerarmos que melhorando a educação ganha a saúde, a justiça, a sociedade como um todo, então é válido pensar em quatro práticas simples que podem revolucionar a educação neste país, e nesse quesito não se responsabiliza apenas gestores governamentais. Todos somos responsáveis por uma educação de qualidade para todos. Eis, portanto, quatro simples práticas que também servem para o Brasil:

1. **Unificação do currículo:** Repensar o que nossas crianças estão aprendendo nas primeiras séries do ensino fundamental. Não há dúvidas de que o currículo dever ser reformulado. É necessário padronizar o conhecimento, priorizando um conteúdo que atenda a todas as regiões do país, respeitando suas variantes culturais. Uma criança que estuda no Nordeste tem de aprender o mesmo que a criança do Sul do país. Uma educação de qualidade deve ser fortalecida desde a base, não se pode fugir a este padrão. Os professores das primeiras séries constituem o alicerce para o fortalecimento de uma educação sólida e eficiente em seus termos.

2. **Avaliação do ensino:** Quando se fala em avaliar, não se pode focar apenas nos alunos. Governantes, diretores de escola e professores também devem passar por esse crivo de maneira responsável.

3. **Valorização da escola:** Uma escola de qualidade recebe investimento. Isso é comprovado pelo próprio desempenho das escolas privadas. No entanto, não apenas investimento material, mas, principalmente, humano, qualificando nossos profissionais da educação e reconhecendo o seu valor.

4. Administração participativa: Esse é um ponto que jamais pode ser negligenciado. Uma gestão participativa deve promover a autonomia de professores e alunos, sem que isso diminua o poder público.

O que acabamos de listar não apresenta nada novo. São ações simples e práticas que podem gerar benefícios incontáveis para a educação brasileira.

Em nosso sonho para uma educação melhor e igual para todos os brasileiros, acalentamos uma proposta, talvez árdua, mas possível de se executar. Para tanto, basta uma movimentação nacional da sociedade politizada e o querer político de nossos governantes. Mas qual é, então, a nossa proposta?

Primeiro, é preciso mais uma vez enfatizar que o sonho de uma escola pública de qualidade deve nascer nas próprias escolas. Professores e alunos precisam estar motivados para tal empreendimento.

Estamos diante de um cenário político educacional em que o poder executivo maior propõe uma mudança revolucionária para a educação no Brasil. Mais uma vez nos referimos à CONAE – Conferência Nacional de Educação.

E mais uma vez reiteramos que esse evento só alcançará o sucesso almejado quando houver participação ativa de educadores e educandos. A redundância aqui se faz necessária porque, ainda que pareça irônico, a educação neste país tem caminhado distanciada dos professores e alunos.

Portanto, a discussão deve nascer em sala de aula. Todavia, não simplesmente nos bancos acadêmicos universitários, mas, sobretudo, começar desde as salas de Educação Infantil. E aqui é lançado um desafio: por que não ensinar as nossas crianças o que é a Constituição Brasileira e o que esta declara sobre cidadania?

Outro ponto não menos importante é oportunizar aos nossos pequenos estudantes o acesso às disciplinas de filosofia e sociologia e, por conseguinte, ao que elas podem ensinar-lhes. Estas disciplinas deveriam constar no currículo desde a primeira séria do Ensino Fundamental, em uma linguagem acessível a nossas crianças.

Assim, amadurecendo a nossa discussão, entendemos ser importante que se proponha o debate sobre uma educação de qualidade e igualitária para todos em todas as escolas públicas deste nosso país. Todos devemos participar neste processo de reestruturação da escola pública brasileira.

Todavia, não se pode mais admitir que pautas pré-elaboradas por "técnicos em educação" sejam trazidas para a discussão. Compreende-se que a demanda deve nascer a partir da realidade das escolas, pois, reconhecendo que os problemas vivenciados em cada município brasileiro são os mais diversos, é de suma importância que sejam bem discutidos.

Analisando, portanto, a complexidade que envolve a nossa educação, entendemos que a razão de tal complexidade se deve ao fato de o próprio ser humano, em sua essência natural, ser complexo.

Assim, é mister que se discuta em profundidade os temas para que em comunhão de pensamentos se chegue a uma proposta condizente com a realidade de todos. Entretanto, isso não é tarefa das mais fáceis.

Pensar educação em conjunto requer cuidados especiais, pois a diversidade de opiniões e cultura são tantas, que muitos desistem sufocados pelos que se julgam mais bem "preparados" em ditar as regras do que seria mais relevante para a educação nacional.

Propomos, então, uma mobilização nacional, todavia, iniciando-se na base, ou seja, a criação de comissões municipais, estaduais e, por fim, nacional.

De início, a discussão deverá iniciar-se nas escolas, com a participação direta de gestores de educação, psicólogos, pedagogos, professores, alunos e comunidade. Entretanto, para isso, é necessário outorgar esse direito a essa comunidade escolar para que se discuta em profundidade quais os principais problemas e possíveis soluções.

A partir de um tempo adequado para essa investigação, elege-se uma comissão, representada por delegados de cada escola, para que, em âmbito municipal, amplie-se a discussão com a participação da Secretaria Municipal de Educação e representantes do poder judiciário e legislativo.

As decisões tomadas nesta última comissão serão encaminhadas para uma terceira comissão em âmbito estadual, também com delegados representativos e a participação de membros da Secretaria de Educação de cada estado da federação. A esta última comissão, caberá a responsabilidade de representar o seu estado na CONAE – Conferência Nacional da Educação.

Diante, portanto, dessa realidade que se apresenta para a educação brasileira, não há mais o que esperar, é necessário urgentemente a participação maciça de todos para que juntos pensemos uma educação de qualidade para todos.

Assim, é perfeitamente compreensível afirmar que o tema educação é por demais complexo e, por conseguinte, não deve ser tratado sem critérios bem definidos. No entanto, também não é possível pensar a educação sem deixar fluir as emoções, o que aqui pensamos é com base em nossos sentimentos e o desejo de ver um país em que a escola pública seja tratada com responsabilidade, amada e valorizada por todos.

Portanto, quando se nos apresenta muitas teorias sobre educação, muitos projetos mirabolantes, muitas estratégias estabelecidas, em suma, muita "burocracia", indagamos: Por que as pessoas complicam tanto o que pode ser resolvido com apenas uma ação? Amor ao ser humano. É este, pois, o nosso maior desejo: promover uma educação de qualidade para todos. Para isso, é necessário aprender a amar, ouvir e permitir que todos participem da construção democrática, social e política desse nosso querido Brasil.

Dessa forma, nesta nossa abordagem sobre educação procuramos usar uma linguagem o mais simples possível, entendendo que as ideias acima podem parecer utópicas, entretanto, nossa intenção é simplesmente provocar educadores e sociedade civil para uma discussão mais ativa em relação à educação. Ou seja, nosso desejo é lançar uma sementinha e esperar que outros também a reguem.

Quem aceita o desafio?

4.4 | O CONCEITO DE APRENDIZAGEM

Seria possível atribuirmos neste momento diversos conceitos para aprendizagem. No entanto, não o faremos de maneira desproporcional, por entendermos que a aprendizagem é construída todos os dias, passo a passo, formando um todo. Assim sendo, um conhecimento atual não substituirá um primeiro, mas, antes de tudo, complementará um conceito já formulado.

> Com efeito, se procurarmos decodificar o significado de "ensinar", encontramos verbos como: instruir, fazer saber, comunicar conhecimentos ou habilidades, mostrar, guiar, orientar, dirigir – que apontam para o professor como agente principal e responsável pelo ensino. (ABREU-MASETTO, 1985, p. 5)

Partindo de uma definição mais genérica do termo, temos: aprender; adquirir conhecimento de; instruir-se; ficar sabendo. Isso nos leva à compreensão de que a aprendizagem pressupõe, pelo menos, a expectativa de promover mudanças. Consequentemente há, ainda, muito mais complexidade neste processo. De maneira que para haver o verdadeiro conhecimento, o todo é fundamental e não apenas as partes em que esse conhecimento vai se moldando. Com isso, estamos afirmando que é necessária uma base tríplice em que seja possível associar o homem, a sociedade e o saber, em um único tripé.

Não somente em nossos dias há uma preocupação centralizada na aprendizagem. Desde os povos do Antigo Oriente, já havia uma busca sistematizada em transmitir à geração futura suas tradições e costumes. Duas linhas opostas, mas complementares, eram analisadas pelos filósofos da Grécia e Roma. Eles defendiam duas correntes pedagógicas: a da personalidade e a humanista (SARA, 1989]. A primeira linha de pensamento trazia um enfoque voltado para a formação pessoal ou individual. A segunda tinha uma preocupação voltada para os indivíduos numa linha em que o ensino/sistema educacional era representativo da realidade social e dava ênfase à aprendizagem universal.

4.4.1 | Mas o que é aprendizagem?

Pesquisa desenvolvida por (VYGOTSKY, 1993), entre outros estudiosos do tema, define a aprendizagem como um processo integrado que provoca uma transformação qualitativa na estrutura mental daquele que aprende. Este, portanto, é o nosso objetivo central, analisar, numa linha investigativa, que a aprendizagem só será real quando o professor instigar (ou provocar) no aluno o desejo de transfiguração. Esse poder transformador é que motivará e conduzirá o aluno ao conhecimento adquirido.

O ato volitivo de aprendizagem é uma característica inerente ao psiquismo humano, pois somente este possui o caráter intencional, ou a intenção de aprender; dinâmico, por estar sempre em mutação e procurar informações para a aprendizagem; criador, por buscar novos métodos visando ao aperfeiçoamento da própria aprendizagem, por exemplo, pela tentativa e erro.

Outro conceito atribuído à aprendizagem se dá pelo processo empírico motivado. Isto é, o aluno é motivado à prática a partir de investigações e experiências vivenciadas por ele mesmo. É fato que o ser humano já nasce inclinado à aprendizagem, necessitando tão somente de estímulos externos e internos (motivação, necessidade) para o aprendizado. (VYGOTSKY, 1991 p. 101).

Não é nossa pretensão aqui dissertar aprofundadamente sobre as diversas escolas de pensamento, mas discorrer sobre um ensino transformador numa perspectiva construtivista. Portanto, nas próximas páginas, estaremos delimitando a nossa dissertação a partir de nosso pensamento – aliado a nossa pesquisa – sobre Uma Visão Pedagógica para um Ensino Transformador.

4.4.2 | A aprendizagem significativa

Em primeiro lugar, antes de falarmos de uma aprendizagem significativa, convém lembrarmos como se desenvolveu o ensino Tradicionalista.

Iniciemos com uma indagação: A escola existe para preparar servos ao modelo capitalista de Estado ou para formar cidadãos livres e atuantes em um mercado universal em grande ascensão?

Há muito se tem pensado, no Brasil, em uma escola mais eficiente que, de fato, forme um cidadão mais consciente de sua participação em pleno gozo da cidadania para a construção de um país consolidado em sua democracia. Mas infelizmente isso não tem ido muito além do que o simples desejo. Afinal, em que base estamos construindo a nossa educação?

> *Não é o homem um mundo pequeno, que está dentro do mundo grande, mas é um mundo, e são muitos mundos grandes, que estão dentro do pequeno. Basta por à prova o coração humano, que, sendo uma pequena parte do homem, excede na capacidade a toda a grandeza e redondeza do mundo. Pois se nenhum homem pode ser capaz de governar toda esta máquina do mundo, que dificuldade será haver de governar tantos homens cada um maior que o mesmo mundo, e mais dificultoso de temperar que todo ele? A demonstração é manifesta. Porque nesta máquina do mundo, entrando também nela o céu, as estrelas têm seu curso ordenado, que não pervertem jamais; o sol tem seus limites e trópicos, fora dos quais não passa; o mar com ser um monstro indômito, em chegando às areias, para; as árvores, onde as põem não se mudam, os peixes contentam-se com o mar, as aves com o ar, os outros animais com a terra. Pelo contrário, o homem, monstro ou quimera de todos os elementos, em nenhum lugar para, com nenhuma fortuna se contenta, nenhuma ambição nem apetite o falta: tudo perturba, tudo perverte, tudo excede, tudo confunde e como é maior que o mundo, não cabe nele.* (Padre Antônio Vieira)[18]

Que estamos propondo em nossas escolas? Continuaremos adotando um modelo antigo e obtendo os mesmos resultados, ou arriscaremos em uma proposta nova e apostemos em um modelo mais produtivo, ainda que seja preciso mudar o nosso paradigma?

---

18 Retirado do *site*: http://www.letras.puc-rio.br/catedra/revista/2Sem_03.html . Acesso em 13-02-2009.

A escola não existe para servir a uma elite dominante. Muito pelo contrário. A escola é o eixo centralizador que sustenta o progresso de uma nação.

4.4.3 | Uma pedagogia centrada no professor

Há muito se tem alimentado, em nossas escolas, uma pedagogia centralizada no professor. Tal estratégia pedagógica afirma que os alunos devem responder às perspectivas e expectativas dos mestres. Isso significa que em um estabelecimento de ensino tradicional quem delimita o que se deve ministrar e aprender são os professores. Ao aluno não lhe é dado o direito de escolha.

Qual o objetivo, portanto, dessa política pedagógica? Transmitir conhecimentos sistematizados e acumulados pela sociedade. Segundo estudiosos dessa teoria, a escola tem como função a organização de conteúdos que julga ser relevante para o aluno. Esses conteúdos obedecem a uma gradação lógica e ao aluno cabe-lhe a tarefa de aceitar o que lhe é transmitido.

Diante disso é possível reafirmar que a Pedagogia Tradicional não se constituiu em uma teoria estritamente educacional. Mas sofreu influência da Concepção Ambientalista, que também se denominou Comportamentalista.[19]

Esta teoria explica que o homem está intrinsecamente ligado ao meio em que vive. Portanto, alterações no comportamento podem significar reações positivas ou negativas. Tudo tem ampla ligação com o meio ambiente.

Assim sendo, a Teoria Comportamental só veio solidificar a Pedagogia Tradicional. Isso reforça o fato de que o homem submisso a um ambiente dominante torna-se, por consequência, um ser passivo, manipulado e controlado.

Para alguns, a Pedagogia Tradicional teve o seu fim na década de 1980. No entanto, em nossos dias, ainda se vê, em bastante escala, professores adeptos dessa teoria, ainda que de maneira disfarçada. Para esses mestres, a tradição conteudista e a pedagogia centrada no professor constituem, sem sombra de dúvida, o melhor caminho para a construção de conhecimentos.

---

19 O Behaviorismo Clássico (também conhecido como Behaviorismo Watsoniano, erroneamente denominado Behaviorismo Metodológico e menos comumente Psicologia S-R e Psicologia da Contração Muscular apresenta a Psicologia como um ramo puramente objetivo e experimental das ciências naturais. A finalidade da Psicologia seria, então, prever e controlar o comportamento de todo e qualquer indivíduo. (COSTA, 2002, pp. 1-8)

Cabe-nos, agora, propor uma reflexão: Que conhecimento interessa ao aluno? Que será significativo para sua vida pessoal e profissional?

Em primeiro lugar, deixo claro que a minha visão sobre aprendizagem significativa é oportunizar ao aluno o direito de fazer escolhas.

Nesse sentido, convém levantar o pensamento dos principais críticos da psicologia quando defendem que a aprendizagem é construída pelo sujeito em processos ativos (IGNÁCIO, 1998). Isso porque acreditam que a criança raciocina à medida que se apropria do conhecimento. É interessante fazermos uma analogia com o processo de vendas. Para que o cliente sinta o desejo de comprar, é preciso que ele toque o produto, sinta-o. A essa concepção de apropriação do conhecimento denomina-se: Interacionista.

> O conhecimento é percebido como um processo construído pelo indivíduo durante toda a sua vida. Não estando pronto ao nascer nem sendo adquirido passivamente. Mas construído ativamente pelo sujeito na interação entre organismo e meio. (DAVIS-OLIVEIRA, 1993, p. 50)

Em uma aprendizagem significativa o que conta é a interação. Segundo o psicólogo Ausubel, que desenvolveu essa teoria, à medida que há uma interação entre o conhecimento já existente e o novo, em que ambos se modificam, o processo de aprendizagem vai assumindo novos significados. A isso ele chamou de subsunçores. O conhecimento vai sendo construído num processo dinâmico e ativo.

4.5 | O ENSINO TRANSFORMADOR NUMA VISÃO CONSTRUTIVISTA

Nosso objetivo, a partir desse momento, é tentar mostrar numa perspectiva construtivista que é possível alcançar um ensino transformador em busca de uma aprendizagem significativa.

Assumiremos a postura construtivista defendida pelo educador Vasco Moretto (Doutor em Didática) – em que ele postula três bases para defender essa teoria:

1. Não devemos supor um mundo exterior independente do observador, para levar em conta a atividade daquele que observa;

2. A realidade é construída (inventada) pelo sujeito cognoscente; ela não é um dado pronto para ser descoberto;

3. "Os conhecimentos não são uma descrição da realidade dada, mas uma representação que dela construímos, construção esta cuja função

é adaptativa, isto é, que permite ao indivíduo prever as regularidades e assim viver num mundo de limitações, representado pelo mundo das coisas." (MORETTO, 1999, p. 46)

Vivemos em uma sociedade em que nos são impostas condições limitadoras. Sem perceber isso, muitos se tornam alienados, marionetes em mãos de outros. Aprisionados a uma cultura defendida por alguns que visam simplesmente a interesses particulares.

Somos, afinal, seres limitados? O conhecimento que é passado em nossas escolas tem, de fato, atendido às necessidades de nossa gente? E o que pensa nossos alunos acerca desse assunto tão importante para suas vidas? Estamos formando seres ativos ou passivos ao longo desses últimos 50 anos? E o que esperamos colher para daqui a 50 anos?

A todas essas perguntas, há uma só resposta: não desejamos viver orientados por um manual que outros julgam ser certo ou errado e ditam o que devemos ou não fazer.

Muito pelo contrário, desejamos ser desafiados, em nossas limitações, a partir de experiências ativas, e, assim, tornando-nos agentes do conhecimento. Isso só vem a engrandecer o nosso ser, gerando em nós um espírito construtivo, dia após dia. Essa é a proposta Construtivista.

Não se pode construir o saber sem os experimentos cotidianos. A partir do que já sabemos, é possível construir o novo. Para Glaserfeld (MORETTO, 1999, p. 46), o conhecimento é uma questão de adaptação. O sujeito, a partir de experiências cognitivas, passará a construir a sua realidade.

Realidade esta que se apresentará como uma nova perspectiva. Assim sendo, novo conhecimento é adquirido a partir da realidade que ele vive. Vale ressaltar que as experiências humanas exigem de cada um uma escolha. O individuo é quem julgará o que é significativo para sua convivência em sociedade.

> *[...] Se admitirmos, como fazem os construtivistas, que os objetos de conhecimentos não são dados diretamente mas construídos por intermédio da linguagem, então a realidade tem um outro sentido e, em consequência, a objetividade também é definida em outro universo simbólico.* (MORETTO, 1999, p. 69)

Em nossa experiência em sala de aula, temos observado, com muita frequência, um ensino mecanicista. Certa ocasião, fiz uma brincadeira com meus alunos para comprovar esse meu pensamento. A turma era de 5ª série. Pedi-lhes que abrissem o seu caderno para anotarem o conteúdo daquele dia. Iniciei colocando no quadro a matéria.

Depois de uns dez ou quinze minutos, comecei a minha brincadeira. Passei a escrever algo que nada tinha a ver com o conteúdo. Na verdade, eu passei a escrever com palavras provocativas. E mecanicamente também eles anotavam tudo. Decorridos aproximadamente cinco minutos, eles, então, perceberam. Foi uma gargalhada só!

Que tipo de cidadão desejamos formar: Homens máquinas ou pessoas pensantes?

A vida é dinâmica. As pessoas são dinâmicas. O ensino precisa ser dinâmico. O conhecimento adquirido envolve toda uma geração que prepara o caminho para outra geração. A dinâmica do aprender consiste exatamente em transformação do conhecimento, produzindo novos saberes e novas sociedades.

O homem é detentor do conhecimento que ele próprio constrói. Assim, ele não é estático. Mas tem a oportunidade de mudar a todo instante. O seu crescimento, então, passa a depender de dois fatores: o conhecimento interior e o exterior. Todavia, a influência positiva ou negativa externa tem peso considerável na construção desses saberes.

Em seu livro *Mudar e Vencer*, Paulo Gaudêncio relata uma experiência aparentemente irrelevante, mas que deixou marcas profundas em sua vida estudantil (GAUDÊNCIO: 1999, p. 37). Ele conta que, aos 13 anos, vivenciou algo interessante. Seu professor do primário o incumbiu de cuidar da biblioteca da escola. Ele prontamente organizou toda a estante, retirando todos os livros e os espalhando sobre a mesa, não era qualquer mesa, mas a de pingue-pongue. Isso impediu que os garotos da escola usassem a mesa nos intervalos. No entanto, algo positivo aconteceu, os demais colegas passaram a se interessar mais pela leitura. Situação essa que obrigou Gaudêncio a conhecer cada livro e saber onde estava localizado. Tudo isso, dentre outras promoções, rendeu-lhe a presidência do grêmio estudantil e o amor aos livros, tornando-o, posteriormente, um escritor renomado.

São pequenas ações como essas que fazem toda a diferença. As pessoas precisam ser provocadas. Elas têm sede do saber, e a nós professores educadores cabe a missão de oferecer um ensino contagiante e marcante.

4.6 | O PROFESSOR E O ALUNO UNIVERSITÁRIO

Uma nova visão se apresenta ao professor do presente. Ser professor não é simplesmente reproduzir conhecimentos; mas, sobretudo, propor uma reconstrução dos saberes. Entretanto, não se está afirmando que é preciso invalidar os conhecimentos já adquiridos. Muito pelo contrário. A proposta é partilhar o conhecimento numa perspectiva de reciprocidade entre o presente e o passado. Isso significa afirmar que todos, indistintamente, podem contribuir.

Quem ministra algo a outrem, primeiro tem que *aprender a aprender*. A capacidade de se acumular conhecimento mais do que outros, não faz de um mestre um ser superior. Todo professor consciente surpreende seus alunos com um espírito de humildade e gratidão por seus discípulos.

> *É verdade também que deve haver compromisso recíproco, professor/aluno. Todavia, você mestre, questione-se quando a aprendizagem de seus alunos for insatisfatória. Qual política interventiva você tem adotado? Você conhece seu aluno o bastante? Você realmente o tem acompanhado? "Os homens têm desejo do saber".* (ALVES, 1999)

Excelente reflexão feita pelo Doutor Rubem Alves. Isso é muito importante ser pensado por nós que ministramos conhecimento. É muito gratificante para qualquer mestre saber que houve progresso na aprendizagem de seus discípulos.

Não há dúvida que cabe a nós professores a nobre missão de ensinar. Não somente isso, mas também despertar em nossos alunos o desejo de aprender.

Quando há verdadeiro ensino, há, por conseguinte, aprendizagem. Ensinar não diz respeito apenas à transmissão de conhecimentos, fazer uma explanação genérica do assunto em uma tribuna sem espaço para réplica. O ensino vai muito mais além. É preciso despertar a curiosidade nas pessoas. O professor tem que soltar a imaginação, inovar constantemente, fazer fluir novas ideias, mexer com as emoções. Entendemos que para haver aprendizagem é preciso motivação, recompensa.

> *A inteligência só guarda o que é útil. Tudo que está ligado com a vida a gente aprende.* (Rubem Alves. Em palestra "O Prazer na Educação", ministrada no I Seminário de Modernização Tecnológica da Educação, 23/02/1999. SESI/SENAI – Brasília-DF)

Para que o aluno desperte o interesse em aprender, deve haver um significado para ele. Ou seja: uma representação real do que ele ganhará com isso. Nós professores, portanto, podemos ser o referencial, mas jamais fazer aquilo que compete ao aluno. Ele só precisa de oportunidade para desenvolver habilidades.

Quando não temos objetivos claros e definidos, dificilmente atingiremos nossas metas. Não se pode chegar a lugar algum quando não se sabe aonde vai.

> *Não há ventos favoráveis para quem não sabe aonde navegar.* (MORETTO. Em Palestra "Projeto Pedagógico e Avaliação Escola", ministrada no I Seminário de Modernização Tecnológica da Educação – 25-02-1999 – SESI/ SENAI – Brasília-DF)

Você, nobre professor, dispõe do poder de direcionar os seus alunos. Conta em seu favor a sabedoria construída. Portanto, não seja egoísta. Compartilhe com seus alunos seus conhecimentos, mas também perceba que eles têm muito a oferecer-lhe e ensinar-lhe. Será uma troca fantástica de conhecimentos, em que, juntos, com um só objetivo, professor e aluno promoverão o saber.

4.7 | PRINCÍPIOS BÁSICOS DE APRENDIZAGEM

Segundo Célia Abreu e Marcos Masetto, em seu livro *O Professor Universitário em Aula* (ABREU-MASETTO, 1998), há certos princípios que são comuns a todos os que se preocupam com a aprendizagem do aluno. São eles:

> **1.** *Toda aprendizagem, para que realmente aconteça, precisa ser significativa para o aprendiz, isto é, precisa envolvê-lo como pessoa, como um todo (ideias, sentimentos, cultura, sociedade).*
>
> **2.** *Toda aprendizagem é pessoal.*
>
> **3.** *Toda aprendizagem precisa visar a objetivos realísticos.*
>
> **4.** *Toda aprendizagem precisa ser acompanhada de feedback imediato.*
>
> **5.** *Toda aprendizagem precisa ser embasada em um bom relacionamento interpessoal entre os elementos que participam do processo, ou seja, aluno, professor, colegas de turma.*

Aliados a esses princípios, em nossa prática diária de ensino, entendemos ser de grande relevância também a observância de alguns objetivos para um ensino transformador:

⇒ Conhecer os alunos;

⇒ Saber ouvir;

⇒ Definir claramente objetivos no ensino-aprendizagem;

⇒ Escolher estratégias adequadas;

⇒ Saber perguntar;

⇒ Permitir a interação;

⇒ Provocar o aluno a questionar, produzir conhecimento, aprender e aprender a pensar, argumentar;

⇒ Permitir a reconstrução pessoal do aluno;

⇒ Despertar a criatividade;

⇒ Pesquisar e reconstruir;

⇒ Promover a participação coletiva;

⇒ Saber aplicar os conteúdos;

⇒ Estimular o saber e o prazer;

⇒ Despertar credibilidade;

⇒ Ensinar a ser completo, um indivíduo;

⇒ Socializar as dúvidas.

Em síntese, é preciso afirmar que ensinar não significa apenas a transmissão de conceitos e ideias prontas. Conforme já assinalamos, vai muito mais além. Ensinar é propor, preparar pessoas para que saibam argumentar e torná-las capazes de construir o saber. O verdadeiro mestre é aquele que conduz o seu discípulo até quando possa entregar-lhe as chaves do conhecimento para que este assim capacite a outros nesta cadeia de construção do saber.

Quando o aluno se torna um ser participativo no meio em que convive, a missão de seu mestre está cumprida. Este aluno agora pode formular seus pensamentos livre de qualquer manipulação. Coube ao professor orientar-lhe em sua pesquisa. O professor deve, portanto, apresentar-lhe muitas dicas, mostrar-lhe o caminho a ser percorrido, mas jamais fazer o que somente ao aluno compete.

O ensino tornar-se-á prazeroso à medida que for investigativo, compartilhado, flexível e dinâmico. Quem ensina jamais pode se comportar como um déspota, mas será um facilitador que apenas está no controle da aprendizagem.

A escola existe para ajudar a tornar a informação significativa. Ajudar o homem a compreender as dimensões mais profundas da alma e, sobretudo, tornar o aluno um ser feliz e realizado.

O professor é como um jardineiro. Ele não faz a planta crescer, mas pode ajudar muito. (MORETTO – em Palestra "Projeto Pedagógico e Avaliação Escolar – ministrada no I Seminário de Modernização Tecnológica da Educação – 25-02-1999 – SESI/SENAI – Brasília-DF)

4.8 | O ALUNO É O SUJEITO DA AÇÃO

> *O discípulo não está acima do seu mestre; "todo aquele, porém, que for instruído será como o seu mestre".* (Bíblia Sagrada, Lucas 6.40)

"Quando o aluno está pronto, o mestre aparece." (HAROLD, 1995) Essa afirmação proferida pelo Doutor Napoleon Hill expressa exatamente o nosso pensamento acerca da preparação do aluno.

O autêntico professor é o que participa ativamente da vida de seu aluno. Guiando-o pelos caminhos do saber e ajudando-o na superação dos desafios. Essa tarefa não é tão simples, é árdua. Porém, tornar-se-á gratificante à medida que se observa o progresso de nosso aluno.

Certo professor tinha um estilo singular na ministração de suas aulas.[20] Desenvolvera o hábito invariável de após três minutos do início da aula bater o pé direito no chão, embaixo da velha escrivaninha. No momento exato em que o ponteiro dos segundos cruzava o número doze, ele levantava o dedo indicador da mão direita e dizia: Senhores e senhoras, ou meus queridos alunos... e em seguida soltava uma frase tão estimulante que ninguém conseguia ficar sem anotá-la. Três a quatro minutos mais tarde, contava-lhes a primeira piada. Oito a dez minutos depois, religiosamente, levantava-se da cadeira e desenhava um gráfico ou uma tabela no quadro branco. Sempre começando com a caneta azul, depois vinha a roxa, e sempre marcado pela aquela singular linha sinuosa aquilo a que queria dar ênfase. O ritmo dele era infalível e funcionava.

Mas o inesperado aconteceu. De certa feita, um aluno o colocou à prova. Decidiu deliberadamente não prestar atenção à sua aula. E, propositadamente, começou a marcar o tempo para ver a reação do professor e o que ele faria se não conseguisse chamar sua atenção para a aula.

---

20 Relato baseado na obra de WILKINSON, Bruce. *As sete leis do aprendizado*. Editora Betânia, 1998.

O célebre professor prossegue o seu trabalho e o aluno "nem aí". Mesmo quando ele contou aquela piada quase irresistível – o jovem se conteve. Não sorriu. Decorridos não mais que dois minutos, o professor levanta e começa a desenhar no quadro. Percebendo que o aluno não estava anotando absolutamente nada, mais do que depressa parou o desenho e se dirigiu a ele. Percebendo que este não prestava atenção, partiu em disparada e perguntou-lhe: O que é que você tanto olha através da janela? Ao que o jovem respondeu: – nada, professor, desculpe-me. Havia se passado exatamente 3 minutos, 37 segundos e 217 centésimos.

Já outro professor, nesta mesma experiência, jamais se importou com aqueles alunos que "não queriam nada". O que sempre afirmava era: Se não aprendem, o problema não é meu.

Reflexão: O primeiro professor claramente sabia qual a sua missão. Ele era responsável pela aprendizagem de seus alunos, enquanto o segundo julgava ser de sua alçada apenas a transmissão de conteúdos, não importando se haveria aprendizagem ou não. Será que seus alunos aprenderam?

4.8.1 | Cinco regras que podem funcionar

Quando se trata de regras sempre há restrições a serem feitas, todavia, entendemos ser possível a aplicação de cinco passos que podem dar certo para uma aprendizagem significativa. Isso porque não pretendemos apresentar uma receita pronta, inflexível para a educação, que necessariamente deve ser cumprida à risca. A linha que vimos desenvolvendo até aqui é a da construção do saber por meio de experiências mútuas em que professor e aluno constroem o saber. Assim, é mister que o professor ensine ao seu aluno que:

1. É possível gostar de nós mesmos. A experiência tem nos mostrado que quando se gosta de si próprio, o grau de satisfação com o exterior só tende a aumentar. Não é aconselhável que vivamos presos a determinadas regras, ainda que elas sejam importantes para o convívio em sociedade, em detrimento de nossa liberdade de fazer escolhas. Na verdade, o que queremos afirmar é que é possível se adaptar às regras, sem, contudo, perder o direito de escolher o próprio caminho a trilhar.

> *Liberte de suas amarras. Valorize-se e descubra que você vale tanto quanto imagina valer.* (ANTUNES, 1997, p. 12)

2. É preciso valorizar o que somos. Todos somos capazes de grandes feitos, mas poucos somos ousados em realizá-los. Neste processo de ensino-aprendizagem, uma palavra motivadora vale muito mais do

que o excesso de conteúdo. O aluno só aprenderá aquilo que ele julgar importante para ele. Mas muitos de nossos alunos ainda não conseguiram decifrar o que é relevante para a vida. Cabem a nós, mestres, abrir-lhes os olhos. Apresentar-lhes um mundo visionário e futurista em que os caminhos que são propostos assemelham-se a um labirinto em que muitas veredas são abertas. Resta ao aluno descobrir qual o percurso deve percorrer. Certa vez, em uma aula de inglês na faculdade de Letras, eu questionava acerca da metodologia de ensino adotada pela professora. Ao término da aula, antes que todos saíssem, a professora pediu-me para que permanecesse por um pouco mais. Ela então me falou: Rivaldo, aqui é semelhante a um labirinto. Uma porta se abriu para você (referia-se ao vestibular) – agora muitas outras se abrirão, resta a você decidir por onde quer percorrer.

Tudo o que somos é o resultado do que pensamos. (BUDA)

3. VOCÊ É UM SER SINGULAR. É preciso mostrar ao aluno que a sua aprendizagem depende dele mesmo. Muitas vezes falta-lhe um norte, uma direção. Questione seu aluno acerca do que ele é e o que deseja ser. A psicologia aplicada tem mostrado que o ser humano é único, conforme já tratamos em capítulo anterior, o homem é um ser indivisível.

Conhece-te a ti mesmo. (SOCRÁTES)

Procure extrair de seus alunos quais são suas motivações, quais as suas atitudes? Como têm encarado a vida que levam? Que têm feito para o seu crescimento pessoal e profissional?

O que fazemos hoje determinará o que há de vir amanhã. O único responsável por nós, em absoluto, somos nós mesmos. Nossa capacidade de agir depende, primeiro, de como encaramos nossa potencialidade diante dos fatos. Ninguém pode fazer aquilo que compete a nós mesmos fazer. Portanto, descobrir quem somos é de vital importância para o nosso crescimento.

Todos temos algo inerente, ou seja, todo ser humano é dotado de algo, uma dádiva divina, de dons e capacidades especiais. Quais são os seus dons? Que você tem de especial? Essas perguntas têm de marcar o nosso aluno. Propor uma autoanálise de si mesmos e não ter medo da luz que brilha dentro de cada um. A verdadeira felicidade é conquistada por meio de conhecimento e amor. Não se constitui em vantagem abater-se diante dos fracassos temporários. Acreditar que não existe fracasso total é o passo primeiro que conduzirá à aprendizagem. Pense nas belas conquistas da humanidade e quantos benefícios não nos trouxeram, apesar de alguns fracassos, eles conseguiram.

Nunca desista de seus sonhos. (CURY, 2007)

Deixe claro para seu aluno que não é interessante ficar a imaginar o que poderia ter sido feito, pelo contrário, incentive-o a agir nas oportunidades que lhe são oferecidas.

No entanto, deixe-lhe claro ainda que na sua caminhada deve ponderar em alguns pontos fundamentais:

1. Seja um observador. A vida lhe oferece muitas oportunidades disfarçadas. Tente, em meio a uma pequenina luz, enxergar um ponto favorável para a execução de suas metas;

2. Interesse-se pelas pessoas. As pessoas são importantes e você precisa delas. Faça a elas o que gostaria que fizessem a você. Não seja egoísta. Todos merecemos ser felizes. No mundo há espaço garantido para cada um. Cresça, mas permita e ajude ao outro também crescer;

3. Seja você o seu espelho. Ninguém melhor do que você para ser seu crítico número um. Quando acertar, elogie-se repetindo o mesmo ato; quando errar, admita seu erro e procure corrigi-lo imediatamente;

4. Ninguém melhor do que você para cuidar de si mesmo. Você é o responsável por você. Portanto, cuide-se;

5. Não queira mudar as pessoas. Aprenda a conviver com os semelhantes, assim como eles são. Não tente mudar ninguém. Quando lhe for permitido, aconselhe-as. Seja amável e procure sempre agradá-las;

6. Seja sempre simpático. A melhor coisa que recebemos de alguém é um sorriso sincero. Seja simpático. Assim como você gosta quando alguém lhe trata com simpatia, retribua em dobro. A simpatia conquista a mais carrancuda criatura.

Sua força de vontade é cem vezes maior que a força de seus músculos. (ANTUNES, 1997, p. 13)

4.9 | UMA EXPERIÊNCIA CRIATIVA

Sempre é possível criar a partir do já criado. Certa professora, na tentativa de desenvolver em seus alunos o espírito de recriação, propôs uma atividade que naturalmente os conduziu à criação. O conteúdo a ser trabalhado era a criação de paródias. Primeiro vale ser ressaltado que esta professora gostava muito de trabalhar com poemas. Isso, por si só, constitui-se em um forte ingrediente para o sucesso daquela aula. A ideia que teve foi fazer a análise literária do poema "Canção do Exílio", de Gonçalves Dias. Após o estudo sistemático da poesia dentro da literatura romântica, ela propôs que, a partir da realidade do aluno, fosse criada uma paródia. Claro, os alunos, a princípio, não gostaram da ideia, entendendo ser uma tarefa difícil. Mas a dinâmica professora começou a incentivá-los. Sabe o resultado? Uma coletânea de boas poesias foram produzidas. Dentre elas, destacamos a que segue:

Vou-me embora pra Santinha
(Santa Maria e Gama – Cidades satélites do Distrito Federal)
Minha terra tem muitas festas
Onde me divirto eu lá
As festas aqui no Gama
Não dão nem pra comparar
Nosso céu tem mais poeira
Nossas ruas mais amores
Futebolzinho toda sexta
Coca-cola toda noite
Não dá pra se sentir sozinho
Pois muitos amigos existem lá
Minha terra tem mais festas
Onde me divirto eu lá.
Minha terra tem defeitos
Que iremos melhorar
Por isso não demore
A se mudar pra lá.
Salve, salve minha cidade
Tão querida, tão amada
Onde o dia é tão alegre
E a noite tão animada.

Autor: Leandro (3ª série)

4.9.1 | Uma experiência produtiva

Aconteceu comigo uma experiência também digna de nota. Em certa aula, em meio à discussão de um tema sobre política, uma aluna acenou que desejava dar sua opinião. Ao tempo em que levantou a mão, todos os demais olhares se voltaram para ela. Simplesmente a jovem "amarelou" e disse: "não, professor, não é nada não". Mas eu pedia que falasse. Mais uma vez ela retruca: "não, era besteira". Então, sorrindo para ela, disse-lhe: "Ah! Fala sua besteira!" – após pedir a colaboração da turma e incentivá-la a falar, para a surpresa da jovem tímida, o seu comentário rendeu uma excelente pesquisa que todos fizeram e lucraram não apenas com a nota, mas também com o próprio conteúdo do trabalho.

São experiências iguais a essas que fazem toda a diferença no ensino--aprendizagem. Se fôssemos relatar outras vividas por nós, ou mesmo por você que nos lê, acreditamos que apenas um livro não seria suficiente para os registros. É preciso que incentivemos nossos alunos à participação.

> *Se quisermos promover transformações em outros, temos que experimentá-las primeiro em nós.* (HENDRICKS, 1991, p. 20)

Somos frutos de nossos pensamentos, sejam eles positivos ou não.

O sucesso só acontece para quem verdadeiramente busca desenvolver uma atitude mental positiva. A pessoa que não tem medo de pensar e organiza seus pensamentos de maneira otimista, em qualquer situação que se encontre, com certeza, essa atitude mental desenvolvida terá grande influência sobre si, proporcionando-lhe, senão, o sucesso imediato, mas, pelo menos, ajudando-o a conviver de maneira tranquila com os desatinos da vida.

Quem busca verdadeiramente o sucesso, é conhecedor de que a ele próprio cabe a tarefa de ser ou não realizado na vida. Conta uma popular lenda do oriente próximo que um rapaz chegou a um pequeno povoado, onde estava sentado à beira de um oásis um velho, e perguntou-lhe:

— Que tipo de gente vive neste lugar? Ao que o velho respondeu:

— Que tipo de gente vivia no lugar de onde você vem?

— Ah! Um grupo de pessoas muito egoístas e malvadas. Creio que não deixei nada de bom no lugar de onde vim! Respondeu o visitante.

Prontamente o velho retrucou:

— Pois a mesma coisa você haverá de encontrar por aqui!

Em outro momento, outro visitante, passando pelo mesmo lugar, perguntou ao velho que ainda continuava à beira do oásis:

— Que tipo de gente vive neste lugar? O velho homem do lugar respondeu com a mesma pergunta:

— Que tipo de gente vive no lugar de onde você vem?

— O homem visitante, sorrindo, respondeu:

— Ah! Um magnífico grupo de pessoas, amigas, hospitaleiras e gente muito honesta. Na verdade, sinto ter de deixá-las!

O ancião respondeu:

— O mesmo encontrará por aqui, meu bom rapaz!

Um senhor, que também se encontrava no momento das duas conversas, perguntou, por sua vez, ao velho:

— Como pode o senhor dar-lhes respostas tão diferentes à mesma pergunta?

Ao que ele respondeu:

— Cada ser traz dentro de si o meio ambiente em que vive. Quem só encontra prazer por onde anda é porque sabiamente aprendeu a viver em sociedade. Por outro lado, quem não ama as pessoas com quem convive, dificilmente encontrará amor por onde passar. Quem semeia amizade, certamente colherá amigos também aqui!

A amizade é um bem tão valioso que, em se plantando, você colhe em vários pontos. A pessoa que semeia o amor e caridade, sempre há de colher bons frutos. Uma atitude mental positiva é algo que qualquer um pode manter controle absoluto. Plante em você mesmo a ideia de ascensão.

O primeiro passo para sermos pessoas bem-sucedidas é desenvolver uma atitude mental positiva. Isto quer dizer que devemos enfrentar nossas responsabilidades sem procurar desculpas para os nossos fracassos temporários. Com isso, estamos dizendo que não devemos lançar aos outros, ou às circunstâncias, os nossos insucessos. A atitude que mantemos em nós mesmos é o que determina o sucesso ou o fracasso. As pessoas positivas estão sempre realizando.

A falta de organização é fator determinante para promover o insucesso de qualquer um. A pessoa que planeja a sua vida com metas e objetivos bem definidos, terá muito mais chance na escalada do sucesso.

Conheço a história de um rapaz que acalentava o sonho de se tornar radialista. Tamanho era o seu desejo, que, decididamente, foi ao encontro daquela que seria a sua grande oportunidade.

A meta daquele moço era ser locutor. Ele tinha um propósito definido em sua vida. Percorreu, então, várias emissoras de rádio à procura de uma oportunidade. Depois de muitas tentativas, e alguns fracassos, surgiu uma vaga, não de locutor, mas de porteiro, em uma rádio de sua cidade. Ora, nosso personagem em destaque sabia o que queria. Não pensou duas vezes, aceitou a proposta.

E lá estava ele subindo o primeiro degrau na escalada de seu sonho. É certo que teria de subir outros; porém, o primeiro passo já fora dado. Convicto de seus objetivos, enquanto fazia o seu trabalho diário, aguardava sua primeira chance de falar ao microfone, afinal já estava em uma emissora de rádio, e podia considerar-se um radialista. E sua primeira oportunidade não demorou.

Certa vez, estando em seu trabalho costumeiro, aconteceu que um dos locutores não compareceu, por motivo de enfermidade. O gerente da emissora então o convida para assumir a função do rapaz que faltara. E as instruções lhe foram dadas: apenas informaria a hora certa a cada bloco comercial.

Quando realizamos algo, por mais simples que seja, mas feito com amor e entusiasmo, conseguimos transmitir segurança. E aquele nobre rapaz executara sua tarefa com tanta confiança, que não passara muito tempo, quando o mesmo locutor, que ele havia substituído, entrara de férias, lembrara-se daquele humilde porteiro, e o convidara para novamente o substituir durante o período que estaria fora. Agora ele já não era um inexperiente – havia treinado bastante a arte de falar – o sucesso o aguardava.

Qual não foi a alegria daquele jovem sonhador e cheio de ideais? Enfim, o grande momento de sua vida estava por vir. O sonho tornara-se realidade. O sucesso almejado havia de acontecer. Estaria, portanto, consolidada uma grande carreira.

Não passara muito tempo, logo fora convidado para fazer parte do quadro oficial de locutores daquela emissora. Só dependia dele. Vencer ou fracassar. Ele escolheu o caminho dos vitoriosos e partira para a batalha. Dedicou-se à leitura de muitos jornais, revistas, a ouvir outras emissoras e, sempre que podia, buscava aperfeiçoar-se por meio de vários cursos. Ele aprendera, também, dominar outros idiomas chegando a falar, fluentemente, mais de um. Cada degrau que subia o conduzia a outro. Ele sabia o que queria.

Não foi por mero acaso que as oportunidades surgiram na vida daquele moço. Ele tinha um objetivo fixo em sua mente. Um ideal nobre: *"Queria ser radialista"*. Desde que entrara para trabalhar naquela emissora, como porteiro, acreditava estar no lugar certo. Os primeiros passos foram dados, só lhe restava prosseguir, outros degraus haveria de subir, o sucesso o aguardava, mas ele compreendia que necessitava de um bom preparo.

Toda conquista requer um preço. O sonho do jovem aqui mencionado também teve o seu. Ele, a todo instante, esteve disposto a pagar o valor necessário para a conquista do sucesso. Seu espírito sonhador e lutador favoreceu para a concretização daquele sonho.

E você, acredita nos seus sonhos? Está disposto a pagar o preço? Você pode atingir suas metas, desde que acredite em você e deixe Deus o guiar. Seu sonho pode tornar-se real. É só você querer e lutar por seu ideal.

Existem muitas formas para um homem fracassar e a razão é a atitude que mantemos dentro de nós mesmos. O sucesso não acontece para qualquer um, mas apenas para aqueles que o buscam.

As pessoas que pensam, agem e desejam positivamente, desconhecem a palavra impossível. Para elas, uma derrota significa apenas uma pausa no percurso a ser seguido, um fracasso temporário que logo será vencido pela força do entusiasmo que há dentro delas.

Aqueles que pensam negativamente se escondem nos seus próprios fracassos. Há sempre uma desculpa para justificar o que deixaram de realizar. Seus atos denotam pessoas que não acreditam no que fazem e sempre estão insatisfeitas, não encontram prazer em nada.

Eis a pergunta que deveria ser feita a todos profissionais: E você, encontra satisfação no seu trabalho, ou apenas o faz porque é a sua obrigação? Já pensou na possibilidade de torná-lo mais significativo, mais valioso para você e para as pessoas que de seu trabalho também dependem? Pense nisso!

A razão pela qual muitas pessoas não encontram satisfação pessoal naquilo que fazem, é porque simplesmente encaram suas atividades como algo obrigatório. Não pensam o quanto seu trabalho tem sido proveitoso para as pessoas que o cercam. Seu trabalho, ainda que seja modesto, é de suma importância para a humanidade. Imaginemos a seguinte situação: se um simples varredor de rua, juntamente com seus companheiros, deixasse de executar sua tarefa por um longo período, como seria?

Se você está insatisfeito com seu trabalho, talvez, a maior culpa seja sua por não fazer uso completo de suas habilidades. Quem sabe até nunca parou para pensar no que poderia fazer para tornar o trabalho mais interessante. Ou, então, você entenda que este não é o ramo de atividade ideal para você. Mas o que o faz pensar assim?

Um certo cidadão, dono de um empreendimento que muitos gostariam de ter, achava que aquele não era o negócio ideal, já não suportava mais o seu trabalho. Então, todos os dias pela manhã, saía à procura de novos negócios e, à tarde, encontrava-se com seus amigos para se divertirem em seus esportes favoritos, enquanto o seu comércio era tocado por si só. Foi então, que se despertou e perguntou-se: mas, afinal, por que estou procurando um negócio do qual nada sei, se posso dedicar as minhas energias àquilo que, ao longo dos anos, venho me aprimorando? Tomada tal decisão, passou a desenvolver o seu negócio com uma extraordinária atitude mental positiva a ponto de torná-lo no mais fascinante dos esportes. Esse mesmo homem tornou-se um empreendedor bem-sucedido em praticamente todos os negócios que desenvolvera.

Todos temos nossa oportunidade nos campos da vida, basta que a percebamos mesmo quando esta estiver escondida na neblina. Mas é preciso acreditar e estar preparado para lutar com uma mente aberta para encarar o triunfo. Seu trabalho só poderá ser significante quando você o fizer importante. Dê a você mesmo a oportunidade de crescimento, encare sua tarefa diária como um bem peculiar, algo que lhe pertence e o fará um homem vitorioso. Não importa qual a dimensão que os outros deem ao seu trabalho; o que importa é o que você pensa sobre você e a sua missão para o progresso de seu país.

Você é quem decide o quanto vale para os outros. A grandeza de seus pensamentos é que vai determinar o seu valor perante a sociedade. O seu trabalho deve ser realizado com amor e fé, você tem de gostar do que faz para atingir um sucesso duradouro.

O seu trabalho deve ser encarado, não como um mal necessário, mas, sobretudo, com determinação, confiança e clareza definida de objetivos. Você é a única pessoa que pode impedir o seu crescimento. Se as coisas não andam como você gostaria, é evidente que algo tem de ser feito. Suas atitudes mentais devem ser mudadas para que você possa enxergar a grandeza de seu potencial. Deixe nascer dentro de você uma nova pessoa, otimista capaz de transformar um pequenino grão de mostarda numa bela planta medicinal. Você é quem decide o tamanho de seu sucesso.

Não importa se poucas pessoas acreditam que ainda há esperança para nosso alunado. Mas quanto a você, encare seu trabalho com responsabilidade. Lembre-se de que, da força de seu trabalho, construiremos um mundo mais promissor, em que a educação fará a diferença no cotidiano das pessoas.

CONCLUSÃO

Assim, concluiremos essa nossa exposição de motivos para uma pedagogia transformadora na escola, com a plena convicção de que não há uma receita pronta para o sucesso da educação em nosso país. Somos bem conscientes disso, até porque entendemos ser o ensino algo dinâmico.

Portanto, jamais foi a nossa pretensão passar a fórmula mágica para a resolução definitiva do problema da defasagem no ensino-aprendizagem. O que pretendemos aqui é tentar mostrar aos colegas de profissão a possibilidade de vislumbrar uma escola que propicie um ambiente mais prazeroso e produtivo.

Somos bem conhecedores dos mais diversos problemas por que passa o ensino no Brasil. A nossa experiência, nas séries de 5ª a 8ª do Ensino Fundamental e todas as séries do Ensino Médio, nos capacita a falar com propriedade de causa. Porém, a mensagem central que queremos deixar é o desejo que temos de ver vidas transformadas pela educação em que professor e alunos sejam os protagonistas no palco do saber.

É nosso desejo, ainda, que você, mestre, não se deixe abater nem permita que o sonho de uma escola melhor seja cessado por conta daquele aluno de 5ª série que passou o ano inteiro e não "aprendeu nada", e repetirá o ano. Mas o eixo motivador que deve nos mover e orientar em nossas práticas pedagógicas é o sonho que conseguimos plantar na mente de tantos outros alunos que foram acessíveis aos nossos conselhos e orientações. Esses alunos, ainda que sejam em pequeno número, são a razão precípua por que abraçamos o magistério.

Portanto, reafirmamos que o gosto pelo ensino, o desejo de ver vidas transformadas, ver nossos alunos galgando altos patamares, não podem sucumbir em meio aos mais diversos problemas pelos quais passamos.

> O ser humano é fascinante, e quanto mais nos interessamos por ele, mais facilidade teremos para nos aproximar dele. (HENDRICKS, 1991, p. 26)

ANEXO

Onde anda o Edelson?

(Adalberto Claudino Pereira – professor e radialista)

Era uma noite como outra qualquer. Professores reunidos em conversas informais. Tudo ia às mil maravilhas quando fomos surpreendidos pela presença de um jovem que, fixando o olhar no professor de Matemática, fez-lhe uma ameaça que nos deixou surpresos e temerosos ao mesmo tempo. Depois eu soube que ele era aluno da escola e que era um elemento de alta periculosidade.

Fiquei curioso com aquela cena. A cada dia crescia a minha vontade de conhecer melhor aquele rapaz. Sabendo desta minha intenção, alguns colegas chegaram a aconselhar-me a não me aproximar dele. "Você está maluco!!! Aquele cara é um malfeitor, um bandido! Nem pense nisso!", disse-me pasmada uma colega professora.

Os dias passaram sem muitas novidades até que certa noite, ao chegar na sala dos professores, deparei com um jovem de aproximadamente 19 anos, moreno, com o rosto coberto por um jornal. Cumprimentei-o com um "boa-noite", recebendo dele uma resposta normal.

Coloquei meu material sobre a mesa e iniciei uma conversa. E lá estava eu frente a frente com o "Mafu". Sonho realizado, restava-me conhecê-lo melhor. Fiquei sabendo que o nome verdadeiro daquele jovem era Edelson. Ele ficou espantado quando eu disse que "Mafu" não era nome e que para mim ele era o Edelson, um jovem de um futuro promissor. Aquele primeiro encontro aproximou-me da pessoa a quem todos temiam.

Agora, o meu sonho era ser professor do Edelson. Pronto! Mais um sonho realizado. Edelson seria meu aluno. Empolgado, passei a preparar o ambiente. Reservei-lhe um lugar especial e disse para os demais alunos que ali sentaria uma pessoa especial, chamada Edelson, para quem eu queria uma grande recepção. Alguns alunos que já o conheciam, acharam aquilo ridículo afirmando que para ele não tinha mais jeito.

Ao abrir a porta, Edelson teve uma grata surpresa ao ser aplaudido. Deu um leve sorriso e sentou-se. Mas ele não tinha a apostila com o conteúdo a ser estudado, e muito menos dinheiro (R$ 2,50) para comprá-la. Não pensei duas vezes: tirei do bolso uma nota de (R$ 5,00), entreguei-a ao Edelson que, de imediato, saiu para comprar a apostila. Houve um grande murmúrio e um aluno gritou lá de trás: "não vai ver mais nunca o seu dinheiro, professor!". Ri e continuei minha aula.

Minutos depois a porta se abriu e lá estava o Edelson com a apostila em uma das mãos e o troco na outra. Para a surpresa de todos, ele foi até onde eu estava e disse: "Olhe aqui o seu troco, professor!". Recebi o dinheiro, olhei para a classe e vi em cada rosto a marca da surpresa. Para eles, aquilo era incrível, um fato inédito, merecedor de registro.

Meu tempo no colégio expirou e fui obrigado a me transferir para outra escola. Nunca mais vi o Edelson. Uma certa noite, ao chegar do colégio, minha esposa contou-me algo que me deixou bastante emocionado: o Edelson havia perguntado por mim e dissera que se um dia tivesse de escolher um pai, queria que esse pai fosse eu. Hoje eu ainda pergunto a mim mesmo: onde anda o Edelson?

REFERÊNCIAS

ANTUNES, Celso. *Manual Construtivista de como Estudar.* Editora Vozes, 3ª ed. Petrópolis, 1997.

ABREU, Maria Celia de; MASETTO, Marcos Tarciso. *O Professor Universitário em Aula.* MG Editores Associados, 4ª ed. São Paulo, 1985.

ALENCAR, Vinicius F. *Dicas e Estratégias de Estudo para Concursos e Vestibulares.* Editora Árvore da Vida, 1ª ed. São Paulo, 2001.

CORRIGAN, John T.; BENNETT, Millard. *Como desenvolver uma atitude mental positiva.* (áudio em português) Success Motivation Institute – Cassette Tapes – Waco, Texas, 1972.

CORDEIRO, Jaime Francisco Pereira. *Falas do Novo, Figuras da Tradição: o novo e o tradicional na educação brasileira (anos 70 e 80).* São Paulo: Editora UNESP. 2002.

GAUDENCIO, Paulo. *Mudar e Vencer.* Editora Gente, 2ª ed. São Paulo, 1999.

HENDRICKS, Howard. *Ensinando para Transformar Vidas.* Tradução de Myrian Talitha. Editora Betânia, 1ª ed. Venda Nova, MG, 1991.

HILL, Napoleon; KEOWN, Harold. *Sucesso e Riqueza pela Persuasão.* Tradução de JUNGMANN, Ruy. Editora Record, 2ª ed. Rio de Janeiro, 1995.

Lucas. Português. In: *Bíblia Sagrada.* Tradução de João Ferreira de Almeida. Sociedade Bíblica do Brasil. 2ª ed. São Paulo, 1996. Bíblia. N. T.

MORETTO, Vasco Pedro. *Reflexões Construtivistas* – A Produção do Conhecimento em Aula. VM – Consultorias Educacionais, Brasília, DF, 1999.

COSTA, N. *Terapia Analítico-comportamental: Dos Fundamentos Filosóficos à Relação com o Modelo Cognitivista.* Santo André: ESETec, 2002. pp. 1-8

PELIZARI, Adriana *et. al. Teoria da Aprendizagem Significativa segundo Ausubel.* Rev. PEC, Curitiba, v. 2, n. I, pp. 37-42, jul. 2001-jul. 2002.

PLANK, David N. *Política educacional no Brasil: caminhos para a salvação pública* – cap. 6. Porto Alegre: Artmed Editora, 2001

POZO, Juan Ignácio. *Teorias Cognitivas da aprendizagem.* 3ª ed. Porto Alegre: Artmed, 1998.

WILKINSON, Bruce. *As sete leis do aprendizado.* Editora Betânia, 1ª ed. Belo Horizonte, MG, 1998.

EDUCAÇÃO E PROFESSOR

Prof. Alexandre Arante Ubilla Vieira

INTRODUÇÃO

Neste capítulo, considero a principal característica do tema o professor; sendo este o centro das atenções, o transmissor de conhecimentos, o docente que na atualidade desempenha inúmeras tarefas de cunho importantíssimo ao desenvolvimento de gerações.

A tarefa de ensinar não é tão fácil quanto parece, pois é necessário, acima de qualquer conhecimento, estimular e valorizar o respeito mútuo, a solidariedade, o diálogo, a cooperação e justiça entre um indivíduo ou vários. Esta é uma profissão que realmente deve ser levada de maneira prazerosa e ao mesmo tempo a sério, encarando com muita seriedade e perspicácia todas as atividades nela exigidas.

Ao longo do texto, veremos vários fatos que exigem de um professor uma vocação, inicialmente veremos qual a real função de um professor. Por que o professor está ali? Quais são suas razões de ministrar uma aula?; Gosta? Prazer? Obrigação? Não se dá aulas sem fatores básicos como cidadania, humildade e ética.

Mas como realizar todos estes fatores? A arte de ensinar deve ir mais além do que se pensa...exige tempo e paciência, pois como encarar a realidade no sistema educacional com alunos muitas vezes mal-educados, escolas despreparadas em suas estruturas físicas?

Mas não podemos culpar a sociedade, os pais, os alunos ou o sistema que gera determinadas atividades com ou sem cultura, é preciso que tenhamos a solução, e é a partir daqui que falamos do professor, principal fonte de conhecimento de um aluno e de uma sociedade.

Mas para que isso ocorra, o que um professor deve saber para ser um ótimo profissional, que tipo de atividades deve encarar para se atualizar no mercado de trabalho? Estas perguntas serão respondidas neste capítulo de forma clara e objetiva, assim como destacar um professor como exemplo, afinal quem nunca se espelhou num professor? Sua postura, seu caráter, seu conhecimento, seu dinamismo em sala de aula e sua humildade. São alguns fatores que regem a carreira docente.

Questionaremos também a motivação deste profissional no mercado de trabalho. Afinal, por que ministrar aulas? Qual motivação um professor hoje em dia tem? Estas perguntas serão respondidas ao longo deste capítulo, o qual espero que seja enriquecedor e esclarecedor.

5.1 | QUAL A FUNÇÃO DO PROFESSOR?

O que é um professor-educador?

Qual a função dele?

Quais são realmente seus propósitos acadêmicos?

Qual o desafio de um professor para a educação?

O que o professor transmite a uma sociedade?

Parecem ser respostas muito fáceis, tal que "educar" provavelmente seria a resposta, ou então "passar conhecimento". Para quem está em sala de aula, sabe que a função de um docente vai muito além de nossas expectativas.

A princípio, sabemos que a educação é vital para todos numa sociedade num contexto social, e quando ocorre o desejo de aprender, sabemos que foi bem-sucedida.

É necessário que o professor saiba assumir a responsabilidade do processo ensino-aprendizagem. Professores, sabemos que há aos milhares, mas quantos fazem desta profissão uma vocação? Ensinar pode ser considerado fácil, porém realizar a aprendizagem no aluno, realmente, não é para todos.

Para desenvolver o processo ensino-aprendizagem, é preciso criar situações que favoreçam estas. De que maneira?

Para que todo processo educacional funcione, independentemente da disciplina, é preciso que os educadores de hoje busquem o aperfeiçoamento de seus conhecimentos, assim aumentando suas competências e qualificações, e, sem dúvida, quem sairá ganhando com tudo isto são os alunos, pelo simples motivo de seus professores estarem bem preparados.

Infelizmente, por diversas situações também contidas e explicadas em outros capítulos, nem sempre o professor tem o lugar que merece, seja por fatores sociopolíticos, financeiros, administrativos e/ou pessoais.

Alguns profissionais acreditam que o real professor é aquele que dá *shows* em sala de aula, realiza piadas, enfim, um professor diferenciado. Há certamente um favorecimento educacional diante destas circunstâncias, porém é preciso salientar ao docente que ele precisa, "principalmente na atualidade", em que o desgaste mental numa sociedade é grande, que o docente tenha conhecimento para receber, armazenar e transmitir suas informações de maneira coerente e eficaz.

Um contexto absurdo de informações diante de um aluno muitas vezes nos faz repensar a prática educativa. De nada adianta tais quantidades de informações se o aluno não consegue aprender 1% do que o professor transmitiu. É preciso que o docente tenha em mente que mais vale o que se aprende do que o que se ensina.

Considero que uma das funções do professor, por competência, seria organizar o processo de ensino, assim tomar decisões relativas à execução do processo de ensino-aprendizagem, direcionadas à questão educacional.

As responsabilidades de um professor-educador podem ser consideradas ainda mais complexas, diante daqueles que realmente pretendemos formar.

A criatividade em sala de aula é outro fator de extrema importância, pois inovação numa aula é sem dúvida uma alternativa para dinamização de ensino.

Um professor, seja de qualquer disciplina e comprometido com a profissão, deve ensinar seus alunos, seja em que grau estiver, fazê-los sonhar, ou seja, o que o professor transmite deve fazer parte do sucesso acadêmico e profissional destes alunos, afinal, se você é professor, como quer ser lembrado pelos seus alunos futuramente?; a questão aqui proposta não é recreativa, se o professor é bom ou ruim, se ele brincava ou não, mas sim pelos ensinamentos repassados a eles, assim obtendo tudo aquilo que o aluno pensa conseguir na vida, que o conhecimento o qual você transmitiu a ele não foi em vão, mas sim um sucesso na vida e na profissão.

Relembrando a pergunta deste capítulo: Qual a função do professor?

Podemos dizer que espírito de equipe, saber ouvir seus alunos (por mais difíceis que sejam os questionamentos), saber causar dúvidas, ser um transmissor de conhecimentos éticos e de valores, enfim, para que tudo isso ocorra, é preciso que o professor tenha entusiasmo pela profissão, pois assim conseguiremos obter valores ao ensinar e aprender e por fim ter interesse pelos alunos, sabendo que na sociedade em que vivemos nossa posição docente não é a mais privilegiada, se você conseguiu ler até aqui, sabe que não faria isso sem um professor.

Ser professor não é simplesmente uma profissão, mas sim um dom! Acredite.

Se eu não fosse imperador, desejaria ser professor. Não conheço missão maior e mais nobre que a de dirigir as inteligências jovens e preparar os homens do futuro. (D. Pedro II)

5.2 | A ARTE DE ENSINAR

Como ensinar? De que maneira pode ser feita?

A arte de ensinar realmente não é fácil e digamos que não é para qualquer um, afinal requer antes de qualquer aceitação discente, motivação, entusiasmo, gosto pelo que se faz, equilíbrio pessoal e familiar, planejamento, seja didático e/ou pedagógico e condução disciplinar, ou seja, faça realmente o que sabe!

Importante dizer que "Domínio de Conhecimento" é um dos pontos básicos de qualquer ação profissional, ainda mais como docente. Ressalto aqui que o professor não é responsável por saber inúmeras situações do que ocorre na sociedade e no mundo, não que este tenha que saber tudo, mas ele realmente deve se aproximar com o conhecimento e as informações obtidas.

A relação professor aluno é sem dúvida outro fator predominante no processo de ensino-aprendizagem como arte de ensinar e não pode ser subestimado. Pode-se considerar que a relação interpessoal sem dúvida é um fator de significativa influência no processo de ensino, assim como infraestrutura, condições físicas e materiais da instituição.

Costumo ressaltar muitas questões sobre conhecimento, porém, não adianta somente transferir o conhecimento, é preciso seduzir o conhecimento aos alunos. Em um contexto geral, muitos professores reconhecem sua importância numa abordagem educacional social.

A expressão "educação" sempre estará ligada ao nível docente, seja pela imagem pessoal e/ou profissional. Mas como se faz isso? Inúmeras são as respostas, e diante de aulas ministradas, questionamentos, obediência, desobediência, disciplina e indisciplina, ou seja, quero acreditar que Educar é a resposta.

Educar com relação ao futuro, uma expectativa de vida melhor com conhecimento, semeando assim paciência e sabedoria aos nossos alunos.

> *Vocês que plantaram um dia a semente do conhecimento em nós, a verão brotar e gerar, no futuro, cada vez mais plantios e proveitosas colheitas com frutos de reconhecimento e valorização pelos atos de amor e dedicação na arte de ensinar.* (Autor Desconhecido)

5.3 | O QUE UM PROFESSOR DEVE SABER PARA SER UM ÓTIMO PROFISSIONAL?

Ser professor tentando simplesmente compreender sua simples disciplina, infelizmente, é ser um professor falho. Ser professor é ser transmissor de acervos culturais, midiáticos, informativos e comunicativos.

Não basta um professor entender somente da disciplina "português", por exemplo. É preciso compreender valores culturais, questões sobre psicologia, família, sociedade, política, adolescência e infância, educação para adultos, ou seja, a pluralidade cultural está presente e o professor tem de participar destes valores.

Sem o conhecimento *sério e responsável*, de que adianta tentar educar? Muitos profissionais qualificam sua boa profissionalidade na formação, a qual é sem dúvida um fator primordial ao docente, mas é necessário que se faça as atualizações e aperfeiçoamentos constantes.

Para ser um profissional qualificado e competente em suas aulas, é preciso planejamento, a curto e longo prazo, mas é preciso que ele esteja preparado. Infelizmente sabemos que professores realizam seus planejamentos no momento da aula, sem organização, critério, conteúdo específico, análises costantes, ou seja, agem compulsivamente, escolhendo um ou outro esporte e/ou modalidade a ser desenvolvida. Isto é um desrespeito com o aluno e com a profissão!

Alguns acreditam que o preparo de aulas é inconveniente, absurdo e ineficaz, fazendo assim do seu serviço um "cabide de estabilidade", o que realmente é lamentável. O processo de planejamento é um momento de discussão, análises, intervenções didáticas e metodológicas, favorecendo o desenvolvimento físico, mental e intelectual de seu aluno, verificando suas habilidades, capacidades físicas, obtendo novas e diferentes maneiras de se ministrar uma aula, com didáticas eficazes, eficientes e progressivas no contexto educacional.

Para ser um ótimo profissional, o professor há de fazer com que o aluno aprenda se ele próprio continuar a aprender.

Um valor profissional não está ligado somente às questões de ensino, mas também aos valores pessoais, como ser paciente, educado e amigo fazem parte do contexto profissional, não há dúvidas.

O desenvolvimento educacional do aluno está ligado diretamente ao processo profissional do docente, que não deve ser visto somente como professor ou orientador de disciplina e informações, mas um educador, que, além de repassar conhecimento, cuida do desenvolvimento intelectual e físico de seus alunos, fazendo assim alunos formadores de opinião e cidadãos de uma sociedade construtiva e humanitária.

> *O professor medíocre conta.*
> *O bom professor explica.*
> *O professor superior demonstra.*
> *O grande professor inspira.*
> (William Arthur Ward)

5.4 | PROBLEMAS PESSOAIS E FINANCEIROS

De fato ser professor em um país como o nosso não é tarefa das mais fáceis e, assim como todo ser humano, o professor poderá ter seus problemas pessoais e financeiros, isto é uma situação social, porém, não deve ser tratada com menosprezo.

Nesta situação, pode-se verificar que o professor terá um pouco mais de dificuldade em desempenhar seu real papel em sala de aula. A dificuldade financeira é um agravante para a maior parte dos professores, porém, muitos destes se apoiam nesta dificuldade para descontar em seus alunos. De que maneira? A resposta: Aulas mal planejadas, professores arrogantes, estúpidos, maus-caracteres, negligentes, impacientes, sem gosto pelo que faz, sem entusiasmo, sem nenhuma preocupação social, físico, mental ou intelectual com seu aluno, por uma questão financeira e/ou pessoal. Como dito, todos passamos "infelizmente" por estas dificuldades, mas, lembre-se, o seu aluno não tem nada a ver com tais problemas pessoais.

Um professor que não consegue se controlar diante das dificuldades deve repensar sua profissão, seus conceitos e realmente procurar ajuda necessária. Alguns dos fatos relatados como dificuldades são os sentimentos de insatisfação, inibição, estresse, esgotamento físico e mental, ansiedade e depreciação do docente.

Acredito que muitas causas com problemas pessoais podem ser um adendo à causa financeira. A classe docente deve ser tratada com respeito e justiça pelos governantes e cidadãos de qualquer sociedade, com salários respeitosos, com valorização do profissional e capacitação para trabalho digno. Não quero aqui culpar somente o professor, muito pelo contrário, mas admitir o valor do docente no mercado de trabalho, na sociedade e criar, enfim, uma sociedade em que o professor sempre será um agente de mudanças no processo educacional, seja no ensino infantil, fundamental, médio e superior, que este seja respeitado como merece.

A educação é a arma mais poderosa que você pode usar para mudar o mundo. (Nelson Mandela)

5.5 | O QUE É SER PROFESSOR?

Inicio dizendo que ser professor não é simplesmente uma profissão, é uma missão!!

Professor é aquele que professa ou ensina uma ciência, uma arte, uma técnica, uma disciplina; considerado também como mestre, figura de um homem perito, aquele que professa as verdades, que declara uma convicção.

Podemos considerar que Professor é o profissional que ministra aulas e/ou cursos em todos os níveis da educação. "Sem dúvida, é uma das profissões mais antigas e importantes de uma sociedade, é claro, salientando as demais, que, em sua maioria, dependem do professorado."

Ser professor nos dias atuais é muito mais que uma profissão ou uma carreira, é uma atividade que exige a cada dia deste profissional (muitas vezes desvalorizado) conhecimento, aptidão pela profissão, qualificação e competência necessários, porém, quantos iniciam esta carreira profissional com vontade, perspicácia, com objetivos da valorização da profissão e não a terminam por inúmeros fatores, sejam sociais, financeiros, econômicos e familiares? A questão aqui comentada é que infelizmente profissionais que conseguem graduar-se na profissão, não a valorizam como deveria, que se encostam e/ou penduram o diploma na parede pelo simples fato de fatores financeiros.

Não podemos deixar de lado e somente menosprezar o professor diante de muitas dificuldades sociais, financeiras e educacionais (desrespeito, preconceito, banalização) de uma sociedade na qual visualiza o docente como mero reprodutor de conteúdo, sabendo que ser professor é muito mais que se imagina, não é simplesmente profissão, é vocação!

Um professor afeta a eternidade. É impossível dizer até onde vai sua influência. (Henry Adams)

5.6 | PROFESSOR: EXEMPLO OU MODELO?

Na vida de um estudante, seja no ensino infantil, fundamental, médio ou universitário, existem inúmeras situações inesquecíveis na vida de cada um, e, sem dúvida, uma delas será a imagem de um professor!

A você, leitor, que passou por instituições de ensino, seja docente ou discente, tem como apontar um professor que considerou bom ou não, um exemplo de professor ou até um modelo profissional. Mas como a sociedade avalia um professor?

A imagem positiva de um professor pode durar anos, a negativa também, tal que a forma de pensar, interpretar, de ser, de seus sentimentos, atitudes, vontades, tomar decisões, trabalhar em equipe, ser confiante, possuir empenho e também respeito são valores pessoais e são levados ao nível profissional.

Mas o que é ser um bom profissional?

Diagnosticar professores exemplos realmente não é uma tarefa fácil, devido inúmeros fatores sociais, como analfabetismo, violência, evasão escolar, repetência, criminalidade, questões sociopolíticas, entre outros. Definir o professor exemplo numa sociedade é preciso uma reconstrução política educacional, ou seja, determinar uma educação de qualidade, com real infraestrutura e salário digno ao docente.

A imagem de um professor pode ser configurada facilmente por um conjunto de aspectos relacionados aos valores, currículos, práticas metodológicas e avaliação. O professor sempre estará em evidência frente aos seus alunos, mas é importante salientarmos que não está em evidência para falar de si mesmo e de seus interesses particulares, sociais e/ou financeiros, mas sim para dar aula, ele está ali a serviço dos alunos e esta deve ser sua postura.

Analisar se um professor é bom ou não, se ele é um fracasso como profissional ou um sucesso, é muito fácil (para alguns) pelo fato da nota final estar acima ou não da média estipulada. A veracidade de notas e a importância da competência de um professor estão muito além desses fatores, afinal, a formação de um aluno não depende somente do caráter docente, do ensino e conhecimento transmitido, mas, em grande escala, do aluno que se gradua e transmite o aprendizado acadêmico à sociedade dependente de uma formação educacional.

O título aqui composto deve abrir a mente de docente nas questões em que muitos dos alunos veem como exemplos, como pessoas que se deram muito bem na vida, independentemente das situações já citadas anteriormente, como discriminação, preconceito, indisciplina, entre outros, porém, para ser considerado um bom profissional, ou exemplo como dito, alguns itens são necessários para qualificá-lo como tal:

⇒ Evitar a competição com os alunos;

⇒ Não dominar, ou seja, autoridade não requer autoritarismo;

⇒ Ser objetivo em gestos e palavras;

⇒ Saber ouvir e falar;

⇒ Estimular o saber e o prazer de aprender;

⇒ Despertar a cada dia a criatividade;

⇒ Aprender a elogiar, afinal todos gostam de ser elogiados;

⇒ Evitar gritar em sala de aula;

⇒ Falar corretamente com todos.

A inovação nas aulas, a realização de projetos, conhecer o ambiente em que trabalha, fazer uma reflexão sobre suas aulas, ser seguro no que relata, aceitar a variedade de respostas, por mais que sejam obscuras ao fato educacional, definem um bom profissional.

Você, leitor, qual escolha faria? A de um mero professor ou de um professor-exemplo?

> *A tarefa essencial do professor é despertar a alegria de trabalhar e de conhecer.* (Albert Einstein)

5.7 | MOTIVAÇÃO NA PROFISSÃO

A motivação é um elemento primordial a qualquer atividade profissional, afinal, quem não gosta de estar motivado a desenvolver tal atividade ou tarefa?

É importante, pois atinge a credibilidade, desenvolvimento, empenho, entusiasmo e interesse na atividade.

Ser professor é difícil, pois, diante de muitas situações negativistas, derrotistas e contraditórias na vida de um professor, a motivação é um fator que contribui para reforçar aspectos positivos à vida de um aluno, que passa pelos mesmos sentidos de um professor.

Muitos dos jovens questionados sobre a profissão argumentam que ministrar aulas é passar fome, é ter salário que não valha a pena, é ser maltratado por alunos, e consequentemente obter uma profissão totalmente desrespeitada.

É realmente triste ver alguns profissionais que entram na carreira docente e não fazem valer a pena o ensino-aprendizagem, somente aguardam sua aposentadoria e ministram suas aulas como querem e/ou como desejam. Mas de quem será a culpa pela falta de motivação? Culpa Governamental? Pessoal? Financeira?... Seja qual for, é importante relatarmos que ser professor realmente precisa de motivação, diante de tantas dificuldades inerentes à vida cotidiana, é preciso buscar de algum lado o objetivo proposto, que é o de ensinar.

A relação do trabalho educativo entre professor e aluno são fatores indispensáveis em diversos fatores, principalmente na motivação de ambos. Infelizmente, devido a alguns professores e também por questões sociopolíticas (salário, respeito, carreira profissional), a função docente foi em alguns aspectos vulgarizada e precisa ser resgatada, ser valorizada como merece.

Professores devem se automotivar por suas novas descobertas, por suas novas pesquisas e o desejo de ver seu trabalho discutido numa sala de aula. É preciso que o professor faça escolhas na profissão, a principal, de se motivar, atualizar e de vencer, e assim não desistir nunca de ser um professor educador, pois esta é uma profissão mais do que especial.

Algumas perguntas são inevitáveis no processo docente, como:

1. O que quero da minha profissão?

2. Quais são meus objetivos?

3. O que devo fazer para melhorar meu desenvolvimento profissional?

4. O que não estou realizando para melhorar minhas aulas?

Acredito que o conceito educacional é o principal motivo de o professor estar em sala de aula, de querer a cada dia uma sociedade educada, civilizada, partindo por princípios justos e motivacionais.

Jamais poderemos ser suficientemente gratos aos nossos pais e aos nossos mestres. (Aristóteles)

CONCLUSÃO

Diante das situações do capítulo sobre Educação e Professor, amar o que se faz pode ser considerada a melhor atividade física, mental e espiritual de uma profissão.

Podemos verificar que o ensino realmente depende do docente, mas para isso é preciso que sociedade, política e o próprio professor estejam unidos para vencer batalhas todos os dias, sejam por questões financeiras, didáticas, metodológicas e estruturais.

Acredito que devemos ser menos pessimistas quanto ao processo de ensino. É preciso buscar o sentido da prática do ensino, questionar e melhorar o ensino-aprendizagem, ir ao limite do ensino em diversas formas.

Provavelmente a saída seria nos questionarmos como reprodutores de conteúdo significativos, assim possibilitando ao futuro aluno novos conhecimentos, tornando-o um cidadão crítico e pensante, sendo um sujeito autônomo de suas tarefas cotidianas.

Mas, para que isso ocorra, é importante que o professor seja respeitado e valorizado pelos outros e por ele mesmo, acreditar a cada dia e a cada aula no seu desenvolvimento profissional.

Tenho certeza de que, diante destes fatos, este profissional desempenhará suas funções com muito mais competência e satisfação.

REFERÊNCIAS

ABRAMOVAY, Mirian. *O perfil dos professores:* o que fazem, o que pensam, o que almejam – Pesquisa Nacional – UNESCO. São Paulo. Editora Moderna, 2004.

ARROYO, Miguel G. *Ofício de mestre: Imagens e autoimagens.* Petrópolis: Ed. Vozes, 2000.

BERNARDINHO. *Transformando suor em ouro.* Rio de Janeiro: Ed. Sextante, 2006.

BUSCAGLIA, Leo. *Vivendo Amando & Aprendendo.* Rio de Janeiro: Record, 1995.

CARVALHO, Anna Maria Pessoa. [Coord.]. *A formação do professor e a prática de ensino.* São Paulo: Ed. Pioneira. 1988.

CASTRO, Amelia Domingues de [Org.]; CARVALHO, Anna Maria Pessoa de [Org.]. *Ensinar a ensinar: Didática para a Escola fundamental e média.* São Paulo: Ed. Pioneira Thomson Learning, 2005.

CURY, Augusto Jorge. *Pais Brilhantes, professores fascinantes.* Rio de Janeiro: Ed. Sextante, 2003.

DELORS, Jacques. *Educação: Um tesouro a descobrir* – 9ª ed. São Paulo: Ed. Cortez Brasília. UNESCO, 2004.

FREIRE, Paulo. *Ação cultural para a liberdade e outros escritos*. 10ª ed. Editora Paz e Terra, 2002.

LA TORRE, Saturnino; Barrios, Oscar. *Curso de formação para educadores*. Ed. Madras, 2002.

NÓVOA, António [Org.]. *Profissão professor.* Porto Editora, LDA. Portugal – Coleção ciências da educação. 2ª ed., 1995.

RODRIGUES, Ângela; ESTEVES, Manuela. *A Análise de necessidade na formação de professores*. Porto Editora, 1993.

VEIGA, Ilma Passos Alencastro. *Técnicas de ensino: Por que não?* Editora Papirus. 4ª ed., 1996, Campinas. Coleção Magistério: Formação e Trabalho Pedagógico.

EDUCAÇÃO E VIOLÊNCIA

"A problematização do Bullying *na prática docente"*

Prof.ª Raquel de Arruda Siqueira

INTRODUÇÃO

Estamos presenciando um momento da história em que a violência está cada vez mais presente na nossa sociedade. Vivemos uma época repleta de "incertezas, tensões, falta de valores, com a perda da noção de limite entre o bem e o mal, conceitos esses que regem, justamente, o nosso comportamento em âmbito social". (ARRIETA, 2000, p. 84)

A violência escolar, nos últimos tempos, tem alcançado uma crescente dimensão em todo mundo. Não só cresceu a violência entre os educandos, como também entre aluno e professor e contra a própria instituição de ensino. Essa violência é definida por alguns autores como *bullying* e merece atenção especial, pois se tornou preocupante devido ao seu aumento no âmbito escolar. Em virtude disso, é de suma importância que os educadores conheçam essa problemática e quais as consequências dela na sua prática docente e, principalmente, os efeitos do *bullying* na vida de seus educandos.

Diante disso, estão sendo tomadas várias medidas de segurança, com o objetivo de prevenir esses atos violentos. Fante (2005) relata que "dessa forma, muros e grades altas, detectores de metais e câmeras de vídeo para monitoramento dos alunos são instalados e seguranças particulares dentro e fora da escola são disponibilizados". (p. 20)

Esse tipo de violência descrita pela autora é a que a comunidade escolar está disposta a combater, ou seja, a violência explícita. Entretanto, juntamente com essa violência explícita, existe outro tipo de violência que merece a atenção dos profissionais da educação. Trata-se, segundo a autora, daquela forma de violência que

> [...] se apresenta de forma velada, por meio de um conjunto de comportamentos cruéis, intimidadores e repetitivos, prolongadamente contra uma mesma vítima, e cujo poder destrutivo é perigoso à comunidade escolar e à sociedade como um todo, pelos danos causados ao psiquismo dos envolvidos. (p. 21)

A autora está se referindo ao *bullying*, que é um dos responsáveis pela violência explícita e que tem tido um crescimento expressivo nos últimos anos. O *bullying* está presente no nosso dia a dia há muito tempo, apesar de não percebermos e de não darmos a ele a atenção merecida, até mesmo por falta de informação e por encararmos essas atitudes como uma simples brincadeira.

6.1 | DESENVOLVIMENTO

A realidade que presenciamos nas escolas é impregnada de diversas formas de violência, às vezes oculta, em que os alunos passam por situações de "humilhação, gozações, ameaças, imputação de apelidos constrangedores, chantagens, intimidações" (FANTE, 2005, p. 16). Quando isso ocorre, na maioria dos casos, os alunos, vítimas do *bullying*, ficam em silêncio, por se sentirem envergonhados ou com medo de novos ataques, por parte dos agressores.

Segundo a autora, os alunos vitimizados pelo "comportamento *bullying*" podem sofrer por muitos anos, no ambiente escolar, sem que o educador perceba o que está acontecendo. Portanto, é de suma importância que as escolas tenham consciência de que esse fenômeno existe, e que devem ser tomadas medidas urgentes para evitar e tratar essas manifestações, as quais são, também, responsáveis pelo comportamento agressivo existente entre os alunos.

As instituições devem oportunizar aos educandos o acesso a essas informações, para que eles possam refletir e conhecer o fenômeno *bullying*, bem como as terríveis consequências resultantes desse tipo de violência. Ao adquirirem conhecimento sobre as atitudes que desenvolvem o "comportamento *bullying*" e o que pode se fazer para evitá-lo, os alunos estarão transformando a escola num lugar pacífico, estimulando o bom relacionamento no sistema educacional.

6.1.1 | Conceito

O *bullying* é uma palavra de origem inglesa, que foi adotada por diversos países, para conceituar alguns comportamentos agressivos e antissociais, e é um termo muito utilizado nos estudos realizados sobre a problemática da violência escolar.

Encontramos vários conceitos para o *bullying*, porém, a definição universal trazida por alguns autores diz que o

> *[...] Bullying é um conjunto de atitudes agressivas, intencionais e repetitivas que ocorrem sem motivação evidente, adotado por um ou mais alunos contra outro(s), causando dor, angústia e sofrimento. Insultos, intimidações, apelidos cruéis, gozações que magoam profundamente, acusações injustas, atuação de grupos que hostilizam, ridicularizam e infernizam a vida de outros alunos, levando-os à exclusão, além de danos físicos, morais e materiais, são algumas das manifestações do "comportamento bullying".* (FANTE, 2005, pp. 28 e 29)

A mesma autora ainda acrescenta que "definimos o *bullying* como um comportamento cruel intrínseco nas relações interpessoais, em que os mais fortes convertem os mais frágeis em objetos de diversão e prazer, por meio de "brincadeiras" que disfarçam o propósito de maltratar e intimidar". (FANTE, 2005, p. 29)

Como não existe um só termo na Língua Portuguesa que seja capaz de manifestar todas as situações de *bullying* possíveis de ocorrer, a ABRAPIA nos traz um quadro, onde estão relacionadas algumas ações que podem estar presentes no fenômeno *bullying*. São elas: colocar apelidos, ofender, gozar, encanar, sacanear, humilhar, aterrorizar, tiranizar, fazer sofrer, discriminar, isolar, ignorar, intimidar, perseguir, amedrontar, agredir, bater, chutar, empurrar, ferir, roubar, quebrar pertences, dominar, assediar, entre outras.

Assim, no Brasil adotamos a termologia *bullying*, como a maioria dos países.

A descrição *Bully*, pode ser denominada como "brigão", "tirano", e, como verbo, "brutalizar", "tiranizar", "amedrontar" e "agressor".

Portanto, segundo a autora, a expressão *bullying* é entendida como "um subconjunto de comportamentos agressivos, sendo caracterizado por sua natureza repetitiva e por desequilíbrio de poder" (p. 28), em que a vítima fica impossibilitada de se defender com facilidade.

6.1.2 | Histórico

O *bullying* começou a ser pesquisado na Europa durante a década de 1990, quando na Noruega descobriram o que estava resultando nas inúmeras tentativas de suicídio entre os adolescentes. A partir de então, foram realizadas inúmeras pesquisas e campanhas para reduzir os casos de comportamentos agressivos nas escolas.

Cleo Fante, ao descrever o histórico do fenômeno, diz que foi o professor Dan Olweus, pesquisador da Universidade de Bergen, na Noruega, que relatou os "primeiros critérios para detectar o problema de forma específica, permitindo diferenciá-lo de outras possíveis interpretações, como incidentes e gozações ou relações de brincadeiras entre iguais, próprias do processo de amadurecimento do indivíduo". (2003, p. 45)

Seguindo a mesma linha trazida por Fante, a ABRAPIA acrescenta que,

> *Tudo teve início com os trabalhos do Professor Dan Olweus, na Universidade de Bergen – Noruega (1978 a 1993) e com a Campanha Nacional Anti-Bullying nas escolas norueguesas (1993). No início dos anos 70, Dan Olweus iniciava investigações na escola sobre o problema dos agressores e suas vítimas, embora não se verificasse um interesse das instituições sobre o assunto. Já na década de 80, três rapazes entre 10 e 14 anos cometeram suicídio. Estes incidentes pareciam ter sido provocados por situações graves de bullying, despertando, então, a atenção das instituições de ensino para o problema.*

> *Olweus pesquisou inicialmente cerca de 84.000 estudantes, 300 a 400 professores e 1.000 pais entre os vários períodos de ensino. Um fator fundamental para a pesquisa sobre a prevenção do bullying foi avaliar a sua natureza e ocorrência. Como os estudos de observação direta ou indireta são demorados, o procedimento adotado foi o uso de questionários, o que serviu para fazer a verificação das características e extensão do bullying, bem como avaliar o impacto das intervenções que já vinham sendo adotadas.*

Nos estudos noruegueses utilizou-se um questionário proposto por Olweus, consistindo de um total de 25 questões com respostas de múltipla escolha, em que se verificava a frequência, tipos de agressões, locais de maior risco, tipos de agressores e percepções individuais quanto ao número de agressores (OLWEUS, 1993a). Este instrumento destinava-se a apurar as situações de vitimização/agressão segundo o ponto de vista da própria criança. Ele foi adaptado e utilizado em diversos estudos, em vários países, inclusive no Brasil, pela ABRAPIA, o que possibilitou, assim, o estabelecimento de comparações interculturais.

Os primeiros resultados sobre o diagnóstico do bullying *foram informados por Olweus (1989) e por Roland (1989), e por eles se verificou que 1 em cada 7 estudantes estava envolvido em caso de* bullying. *Em 1993, Olweus publicou o livro* Bullying at School *apresentando e discutindo o problema, os resultados de seu estudo, projetos de intervenção e uma relação de sinais ou sintomas que poderiam ajudar a identificar possíveis agressores e vítimas. Essa obra deu origem a uma Campanha Nacional, com o apoio do Governo Norueguês, que reduziu em cerca de 50% os casos de* bullying *nas escolas. Sua repercussão em outros países, como o Reino Unido, Canadá e Portugal, incentivou essas nações a desenvolverem suas próprias ações.*

O programa de intervenção proposto por Olweus tinha como características principais desenvolver regras claras contra o bullying *nas escolas, alcançar um envolvimento ativo por parte de professores e pais, aumentar a conscientização do problema, avançando no sentido de eliminar alguns mitos sobre o* bullying *e prover apoio e proteção para as vítimas.*

Segundo Olweus (*apud* Fante, 2005, p. 46), "os dados de outros países indicam que as condutas *bullying* existem com relevância similar ou superior as da Noruega, como é o caso da Suécia, Finlândia, Inglaterra, Estados Unidos da América, Canadá, Países Baixos, Japão, Irlanda, Espanha e Austrália".

Fante acrescenta que, nos Estados Unidos da América, o *bullying* cresceu muito entre os alunos das escolas americanas. Os pesquisadores já estão classificando o *bullying* como "um conflito global", e destacam que se essa tendência permanecer haverá muitos jovens que "se tornarão adultos abusadores e delinquentes". (p. 46)

Percebemos então que o fenômeno *bullying* está ocorrendo nas escolas do mundo inteiro, inclusive no Brasil, apesar de não termos muitas pesquisas e estudos referentes a este assunto. Alguns estudos da Associação Brasileira Multiprofissional de Proteção à Infância e Adolescência (ABRAPIA) nos mostram que nas escolas brasileiras o *bullying* apresenta índices superiores aos países europeus.

Esses estudos da ABRAPIA apontam uma diferença em relação aos dados internacionais, pelo fato "de que aqui os estudantes identificaram a sala de aula como o local de maior incidência desse tipo de violência, enquanto, em outros países, ele ocorre principalmente fora da sala de aula, no horário do recreio" (ABRAPIA).

6.1.3 | Agressão, agressividade e violência: quando a agressividade passa a ser *bullying*

Antes de explicar quando a agressividade se torna *bullying*, é necessário esclarecer os termos: agressão, agressividade e violência.

Arrieta (2000) esclarece que utilizamos o termo

> *[...] agressão para identificar a conotação negativa ou destrutiva da ação agressiva e agressividade para designar seu significado construtivo, a serviço da vida, como se pode encontrar na conduta do homem para preservar-se como indivíduo e como espécie. (p. 17)*

Já a respeito da violência, afirma que "é ela o grau extremo da conduta agressiva com finalidades destrutivas" (p. 18). E, acrescenta,

> *Violência, como a define Jurandir Freire Costa, é a palavra empregada para denominar a série de atos intencionais que se caracterizam pelo uso da força em situações de conflito, transgressão às leis que visam ao bem comum e predomínio da crueldade sobre a solidariedade no convívio humano. (p. 18)*

Nesse sentido, Cleo Fante (2005) relata que muitos acreditam que agressão e agressividade são palavras sinônimas, pois não identificam as diferenças que existem entre as duas termologias. A autora cita então que para a Associação Norte-Americana de Psiquiatria,

[...] a agressão se define como um comportamento repetitivo e persistente, que, na confrontação com a vítima, viola seus direitos. O termo agressividade é utilizado cotidianamente [...], seja para expressar violência, seja para expressar coragem.

Portanto, considerando as diversas definições dadas pelos mais renomados autores, definimos violência como todo ato praticado de forma consciente ou inconsciente, que fere, magoa, constrange ou causa dano a qualquer membro da espécie humana. (pp. 156, 157)

Como podemos perceber os termos acima citados, estão interligados entre si. Por esse motivo "é imprescindível que os profissionais de educação, ao qualificarem qualquer aluno como violento ou agressivo, considere os inúmeros fatores que recaem sobre suas relações interpessoais". (FANTE, 2005, p. 157)

Fante (2005, pp. 158 a 161) classifica as diversas formas de violência e suas principais consequências. Ela fez essa classificação, para que seja possível diferenciar atos de violência e atos de indisciplina, pois acredita que os profissionais os confundem frequentemente. Então, é necessário sabermos "distinguir os comportamentos violentos das más relações escolares", apesar das semelhanças existentes.

As más relações são problemas mais generalizados, porém menos intensos, que surgem com a indisciplina ou com o mau comportamento dos alunos. Não deixam de perturbar o bom andamento das atividades escolares, entretanto, não podem ser consideradas como violência. Os atos de indisciplina são comportamentos que vão contra as normas da escola e estão previstos no Regimento Interno Escolar. [...]. Já os atos de violência ou agressividade dos alunos acontecem com grande frequência, porém, nem sempre são identificados pelos professores e podem tomar a forma explícita ou velada como podemos conferir na classificação a seguir:

Quanto ao grau:
* *violência simples ou pontual: aquela em que um ou mais agressores atacam esporadicamente uma vítima, motivados por um desentendimento que acaba gerando um conflito;*
* *violência complexa ou frequente: aquela que um ou mais agressores atacam habitualmente e repetidamente uma mesma vítima, sem motivação evidente (*bullying*).*

Quanto à forma:

• *violência direta: contra as pessoas, interpessoal;*
• *violência indireta: contra utensílios, bens ou patrimônios (destroços ou vandalismos, furtos);*
• *violência implícita, velada;*
• *violência explícita, identificada.*

Quanto ao tipo de violência:

• *violência física e sexual;*
• *violência verbal;*
• *violência psicológica;*
• *violência fatal.*

Quanto ao nível:

• *discentes;*
• *docentes;*
• *funcionários;*
• *pais;*
• *instituição.*

Quanto às dimensões:

• *violência no interior da escola (nas relações interpessoais; "microviolências", furtos, uso e tráfico de armas e drogas);*
• *violência no entorno da escola (nas relações interpessoais, uso e tráfico de drogas e armas);*
• *violência da escola (institucional e simbólica; disciplinarização dos corpos e das mentes, métodos de ensino, relação da comunidade escolar e desesperança quanto ao papel da escola).*

Quanto às determinantes:

• *fatores biológicos;*
• *fatores pessoais;*
• *fatores familiares;*
• *fatores sociais;*
• *fatores cognitivos;*
• *fatores ambientais.*

Quanto às consequências da violência:

• *no corpo discente:*
  – *disrupción;*
  – *disaffection;*

– *absenteísmo (falta de assistência às aulas);*
– *problemas somáticos e psicológicos (ansiedade, tédio, depressão);*
– *desencanto pela escola;*
– *queda do rendimento escolar;*
– *falta de perspectiva de futuro melhor pela educação;*
– *queda da autoestima;*
– *evasão escolar;*
– *retenção escolar;*
– *descrença no poder público.*

• *no corpo docente e no quadro dos funcionários:*
– *desesperança e desencanto pela profissão;*
– *absenteísmo;*
– *descrença no sistema educacional;*
– *queda da autoestima;*
– *problemas somáticos e psicológicos;*
– *síndrome de Burnout (problemas relativos ao estresse profissional);*
– *descrença no poder público.*

• *na família e na sociedade:*
– *falta de perspectiva de futuro melhor pela educação;*
– *desvalorização do ensino;*
– *descrença no sistema educacional;*
– *descrença no poder público.*

A autora ainda apresenta alguns determinantes do comportamento agressivo ou violento na escola. Ela salienta que isso é hoje um fenômeno social muito complexo e que abrange todas as escolas, e atinge diretamente seus alunos.

Esse fenômeno é resultado de fatores externos (influências da família, da sociedade e dos meios de comunicação) e internos (ambiente escolar, relações interpessoais, comunidade escolar) à escola, e são caracterizados pelos tipos de interações, sejam elas familiares, sociais ou socioeducacionais, e pelos comportamentos agressivos que se manifestam nessas relações interpessoais.

Ela conclui que a instituição de ensino precisa prevenir o "fenômeno violência" que está acontecendo no ambiente escolar, impedindo o seu crescimento.

[...] Entretanto, para que isso aconteça, seus profissionais devem ser capacitados para atuar na melhoria do ambiente escolar e das relações interpessoais, promovendo a solidariedade, a tolerância e o respeito às características individuais, utilizando estratégias adequadas à realidade educacional que envolvem toda a comunidade escolar. (FANTE, 2005, p. 169)

Nesse contexto, os educadores precisam saber, então, quando a agressividade passa a ser *bullying*. E é essa informação que nos fornece a ABRAPIA, pois esclarece que as crianças passam por algumas situações em que elas se sentem fragilizadas, tornando-se então temporariamente agressivas.

Porém, "normalmente essa "tempestade" aos poucos vai passando e volta a "calmaria"". Essa etapa é apenas agressividade. Entretanto, se essa agressividade não for apenas temporária e sim permanente, pode ser considerada *bullying*.

E ainda, segundo Pereira (2002, p. 18), "é a intencionalidade de fazer mal e a persistência de uma prática a que a vítima é sujeita, o que diferencia o *bullying* de outras situações ou comportamentos agressivos".

Essa autora ainda apresenta três fatores que são fundamentais e que normalmente identificam o *bullying*. São eles:

1. *O mal causado a outrem não resultou de uma provocação, pelo menos por ações que possam ser identificadas como provocações.*

2. *As intimidações e a vitimização de outros têm caráter regular, não acontecendo ocasionalmente.*

3. *Geralmente os agressores são mais fortes (fisicamente), recorrem ao uso de arma branca, ou tem um perfil violento e ameaçador. As vítimas frequentemente não estão em posição de se defender ou de procurar auxílio.*

6.1.4 | Como o *bullying* se desenvolve

Segundo Aramis (*apud* ABRAPIA), são vários os motivos que levam os alunos a praticar o *bullying*. O autor acredita que isto esteja relacionado às experiências que o educando tem na sua família e na comunidade. Afirma que,

[...] famílias desestruturadas, com relações afetivas de baixa qualidade, em que a violência doméstica é real ou em que

a criança representa o papel de bode expiatório para todas as dificuldades e mazelas, são as fontes mais comuns de autores ou alvos de bullying.

Fante, baseado nos estudos do professor Dan Olweus, acrescenta que é normal em uma classe existir entre os alunos vários conflitos e tensões. Existem também várias outras "interações agressivas" que ocorrem quando o aluno quer se divertir ou se autoafirmar, mostrando-se mais forte que seus colegas.

Se existir na sala de aula um ou mais agressores, o seu comportamento agressivo vai interferir nas atividades dos colegas, resultando em "interações ásperas, veementes e violentas" (Fante, 2005, p. 47). Como o agressor sente a necessidade de dominar e ameaçar os seus colegas, ele pode impor a sua força, o que faz das adversidades e das pequenas frustrações conflitos extremos em sala de aula.

Portanto, se existir na classe um aluno tímido, que demonstra insegurança, ansiedade e uma grande dificuldade de se impor, mostrando-se indefeso, certamente ele será descoberto pelo agressor. Pois o agressor percebe que esse aluno não vai responder a sua ofensa com outra maior, e, sim, que ele vai se amedrontar, sem ao menos se defender.

Normalmente a vítima do *bullying* não vai contar aos seus professores e aos seus pais o que está acontecendo na escola. Assim, esse aluno vai aos poucos se isolando dos seus colegas, por acreditar que não tem uma boa reputação, pois a maioria acaba realizando constantes gozações, em virtude do seu medo.

Pereira (2002) acrescenta que quase sempre os professores identificam quem são os agressores, porém, apresentam maior dificuldade de apontar os alunos que estão sendo vítimas do *bullying*.

Segundo Olweus, *apud* Fante (2005),

> [...] não há dúvidas de que a maioria dos casos de bullying acontece no interior da escola. Entretanto, para que um comportamento seja caracterizado bullying, é necessário distinguir os maus-tratos ocasionais e não graves dos maus--tratos habituais e graves. (p. 49)

Relata, ainda, que os comportamentos *bullying* acontecem de duas formas: direta ou indireta. A direta é aquela em que há agressões físicas e verbais; e a indireta ocorre quando existe a exclusão e a discriminação da vítima por parte do seu grupo social.

Conforme Pereira (2002), outro aspecto muito importante para o desenvolvimento do *bullying* são os recreios. Pois é durante os intervalos que a vítima fica mais exposta a atos violentos do agressor, já que durante o recreio o educador não está presente.

Algumas vítimas, por apresentarem uma grande dificuldade de interação e relacionamento, procuram um lugar isolado para se "esconder" durante o recreio. Agindo assim, esse aluno fica ainda mais distante do professor ou de outro funcionário da escola.

Procurando proteção nos espaços calmos, podem encontrar quem os agrida, sem ninguém a que recorrer para pedir ajuda (Pereira, 2002, p. 15).

Essas agressões que ocorrem nos recreios são frequentemente mais sérias, pois os agressores agem livremente, já que não há nenhuma testemunha que possa acusá-lo ou que venha a ajudar a vítima. E é esse um dos objetivos do agressor: amedrontar a vítima, para que esta sofra em silêncio.

6.1.5 | Protagonistas do fenômeno

Afirma Cleo Fante (2005, pp. 71 a 74) que os estudiosos dos comportamentos *bullying* identificam e classificam, entre os envolvidos no fenômeno, os tipos de papéis que cada um desempenha. São eles:

⇒ **Vítima típica:** é aquele aluno pouco sociável, que sofre as consequências dos atos agressivos de outro colega e que não possui recursos ou habilidades para reagir às agressões.

⇒ **Vítima provocadora:** é aquela que provoca e atrai reações agressivas, entretanto, não consegue lidar contra elas com eficiência. Essa vítima tenta revidar quando atacada, mas de maneira ineficaz; "é, de modo geral, tola, imatura, de costumes irritantes, e quase sempre é responsável por causar tensões no ambiente em que se encontra".

⇒ **Vítima agressora:** é aquele educando que reproduz as agressões que sofreu, buscando indivíduos mais frágeis que ele para agredir, e aumenta assim o número de vítimas do *bullying*.

⇒ **Agressor:** é aquele que agride os mais indefesos, e manifesta pouca empatia. "Ele sente uma necessidade imperiosa de dominar e subjugar os outros, de se impor mediante o poder e a ameaça e de conseguir aquilo a que se propõe."

⇒ **Expectador:** é aquele aluno que presencia o *bullying*, porém, não é vítima nem agressor. "Representa a grande maioria dos alunos que convive com o problema e adota a lei do silêncio por temer se transformar em novo alvo para o agressor."

6.1.6 | Identificação dos envolvidos

A autora Cleo Fante (2005) afirma que o "*Bullying* tem como característica principal a violência oculta" (p. 74). Por esse motivo é essencial que os profissionais da educação saibam identificar quem são os alunos que estão envolvidos nessa problemática.

Como a maioria das vítimas fica em silêncio é necessário ficarmos atentos a alguns sinais. Assim, de acordo com o pesquisador Dan Olweus, *apud* Fante (2005, pp. 74-75), para que um aluno seja identificado como vítima, o professor deve observar se ele apresenta alguns destes comportamentos:

- *Durante o recreio está frequentemente isolado e separado do grupo, ou procura ficar próximo do professor ou de algum adulto?*
- *Na sala de aula tem dificuldades em falar diante dos demais, mostrando-se inseguro ou ansioso?*
- *Nos jogos em equipe é o último a ser escolhido?*
- *Apresenta-se comumente com aspecto contrariado, triste, deprimido ou aflito?*
- *Apresenta desleixo gradual nas tarefas escolares?*
- *Apresenta ocasionalmente contusões, feridas, cortes, arranhões ou a roupa rasgada, de forma não natural?*
- *Falta às aulas com certa frequência (absenteísmo)?*
- *Perde constantemente os seus pertences?*

O mesmo procedimento deve acontecer quando for preciso identificar o agressor. Seus comportamentos mais comuns são:

- *Faz brincadeiras ou gozações, além de rir de modo desdenhoso e hostil?*
- *Coloca apelidos ou chama pelo nome ou sobrenome dos colegas de forma malsoante; insulta, menospreza, ridiculariza, difama?*
- *Faz ameaças, dá ordens, domina e subjuga? Incomoda, intimida, empurra, picha, bate, dá socos, pontapés, beliscões, puxa os cabelos, envolve-se em discussões e desentendimentos?*
- *Pega dos outros colegas materiais escolares, dinheiro, lanches e outros pertences, sem o seu consentimento?*

Nesse mesmo contexto a ABRAPIA nos acrescenta que na maioria dos casos os autores de *bullying*, ou seja, os agressores procuram para serem suas vítimas pessoas com algumas características específicas que sirvam de foco para "justificar" as suas agressões.

Assim, é comum eles abordarem pessoas que apresentem algumas diferenças em relação ao grupo no qual estão inseridos, como, por exemplo: obesidade, baixa estatura, deficiência física, ou outros aspectos culturais, étnicos ou religiosos.

Essas crianças são então alvos mais visados, tornando-se mais vulneráveis ao *bullying*. Entretanto, elas não podem ser responsabilizadas por apresentarem essas características. Portanto, essa aparente "diferença" é apenas um pretexto do aluno agressor para satisfazer sua necessidade de agredir.

Outro aspecto muito importante trazido pela ABRAPIA é a preocupação e a atenção que os professores devem ter com as crianças com necessidades educativas especiais, pois elas constituem um grupo de risco.

Em virtude de elas apresentarem "dificuldades de aprendizagem e de comportamento na sala de aula e nos recreios", é possível identificar três fatores que as condicionam a se tornarem vítimas. São eles:

> 1º) As características dessas crianças podem ser vistas como um pretexto para os agressores;
>
> 2º) As crianças com NEE podem não ter tantos amigos como as outras crianças, tendo, então, alguma falta de apoio que é assegurado pelos amigos;
>
> 3º) Como suas competências sociais são pobres, muitas vezes são vistas como vítimas provocativas.

Por tudo isso que foi apresentado, é essencial que tanto os pais quanto a escola ensinem as suas crianças a lidarem e respeitarem essas diferenças.

6.1.7 | Consequências e efeitos

A autora Cleo Fante, em seu livro *Fenômeno* Bullying, deixa claro que as consequências desse fenômeno:

> [...] afetam todos os envolvidos e em todos os níveis, porém, especialmente a vítima, que pode continuar a sofrer seus efeitos negativos muito além do período escolar. Pode

trazer prejuízos em suas relações de trabalho, em sua futura constituição familiar e criação de filhos, além de acarretar prejuízo para a sua saúde física e mental. (2005, p. 79)

A vítima pode ou não superar os traumas causados pelo *bullying*, e essa superação vai depender das suas características individuais, do seu relacionamento consigo mesmo e com a sociedade, principalmente com a sua família.

Caso essa superação não aconteça, o trauma que foi estabelecido prejudicará o seu comportamento e a sua inteligência,

> *[...] gerando sentimentos negativos e pensamentos de vingança, baixa autoestima, dificuldades de aprendizagem, queda do rendimento escolar, podendo desenvolver transtornos mentais e psicopatologias graves, além de sintomatologia e doenças de fundo psicossomático, transformando-a em um adulto com dificuldades de relacionamentos e com outros graves problemas. (FANTE, 2005, p. 79)*

Pereira (2002) divide os efeitos do *bullying* para as vítimas em efeitos imediatos e efeitos ao longo da vida. O efeito imediato mais evidente é a fraca autoestima que terá o aluno vitimizado. Isso ocorre porque elas vivenciam pouca aceitação, sendo assim "menos escolhidas como melhores amigos e apresentam fracas competências sociais, tais como cooperação, partilha e ser capaz de ajudar os outros". (p. 21)

Sobre os efeitos a longo prazo, Olweus (1993b) *apud* Pereira (2002, p. 22) diz que "a frequência de ser vítima decresce com a idade". As vítimas deixam de o ser, mudados os contextos, parecendo normalizar quando jovens adultos. Há, contudo, uma relação entre o ter sido vítima na escola e certa depressão na vida adulta.

O mesmo autor ao fazer referência a Smith & Madsen (1996) descreve que a consequência mais severa do *bullying* é o suicídio, sendo esse o resultado da "vitimização constante a que se é sujeito [...] até ao limite da sua capacidade de suportar as agressões". (p. 23)

Assim,

> *[...] estas situações estão associadas a uma série de comportamentos ou atitudes que se vão agravando e mantendo por toda a vida e que arrastam consigo consequências negativas, na maior parte dos casos de alguma gravidade,*

que estarão sempre presentes, influenciando todas as decisões, imagens, atitudes, comportamentos que a pessoa constrói em relação a si, aos outros, ao mundo e até à própria vida. (PEREIRA, 2002, p. 23)

Os agressores, segundo Fante, normalmente se distanciam e não se adaptam aos objetivos da escola, supervalorizando a violência como forma de obter poder, e desenvolvem habilidades para condutas delituosas, as quais, futuramente, os levarão ao mundo do crime.

Assim, ele poderá adotar comportamentos delinquentes como: agressão, drogas, furtos, porte ilegal de armas, entre outros. O agressor acredita que fazendo uso da violência conseguirá tudo o que deseja, pois foi assim no período escolar.

Àqueles alunos que não são nem vítimas nem agressores, apesar de não se envolverem diretamente ao *bullying*, acabam sofrendo também as suas consequências. Isso acontece, porque o direito que eles tinham a uma escola segura e saudável foi se dissipando, à medida que o *bullying* corrompeu suas relações interpessoais, prejudicando o seu desenvolvimento socioeducacional.

Ainda nesse sentido, Pereira (2002, p. 25) apresenta, resumidamente, as consequências do *bullying* para as vítimas e agressores:

Consequências para a(s) vítima(s):
* *vidas infelizes, destruídas, sempre sob a sombra do medo;*
* *perda de autoconfiança e confiança nos outros, falta de autoestima e autoconceito negativo e depreciativo;*
* *vadiagem;*
* *falta de concentração;*
* *morte (muitas vezes suicídio ou vítima de homicídio);*
* *dificuldades de ajustamento na adolescência e vida adulta, nomeadamente problemas nas relações íntimas.*

Consequências para o(s) agressor(es):
* *vidas destruídas;*
* *crença na força para a solução dos problemas;*
* *dificuldade em respeitar a lei e os problemas que daí advêm, compreendendo as dificuldades na inserção social;*
* *problemas de relacionamento afetivo e social;*
* *incapacidade ou dificuldade de autocontrole e comportamentos antissociais.*

Portanto, com todas as consequências apresentadas, pode-se dizer que o fenômeno *bullying* passou a ser considerado um problema de saúde pública. Esse problema deve ser reconhecido não só pelos professores, como também pelos profissionais de saúde.

CONSIDERAÇÕES FINAIS

A partir de todo esse contexto, relatado até aqui, percebe-se a grande importância de as escolas e a sociedade tomarem algumas medidas e buscarem algumas soluções que sejam capazes de combater ou ao menos prevenir o *bullying*.

Arrieta (2000) quando descreve sobre a atribuição de competências e responsabilidades, diz que

> *[...] é necessário que se encare com seriedade o desafio de não mais se restringir a uma atitude passiva, mas, sim, que se tenha uma postura ativa, que contemple e procure realizar um trabalho profundo.*
>
> *Deve-se, portanto [...], estruturar-se o processo, atribuindo-se competências e responsabilidades aos órgãos e à comunidade participante.* (p. 65)

Assim, conforme a ABRAPIA, fica claro que se por um lado, o problema existe, é necessário combatê-lo. Portanto, se desejamos evitar a proliferação do *bullying*, é preciso implantar medidas de prevenção. A ABRAPIA aconselha a adotar uma política *antibullying*, que envolva toda a comunidade escolar.

Para que isso ocorra, é necessário que todos se sensibilizem e se conscientizem de que o problema existe. Isso pode ser feito por meio da discussão que avaliem essa problemática. Salienta que os próprios alunos devem participar dessas discussões.

No momento em que os alunos tomarem conhecimento do fenômeno, eles se sentirão seguros para comunicar o educador, caso venham a se tornar vítimas do *bullying*. Da mesma forma, os alunos analisarão as consequências, antes de decidirem tornar-se um possível agressor.

É de suma importância que a instituição de ensino capacite e oriente os seus educadores sobre essa problemática. Uma boa alternativa trazida pela ABRAPIA é

Incluir no currículo a abordagem ao problema bullying, mediante a discussão de textos e de simulações, visando sensibilizar os alunos e alertando-os para que não sejam obrigados a sofrer em silêncio. Organizar ações de formação para todos os setores envolvidos sobre a temática e todas as suas implicações é também um vetor de combate e prevenção do bullying.

Segundo Aramis, *apud* ABRAPIA, para combater esse problema é necessário ter a cooperação de todos os envolvidos: professores, funcionários, alunos e pais. Todos devem se comprometer com o projeto, participando das suas decisões.

Para o autor, a solução é criar um ambiente escolar seguro e sadio, onde a escola possa trabalhar valores fundamentais, como respeito, amizade, solidariedade. "Enfim, é fundamental que se construa uma escola que não se restrinja a ensinar apenas o conteúdo programático, mas também onde se eduquem as crianças e adolescentes para a prática de uma cidadania justa."

No Brasil já estão sendo realizados alguns projetos, como relata Fante (2005). A problemática da violência escolar já está sendo prioridade nas escolas do país. Porém, ainda há pouca divulgação sobre o desenvolvimento desses programas educacionais que visam combater e prevenir o fenômeno *bullying* nas escolas brasileiras.

A autora faz referência a ABRAPIA (pp. 89, 90) quando fala da implantação desses programas preventivos e cita três fatores essenciais para que seja possível obter resultados positivos:

- *Não existem soluções simples para a resolução do bullying; o fenômeno é complexo e variável;*
- *Cada escola desenvolveria suas próprias estratégias e estabeleceria suas prioridades no combate ao bullying;*
- *A única forma de obtenção de sucesso na redução do bullying é a cooperação de todos os envolvidos: alunos, professores, gestores e pais.*

Conclui-se então que todo esse trabalho deve ser construído com muita dedicação e carinho. Acredito que com a conscientização de toda a comunidade escolar, é possível, sim, prevenirmos essa problemática e construirmos um ambiente escolar agradável e sadio a todos os alunos.

Com o crescimento da violência no ambiente escolar, é necessário que os profissionais da educação estejam mais atentos aos comportamentos de seus alunos, a fim de evitar a proliferação desse fenômeno.

Nesse sentido, Pereira (2002) acrescenta que:

> A educação e a cultura deveriam tender a eliminar as formas agressivas de resolução de tensões que provocam as diferenças individuais. A educação deveria valorizar e promover os comportamentos de empatia, a negociação verbal, o intercâmbio de ideias, a cedência de ambas as partes na procura da justiça, no direito à igualdade de oportunidades para todos e no direito às diferenças de cada um. Educar para a liberdade com igualdade de direitos e obrigações em que os direitos de um determinam onde começam os direitos dos outros. (p. 11)

Assim, se a escola ensinar seus alunos a respeitar as diferenças, trabalhando a prática de valores, será possível criar um ambiente sadio aos educandos. Dessa forma, a instituição de ensino amenizará os conflitos que podem resultar na prática do *bullying*.

E como traz Bandeira (2003):

> É necessário educarmos para a esperança, para a felicidade em que consigamos cooperar enquanto educadores que somos para que a humanidade consiga superar a brutal exclusão social que marca nosso tempo. Para isso, a educação tem um papel central, devemos acreditar e apostar em uma educação que abra horizontes de esperança e que seja capaz de articular competências e habilidades sociais em todos aqueles que estiverem inseridos nesse processo de humanização dos sujeitos. (p. 33)

Acredito então, que estabelecendo competências, envolvendo a comunidade escolar e conscientizando todos das consequências desse tipo de violência, é possível evitar e prevenir o *bullying* nas escolas.

REFERÊNCIAS

ABRAPIA. Bullying. Disponível em: http://www.bullying.com.br. Acesso em maio/2007.

ARRIETA, Gricelda Azevedo. *A violência na Escola: a violência na contemporaneidade e seus reflexos na escola.* Canoas: Ed. Ulbra, 2000.

BANDEIRA, Lúcia Regina. *A afetividade na educação*. Carazinho: ULBRA, 2003. Monografia, Pós-graduação em Administração na Educação, Universidade Luterana do Brasil, 2003.

FANTE, Cleo. *Fenômeno Bullying – Como prevenir a violência nas escolas e educar para a paz.* 2ª ed. Campinas: Veros Editora, 2005.

PEREIRA, Beatriz Oliveira. *Para uma Escola sem violência: estudo e prevenção das práticas agressivas entre crianças.* Edição: Fundação Calouste Gulbenkian, 2002.

7 | EDUCAÇÃO E FAMÍLIA

"A ausência de valores familiares e a consequência no desempenho de alunos"

Prof.ª Angela Adriana de Almeida Lima

INTRODUÇÃO

Ao analisar os resultados obtidos por meio das avaliações formais e informais realizadas pelos órgãos educacionais ou pelo próprio professor em torno da Educação Escolar exercida atualmente, um fato se mantém em sua totalidade – não há um processo educacional significativo sem a desejada parceria família/escola. Entretanto, a modernidade tem exigido muito das famílias, pois comumente pai e mãe trabalham fora de casa e os filhos acabam ficando sem aquele contato essencial à sua formação – a educação informal transmitida pela família e à escola coube assumir mais um papel, o de transmitir a formação familiar.

Atualmente, as mães ou os pais não encontram tempo para ouvirem seus filhos, ajudá-los em suas atividades extraclasses, tarefas ou trabalhos de pesquisa, saberem quem são seus amigos, quais são as músicas que ouvem, com quem falam ao telefone, enfim, quem são os jovens que eles conceberam. Por sua vez, a escola tem enfrentado inúmeros problemas, até então de responsabilidade da família, e vem fracassando demasiadamente em relação à sua proposta educacional.

A mídia aparece como agente potencial no aspecto de transmissão de valores errôneos, pois apresenta cenas que induzem ao sexo, às drogas, ao desrespeito aos pais e professores em horários em que as crianças ainda estão acordadas, pois outro fator importante nesta análise está relacionado às crianças assistirem TV até altas horas, tendo acesso a programas e cenas inadequadas à idade delas.

De acordo com Antunes (2001) todos os problemas da comunidade escolar são também de seus integrantes e é importante que todos se juntem na busca de alternativas. Porém, a escola não deve se redimir de seus compromissos com a formação de um cidadão crítico e consciente, capaz de atuar em uma sociedade transformadora, pois a maioria dos alunos passa mais tempo na escola do que com suas famílias, mas esta não pode ser uma responsabilidade apenas da escola – os pais devem ser chamados a assumirem os seus papéis no processo educacional de seus filhos.

7.1 | A ESCOLA E SUAS RESPONSABILIDADES DE FAMÍLIA

Com tantas atribuições, os objetivos da Instituição Escolar tem se perdido. Ao professor foram atribuídas também as funções de psicólogo, fonoaudiólogo, psiquiatra, psicopedagogo, terapeuta, médico, analista, assistente social, pai, mãe, e outras mais. E ainda em meio a estas e outras atribulações, a aprendizagem tem de acontecer, afinal, caso a criança não consiga aprender – por motivos muitas vezes desconhecidos pelo professor e até pela família, a responsabilidade maior recai sobre o professor.

A ausência das famílias no processo educacional tem sido uma grande aliada ao declínio que a Escola vem sofrendo, pois os filhos se julgam desprezados pelos pais, que por sua vez se sentem desmotivados ao se confrontarem com os problemas causados ou sofridos por seu filho dentro da escola, fato este que deveria trazer a família para a instituição escolar e não afastá-la – pois problemas existem para serem resolvidos e não transferidos.

Com isso a criança vai ficando sem a referência familiar tão importante à sua formação. Este descomprometimento ocorre também com as tarefas de casa, enviadas pela escola – como processo contínuo de aprendizagem – que não são feitas ou, quando são, acontecem sem o apoio familiar, causando uma queda considerável no desenvolvimento do aluno, que além de tudo segue o exemplo dos pais, demonstrando falta de compromisso em relação aos estudos.

Paulo Freire (1996) sugere que, para favorecer o processo de formação da autonomia, a criança deve participar da escolha do melhor horário para fazer suas tarefas escolares e que este horário não seja sempre determinado pelos pais. Talvez esta atitude de liberdade e de formação da autonomia possa incentivar a criança no cumprimento de suas responsabilidades, pois caso isto não ocorra, este fato pode gerar um iminente fracasso escolar, que, por sua vez, poderá ocasionar uma queda no desenvolvimento do aluno, baixa autoestima e diversas alterações comportamentais.

Para Topczewski (2000, p. 41), "Há crianças que, por conta do mau desempenho escolar, tendem a se isolar, mentir e apresentam um ressentimento grande em relação à escola." Assim, desde pequena a criança vai crescendo sem compreender o objetivo da escola tendendo a se tornar desinteressada, descomprometida, insegura e agressiva.

7.2 | CARÊNCIA AFETIVA PODE GERAR INSEGURANÇA E AGRESSIVIDADE

Completamente sem apoio familiar, sendo educado pelo professor e constantemente compensado por presentes ou excesso de permissividades, o jovem vai perdendo gradativamente o interesse pela escola e, consequentemente, apresentará déficit de aprendizagem.

Ao se deparar com uma atividade que lhe parece complicada ele demonstra irritação, se isola, se julga inferior e chega a agredir oral e verbalmente aos colegas e professores. Ainda de acordo com Topczewski (2000, p. 41), algumas crianças revelam uma autoestima baixa e um sentimento de inferioridade em relação aos colegas.

Nesses casos o aluno necessita do acompanhamento de uma Equipe multiprofissional composta geralmente por pedagogo, psicopedago, psicólogo ou psiquiatra – mas comumente são mantidos na escola na responsabilidade do professor, que tenta exercitar sua sensibilidade e adequar sua metodologia – a fim de atender a esta situação. Ao deixar aflorar sua sensibilidade, este profissional consegue compreender as razões dos alunos, e comprovar, em boa parte dos casos, as consequências da ausência da família na educação dos filhos.

Em alguns casos, os objetivos ou parte deles são alcançados, e em outros mais graves, em que a agressividade já se fez presente, o professor não consegue lidar com a criança e muitas vezes chega a ser ameaçado ou agredido por ela.

É comum a escola buscar a parceria da família em situações como esta, porém, nem sempre obtém o sucesso esperado. Alguns pais atribuem o comportamento dos filhos à escola, outros ignoram os chamados realizados pelos professores e outros ainda agridem os professores em defesa de suas crianças — talvez como forma de diminuírem suas culpas pelas atitudes dos filhos — reflexos das incapacidades das famílias. Estes subterfúgios contribuem para que a criança se sinta menos amada ainda, sem limites e sem referência educacional, um sentimento de abandono toma conta dela e, não tendo outra opção, ela se revolta contra a escola e seus pares.

Às Instituições Educacionais foram atribuídas também as noções de educação básica – aquelas que deveriam vir de berço – e fazem parte da cultura familiar.

Todavia, os pais passam o tempo todo trabalhando e, quando chegam em casa, estão cansados demais para orientar os filhos em suas dúvidas, transmitir-lhes noções de respeito, educação, cidadania ou saber como estão indo seus estudos. Muitas vezes, como formas de compensação por suas ausências evitam perceber os deslizes dos filhos, compram presentes, proporcionam Internet livre, passeios, cinemas, e os "valores" são deixados somente para a Escola resgatar.

Porém, no outro cenário, o drama é mais complexo ainda. Na sala de aula o professor não consegue falar, sem que rotineiramente tenha que preparar a turma para o processo – fato este que nem sempre acontece de forma simples – os alunos não se interessam pelos conteúdos, destroem o ambiente, e em alguns casos agridem o profissional em questão ao se sentirem contrariados.

Ao serem indagados sobre suas atuações enquanto pais, alguns alegam não conseguirem educar, não suportar ou não aguentar o filho, mães ameaçam entregá-lo para o pai criar, pais ameaçam tirá-lo da escola e mandá-lo para trabalhar na roça, outros pontuam não ter formação acadêmica para cuidarem dos jovens, sendo os professores mais capacitados para esta responsabilidade, pois estudaram para esta função. Estas justificativas são equivocadas, pois se a criança – desde a mais tenra idade – ouvir seus pais dizerem que não conseguem educá-la, perceberá que venceu e fará de tudo para continuar vencendo a todos e, também, para se educar um filho não há necessidade de graduações, estudos ou investimentos financeiros, mas sim uma boa dose de amor, responsabilidade, criticidade, conscientização, valores e persistência.

O professor é responsável por parte da educação dos alunos, todavia, se a família não se adequar ao trabalho educativo realizado na instituição e continuar se omitindo, os resultados esperados não serão alcançados. De acordo com Zagury (2002, p. 84), não adianta matricular seu filho em uma escola que valorize a disciplina, se, em casa, os pais não conseguem impor-lhe limites, afirmando não darem conta da criança e que a escola vai ajudar nisso.

Atribuir a responsabilidade de educar filhos à escola é um problema a mais para a conturbada relação família/escola, vivida atualmente. É importante que a família conheça o trabalho realizado pela escola, perceba se há relação entre ele e a cultura da família, para matricular seu filho na instituição.

Sim, pois caso os pais não acreditem no tipo de educação oferecida por esta ou aquela escola, devem procurar outra que seja adequada às suas expectativas, e se fazerem presentes nela, questionando, opinando, enfim, participando.

Entretanto, mesmo as reuniões escolares sendo marcadas para variados horários e dias e ainda pautando temas de grande interesse no processo educacional vigente, o público é sempre pequeno e constantemente apressado. Com isso, assuntos importantes vivenciados pelo professor em sala de aula que podem revelar muito sobre o comportamento das crianças, ou dos pais em casa, que ajudariam muito na compreensão do aluno ou ainda de interesse pedagógico/social deixam de ser abordados e discutidos, e agravam ainda mais a situação em que se encontra a educação das crianças e jovens.

Não há pretensão de isentar o professor de seu compromisso com a educação, tampouco se espera buscar culpados ou transferir responsabilidades ao Governo, ao Estado, ao Município, à família, à escola, ao poder econômico, ao professor ou ao aluno, pois enquanto se preocupar em culpar alguém pela falha, ninguém tentará saná-la. Objetiva-se, sim, convidar as famílias – por se esperar serem os maiores interessados no assunto – a repensarem sobre suas responsabilidades neste processo.

Afinal, para transmissão de valores não é necessário nenhum tipo de formação acadêmica, esta é uma atribuição de pais que se comprometem com a educação de suas crianças, sabendo impor-lhes – desde bem pequenas – os chamados limites que a sociedade cobrará delas no futuro.

7.3 | AGRESSIVIDADE – PRENÚNCIO DE *BULLYING*

Ora, se educar os filhos é responsabilidade das famílias, é importante ressaltar que este processo deve acontecer em conjunto com a escola e jamais de forma isolada. Família e escola devem interagir buscando um único ideal – educar os jovens.

Para isto os professores precisam se sentir à vontade para conversar, aconselhar, orientar, encaminhar, enfim, contribuir para o verdadeiro processo educacional de seus alunos. Por sua vez, os pais devem falar sobre seus anseios, enfrentar problemas, esclarecer dúvidas e colaborarem para que os professores possam conhecer seus filhos, facilitando assim a relação aluno-professor. Necessário se faz uma ressalva para os casos de separação conjugal, que desestruturam todo o aspecto psicológico--social da criança e, muitas vezes, a escola não é informada do fato, não tendo como agir.

"O afeto e a inteligência curam feridas da alma, reescrevem as páginas fechadas do inconsciente." (CURY, 2003, p. 78). Quando isso acontece, há um desenvolvimento considerável na aprendizagem e socialização do aluno. Porém, quando não há esta interação família-escola e a criança se torna responsabilidade exclusiva do professor, pode ocorrer uma queda em seu desenvolvimento e, consequentemente, uma queda também na autoestima, tornando este aluno envergonhado, diminuído e na maioria das vezes, agressivo.

Esta agressividade quando descoberta no início pode ser perfeitamente controlada, porém, quando a criança consegue mascará-la, ou o professor e os pais não a identificam rapidamente, tende a gerar um problema mais sério no cotidiano escolar — o *bullying.*

Segundo Fante (2006), *bullying* é uma palavra de origem inglesa, pouco conhecida em território brasileiro. Deriva-se do verbo "Bully" que significa, em seu país de origem, usar de poder para subordinar alguém. No Brasil se refere a todas as atitudes agressivas, intencionais e repetitivas — praticadas por um ou mais sujeitos — contra outro, numa relação desigual de poder. É necessário que família e escola estejam atentas a mudanças no comportamento dos alunos, pois elas podem revelar indícios da prática do *bullying.* Todavia, professores e pais precisam se inteirar sobre este assunto, buscar informações e realizar constantes encontros entre si, a fim de se posicionarem como agentes preventivos do *bullying.*

É importante saber que entre as formas mais comuns desta violência sobressaem os apelidos, as agressões físicas e verbais, o preconceito, as ridicularizações, e as ameaças. E também identificar o mais temível dos tipos de *bullying,* que é o *ciberbullying* ou *bullying* cibernético, que ocorre pela Internet – sem que as famílias e escola tenham ciência do fato.

Ele ocorre principalmente com crianças que ficam muito tempo sozinhas ou frequentam *lan houses,* pois entram em *sites* que propagam e incentivam maldades diversas. Sendo esta criança um elemento isolado, com autoestima em baixa e sem nenhum referencial educativo, se torna alvo fácil ao processo do *bullying.*

Para Zagury (2002) a escola deve ser vista como um local onde seu filho irá encontrar reforço para as ideias e os valores que os pais desenvolvem em casa. Então, uma criança que vive em um ambiente onde se cultive paz, amor, verdades, respeito, companheirismo, criticidade, diálogo e tantas outras virtudes raramente se envolverá em situações inversas, pois acredita naquilo que vive.

Todavia, quando o ambiente familiar não se traduz em virtudes, caberá ao docente desenvolver a técnica do ouvir ativo, e por meio dele interpretar o que há atrás da linguagem e o que o corpo do aluno está revelando.

Assim poderá descobrir algo que o ajude a compreender seu aluno. Souza (2002) faz o comentário a seguir sobre o ouvir ativo:

O processo de decodificação dos sentimentos na fala do aluno é crítico no processo de ouvir ativo. O ouvir ativo não é uma mágica, algo que o professor tira do chapéu — é um método específico para colocar em prática um conjunto de atitudes em relação ao aluno, a seus problemas e a seu papel como facilitador. (SOUZA, 2002, pp. 68 e 69)

Ao exercitar o ouvir ativo o professor poderá perceber diversas situações vividas pelo aluno, dentre eles o *bullying* ou o *ciberbullying*. Todavia, necessitará da parceria da família para conscientizar a criança sobre essas formas de violência, suas causas e consequências, como evitá-las e como denunciá-las.

Se o aluno não conseguir conversar com os pais, mas tiver uma boa relação com o professor, pode haver uma luz no fim do túnel, pois conseguirá revelar ao professor suas angústias e até possíveis relacionamentos que podem prejudicá-lo.

Então, caso se evidencie uma boa relação entre a família e a escola a tendência será de se obter sucessos, pois ambos estarão em sintonia, constante diálogo e olhos bem abertos a tudo que possa vir a acontecer com este jovem – prevenindo e não remediando.

7.4 | *BULLYING* – CONHECER PARA PREVENIR...

É imprescindível que se relate aqui alguns detalhes importantes sobre o *bullying* e seus protagonistas, objetivando um conhecimento ou até mesmo uma possível identificação deles por intermédio dos professores ou dos pais das crianças, uma vez que este é um dos maiores vilões da educação atual — a violência nas escolas.

Em todos os ambientes em que pessoas se encontram acontecem relações interpessoais. Nas instituições escolares elas também se evidenciam e originam, muitas vezes, certos dissabores entre seus agentes.

Acontece que nestas relações há sempre um mais forte — ou que pelo menos demonstra ser assim — e nessa ânsia pelo poder, o suposto mais forte busca sua ou suas vítimas, por meio das quais seu domínio será exercido.

Uma vez escolhida a vítima, o agressor irá maltratá-la, e visa ridicularizá-la perante os demais colegas.

Algumas pessoas acham por bem assistir a tudo como se nada estivesse ocorrendo – são os chamados espectadores.

Neste contexto se estabelece o *bullying* tendo como protagonistas a vítima, o agressor, o espectador e seu círculo vicioso.

A vítima é sempre humilhada, "perde" seus pertences constantemente, pede para faltar às aulas sem motivo, apresenta baixo rendimento escolar, demonstra insegurança ao se manifestar em público, apresenta manchas e arranhões pelo corpo – que nem sempre as consegue justificar – prefere se manter afastado dos demais colegas.

O agressor é temido pelos demais, manipula seus espectadores – que o auxiliam em suas práticas – anda sempre em grupos, não suporta ser contrariado, apresenta atitudes agressivas por qualquer motivo, seu tom de voz é grosseiro, aparece com pertences, lanches de suas vítimas – e alega ter sido presenteado com elas.

O espectador assiste a tudo na maioria das vezes sem se manifestar, em alguns casos participa como cúmplice das agressões temendo contrariar o agressor, que por sua vez se voltará contra ele.

Um fato muito preocupante é que, na maioria das vezes, a vítima aceita todo o seu sofrimento sem dizer nada a ninguém, porém se transforma em uma pessoa triste, constantemente deprimida e sem perspectivas de lutar pelos seus direitos. Neste caso, ela poderá até optar pelo suicídio. Talvez guarde essa mágoa durante anos e, de repente, tenha um momento de explosão, invada sua escola e atire nos colegas e em quem atravessar seu caminho, e passa da condição de vítima para agressor — todavia geralmente quando a vítima opta por matar, ela pratica o suicídio em seguida. Pode ser também que a vítima não consiga reproduzir seus maus-tratos ao seu agressor, mas o fará assim que encontrar uma pessoa mais fraca do que ela, estabelecendo assim o tão temido círculo vicioso do *bullying*, que pode ser evitado com o diálogo entre família e professores e conhecimento.

Algumas escolas investem em palestras, videoconferências e minicursos voltados à comunidade escolar com o objetivo de conscientizar a todos sobre o *bullying* e outros problemas vivenciados pelos alunos e agentes educacionais. Todavia, o número de pessoas presentes é mínimo.

É importante ressaltar também que o *bullying* não é praticado apenas por alunos e entre alunos e que ele não se origina na escola. Conforme foi dito anteriormente, ele se traduz em relações desiguais de poder, podendo ser reflexo de condições familiares (violência, alcoolismo, uso de drogas, abuso sexual...), ausência de limites, não aceitação de seus erros, abusos de diversos tipos, distúrbios psicológicos etc.

Sendo a instituição educacional um espaço em que as relações interpessoais são inevitáveis, os agressores encontram, neste ambiente, as condições necessárias à propagação daquilo que os fazem sofrer lá fora.

Esta violência na escola pode acontecer também entre alunos e professores, ou professores e alunos. Alguns alunos — inescrupulosos — além de agredir física e verbalmente seus professores na instituição, criam perfis em *sites* de relacionamentos visando ridicularizá-los ainda mais – é o *ciber-bullying*, citado anteriormente. Segundo Lima (2009) "Adolescentes sem a menor noção de limites e respeito vêm usando *sites* de relacionamento, *blogs*, *fotoblogs* e *e-mails* com o objetivo de ridicularizar e humilhar seus professores (www.angelaadriana.com.br).

Em contrapartida, alguns professores utilizam o recurso avaliação para punir e alienar seus alunos; abusam de seus conhecimentos e "poder" para humilhá-los e, caso o jovem não possua um bom relacionamento familiar, jamais encontrará formas de revelar aos seus pais as injustiças vivenciadas por ele – este fato pode ocasionar uma evasão escolar.

A partir do momento em que o *bullying* começa a ser praticado – independentemente de quem sejam seus protagonistas – ele gera situações de violência que podem se estender por toda a sociedade.

É necessário que os envolvidos no processo educacional, pais, professores e alunos se conscientizem sobre suas responsabilidades, estejam atentos a este vilão que permeia a educação do século XXI.

As escolas devem elaborar planos de ação em que valores como o respeito, amor, companheirismo e cidadania sejam constantemente abordados em diversos contextos.

Por sua vez, a família deve dar continuidade ao trabalho iniciado na escola, aproveitar cenas de seu cotidiano ou da TV para conversar com os filhos sobre valores e bons costumes. Conforme Zagury (2002), ninguém substitui os pais na tarefa de educar, de socializar, de ensinar o que é certo e o que é errado, de formar cidadãos éticos e de dar valores aos filhos – é sempre bom lembrar.

Consequentemente, as famílias e instituições educacionais que investirem na relação família/escola resgatarão certos valores esquecidos em tempos atuais, que fazem uma diferença significativa na educação de nossas crianças e jovens, afinal não haverá necessidade de se construírem "cercas" se cada um souber delimitar o seu espaço e respeitar o espaço do outro.

7.5 | OUTROS ALIADOS À ATUAL INVERSÃO DE VALORES VIVENCIADA POR CRIANÇAS, JOVENS, SUAS FAMÍLIAS E ESCOLA

Além de todos os aspectos pontuados anteriormente, outras considerações se fazem necessárias para uma reflexão coerente.

Tempos atrás os pais eram mais presentes e caminhavam em comum acordo com a escola, norteando o processo educacional e transmitindo segurança em relação ao certo e ao errado – "falavam a mesma língua".

Com o passar dos anos esta relação que tão bem fazia à escola e aos cidadãos foi se deteriorando.

Os pais deixaram de confiar na escola – passando a compreendê-la como adversária e deixando este fato visível aos filhos, a escola por sua vez foi perdendo sua autonomia e seus objetivos, tendo que educar – no sentido mais profundo da palavra – e ainda "transmitir" seus conteúdos.

Percebe-se que este conflito gerou um declínio considerável tanto em relação ao comportamento, quanto em relação à aprendizagem dos alunos.

Antes se o aluno não soubesse a matéria ou não obtivesse a pontuação necessária para aprovação era reprovado, se não fizesse a tarefa de casa ficava de castigo, se faltasse em dias de prova, só tinha direito a fazê-la mediante a apresentação de um atestado médico, sem uniforme não entrava na escola, e se falasse mais alto com o professor poderia até ser suspenso ou expulso.

Nem tudo era positivo nesta época, mas, sem sombra de dúvidas, os alunos respeitavam aos pais e professores, eram mais responsáveis e sabiam que caso não se esforçassem não conseguiriam a aprovação — fato este que representava vergonha, um castigo e talvez até uma surra em casa.

Apesar de constrangedora ao aluno, a reprovação deve ser vista como um novo tempo de se aprofundar naquelas dúvidas que não foram sanadas durante um ano todo. O estudante teria mais tempo e até maturidade para concretizar certas habilidades que não foram atingidas.

Com a adoção do Ciclo, os alunos vão avançando sem dominar certos conteúdos e sabendo que de qualquer forma serão aprovados, então não se esforçam para aprender.

Caberia aos pais se informarem sobre o Ciclo com os professores ou diretoria da escola e explicarem aos filhos que não se estuda para "passar de ano" e sim para a vida, talvez assim eles se empenhassem mais. Muitos que não levam o material para a escola, não sabem nem o nome da professora, não realizam atividades e quando fazem acreditam estar prestando um favor ao professor, agridem verbal e oralmente colegas e profissionais educacionais, certamente mudariam sua conduta.

Décadas atrás as famílias de poder econômico mais baixo não assimilavam este fato como referência para a marginalização, o desrespeito, a promiscuidade e tantos outros vícios, que acabam piorando ainda mais a situação, além de servirem de maus exemplos aos filhos – que, consequentemente, transportarão os conflitos gerados por estas situações ao ambiente onde convivem com muitas pessoas ao mesmo tempo e que tende a impor-lhes regras — na escola.

Ser pobre não era sinônimo de ser mal-educado, violento, abusado, enfim, de não ter valores. Ao contrário, os pais faziam questão de que seus filhos fossem cidadãos dignos, responsáveis e que fizessem jus ao direito de estudar que, com muito trabalho, davam aos filhos e eles mesmos não tiveram.

Nesta época, mesmo com pouco dinheiro, as crianças tinham e levavam seus materiais escolares, alguns pertenciam à "caixa escolar" e tinham direito a um caderno, um lápis e uma borracha de tempos em tempos, mas mesmo quem não fazia parte da "caixa" levava seu material. Cadernos encapados com papel de pão, estojo de caixas de linhas etc.

Hoje alunos vão para a escola sem material, mas frequentam *lan houses*, possuem celulares e outros objetos supérfluos. Outros realmente não possuem material escolar, os pais trabalham, mas não podem comprar o mínimo de material ao filho e outros ainda possuem pais desempregados.

Pais superprotetores desafiam a escola, e buscam justificar os erros dos filhos, reflexos da ausência de valores por eles transmitidos.

Pais omissos entregam sua criança na escola e não se interessam por nada que possa ocorrer ali, não comparecendo a nenhuma reunião ou festividade promovida pela escola.

Há ainda os pais que mantêm os filhos na escola pelo interesse na ajuda do governo "Bolsa Família".

As desestruturações familiares ocorrentes das constantes dissoluções das famílias, e, consequentemente, da construção de outras famílias, têm favorecido o desnorteamento das crianças.

A mídia televisiva aparece também como uma forte aliada a esta violência, pois sempre que retrata situações abusivas, especialmente em escolas, permite que o agressor demore muito a sofrer as consequências de seus atos, quando não se torna impune. Daí a necessidade de se explorar a reflexão seguida da criticidade em relação ao que a criança assiste e os valores transmitidos pela família.

Os direitos da criança e do adolescente são expostos frequentemente – em diversos contextos e segmentos sociais – porém, nenhum dever é atribuído a eles.

As músicas têm apresentado em suas letras banais e efeitos sonoros atraentes aspectos favoráveis à destruição das famílias, ausência de valores, desvalorização do sexo feminino, incentivo à violência, ao uso de drogas, enfim, a uma inversão dos valores humanos.

Pior do que essas letras idiotizantes, é presenciar mães comprando CDs ou DVDs que contêm estas músicas, incentivando seus filhos a ouvirem estas barbaridades. Nas imagens dos DVDs é facilmente percebível a intenção de incentivar a erotização das meninas, não só em gestos e trejeitos nas danças, bem como nas roupas.

Erotização precoce de crianças e adolescentes, constantemente incentivada pela mídia e músicas. As novelas, séries e filmes transmitidos em horários em que as crianças ainda estão acordadas oferecem um verdadeiro festival de cenas exóticas, violência, desrespeito, trapaças e vários outros pontos contribuintes para uma desconstrução de valores.

O *bullying* também é mais uma consequência do declínio gerado pela lacuna existente na relação família/escola.

Com isso, a Instituição Escolar e seus profissionais estão ficando perdidos em seu verdadeiro objetivo – educar para a vida e proporcionar condições para que os alunos consigam encontrar seu momento de aprender para viver.

A rigidez de tempos atrás originou uma inversão de valores familiares, a "Era da permissividade".

Ficou mais fácil atribuir à condição financeira da família as ausências de valores dos próprios pais, que ora superprotegem seus filhos, ora os abandonam sem o menor sentimento de culpa, atribuindo somente à escola a educação dos seus filhos.

CONSIDERAÇÕES FINAIS

Como resultados de uma análise em torno da educação atual, se evidencia um processo totalmente desarticulado, em que família e escola caminham por rumos diferentes.

Ambas as instituições não conseguem se conciliar, permanecem em desarmonia, sendo o aluno o maior prejudicado. Esta atual incompatibilidade tem gerado um desnorteamento da criança, pois a escola e a família "falam línguas diferentes".

Várias situações foram citadas no corpo do texto em que se confirmam as consequências deste distanciamento, para o processo de aprendizagem como um todo. As famílias precisam estar em harmonia com a escola e utilizarem as mesmas diretrizes para que a educação ocorra de forma consciente e positiva ao aluno.

É necessário que se faça algo urgentemente, envolvendo situações que motivem os pais a resgatarem o respeito, a responsabilidade e o amor dentro deles, para que posteriormente eles possam transmitir estes valores aos seus filhos – pois ninguém ensina aquilo que não sabe fazer.

Porém, a escola não pode entender o desinteresse das famílias como forma de justificar a sua desistência ou a constante rotulação das crianças, é preciso acreditar que a mudança é possível, embora seja trabalhosa e pode, sim, ocorrer se houver a iniciativa do professor.

A distância gerada pela deteriorização da relação família-escola tem ocasionado uma certa evasão escolar, pois alguns pais optam por transferirem os filhos para outras instituições e depois acabam por retorná-los à primeira, uma vez que o problema está na ausência de valores familiares, que a escola tem insistido em resgatar, e não nos modelos educacionais.

Medidas que conscientizem professores e pais sobre suas responsabilidades devem ser adotadas, família e escola devem caminhar juntas com o mesmo ideal — educar visando à formação de um ser capaz de modificar as pessoas e a sociedade por meio de ações conscientizadoras, garantindo assim o futuro do país.

Às famílias compete a responsabilidade de educar seus filhos e Escola deve ser sua parceira, entretanto, a real situação se apresenta de forma inversa – ou seja – a Escola educa os alunos e tenta, sem muito sucesso, a parceria dos pais.

O resultado deste processo de degradação educacional está estampado nos jornais, jovens violentos e impunes, protagonistas deste caos gerado pelas distâncias e/ou divergências entre duas das mais importantes instituições — família e escola.

RESUMO

O presente texto refere-se a um grave problema que atinge a Educação brasileira — a decadência da parceria família-escola.

Vários fatores contribuem para que esta ausência se evidencie cada vez mais: a desconfiança dos pais em relação à escola, os afazeres das famílias, a permissividade como fator de compensação ao mesmo tempo em que se mantêm distantes dos filhos, e tantos outros.

No *capítulo 1* há uma abordagem sobre a escola assumir as responsabilidades da família, em que se lê claramente as causas deste ato e algumas consequências para a criança — principalmente o sentimento de abandono sofrido por estes filhos que tentam por meio de atitudes errôneas conquistarem a atenção dos pais.

Evidencia-se no *capítulo 2* um discurso sobre a insegurança e a agressividade decorrentes da carência afetiva gerada pela ausência da família. Desperta-se para a baixa autoestima da criança e sua relação com o aparecimento de dificuldades de aprendizagem e demais consequências das falhas familiares em relação à educação de seus filhos.

Um despertar sobre a prática do temível *bullying* despertado pela agressividade se faz presente no *capítulo 3*. Há também uma sugestão envolvendo o ouvir ativo — ouvir por trás das palavras, aquilo que o corpo expressa — elencando os benefícios desta prática ao sucesso no processo educacional.

Como complemento informativo objetivando uma prevenção do *bullying*, o *capítulo 4* apresenta, de forma sintetizada, tópicos de alta relevância tanto aos pais, quanto aos professores e alunos — uma vez que todos estão envolvidos na educação e como tal necessitam estar conscientes a respeito deste fenômeno avassalador em nossa sociedade.

O *capítulo 5* apresenta outros fatores que contribuem para a inversão de valores vivenciada por crianças, jovens, famílias e escola. Há um paralelo entre a relação família-escola de tempos atrás e a atual, comprovando o quanto a sintonia entre estas instituições é favorável à educação.

As *Considerações Finais* fecham esta produção apresentando uma sugestão aos agentes envolvidos no processo educacional em relação a certas medidas realizadas com as famílias que podem garantir excelentes resultados, pois o trabalho resgatará os valores dos pais e os motivará a resgatar os valores dos filhos.

Esta análise se faz necessária a todo cidadão, afinal, a educação não é uma responsabilidade única e exclusiva das escolas — porém não pode ser exercida de forma superficial por não poder contar com o apoio das famílias — esta relação é abordada durante todos os trechos do presente texto, e levam o leitor a uma sugestiva reflexão, necessária ao processo de transformação socioeducacional que a escola tanto almeja.

REFERÊNCIAS

ANTUNES, Celso. *Como desenvolver as competências em sala de aula.* Petrópolis: Vozes, 5ª ed., 2001.

CHALITA, Gabriel. *Pedagogia do amor.* São Paulo: Gente, 2ª ed., 2005.

CURY, Augusto. J. *Pais brilhantes, professores fascinantes.* Rio de Janeiro: Sextante, 3ª ed., 2003.

FANTE, Cleo. *Fenômeno bullying: Como prevenir a violência nas escolas e educar para a paz.* Campinas: Verus, 2ª ed., 2005.

FREIRE, Paulo. *Pedagogia da Autonomia.* Rio de Janeiro: Paz e Terra, 36ª ed., 2007.

LIMA, Angela Adriana de Almeida. *Ciberbullying – Professores também são vítimas pela internet –* disponível em www.angelaadriana.com.br em 22/02/2009.

SOUZA, T. L. Vera; SILVA, Moacyr da; FURLANE, T. M. Lúcia; SCOZ, Beatriz; MAHONEY, A. Abigail. *As relações interpessoais na formação de professores.* São Paulo: Loyola, 2002.

TOPCZEWSKI, Abram. *Aprendizado e suas desabilidades: como lidar?* São Paulo: Casa do Psicólogo, 2000.

ZAGURY, Tania. *Escola sem conflito: Parceria com os pais.* Rio de Janeiro: Record, 2002.

EDUCAÇÃO E ADOLESCÊNCIA

"Sonhar mais um sonho impossível"

Prof.ª Maria Rute Pereira de Souza

INTRODUÇÃO

> *Sonhar*
> *Mais um sonho impossível*
> *Lutar*
> *Quando é fácil ceder*
> *Vencer o inimigo invencível*
> *Negar quando a regra é vender*
> *Sofrer a tortura implacável*
> *Romper a incabível prisão*
> *Voar num limite improvável*
> *Tocar o inacessível chão*
> *É minha lei, é minha questão...*
>
> (Chico Buarque de Holanda)

Tudo nasce de um sonho, sonho de ser feliz, sonho de ter sucesso, sonho de realização.

Conhecemos nossos próprios sonhos, mas desconhecemos os sonhos de nossos amigos, nossos pais, nossos filhos, nossos colegas, e, o pior, de nossos alunos.

Uma de nossas funções como ser humano é amar ao próximo, mas nos preocupamos tanto com nossas próprias aflições, nos perdemos em desilusões, tristezas, magoas e não prestamos atenção em quem é esse próximo. Estamos sempre preocupados com o dia de amanhã e nos esquecemos do dia de hoje. Esquecemos de perseguir nossos sonhos.

Viver o amor, o grande amor que nos moveu para a escolha da profissão de Mestre, sim, pois não há educador sem paixão, e para sermos um educador é preciso ter o compromisso consigo mesmo de cumprir a máxima de Deus, *"Amar ao próximo como a ti mesmo"* — se conseguirmos pautar nossa vida pessoal ou profissional por este princípio, realizaremos nossos sonhos.

A premissa maior de nossa educação sempre esteve ligada à religião, e esta à Bíblia, e essa nos ensina a amar ao próximo.

Não, não estamos e não temos o objetivo de evangelizar, mas de ajudar a entender e refletir sobre esse *métier*, "ser professor neste mundo contemporâneo".

E como ser um bom professor na escola de hoje, escola "diferente" daquela em que estudamos, em que o professor percebe-se desvalorizado, em que o aluno é desmotivado, triste, bagunceiro, indisciplinado e apático?

Acredito que antes de tudo temos de "querer" ser professor. "Querer é poder" (dito popular).

Também é cultura contestada no meio educacional, "ser professor é sacerdócio", concordamos que ser professor não é encargo ou tarefa, ou mesmo incumbência, mas é missão. Missão de construir e reconstruir, de formar e transformar, de sonhar e fazer sonhar.

E por que sonhar e fazer sonhar são importantes para ser um bom professor? Ora, se deixarmos de considerar a simplificação da profissionalização, o desafio de formar e transformar, o construir conhecimento, a complexidade da sociedade atual, podemos ainda reverter esse grande pesadelo em educação como um grande sonho.

É indiscutível o fato de que a atuação do professor é fundamental para que o processo pedagógico seja interessante para o aluno.

Educação e sociedade continuam sendo objeto de diversos estudos, em que pese a importância e destaque que a mídia impressa ou falada dá aos desacertos, conflitos disciplinares e fracassos dos sistemas de ensino brasileiro, o que ainda permanece sob uma nebulosa são as causas desses problemas.

E um dos fatores a ser pesquisado é realmente aquele que é o centro, o sujeito e o objeto da educação e da sociedade, o aluno.

Nosso objetivo neste artigo é a discussão, análise e reflexão sobre as interações que se estabelecem entre a educação e a adolescência, sobre qual a importância dos agentes educativos nesta relação — são as políticas educacionais propiciadoras de transmissão de valores, padrões e conhecimentos. Por que o adolescente é desinteressado pela educação?

8.1 | INTERESSE PELA EDUCAÇÃO

A Constituição da República Federativa do Brasil, promulgada em 05 de outubro de 1988, traz em seu Capítulo III – Da Educação, da Cultura e do Desporto, seção I – Da Educação, artigo 205 – "A educação, direito de todos e dever do Estado e da família, será promovida e incentivada com a colaboração da sociedade, visando ao pleno desenvolvimento da pessoa, seu preparo para o exercício da cidadania e sua qualificação para o trabalho."

Considero no mínimo grandioso, e, confesso, me arrepia toda vez que leio este artigo de nossa Constituição, *"A educação, direito de todos e dever do Estado e da família..."* Este direito aqui garantido a todos de ter conhecimento, apropriar-se de padrões éticos, estéticos, fundamentais para viver e conviver na sociedade contemporânea é o resultado de lutas, que se iniciaram ainda no Império, século XIX, passando pelo movimento modernista, "O Manifesto dos Pioneiros", século XX, 1932, "O golpe na educação"[21], década de 60, os tenebrosos anos de chumbo, período da ditadura, consolidando-se na garantia instituída no artigo 205 de nossa Constituição Cidadã de 88.

Se o direito de acesso à educação, ao conhecimento e à socialização está garantido em lei, se esta lei amplia o direito atribuindo dever ao Estado e à família, por que depois de vinte e um anos constatamos o processo pedagógico brasileiro fracassado e pouco interesse por educação da parte de nossos jovens?

O que percebemos é que a escola é hoje uma obrigação para o poder público, para os pais e para o aluno, e enquanto atividade obrigatória é desinteressante, pois o único atrativo é cumprir a determinação legal. Ao Estado cabe responsabilizar-se em garantir aquele que é direito público subjetivo — "educação, direito de todos e dever do Estado...", e seu não

---

21 Luiz Antonio Cunha *et al.* Rio de Janeiro, 1991.

oferecimento, ou sua oferta irregular, importará em responsabilização da autoridade competente[22], a família tem como dever matricular seus filhos na rede regular de ensino[23], e o aluno a quem foi atribuído o direito público subjetivo de acesso e permanência, sendo, portanto inerente à sua condição de menor, sentindo-se atraído ou não pela escola deverá ali permanecer até que seja libertado deste vínculo constitucional.

O que causa essa apatia, a falta de interesse dos adolescentes pelos estudos, é e deve ser causa de preocupação por parte dos agentes educativos.

Em uma pesquisa, divulgada em abril/2009 pelo Centro de Políticas Sociais da Fundação Getúlio Vargas (FGV), mostra que o principal motivo da evasão escolar de adolescentes é a falta de interesse. Dos jovens de 15 a 17 anos que abandonaram a escola, 40,1% deixaram por desinteresse. O trabalho é motivo para 27,1%; atualmente o ensino médio tem a maior taxa de evasão da educação básica – 661 mil estudantes entre 2005 e 2007. Entre 2004 e 2006, o número total de matriculados nas três séries caiu 2,9%, apesar de só 44% dos jovens de 15 a 17 anos, a idade correta, estarem matriculados. O estudo mostra que, em 2008, 14,1% dos jovens dessa faixa etária deixaram de estudar. Esse porcentual é mais alto na região metropolitana de São Paulo (18,7%). As informações são do jornal *O Estado de S. Paulo.*

Outras pesquisas comprovam ser a gravidez precoce fator relevante de evasão escolar, o que não poderíamos classificar como desinteresse direto, mas como causa indireta do fracasso educacional.

E as profecias autorrealizadoras? Aquelas em que o professor de pronto, em atitudes fatalistas, determina em uma análise simplista, em sua maioria visual, os alunos que não têm condições de aprender, aqueles que só estão ali por obrigação, determinando a distância entre educação e sociedade, criando um círculo vicioso em que o professor não acredita na capacidade do aluno e o aluno não acredita na competência do professor ou no que ele ensina, aumentando o distanciamento entre o saber constituído e o sujeito do processo educativo.

Esse pessimismo latente no meio educativo muito se dá em decorrência das políticas públicas educacionais que centralizam suas decisões num meio alheio à realidade das escolas e de seus usuários, mantendo a história do aluno distante do dia a dia da sala de aula, como se não houvesse relação entre estes contextos. Hoje mais que no século passado a escola enquanto uma das mais importantes instituições sociais responsável pela transmissão de conhecimentos sistematizados não pode se manter à parte da evolução contínua, dos avanços tecnológicos e de

---

22   § 2°, artigo 208, CF/88.

23   Artigo 55, Estatuto da Criança e do Adolescente, Lei n. 8.069/90.

sua rede de informação. Pensar escola, sua função social nesse novo contexto significa pensar o sistema de ensino em sua importância como autorreprodução e de reprodução sociocultural, sua relação com as novas formas de conhecimento, a tecnologia e suas redes de informação, assim como as relações existentes com seus atores, entre eles e deles com o conhecimento e a sociedade.

Constata-se haver dificuldades do sistema educativo em lidar com as expectativas dos alunos, não há sintonia entre o conhecimento hoje entendido como valor essencial, sobretudo ao jovem, para que possa enfrentar o presente e o futuro na chamada sociedade do conhecimento, e os atrativos que a escola desperta nesse jovem.

Em princípio, os adolescentes vivem seus sonhos interpretando os desejos, inconscientes ou não, de seus pais ou de referências, muitos delas incorporadas pelas mensagens ideológicas dos meios de comunicação, seus heróis em regra não precisam de conhecimentos escolares, são "Ronaldos e Ronaldinhos ou Romários", e o velho chavão "estudar para ser alguém na vida" é promessa de uma escola redentora, cada vez mais desacreditada pelos nossos jovens.

Por outro lado, a escola também não acredita mais ser a panaceia da sociedade, e não é a única fonte de conhecimento sistematizado, mas ainda é a porta de entrada da maior parte da população para o acesso ao mundo do conhecimento, portanto, cabe a ela repensar profundamente sua organização, sua gestão e maneiras de definir os tempos, os espaços, os meios e as formas de ensinar buscando uma relação mais íntima com a tecnologia e sua rede de informação. Nesta perspectiva percebe-se que a escola precisa evoluir em sua especialização e no processo de transformação da informação em conhecimento.

A escola pode despertar interesse se traduzir os sonhos de seus alunos, não respondendo apenas à realidade conflituosa ou às expectativas simplistas de reprodução dos padrões vigentes, mas acreditando nas potencialidades da adolescência e de seus agentes educativos num repensar constante sobre sua atualidade e sua relação com o mundo além muros escolares. Deixando assim de ser interessante apenas para cumprimento do dever legal e mais pelas possibilidades de realização de sonhos.

8.2 | NÍVEIS SOCIAIS, CULTURAIS E FINANCEIROS

> *Se antes a terra e depois o capital eram fatores decisivos da produção, [...] hoje o fator decisivo é, cada vez mais, o homem em si, ou seja, seu conhecimento.* (Papa João Paulo II, Encíclica Centésimus Annus, 1991)

A Declaração Universal dos Direitos Humanos de 1948, em seu artigo 26, afirma que "toda pessoa tem direito à educação", a Declaração Mundial sobre Educação para Todos de 1990 em seu preâmbulo afirma que apesar dos esforços realizados pelo mundo em assegurar o direito à educação para todos, persistem as seguintes realidades:

⇒ Mais de 100 milhões de crianças, das quais pelo menos 60 milhões são meninas, não têm acesso ao ensino primário;

⇒ Mais de 960 milhões de adultos – dois terços dos quais mulheres, são analfabetos, e o analfabetismo funcional é um problema significativo em todos os países industrializados ou em desenvolvimento;

⇒ Mais de um terço dos adultos do mundo não têm acesso ao conhecimento impresso, às novas habilidades e tecnologias, que poderiam melhorar a qualidade de vida e ajudá-los a perceber e a adaptar-se às mudanças sociais e culturais; e

⇒ Mais de 100 milhões de crianças e incontáveis adultos não conseguem concluir o ciclo básico, e outros milhões, apesar de concluí-lo, não conseguem adquirir conhecimentos e habilidades essenciais.

Nossa Constituição Federal, como já vimos, estabelece como valor fundamental "a educação, direito de todos...". Parece-nos que a preocupação neste e em qualquer país tem sido sempre assegurar que "todos" têm direito à educação. Preocupação de quem? Quem são esse "todos"?

Como bem afirma em seu preâmbulo a Declaração Mundial sobre Educação para Todos, apesar de ser valor garantido, a educação para todos só se concretiza para alguns, o que não deixa de ser característica de qualquer sociedade dividida em classes em que persiste a desigualdade de repartição de bens, o que gera privilégios, não atingindo a sociedade seus objetivos de universalização do conhecimento.

Para que realmente se realize "educação para todos" enquanto processo é necessário que a escola seja democratizada, e efetivada as garantias de ensino fundamental e ensino médio obrigatório e gratuito em seus princípios basilares de igualdade de condições para o acesso e permanência garantindo o padrão de qualidade superando a dicotomia da "escola boa × escola ruim".

Na contemporaneidade percebe-se claramente haver uma dualidade entre escolas boas e escolas ruins, desenvolvido o padrão dicotômico para manter-se a diferenciação entre a escola para ricos e escola para pobres, visto essa relação não mais como nos anos setenta, em que essa dualidade era caracterizada por escolas propedêuticas e escolas preparatórias para o mercado de trabalho. Hoje não só o poder público as diferencia, mas a própria sociedade enfatiza ser a escola pública a escola dos pobres e a escola privada a escola de ricos, consequentemente, a escola "boa".

Muito se fala ser a escola pública uma escola em que os professores não são comprometidos, a gestão é deficiente, os alunos indisciplinados, agressivos e desmotivados, entre outras características presentes no discurso dos usuários, na imprensa escrita e falada e nos palanques políticos.

Podemos provocar uma análise sobre essa ideia quando nos propomos a refletir sobre a escola para todos, e sendo para todos, deve e pode ter o comprometimento de todos os envolvidos no processo educativo e propiciar a garantia de permanência com qualidade, além do acesso já conquistado.

Criou-se uma imagem distorcida de certa forma da escola pública de hoje como se dela não sobrasse nada de bom, costumo ouvir de alunos estagiários de licenciaturas diversas que ficam assustados com suas experiências de estagiários ao se deparar com uma escola hoje totalmente diferente da escola em que estudaram, quando perguntados sobre a diferença costumam dizer que os professores de hoje são descompromissados, irresponsáveis e não qualificados, que os alunos não querem aprender, sendo indisciplinados, e que o conflito existe entre gestão escolar autoritária e pais omissos que em sua maioria consideram a escola apenas um depósito de crianças e adolescentes, não tendo interesse pela vida escolar de seus filhos.

Quando peço para explicarem estas posições sempre há um "susto", pois muitas destas certezas são reproduzidas a partir do senso comum, poucas são constatações com bases em observações reflexivas. O que se percebe é que todos falam mal da escola pública e poucos realmente refletem sobre seus problemas.

Não podemos descartar a realidade, temos um comprovado quadro de absenteísmo por parte de professores criando uma imagem de descompromisso com o principal objetivo de seu trabalho, o aluno, este em contrapartida tem uma imagem de total desinteresse pela escola, causas tratadas no capítulo anterior, o que nos leva a aprofundar a causa professor.

Muito se fala de falta de valorização do quadro do magistério, ainda sendo necessário lembrarmos que é outro discurso fortemente valorizado pelos usuários e interessados em mostrar as mazelas da escola pública, não que o salário de professores seja algo digno da importância da classe, mas não é e não pode ser visto como única forma de valorização e sim como consequência do desleixo do poder público em suas políticas públicas.

A valorização do magistério é um dos princípios basilares previstos no inciso V do artigo 206 de nossa Constituição Federal, e como tal garantido em planos de carreira e formas de ingresso, normas regulamentadoras têm desencadeado projetos de capacitação e qualificação. Projetos com vistas em médio prazo quanto à garantia de padrão de qualidade.

Com a implantação da Lei de Diretrizes e Bases da Educação Nacional, Lei n. 9.394/96, a partir de 1997, vemos uma tentativa de resgate da propalada valorização do magistério por meio de cursos de capacitação em serviço, projetos de financiamento de cursos de pós-graduação *lato* e *stricto sensu* visando reverter a característica fundamental da qualificação e preparo do profissional da educação, preparando-o para trabalhar dentro do novo contexto educacional — escola para todos.

Ao longo das últimas décadas, temos acompanhado e participado de muitos destes projetos e pesquisamos junto ao corpo docente a viabilidade deste tipo de qualificação; surpreendentemente constatamos que a opinião dos profissionais difere do objetivo do poder público quanto à melhoria da qualidade da educação pública a partir da capacitação em serviço dos profissionais da educação.

Muitos professores consideram estar o problema na formação do professor, o que chamamos de repasse de culpa. Considerando que a sociedade considera ser a culpa pelo fracasso escolar do professor e de sua desvalorização, do poder público e das políticas públicas educacionais, que falta competência e qualificação a esse professor e o próprio se culpa pela sua formação, chegamos à educação superior que, a nosso ver, precisa rever sua proposta de formação nos cursos de licenciatura e quiçá na formação de seu corpo docente.

Outros pontos a serem considerados são os fatores: nível social, cultural e financeiro, visto a origem social em níveis sociais e culturais estarem imbricadas aos níveis financeiros de forma geral e a escola ser elitista e excludente em relação a dar a todos uma educação de qualidade, o problema se estabelece com a implantação desordenada dos princípios econômicos neoliberais em que o Estado se abstém de investir em políticas sociais com grande descaso pela educação. Percebe-se haver uma dualidade social, pois se a sociedade contemporânea capitalista vive da influência do capital, e se para que haja a movimentação deste capital é necessário conhecimento, o poder deste se reflete no próprio modo de produção capitalista e o direito ao trabalho. Deixando de existir o poder atrelado ao capital quando não há cultura, que se constrói e reconstrói com o conhecimento.

Não basta que fiquemos nos devaneios ideológicos sociais, culturais e/ou econômicos, não vale sentir indignação contra as diferenças sociais, é importante transformar a crítica em caminho, sair do senso comum para uma prática reflexiva, desafiar as sombras projetadas na parede do obscurantismo de nossa realidade e romper os grilhões que nos prendem a manipulações ideológicas.

Se temos certeza da importância da escola para a construção do conhecimento, também temos certeza de que educação de qualidade para todos necessita de professores-educadores comprometidos com a razão de sua profissão, seus alunos.

8.3 | OBJETIVOS E METAS COM A EDUCAÇÃO

> *Não se resolvem na escola todos os problemas do mundo, mas sem ela não resolveremos nenhum.* (Luís Carlos de Menezes)

A escola sempre foi e continua sendo um meio importante de socialização com o objetivo de deflagração dos valores e padrões culturais vigentes na sociedade considerada como o princípio da integração social e formadora de consciência e cidadania.

O preparo para o exercício da cidadania é um dos fins previstos no artigo 205, da Constituição Federal/88, propalado e discursado nos meios educacionais e políticos, ficando na maioria das vezes a compreensão do que seria esse tal exercício da cidadania apenas no senso comum para os educadores e com certeza para os educandos.

Se é difícil compreender o exercício da cidadania, é ainda mais complexo ensinar. A escola e seus educadores precisam se perguntar o que é cidadania, como se exerce cidadania, e repensar primeiramente sua função social enquanto instituição pública formadora de gente.

Cidadania de origem etimológica no latim, *civitas*, significa "cidade", e designa um conjunto de direitos e deveres ao qual o indivíduo está sujeito em relação à sociedade politicamente constituída em que ele vive.

O exercício da cidadania comporta em geral três dimensões. Colocamos na dimensão Civil o exercício de direitos inerentes à liberdade individual, à liberdade de expressão, de propriedade, à justiça, aqui explícitos os princípios do liberalismo, quais sejam: a liberdade, a igualdade e a propriedade, em segundo lugar a dimensão Política, ou seja, cidadania é o direito e dever de participação no exercício do poder político, podendo eleger e ser eleito, interferir no destino da nação mediante representação ou diretamente, e em terceiro lugar a dimensão Social, na qual está o conjunto de direitos que visam ao bem-estar econômico, social e educacional.

Como podemos perceber, o exercício da cidadania é complexo, extrapolando o direito de ir e vir, ou de "dizer o que quero", ou a obrigação de votar. Passa pela compreensão do direito de participar da política enquanto eleitor que sendo responsável elege aquele(s) que o representará no exercício da política, e para isso precisa conhecer a história, os valores, os padrões culturais da sociedade em que está inserido, e só então o exercício da dimensão social em que se encontra o dever e o direito público subjetivo de educação para todos. E enquanto dever cabe à educação e a seus profissionais a responsabilidade pelo desenvolvimento do processo democrático, criando mecanismos e garantias para que a escola cumpra sua função social em preparar o aluno para o exercício da cidadania. Enquanto direito cabe ao adolescente perceber-se partícipe do processo democrático e a importância de desafiar suas possibilidades.

Não basta que a lei preconize o valor do exercício da cidadania, é fundamental que façamos valer a conquista do direito de ser cidadão. E é claro esse direito implica o dever de a escola e seus representantes propiciarem dentro do processo educacional a real democratização da escola.

8.4 | VALORES EDUCACIONAIS NA ADOLESCÊNCIA

É comum na sociedade contemporânea ouvirmos da geração adulta "os adolescentes de hoje não querem estudar, não gostam da escola, não querem nada da vida". Será esta a realidade do universo adolescente?

Façamos uma reflexão sobre: Quem é esse adolescente? Como se constrói a identidade adolescente? Qual o seu lugar na sociedade contemporânea?

Podemos apontar algumas considerações sobre esta nova categoria social como fruto do processo de desenvolvimento da modernidade, representa uma fase de transição, recorrentemente abordada como potencial problema social, estando vinculada às drogas, à violência e ao comportamento sexual irresponsável, em contrapartida, foco de fascinação e desejo dos adultos, símbolo de esperança e futuro, época de menores responsabilidades, fase da vida a ser tutelada pela família.

Até bem pouco tempo "ser jovem" era viver um interstício entre o mundo da criança, sem responsabilidades, e o mundo adulto, voltado às responsabilidades do trabalho, da família e das exigências da sociedade. Aqui, a instituição escolar, nas perspectivas de classes adotadas nessa realidade, caracterizou-se como sendo a instituição específica responsável pelo jovem na passagem da vida "pré-adulta" à adulta, sem desconsiderar o papel da família.

Hobsbawm (1995), ao falar da revolução cultural da metade do séc. XX, mostra como a juventude (período que se estende da puberdade até a metade da casa dos vinte) se transforma em um grupo com "consciência própria e se torna um agente social independente".

A adolescência é vista por alguns teóricos e pesquisadores como um período psicossocial determinado pelo ambiente socioeconômico, sociocultural em que o indivíduo se encontra, constituindo, segundo Ariès (1973) construção social e histórica. Para Foucault (1975 e 1979), adolescência é concebida como etapa preparatória da vida adulta, período de busca de definição de uma identidade própria.

Como podemos perceber são múltiplas as conceituações sobre adolescência, e, entre tantas, a concepção de adolescência no contexto capitalista representativo da sociedade contemporânea, fundada em pressupostos ideológicos como fenômeno cultural de reprodução social.

Neste contexto podemos observar que os ideários iluministas trouxeram a urbanização, a industrialização, à concentração que forma a nova ordem econômica com todas as implicações históricas das questões sociais na formação da sociedade, que exerce seu poder pelo conhecimento, vinculando a este poder a ideia de anomia, vista como autonomia individual, ou seja, a construção da moral da sociedade enquanto valores, juízo que o indivíduo emite de si próprio dentro de uma concepção própria de justiça e do que é justo que reproduzem experiências culturais vividas.

Podemos considerar a questão moral como forma de regulação social orientada por laços abstratos de relações descontextualizadas, típicas das grandes metrópoles, tendo como referenciais ideias incorporadas não pelo conhecimento, mas pela comunicação de massa, criando comportamentos genéricos e globalizantes.

Aqui podendo exemplificar a construção de práticas, hábitos, usos e costumes consumistas de tribos, gangues e turmas.

Outra característica a ser considerada na questão da construção da identidade do adolescente está nas teorias conceituais de que a adolescência é período de turbulência, drama, sofrimentos e angústias, falta de identidade familiar e profissional, caracterizando o processo de transformação como fenômeno cultural de reprodução de esquemas sociais.

Transitam entre tantas conceituações sobre o que é ser adolescente, como se constrói a identidade adolescente, matizes diferentes na compreensão de comportamentos e culturas adolescentes enquanto fenômenos sociais, sendo estes marcados por padrões construídos a partir de rupturas de valores preestabelecidos pela geração adulta.

A esse aspecto agrega-se a conceituação da identidade adolescente como fonte de problemas, passando a ser objeto de atenção especial não mais considerado objeto de culpa, mas reconhecido como sujeito de direito.

Socialmente o adolescente passa a ter identidade formal percebida como resultado de um contexto social complexo e dicotômico, se reconhecido como portador de direitos essa autonomia passa a ser fonte de risco, vias de regra associado à violência e delinquência.

As demonstrações adolescentes vão além da simplificação de modismos culturais ou questões sociais. Ao que se denomina cultura juvenil, ou moral adolescente, representada por comportamentos, atitudes ou estilos, agrega-se valores construídos a partir do tempo, espaço, contexto social, em muitos casos, negativos aos olhos da sociedade, muitos em razão da não aceitação destes estilos comportamentais pela chamada geração adulta.

Importante é uma reflexão sobre as causas de tal dualidade, visto serem comportamentos diferentes entre gerações diferentes, podemos aqui apontar como exemplo o conflito existente entre a geração jovem dos anos 50/60 com seus pais no estilo musical — *twist*, *rock*, ou a geração jovem da década de 60/70 com seu vestuário, comprimento dos cabelos, amor livre, eclodindo os conflitos geracionais no final do século XX com a reinterpretação da questão social. Ao expandir aos adolescentes a garantia de direitos, o adolescente detentor de direitos pode e é alvo do mercado consumista, tem autonomia ao mesmo tempo em que se regulamenta a educação compulsória, restringe-se a idade para sua entrada no mercado de trabalho.

Parece-nos que o grassamento da pobreza decorrente das novas políticas socioeconômicas geradas pelo ideário neoliberal implantado a partir da década de 70/80 contribuiu para a vulnerabilidade à qual está sujeita o adolescente de hoje.

Da perspectiva da política neoliberal, a sociedade passa a experimentar um processo de individualização a partir de um conjunto de ações desmobilizadoras com vistas ao esvaziamento da ação estatal no que diz respeito às relações sociais, abrindo espaço para condutas e comportamentos de desrespeito ao coletivo, ao "outro", passando o risco, a violência a adquirir um sentido banal, quase sempre apresentado num sentido de competição, o qual interfere diretamente no comportamento e na cultura do adolescente.

A mídia impressa e eletrônica constrói a opinião pública por meio de notícias, índices, pesquisas que mostram o adolescente pobre como violento, perigoso ou potencialmente perigoso, concebendo a adolescência como personagens dicotômicos, anjos ou demônios, vítimas ou algozes, caracterizando esta etapa da vida como problema, fortalecendo o senso comum social, perpetrando uma ideologia de exclusão social.

A vulnerabilidade à qual está sujeita o adolescente muito se dá por falta de políticas sociais que possibilitem condições adequadas a uma educação rica em valores e conhecimentos, a uma formação mais humana, sem preconceitos, estigmas e indiferenças, sem exclusão social.

Não esgotamos aqui nossa análise sobre esta etapa da vida, a adolescência; no entanto, podemos a partir dessas considerações refletir por que a educação ou a escola de hoje enfrenta tantos conflitos.

8.5 | EDUCAÇÃO E ADOLESCÊNCIA NA CONTEMPORANEIDADE

Estudos indicam as características e causas da violência urbana, apontando para aspectos intrínsecos do processo da adolescência que são elementos fundamentais na construção da vulnerabilidade a que estão sujeitos os adolescentes, em sua maioria aqueles pertencentes a uma sociedade desprovida de bens culturais, sociais, intelectuais e econômicos. Muitas vezes esta exclusão social é interpretada como falta de "valores" e até mesmo como culpa do adolescente, e a escola ao se omitir dos reais problemas vivenciados por estes jovens os exclui por não pertencerem e não terem os padrões culturais que a escola estabelece como seus.

Um dos principais entraves da boa escola passa pela questão "Indisciplina", via de regra vista como problema central da escola por gestores e professores, e como explicar esse fenômeno?

Situações de conflito e mesmo de violência escolar refletem concepções muitas vezes equivocadas por parte da escola quanto às causas da indisciplina e formas de se lidar com elas.

Em nossa reflexão sobre o que é adolescência e como se dá a construção da identidade adolescente, temos de reforçar que estudos recentes apontam como características do aumento da violência na sociedade contemporânea e a vulnerabilidade do adolescente à frente dessa violência passa pelo abandono de políticas públicas na construção de oportunidades econômicas, sociais e de segurança pública, aqui incluindo também o descaso de políticas públicas e investimento ao sistema educacional, criando em decorrência desse processo a redução do mercado de trabalho e a substituição das oportunidades legais pelas ilegais não raramente pelo mercado das drogas.

As carências sociais, culturais, econômicas, urbanas e o impacto sobre a família provocando um desmantelamento das redes tradicionais de sociedade acompanhada também de um distanciamento nas relações entre pais e filhos, redefinindo esses papeis sociais e, por conseguinte, exigindo mudanças nas funções das agências socializadoras em específico a escola, a efetivação real do modo de produção capitalista no país amplia o consumismo ao mesmo tempo que empurra a população pobre para áreas periféricas, desreguladas, em que falta infraestrutura nos seus aspectos essenciais de saúde, segurança pública e lazer. Esse movimento contínuo leva ao ideário social da chamada "família desestruturada", ou seja, a família que se vendo refém do modo de produção capitalista que lhe impõe uma necessidade de consumo ao qual ela não tem as condições mínimas necessárias, leva o adolescente a testemunhar o desregulamento da estrutura social a que pertence. As famílias, ao serem vítimas de um sistema que as violenta, reproduzem internamente a violência, seja ela moral, econômica, cultural e/ou física.

A exposição à violência doméstica implica a constituição de comportamentos agressivos e antissociais dos adolescentes no contexto familiar, social e escolar, potencializando a rebeldia e a não aceitação de regras. Segundo nos ensina Nancy Cardia:

> *A família violenta estará socializando seus filhos para a violência ao lhes dar modelos de resolução de conflitos que normalizam a violência e ao passar valores que trivializam o significado dessa violência.*[24]

Estudos comprovam que a importância da qualidade do vínculo familiar, ou seja, quanto maior a proteção em situações de risco pelas famílias menor as possibilidades do adolescente transgredir.

Observamos essas situações em grupos de adolescentes dentro do contexto escolar, que se a família, pais, responsáveis oferecem ao jovem condições socializadoras focadas em valores culturais padronizados como pertencentes ao meio, menor a vulnerabilidade do adolescente. Abordamos aqui proteção enquanto vínculo afetivo, considerando que situações de risco independem da classe econômica, cultural ou social.[25]

Importante ainda observar que o contexto de desorganização familiar a que o adolescente está exposto interfere de forma diferente na representação construída por ele, "aquilo que uma pessoa pensa, deseja, espera e idealiza, afeta o que ela faz".[26]

---

24 Cardia, n. 2.000, p. 145.

25 Pesquisa de observação em escolas públicas e privadas.

26 Bloom, 1996, p. 92.

Saber entender e saber lidar com os conflitos existentes nas relações interpessoais no espaço escolar implica assumir que a formação moral, éticas e valores são responsabilidades da escola em sua função socializadora. Não podemos nos furtar a compreender o contexto social e as relações que este tem sobre nosso aluno. É importante contextualizar a indisciplina como ato de transgressão de regras morais e regras convencionais, sendo estas as instituídas pelas normas preestabelecidas pela instituição escola.

Quando falamos das regras convencionais cabe a reflexão de sua importância. Observamos uma situação típica de repressão escolar na atuação de educadores que traduzem comportamentos de puro pânico ao se deparar com situações corriqueiras de adolescentes como sendo ato indisciplinar.

Estávamos entrando em uma escola, eu e a diretora da escola, a conversa era comportamentos e situações de conflitos ocorridos na escola, quando de repente a diretora sai em disparada e sobe até o palco do pátio da escola onde freneticamente aborda um aluno, não entendi nada, aguardei sua volta e a inquiri sobre o ocorrido. Com a expressão de quem evitou um desastre, ela explica o ocorrido: "o aluno, garoto tido na escola como sendo indisciplinado, é sabedor da proibição de uso de boné; no entanto, estava usando um boné que caracterizava ser de uma "turma". Exemplo clássico de atitude autoritária e retrógrada, sequestra-se o abominável instrumento de delinquência, chamam-se os pais para em longas explanações sobre a atitude reprovável de seu filho reforçar a distância da família do processo educacional.

Situações corriqueiras como a citada continuam fortalecendo atitudes de repressão por parte da escola e revolta por parte dos adolescentes, o mundo mudou, a sociedade mudou, a família mudou, nosso alunado mudou, mas a escola continua a mesma, com suas regras estabelecidas segundo os parâmetros e valores de gerações passadas.

Se a adolescência assim como a sociedade está em constante metamorfose, a instituição escola tem de ter como objetivo a construção de ambientes cooperativos em que os alunos tenham voz e que estas sejam ouvidas e respeitadas, o que contribuirá para que estes aprendam a ouvir e respeitar levando a comportamentos adequados, pressupondo equilíbrio nas relações entre educadores e educandos, rompendo com a dicotomia de que o educador manda e o aluno obedece.

Lembramos que a etapa de vida chamada adolescência é o período da construção da identidade, em que a criança passa a buscar por autonomia, por conquista de espaços, portanto, período de consolidação de valores morais e éticos.

Senhas

Composição: Adriana Calcanhoto

Mas o que eu não gosto é do bom gosto
Eu não gosto de bom senso
Eu não gosto dos bons modos. Não gosto
Eu aguento até os modernos
E seus segundos cadernos
Eu aguento até os caretas
E suas verdades perfeitas
O que eu não gosto é do bom gosto
Eu não gosto de bom senso
Eu não gosto dos bons modos. Não gosto
Eu aguento até os estetas
Eu não julgo competência
Eu não ligo pra etiqueta
Eu aplaudo rebeldias
Eu respeito tiranias
E compreendo piedades
Eu não condeno mentiras
Eu não condeno vaidades
Eu gosto dos que têm fome
Dos que morrem de vontade
Dos que secam de desejo
Dos que ardem

Adolescente, sujeito de direitos, ser que detem capacidade intelectual, por que se coloca em situações de risco, por que se envolve em situações dúbias? É comum nos dias atuais ouvirmos histórias de ocorrências escolares de presenciarmos situações em que garotas trocam carinhos, "selinhos", andam de mãos dadas no pátio da escola e até se declaram bissexuais, o que carateriza essa situação?

A moral dos adolescentes mudou? Não existem mais valores éticos? Como entender esse novo mundo?

Comecemos de uma reflexão conceitual: "*Outsiders* – aquele que se desvia das regras do grupo". Palavra nova do repertório comum escolar, conceito conhecido do mesmo repertório.

Pesquisas científicas aceitam a premissa de senso comum segundo a qual há algo inerentemente desviante em atos que infringem ou parecem infringir regras sociais. Aceitam também o pressuposto de que o ato desviante ocorre porque alguma característica da pessoa que o comete torna necessária ou inevitável que ela o cometa.

Se um ato é ou não desviante, depende de como outras pessoas reagem a ele. O simples fato de uma pessoa ter cometido uma infração a uma regra não significa que outros reagirão como se isso tivesse acontecido, variando o grau de reação ao ato dado como desviante, dependendo de quem comete e de quem se sente prejudicado por ele.

Concluindo, "desvio não é uma qualidade que reside no próprio comportamento, mas na interação entre a pessoa que comete um ato e aquelas que reagem a ele"[27], caracterizando o desvio pela condição rotulante.

E é sob esse aspecto que buscamos entender a situação do adolescente no meio social escolar. Se o primeiro passo para a carreira desviante é a motivação, os impulsos inerentes a essa etapa de vida, a adolescência, se essa condição social é considerada como aquele que não se integra à ação socializadora padronizada do mundo adulto, considerando esse mesmo mundo a instituição escola, com todas as suas regras instituídas criadas e impostas, essa relação institucional por si só constitui situações de conflito e divergência.

A vulnerabilidade do adolescente em situações de risco provocada por estigmas, rotulações e profecias autorrealizadoras aprofundadas pela desigualdade social, cultural, econômica encontra no sistema de ensino espaço destinado a promover "o pleno desenvolvimento da pessoa"[28], como aqueles que potencialmente vão desestruturar, tumultuar o ambiente escolar, ou seja, um ambiente que não sabe lidar com a adolescência, que rotula como desviante comportamentos próprios dessa faixa etária por seus princípios arcaicos revestidos do arcabouço normativo, moral e ético da sociedade adulta.

Nesse sentido, se existe a dificuldade para a aceitação do mundo adolescente (em geral) no cenário escolar, o que dizer das dificuldades encontradas pelo adolescente autor de ato infracional? Se a imagem representativa do adolescente como uma categoria social em conflito e conflitante com as regras preestabelecidas, representante tradicional da delinquência que o rotula como desviante, ao se deparar com os medos, preconceitos, estigmas instituídos muitas vezes pelo próprio caráter desviante do adulto detentor do poder, encontra as portas da instituição escolar se não fechada, resistente a aceitá-lo. Com razão, as dificuldades

---

27 BECKER, Howard Saul, 2008, p. 27.

28 Artigo 205 da CF/88, fins da educação.

de aceitação do mundo adolescente apresentam causas diversas, entre as quais podemos considerar no mundo escolar o medo como sendo se não a maior a que se destaca muitas vezes pela ignorância.

Nesse aspecto constatamos estar essa ignorância associada à insegurança gerada pela intimidação do senso comum – "o ECA[29] traz garantias totais ao adolescente, não permitindo a ação educativa, portanto, deixando a escola de mãos atadas".

Entendemos que para reverter essa tendência estigmatizante em torno do Estatuto da Criança e do Adolescente, a chamada miopia em torno do ECA, torna-se necessário a compreensão de princípios democráticos o que implica a compreensão de direitos e deveres sociais. Importantes mudanças sociais, culturais, políticas se fazem necessárias para que a instituição escola cumpra sua função social, qual seja, de desenvolver plenamente o ser humano.

Essas observações nos permitem sugerir que a reinserção social do adolescente em conflito com a lei passa pelo tipo de relação que a instituição escola tem com a realidade complexa de sua demanda, com a qualidade e condições do trabalho que desenvolve com a comunidade que atende. Não nos parece seguro afirmar que as causas da reincidência do adolescente infrator sejam os aspectos familiares, escolares ou sociais individualizados e sim que haja condições reais de conciliação entre essas esferas, o que viabilizaria a capacidade do adolescente resistir às adversidades, mesmo quando exposto a riscos.

O potencial de proteção que se oferece ao adolescente está intimamente ligado a sua condição de resistir a desafios de risco, valorização de atitudes e comportamentos que viabilizem a construção de sua identidade.

No entanto, não podemos deixar de considerar a importância das políticas públicas que se caracterizam pela afirmação de direitos, aí incluindo e defendendo o ECA, comprometidos e conscientes de nosso papel no contexto social possibilitando formação integral, consolidando um futuro digno com respeito ao adolescente pela sua realidade cultural.

Tendo como perspectivas os paradigmas dominantes do meio social em que se insere a instituição escola, sua ideologia autocrática e autoritária, bem como os novos paradigmas que se apresentam em virtude de uma nova conceituação do que é a adolescência, em especial essa adolescência brasileira dividida em classes antagônicas, aqueles que estudam em escolas públicas, e os que estudam em escolas privadas, os que são "maus" e os que são "bons", a formação do professor espelhada em uma escola elitista, uma escola que espelha a sociedade e reproduz essa mesma sociedade ainda dependente da proteção estatal, de políticas públicas

---

29 Estatuto da Criança e do Adolescente, Lei n. 8.069/90.

que, com um discurso ideológico de escola para todos, marginaliza os menos favorecidos em especial o culturalmente pobre, o estigmatizado, o adolescente infrator, concluímos que a proteção ao adolescente contra os riscos a que está exposto, bem como o resgate do adolescente em conflito com a lei é possível desde que haja "vínculo" e comprometimento da sociedade em suas diversas instituições, Estado, família e escola.

8.7 | EDUCAÇÃO, ADOLESCÊNCIA E CIDADANIA

Os meados do século XX foram marcantes para a reflexão sobre a importância da educação para a sociedade, já nos idos das décadas de 70/80 tivemos os teóricos críticos reprodutivistas que mostraram a escola como (re)produtora ideológica, construindo e reconstruindo as diferenças sociais. A partir desse período torna-se evidente o reconhecimento da importância da educação na construção social-democrática.

A sociedade contemporânea exige demandas complexas da educação, particularmente da educação enquanto "dever do Estado", que exige o cumprimento de sua função pedagógica, política e social, sendo um espaço de transmissão de conhecimentos, de formação do cidadão e de socialização.

Vivemos num mundo em que se privilegia o conhecimento e a tecnologia, como bem colocada por alguns pesquisadores o atual momento da civilização não apenas é a era da informação, mas a chamada era da sociedade do conhecimento. E é essa sociedade que busca por uma nova escola. Por uma escola diferente no jeito de ensinar e de aprender.

Uma sociedade que está em constante metamorfose implica uma sociedade que acompanhe as mudanças que ocorrem nela, não cabe mais os velhos paradigmas de que o insucesso da educação está no fato de os alunos não quererem estudar. Nas duas últimas décadas as mudanças no campo da tecnologia da informação e da comunicação interferiram em todas as áreas do conhecimento tanto na velocidade da produção/criação do conhecimento quanto no uso e apropriação destes pela sociedade. Dizer que os meninos não têm interesse na escola é desviar o foco do problema. Em nossa vivência junto à escola e seus partícipes constatamos estar o problema mais na forma que a escola produz e reproduz o conhecimento do que no senso comum de que "os jovens não querem aprender".

Se o jovem quer aprender, se a escola quer ensinar, se o conhecimento é importante para todos, principalmente para aqueles que fazem parte da construção da sociedade, o adolescente, entendemos estar o problema na forma que o adolescente aprende e na forma que a escola ensina.

Enfrentamos conflitos constantes no interior das instituições escola, sociedade, família e outras, pois nos prendemos a valores arcaicos que se encontram arraigados em nossa visão de mundo. Lutamos por uma sociedade democrática, que garanta direitos de liberdade e igualdade, ficamos indignados com governos autoritários e autocráticos, questionamos a organização política, a corrupção, a chamada cleptocracia e continuamos nos portando dentro do senso comum de que não fazemos parte disso, não temos nada com isso.

Começando pelo fato de que queremos uma sociedade democrática, temos de repensar profundamente a respeito da organização da escola sob uma perspectiva democratizadora com vistas a sua função social, política e pedagógica, desvestir-nos dos véus que velam nossa visão de mundo e reconhecer que é peremptório haver mudanças no jeito de ensinar.

Sob esta perspectiva acredito que se os meios tecnológicos fornecem informações em tempo real e nosso aluno busca por meio desse tipo de comunicação saciar suas vontades de conhecimento, não se trata de ele não gostar da escola ou de aprender, e sim que não gosta é da forma que a escola ensina. Nestes novos tempos é fundamental que professores, gestores estejam "antenados" com o mundo adolescente e isso demanda esforço coletivo de todos que fazem educação.

Tal referencial não é novo, nos anos 90 a UNESCO (Organização das Nações Unidas para a Educação, a Ciência e a Cultura) estabeleceu como princípios fundamentais sobre a educação para o século XXI os quatro pilares da educação: Aprender a Conhecer, Aprender a Fazer, Aprender a Ser e Aprender a Conviver.

O desenvolvimento de habilidades que propiciem as competências necessárias para o domínio destes quatro pilares da educação objetiva a formação da pessoa capaz de elaborar pensamentos autônomos e críticos e formular seus próprios juízos de valor.

A construção de uma escola sustentada nos elementos dos quatro pilares demanda uma longa travessia, um repensar constante sobre a sociedade contemporânea e suas metamorfoses, sem que se fuja do seu objetivo maior – o aluno e sua visão de mundo. Não basta que se implantem políticas públicas de escola democrática sem que se desenvolvam relações democráticas nos espaços escolares.

Democracia não é algo dado, mas processo em permanente construção. Podemos tratar aqui de democracia como um "valor" e de democracia como "processo". Valor porque é conquista resultada de lutas por garantias de direito inscritos em nossa Carta Magna e em todas as leis daí decorrentes, e Processo como algo que se vive, produto daquilo que fazemos, portanto em constante (re)construção.

A escola por suas características formadoras e socializadoras é um espaço privilegiado do exercício da democracia como valor e como processo. A convivência democrática se faz com respeito pelo "eu" e pelo "outro" e entre ambos existe um "nós", o que nos leva à reflexão de que direitos e garantias implicam mais que o individualismo, implica coletividade.

E é dentro do conceito coletividade que temos de buscar uma educação para a cidadania, cidadania enquanto reconhecimento de sujeitos portadores de direitos iguais para sujeitos diferentes desvelando as desigualdades sociais e favorecendo a condição de cidadania, concluindo com as palavras de Delors (2001, p. 67) "é na escola que deve começar a educação para uma cidadania consciente e ativa".

CONSIDERAÇÕES FINAIS

> *Há seres de diferente natureza e a diferença de natureza funda a hierarquia dos seres. A desigualdade, que é natural, não é apenas diferença, mas hierarquia de valores.*
> (F. Ewald, 2000)

Algumas regras, normas, hábitos, costumes, preceitos morais costumam ser revogadas pelo tempo, outras precisam ser redescobertas, outras ainda inventadas e reinventadas conforme situações e desafios que enfrentamos. A cada geração o conhecimento adquirido pelos atores nos contextos sociais em que convivem implica uma análise histórica, política e social que determinará as visões de mundo que se estabelece nas relações sociais destes indivíduos.

Construímos nossa identidade a partir de nossa visão de mundo que estará fundada nas condições éticas, sociais, políticas que tanto podem nos impulsionar quanto limitar nosso avanço enquanto criatura humana, e é nesse processo de identificação que nos projetamos em nossas identidades culturais, sociais, não uma identidade fixa, única ou permanente, isso se reflete na sociedade construída pelos sujeitos pós-modernos, que são seres dinâmicos, complexos e em constante metamorfose. O processo é algo parcial: a estrutura da identidade permanece aberta, fragmentada e inacabada.

E é nesse contexto que buscamos analisar a adolescência e a construção de sua identidade.

Se a sociedade e a questão social estão em constante metamorfose, também os diversos movimentos da adolescência requerem maior compreensão das diversas concepções de cultura utilizadas com o propósito de discernir os diferentes significados e valores dos hábitos, costumes e comportamentos adolescentes como processos de internalização de regras e normas e como processo de socialização.

> *Posicionar-se no mundo como fonte de iniciativa, de liberdade e de compromisso, é, no fundo, uma questão de ética. Viver e conviver sempre foi e sempre será para os jovens de todas as épocas um desafio que jamais se repete. Uma tarefa que jamais deixará de ser inédita.* (Antonio Carlos Gomes da Costa)

Consideramos importante para entender os enigmas dos paradoxos da adolescência a construção de uma sociedade inclusiva, menos desigual, com igualdade de oportunidades para jovens de todas as classes sociais. Entendemos ser necessário para que tal simplicidade ocorra que haja maior compromisso e comprometimento de políticas públicas que contemplem a nossa evolução histórico-cultural e a constante metamorfose social.

E sendo a adolescência fruto do processo de desenvolvimento da modernidade, vista de forma ambígua, representando a esperança do futuro e potencial problema, o potencial de proteção que se oferece ao adolescente está intimamente ligado à sua condição de resistir a desafios de risco, valorização de atitudes e comportamentos que viabilizem a construção de sua identidade, movimento que possibilite escolhas, decisões e que a partir de suas determinações possa construir e reconstruir sua vida.

Cabe aos educadores a construção de sua autonomia, sem receio de fazer o seu melhor, rompendo paradigmas, quebrando resistências, forjando uma concepção articulada e coerente do mundo que os cerca.

Cabe à instituição escola o estabelecimento de políticas públicas que possibilitem o processo democrático e a construção de currículos educacionais formulados e trabalhados de forma consciente, em que o ato de educar tenha como fundamentos a aprendizagem contextualizada, em que a inclusão social seja realidade, em que o educando se aperceba do meio social em que vive e das mudanças pelas quais passa que se desenvolvam os pilares do conhecimento, levando o aluno à busca de sua autonomia e humanização constante.

Cabe a todos nós educadores como em uma orquestra, sob a batuta do maestro/gestor, afinar os instrumentos para que o som seja uma sinfonia, e na educação esse som se refere à ética de nosso trabalho, que como dissemos no início de nossas reflexões passa pela máxima de Deus: "amai ao próximo como a ti mesmo", não mais e não menos, pois se amamos ao próximo menos nós o escravizamos com nossa arrogância, se o amamos mais somos por ele escravizados por nossa dependência. As grandes virtudes do educador são: Humildade em reconhecer-se como ser aprendente, Persistência, Paciência em aceitar os desafios, Paciência para não sucumbir a estes, Tolerância em reconhecer as diferenças e Respeito à construção da identidade de seu aluno.

Que cada educador seja um sonhador, e como tal deixe aflorar em seu aluno a capacidade de sonhar com uma sociedade humana em que cada um seja capaz de ir além de si mesmo, não esquecendo que é a educação que nos torna humanos completos.

Concluímos nossa reflexão com um pensamento de Jean-Paul Sartre que acreditamos é um ponto de partida para conceituações sobre a metamorfose adolescente:

> O essencial não é o que foi feito do homem, mas o que ele faz daquilo que fizeram dele. O que foi feito dele são as estruturas, os conjuntos significantes estudados pelas ciências humanas. O que ele faz é a própria história, a superação real dessas estruturas numa práxis totalizadora.

REFERÊNCIAS

ADORNO, Sergio; BORDINI, Eliana; LIMA, Renato Sergio de O. O Adolescente e as mudanças na criminalidade urbana. In: *Revista São Paulo em Perspectiva*, v. 13, n. 4, out./ dez. 1999.

BECKER, Howard Saul. *Outsiders. Estudos da sociologia do desvio*. Rio de Janeiro: Ed. Jorge Zahar, 2008.

BRASIL. Lei Federal n. 8.069/1990. Estatuto da Criança e do Adolescente.

BRASIL. MEC. SEF. Escola e constituição da cidadania. In: Parâmetros Curriculares Nacionais: Introdução aos parâmetros curriculares nacionais. Brasilia: MEC/SEF, 2997, pp. 44-49.

CÁRDIA, Nancy. A Violência Urbana e os Jovens. In: *São Paulo sem medo*. São Paulo: Ed. Garamond, 2000.

CASTEL, R. "Introdução" (21-46), "A modernidade liberal" (211-280). In: CASTEL, R. *As metamorfoses da questão social: uma crônica do salário*. Rio de Janeiro: Ed. Vozes, 1999.

CIAMPA, A. C. Identidade. In: CODO, W.; LANE, S. T. M. [Orgs.]. *Psicologia social: o homem em movimento* (pp. 58-75), São Paulo: Brasiliense, 1984.

CONSTITUIÇÃO DA REPÚBLICA FEDERATIVA DO BRASIL, 1988.

COSTA, Antonio Carlos Gomes da. *Encontros e Travessias – O adolescente diante de si mesmo e do mundo.* Instituto Ayrton Senna. São Paulo, 1989.

EWALD, F. *"Justiça, igualdade e juízo"* (129-154). In: EWALD, F. *Foucalt, a norma e o direito.* Comunicação e Linguagem/Vej. Lisboa, 2000.

HOBSBAWM, E. *A Era dos Extremos: o breve século XX.* São Paulo: Companhia das Letras, 1995.

PAIS, José Machado. A construção sociológica da juventude – alguns contributos. *Análise sociológica,* vol. XXV (105-106), 1990: 139-165.

SACRISTÁN, Gimeno. O que é uma escola para a democracia? In: *Pátio-Revista Pedagógica. Comunidade e escola – a integração necessária,* ano 3, n. 10, pp. 57-63. Porto Alegre: Editora Artes Médicas, ago./out. 1999.

UNESCO. *Educação: um tesouro a descobrir.* Relatório para a Unesco da Comissão Internacional sobre Educação para o Seculo XXI. 3ª ed. São Paulo: Cortez, Brasília: MEC, Unesco, 1999.

EDUCAÇÃO ESCOLAR

Prof. Vicente Cândido

INTRODUÇÃO

Este capítulo tem a intenção de refletir sobre a escola e sobre a prática dos professores, aliás, o que seria do professor se não trabalhasse estes dois pontos: prática e reflexão. O intuito deste texto é auxiliar o professor em formação, *não* lhe fornecendo pistas, pois em cada escola, cada realidade, as necessidades são diferentes e inconstantes, mas, *sim*, convidar este professor a buscar em si mesmo o melhor modo de conduzir as questões pedagógicas que o afligem, pois nós não temos um receituário pronto de todas as dificuldade que surgem na escola e, ainda, devemos contar com o apoio de tudo o que nos cai em mãos, a leitura, a conversa com os colegas, o aprofundamento nos estudos dos grandes mestres da educação e, mais ainda, observando a si mesmo, situando-se dentro desse universo que é a escola, tão discutida, tão relevante, questionadora, formadora de opinião, ponto de encontro de comunidades e crenças, cultura e lazer; um somatório de responsabilidades, além é claro de fornecer para a sociedade cidadãos que pensam, reflitam e interfiram da melhor maneira possível neste grande universo. Pensar em educação já é algo amplo demais, pois envolve diversas questões histórico-socioculturais. Não pretendemos repetir o que os grandes autores nos dizem com tanta propriedade, aliás, tanta que nos permitiu conversar um pouco sobre educação neste capítulo de forma muito particular e, embora não individualista, já que nossos companheiros colaboradores dessa obra comentam diversas outras facetas da escola e da educação. O grande interesse deste trabalho é estabelecer um diálogo com nossos *professores em formação*.

9.1 | IMPORTÂNCIA DE UMA EDUCAÇÃO ESCOLAR

A educação escolar, caracterizada pelo tempo de frequência a uma unidade escolar e pelo contato com toda a *formalidade exigida para o ensino*, é algo que vem se configurando de *forma* muito diferente cada vez mais.

Podemos afirmar que tal configuração do ensino se dá mediante a organização de conteúdos por meio do planejamento escolar, dos planos de aula, dos estudos didáticos e da parametrização curricular do ensino, definidos pelos órgãos competentes ligados ao Ministério da Educação e Cultura – MEC

A importância da educação escolar, embora ainda levada em conta por todos os envolvidos no meio educativo e na sociedade, continua tendo o mesmo peso, mas não tem se adaptado às exigências do mundo contemporâneo na mesma medida.

Críticas, discursos e discordâncias surgem de todos os lados: dos conteúdos aplicados até sobre a postura e atitudes de educadores e educandos.

Quando pensamos em educação escolar devemos pensar de modo amplo, levando em conta todos os fatores que acompanham seu desenvolvimento. A "multidimensionalidade" da escola, palavra que, com frequência, é repetida nos cursos de formação de professores; as influências do meio social e as exigências que lhe são pertinentes; tudo o que nos leva para algo substancialmente maior e que, muitas vezes, é desconsiderado em importância.

O meio social, responsável pela inserção do indivíduo em *seu meio*, adapta-o a conviver e, ainda, necessita da passagem deste pela educação escolar; cobra destes a frequência à escola, o que vem a confirmar a incumbência desta em ser agente transmissor de cultura para as novas gerações de forma sistemática e organizada. A frequência se torna obrigatoriedade e, ao mesmo tempo, é um direito herdado das raízes da nossa sociedade, porém, quando é passado o tempo mínimo de estudo exigido e compatível com a faixa etária, pode ter consequências no momento da inserção deste indivíduo no mercado de trabalho, e até mesmo no *status quo* que os níveis mais elevados de estudo proporcionam para quem os alcança.

Durante muito tempo a escola serviu como meio de manifestação das capacidades intelectuais, porém, era por meio da memorização e da repetição que o estudo se formalizava e a educação acontecia. Quanto mais capacidade de memorizar e atender aos anseios dos professores, repetindo o que lhe era dito, tanto mais o educando era visto como um bom aluno e que adquirira determinado conteúdo formal. Podemos dizer então, hoje, que a importância da educação formal não se limita aos anos de frequência à escola, mas, sim, ao teor, ao fim (ou aos fins!) que se deseja: cidadãos envolvidos com o próprio conhecimento e com o conhecimento de mundo; uma abertura para novas possibilidades.

Nesse sentido, no Brasil, o acesso à educação vem alcançando níveis relativamente satisfatórios, em que podemos perceber que, já na educação básica e, principalmente, no ensino superior, as classes menos favorecidas se sentem motivadas para o ingresso e a conclusão dos cursos a que se propõem a fazer, como se fosse uma resposta às oportunidades que lhe são oferecidas por meio de condições *acessíveis* e, ao mesmo tempo, *condenáveis* pela classe dominante, em que as possibilidades, no sentido de posse, eram determinantes para o acesso e para o domínio dos conhecimentos; já com essa abertura no ensino, o acesso não é mais algo inatingível, porém se limita à condição de acúmulo de saberes que este indivíduo das classes menos favorecidas traz em sua bagagem, o que demonstra as incoerências e disparidades pelas quais se reflete o nível cultural de toda uma geração. Por outro lado, os docentes participantes dessa inclusão possuem e lhes são exigidos os mesmos conteúdos e preparo acadêmico dos docentes das escolas e universidades públicas e das consideradas de alto nível, mesmo porque, os professores transitam por vários níveis de ensino e por diferentes tipos de instituição, tanto na educação básica como no nível superior.

9.2 | EDUCAÇÃO ESCOLAR E O CONHECIMENTO

Adquirir conhecimento talvez seja a principal motivação para que alunos e professores, educandos e educadores desenvolvam seus papéis no meio escolar.

Talvez seja por isso que a associação entre educação escolar e conhecimento seja algo tão natural. Nem sempre podemos dizer que essa associação obtenha resultados satisfatórios ou resulte em algo consistente sob o ponto de vista do educador; o mesmo acontece com o educando, que, ao fazer essa crítica, já demonstra um resultado positivo, pois ao percebermos que algo não resultou da forma esperada, já teremos um referencial de que algo precisa ser modificado, adaptado, melhorado.

A educação escolar tem certa propriedade sobre o ensino, já que acontece em um ambiente apropriado, com profissionais habilitados e com tal incumbência social que, muitas vezes, a escola nem sabe que exerce, principalmente nos níveis iniciais da escolarização.

Segundo Yves de La Taille (2009), (p. 30):

> **Informação** é o fragmento do conhecimento. Conhecer a data da Revolução Francesa é possuir uma informação. Saber que Rousseau existiu é possuir outra informação. Saber que Maria Antonieta foi a rainha da França e que foi casada com Luís XVI é ter mais uma informação. **Conhecimento** é colocar em relação essas informações, bem como outras.

> É entender o papel das ideias de Rousseau para a confecção dos ideais revolucionários do século XVIII, é avaliar em que medida as atitudes de Luís XVI e de sua esposa podem ter influenciado os rumos da política francesa, é compreender por que foi no século XVIII, e não em outro, que a tomada da Bastilha foi possível, e assim por diante. O fragmento em si, a informação em si faz pouco sentido. (Yves de La Taille, 2009)

Portanto, a informação enquanto fragmento do conhecimento não o garante, e, sim, necessita de elementos que irão construir esse conhecimento. O pouco sentido do que nos diz La Taille se refere à incapacidade de relacionar estes fragmentos, o que dá margem para que certos discursos não tenham consistência, pois não mobilizam o indivíduo para uma busca constante e incessante do próprio conhecimento.

Como seres pensantes, vivemos criticando coisas e situações, assim, a escola, instituição superexposta diante da sociedade, serve como instrumento para disseminação do conhecimento, e na atual sociedade da informação, esta capta estes fragmentos e passa a servir de agente potencializador de conhecimento. Mas será que a escola assume essa posição?

Na sociedade da informação, conhecimento passa a ser um objetivo a ser atingido apenas por alguns dos seres ditos, *pensantes*. Não vamos aqui entrar na discussão sobre a luta de classes e a imposição desta ou daquela forma de pensar sobre a sociedade, mas pretendemos, sim, verificar, refletir e discutir até que ponto a escola e seus interlocutores agenciam o conhecimento.

Quando falamos "escola", devemos observar o potencial humano existente nela e que está em plena formação. O profissional da educação está preparado para atender o alunado ávido pelo conhecimento? Talvez sim, se esta avidez realmente existir. Por outro lado, será que temos profissionais da educação realmente preparados? Formados talvez, mas preparados?

9.3 | VAMOS REFLETIR UM POUCO MAIS

Será que os profissionais envolvidos com a educação estão a serviço do conhecimento?

Essa é uma grande questão que vem sendo discutida amplamente em encontros, simpósios, congressos, teses e mais teses.

Como dizia o mestre Paulo Freire, o professor é um pesquisador natural e, pensando um pouco sobre isso, chegamos a uma constatação: os professores-pesquisadores estão se fechando nas universidades públicas. Professores produzem excelente material teórico-didático, mas a natureza de pesquisador está descaracterizada, já que a profissão docente passa por mudanças regularmente, visando a sua adaptação às exigências sociais e de contexto. Nos cursos de formação de professores é comum observarmos, num breve levantamento inicial, que muitos, mesmo frequentando os cursos de licenciatura, não pretendem seguir a carreira docente.

A pergunta que surge então é: Por que as pessoas insistem em frequentar os cursos de formação docente sem pensar em seguir a carreira?

É certo que a formação do professor não é estanque, servindo apenas para o ensino, porém, justamente por essa capacidade de fornecer conhecimento para outras áreas do conhecimento é que deveria instigar e fomentar o exercício docente.

Infelizmente, a opção em não ser professor pode ser pela possibilidade de atuar no mercado de trabalho oferecendo uma segunda opção "profissional" aos empresários e mantenedores. Outro fato é que esse pensamento pode comprometer toda uma geração de profissionais docentes em plena formação! É óbvio que não podemos frear o acesso a esse "mercado", porém, todo o cabedal de possibilidades da educação fica comprometido, composto por profissionais que não se envolvem como deveriam e que não darão continuidade à real e necessária participação da escola na composição da sociedade. Assim, banaliza-se o ensino e a educação já nos cursos de formação. E não é por falta de preparo dos docentes em exercício, que vivenciam a profissão, acertando e errando, aprendendo e ensinando cada vez mais; talvez possamos culpar o excesso de informação da nossa sociedade que, justamente por isso, venha desvalorizando o conhecimento. Mas, na prática, o que vemos é que temos um material humano em desenvolvimento, os alunos na escola, que valorizam mais a informação do que o conhecimento e, portanto, cria-se esse círculo. Talvez não haja a *des*valorização, mas o *des*conhecimento, e nesse momento é que se faz importante essa crítica, não aos alunos, mas aos docentes que exercem sua prática se baseando somente na informação, desconsiderando o conhecimento.

Pensando de forma reflexiva, aprimorar o conhecimento deveria ser algo mais viável, já que temos muita informação disponível, por outro lado, o conhecimento pode ser considerado como um fim dado à informação, que move o sujeito a pensar subjetivamente nas questões que o cercam e promovem ainda mais o conhecimento. Pensando de forma prática, nossos educadores estão atualizando seu conhecimento ou apenas se baseando nos fatos e informações existentes? Ficarmos discutindo o valor do conhecimento entre nós já é senso comum, afinal, adquirimos conhecimento sobre nossas especialidades e sempre estamos a discutir nos encontros de professores; sabemos, portanto, distinguir, fornecer indícios certos sobre determinado assunto de nosso domínio, indícios do saber adquirido por mérito próprio. Essa distinção, busca do conhecimento em construção, será que é despertada com intensidade em nossos educandos? Não estamos aqui querendo justificar toda uma geração que valoriza somente a informação, mas, sim, preocupados em agregar valor aos interesses e necessidades intelectuais da nossa sociedade atual, que se caracteriza por não acompanhar o processo, mas que valoriza o fim das coisas, exemplo: determinado sujeito é engenheiro, trabalha em uma multinacional, ganha um alto salário, possui todos os bens possíveis e com possibilidade de adquirir ainda mais bens, promovendo um grande acúmulo de capital que servirá de herança para tantas outras gerações familiares que virão. E antes disso? Como foi que esse sujeito tão bem-sucedido chegou a esse ponto profissional e com brilhantes perspectivas futuras? Pode parecer algo que já saibamos a resposta: ele estudou nas melhores escolas e universidades, se formou e se firmou na profissão por dedicação, estudo e aperfeiçoamento. Porém, se não fosse despertado para isso, se esse indivíduo não atualizasse o seu conhecimento e desse valor a ele, talvez nada disso tivesse acontecido. Esse exemplo tenta ilustrar a necessidade, então, de se distinguir informação e conhecimento e manter essa busca constante. Talvez nessa necessidade é que se manifeste o papel do educador: desenvolver um conjunto de normas educativas e pedagógicas que sirvam como elemento propulsor para o desenvolvimento global dos indivíduos. A sociedade, por sua vez, cobra tanto de um quanto de outro, e a inserção desse indivíduo só será aceita se este atender aos apelos e exigências da sociedade.

9.4 | QUALIDADE DE ENSINO NAS ESCOLAS

A qualidade de ensino nas escolas é algo que vem sendo, cada vez mais, perseguido pelos mantenedores. Tentando buscar qualidade desenvolvem-se uma série de ações dentro delas, que a movimentam sob diversos aspectos: primeiramente, questionando a prática dos professores, depois, implantando recursos multimeios e tecnológicos para demonstrar de forma física a qualidade esperada, também, por meio da exigência de professores formados nas melhores universidades, ampliando instalações, oferecendo serviços como material didático etc.

Nossa realidade não fica somente no sentido da modernização da escola e de suas instalações. A contradição se instala junto com essa preocupação. A escola pretende impor um ritmo qualitativo bastante avançado, mas o envolvimento destes profissionais é cada vez menor. Primeiramente porque os professores acabam se comprometendo profissionalmente com várias escolas, portanto, não conseguindo administrar a carreira e o desenvolvimento de um trabalho de forma organizada.

9.5 | QUESTIONANDO A PRÁTICA DOS PROFESSORES

Será que o professor precisa ser questionado em sua prática constantemente? Quem podemos considerar "apto" para fazer esses questionamentos? Para se levar em conta a qualidade de ensino é preciso, antes, que o próprio professor se questione, reveja sua prática, reelabore suas ideias. Mas, como tratar isso de modo a não desconsiderar o que o professor já tem desenvolvido em sua prática?

São muitas questões, propostas, discussões.

Podemos tentar aqui levantar uma discussão acerca da formação de professores e sua prática da seguinte maneira:

O professor, tanto da escola pública, quanto da escola privada, tende a se acomodar numa prática que o caracteriza como profissional competente. Na escola pública, professores estão amparados pela estabilidade de emprego que a instituição pública oferece aos concursados. Na escola privada, os professores possuem uma formação que tenta se adequar à demanda de mercado e, inclusive, empresas de recrutamento e seleção se especializam no ramo educacional para "encaixar" os professores com perfis adequados às solicitações das escolas privadas. Vejam, surge, então, uma dinâmica paralela entre os dois tipos de ensino: público e privado. Nada impede que um professor da escola pública transite por estes dois mundos, o que é altamente positivo para os alunos assistidos por esses profissionais, mas, ainda, não desvendaremos de forma tão simples o que acontece nos paralelos entre ensino público e ensino privado. Talvez a grande dificuldade, o grande nó que encontramos é justamente no que se espera de uma e de outra.

Transitando pelos dois mundos, numa escola pública de periferia, encontramos alunos ávidos para aprender, porém, sem estímulo suficiente para prosseguir seus estudos. Cito um exemplo que tive a oportunidade de acompanhar. Em determinada escola da rede municipal de São Paulo, buscando informações sobre matrículas, não pude deixar de observar o que acontecia à minha volta. Estava eu aguardando na secretaria e notei que muitos pais estavam chegando à escola: era dia de reunião de pais. Curioso, acompanhei as conversas. O pai chega e, antes mesmo de perguntar algo, já é encaminhado para o local onde está sendo distribuído o leite; incentivo para a frequência dos filhos carentes de escola e de outras coisas mais. Observo que os pais retiram as latas de leite e sequer param para perguntar sobre o andamento dos filhos nas séries e nas atividades discentes. Não gostaria de adentrar num discurso panfletário, mas é impossível ficarmos passivos diante do que acontece na escola pública. A institucionalização da pobreza e a normatização do ensino caminham em lados opostos: as famílias e os filhos dessas famílias vão para a escola em busca de possibilidades para a vida, no caso, o alimento básico – leite. Quantos filhos você tem, tantas latas de leite você tem o direito de receber. Alguns pais vendem as latas de leite para completar a renda ou fazer o que bem quiserem com o lucro; outros, ficam satisfeitos em poder fazer do leite em pó o alimento disponível para seus filhos antes de eles irem para a escola e, até mesmo, para a alimentação de toda a sua prole. Além disso, as crianças frequentam a escola em busca da alimentação que é servida, em algumas escolas, com muito esmero, em outras, nem tanto. Nesse sentido então, obviamente que não estamos generalizando, a escola pública com esse perfil assistencialista não se preocupa ou tende a deixar a preocupação com a qualidade em segundo ou terceiro plano. Sem contar as dificuldades com relação ao material didático, as instalações precárias ou deficientes e, ainda, o corporativismo que impera por conta da estabilidade de emprego que a União garante aos seus funcionários concursados.

Na escola privada, a busca pela qualidade fica mais evidente na conservação do prédio, nas instalações, na formação continuada dos professores e no perfil dos alunos que a frequentam. Para o mercado educacional, cria-se a concorrência e, no mundo capitalista em que vivemos, a concorrência é algo vital para que esse sistema se mantenha, assim, embora os mesmos educadores das escolas públicas tenham a liberdade de transitar entre estes dois mundos, a exigência da escola privada pode ser mais elevada no tocante à qualidade de ensino e sobre a prática docente; além disso, os pais são mais presentes por conta da prestação de serviços educacionais que a instituição particular promove. Mesmo tendo vários fatores que diferenciam a escola pública da escola privada, temos, ainda, um lado extremamente perigoso e comprometedor de todo um processo educacional na escola particular: a escola como "negócio". Se o mantenedor considera sua escola como um negócio, a qualidade tende a aparecer somente no aspecto visual e atraente ao pai-pagador-cliente, se estendendo a exigências irrelevantes para com o seu corpo docente, doutrinação de funcionários, formação deficiente de novos grupos sociais que podem viver em um mundo particular e limitante, além de alienante. A escola particular, nesse sentido, pode prestar um desserviço para a educação, porém, pode ser algo super rentável para o negócio, e isso é algo que passa longe das preocupações dos mantenedores. Infelizmente há escolas assim e isso pode mudar, desde que tenhamos, claro, como profissionais da educação, nossas convicções sobre a profissão docente e sobre nossos anseios enquanto formadores de pessoas. Isto não fica somente na esfera profissional, passa também pela questão da nossa formação individual. O profissional habilitado para o ensino, que aqui podemos tratar como o pedagogo, embora tenhamos em todas as licenciaturas profissionais altamente capacitados, desenvolve um certo romantismo, um idealismo para a educação e isso permeia sua vida profissional. É comum a facilidade de adaptação destes profissionais aos ambientes educativos, já que o perfil destes desenvolve características básicas como o amor pela profissão, o carinho pelas crianças e o entendimento de muitas das dificuldades por que passam nossos educandos.

9.6 | EDUCAÇÃO E SISTEMA ESCOLAR: EXISTE DIFERENÇA?

Aspectos importantes devem ser considerados quando se fala em Educação Escolar.

Acompanhar toda uma trajetória educacional exige muito trabalho e envolvimento de qualquer pessoa que esteja realmente envolvida com um trabalho educativo. Nesse sentido, educação se diferencia de sistema escolar. Vamos juntos procurar entender essa diferença.

Num passado distante, Educação se resumia em ter no mestre uma referência de vida, de postura, considerá-lo como uma fonte de conhecimento permanente; o professor não precisava se preocupar se o aluno aprendia, mas, sim, com o que ele ensinava; o importante era ele ser o detentor máximo do conhecimento e ter a capacidade de ensinar isso aos alunos. Isso dentro do ensino tradicional. Pouco mais tarde, a educação passou a se preocupar com o acesso e a inclusão. No Brasil, voltando um pouco na época da ditadura militar, o acesso, embora garantido e obrigatório, impregnava a prática educativa de cobranças de nivelamento de ideias e ideais políticos, ou seja, a escola e a educação eram voltadas para os interesses do regime político social dentro daquele contexto em que nosso país se encontrava. Sendo assim, a Educação tinha determinados fins, assim como ainda tem, porém, esse tipo de educação estava carregado de interesses relativos à doutrinação de todos os estudantes, futuros eleitores e apoiadores de determinado regime.

Educação surge já no núcleo familiar e, assim, é algo natural e passado de geração em geração com o apoio da escola como instituição-agente transmissor de cultura. Acontece que, para que essa educação realmente aconteça, é preciso que desenvolvamos recursos para viabilização do ensino, e assim surgem os sistemas educacionais que são recursos, metodologias, exigências pedagógicas que, devidamente regidas pelos órgãos competentes e pela legislação educacional, são criados e implantados nas escolas. Existem inúmeras empresas especializadas em desenvolver sistemas de ensino, cada empresa, embora adeque os conteúdos obrigatórios, incluem outros serviços educacionais como: formação de professores, treinamento de funcionários, elaboração e produção de material didático e audiovisual, *site* com tira-dúvidas *on-line* etc... Cada um desses sistemas, embora atuando em educação como um todo, possui particularidades que instituem *marcas* à educação. Não podemos afirmar categoricamente que isso possa ser algo extremamente ruim ou, com a mesma intensidade, benéfico à educação; devemos acreditar que os sistemas são possibilidades que agregam valor aos serviços educacionais prestados pelas escolas, principalmente nas particulares, em que cada escola adota um sistema diferente, o que, ao mesmo tempo, pode imprimir a qualidade nos serviços prestados ou demonstrar certa fragilidade com relação à identidade pedagógica da instituição.

9.7 | SISTEMA DE ENSINO E ESCOLA PRIVADA

Uma escola, quando se institui, necessita atender a inúmeras exigências para que possa funcionar e prestar os serviços educacionais.

Para isso, é preciso uma série de requisitos que devem ser levados em conta, desde o tipo de clientela que atenderá (qual o perfil que esta instituição terá no bairro em que está inserida?) até a formação dos professores que esta exigirá (por exemplo: escolas que somente aceitam professores com formação acadêmica em instituições públicas – USP, UNICAMP, UNESP). Por outro lado, existem escolas que funcionam como um "negócio", ou uma "empresa", simplesmente incluindo "clientes" para prestação de serviços educacionais. Obviamente que toda escola privada exige uma estrutura empresarial, já que precisa se organizar para atender melhor seus clientes, cuidar de seus funcionários, manter suas instalações, folha de pagamento, secretaria acadêmica, entre outros; o fato é que, se esta instituição tende para somente a prestação de serviços e deixa de lado as grandes questões e problemáticas pedagógicas que surgem, a escola, embora instituída e em pleno funcionamento, perde em sua essência que é dar continuidade ao processo de transmissão de conhecimento e de cultura de toda uma geração, formando cidadãos pensantes e atuantes na sociedade. Uma instituição com esse perfil passa a ser somente uma empresa que visa a lucros e que busca atender aos seus clientes da melhor maneira possível. O outro lado dessa questão é que a escola se reafirma como excludente e, mesmo se falando tanto em inclusão hoje, demonstra com clareza essa característica intrínseca nos moldes da escola desde o século XVI, em que tal distinção era feita pela burguesia. Assim, por mais vistas à modernidade que tenhamos, acabamos por conviver com um sistema escolar implacavelmente excludente.

O sistema de ensino, portanto, na escola privada, dá conta de todo o trabalho pedagógico e procura não descuidar da qualidade do ensino, porém, a frente de trabalho educativo necessita de que não descuidemos da essência, da relação básica que se dá dentro dela: professores, pais, alunos.

A escola, e nesse sentido incluímos a pública principalmente, deve ter a sensibilidade de desenvolver um trabalho, criar uma sistemática de ensino que consiga compreender a necessidade do povo; o que não a diferencia da escola privada; é fundamental que esta também não descuide do sistema; preparando não somente riquíssimos roteiros e planos de aula, completos e com questões atuais, mas envolvendo seus interlocutores, permitindo que estes acrescentem conteúdo e contextualizem os assuntos e os adapte para a realidade de sua comunidade educativa. Para que se tenha uma escola privada que não exclua, é preciso definir o tipo de clientela, não fechando os olhos para os problemas que esta pode ter, e sempre os terá, sim, uma escola que cuide para que se mantenha voltada ao crescimento dos indivíduos.

9.7.1 | Educação formal e informal: como acontece?

Todos os indivíduos iniciam sua vida em sociedade no seio familiar, onde, desde pequenos, precisam saber se relacionar com outras pessoas, no caso, os entes familiares. Nesse momento, institui-se a educação informal, já que o indivíduo passa a ser preparado para conviver com as outras pessoas e a lidar com as diferentes características que cada uma traz em si, assim, a educação informal vai possibilitando o desenvolvimento de valores. Os valores construídos pela educação dada pela família vão se aperfeiçoando à medida que esse círculo de relações vai se ampliando. Dentre os primeiros grupos em que o indivíduo em formação vai se inserindo está a Escola. É na escola que o indivíduo tem a oportunidade de expandir suas relações, passando a compreender os primeiros passos para se relacionar com o outro e sua completa adversidade de valores, críticas e pareceres individuais.

A educação formal se dá, portanto, na Escola. E não poderia ser em outro local.

É na escola que há a mobilização dos indivíduos para o conhecimento e para a formação de cidadãos pertencentes a uma sociedade e a instituição escolar é a responsável por inserir estes indivíduos no mundo por meio da sistematização da aprendizagem, mesmo que ela não reconheça esse real papel; pela organização das séries que respeitam as fases do desenvolvimento humano e pela introdução de temas diversos para enfrentamento da vida. Na escola é que nós nos enxergamos e conseguimos enxergar o outro de forma diferente e com vistas a compreender a complexidade das relações humanas. O professor é agente disso tudo e, ainda, influencia seus alunos na postura, sua credibilidade enquanto ser social, o caráter... a responsabilidade que o professor tem é grande diante do desafio da educação formal. Sermos agentes destes indivíduos nos responsabiliza pela sua inserção na sociedade, e, assim, aumenta a responsabilidade da escola e da educação formal como um todo.

9.8 | EDUCAÇÃO ESCOLAR E RESPONSABILIDADE SOCIAL

A responsabilidade social é algo que a escola ainda precisa assumir, já que toda uma sociedade passa pela escolarização. E responsabilidade social não é apenas favorecer a população com mensalidades acessíveis nos cursos, mas, sim, compreender a importância da escolarização e da inserção dos indivíduos na sociedade. A escola precisa compreender esse seu papel, de suma importância, assumir a responsabilidade sobre o ser social que ela desenvolve. Isso somente poderá ser garantido com o direito à educação escolar para todos. Por isso o peso dessa responsabilidade precisa ser sentido por todos nós, educadores e futuros educadores. Garantir o direito à educação é nosso dever e toda a sociedade cobra isso da instituição escolar. Pena não podermos internalizar essa vontade em todos os interlocutores da escola. É um grande passo que precisamos avançar para garantir essa possibilidade, não somente de acesso, mas de continuidade, o que é mais complicado ainda e que é o mais difícil de ser realizado. Por isso a exigência de uma postura responsável do professor e dos agentes da educação em nosso país.

9.9 | INTERESSE DOS ALUNOS

Cativar os alunos é um grande desafio em nossa profissão. O interesse deve ser grande, não somente por parte dos alunos, mas, também, pelos professores. Porém, despertar o interesse dos alunos para a própria aprendizagem vai ao encontro dos anseios que este jovem tem e da realidade da qual ele provém. O professor, agente direto, que costumo dizer: infante da educação, já que estamos na linha de frente da educação, precisa saber detectar os interesses do aluno que o espera e que espera atitudes significativas com relação a sua aprendizagem e ao seu modo de vida. É preciso remeter ao nosso passado como aluno das séries iniciais e relembrar todos os nossos passos, importantes passos para uma aprendizagem significativa. Ser professor é favorecer o interesse do aluno, seja este de qualquer camada social; a prontidão para a aprendizagem está posta no momento em que este aluno passa a frequentar a escola. Não é obrigatório que o professor cative seus alunos de forma idêntica, mas fomentar o interesse sim, este é fator primordial para o desencadeamento de todo um processo significativo para este indivíduo.

9.10 | QUAL O SENTIDO DA EDUCAÇÃO ESCOLAR?

A educação escolar tem, como sentido, a escolarização, a inserção dos indivíduos numa sociedade mais justa e que atenda aos anseios de progresso e de evolução de toda a humanidade. Pode parecer algo utópico, mas, nós, educadores, lidamos com a nossa ideologia de um modo bem particular: fazendo acontecer a aprendizagem e a educação a qualquer custo, de qualquer forma. A nossa missão é que dá sentido à educação escolar. Portanto, ser professor, e acreditar ser um professor sempre em formação é algo inacabado. Estamos sempre aprendendo com todas as dificuldades que surgem na escola e em todos os sistemas educacionais. Parar é impossível. De estudar, de ler, de se aproximar dos alunos, de vivenciar a profissão docente. Vivenciar a profissão docente é o que dá sentido à educação escolar.

Ser professor não é somente "cuidar" de uma sala de aula e distribuir conteúdos. É vivenciar, se preocupar com o outro, é ter uma profissão de fé em que tudo o que pode ser realizado necessita de intervenção e de apoio. Ser professor é, acima de tudo, ser humano o suficiente para compreender as dificuldades próprias e inerentes ao ser racional. Vivenciar a profissão docente é algo raramente atingível para todos os profissionais docentes. É algo talvez inatingível para aqueles que estejam de passagem pela profissão. O que queremos para o nosso mundo melhor? O que pretendemos para o futuro... da nação? Da população? Dos homens? Tudo isso nos remete à figura do profissional docente, que necessita de outros elementos como a ética, a postura, a didática e a compreensão do outro enquanto ser único. Ser profissional docente pode ser algo que nomeie uma profissão somente, mas incorporar as minúcias da profissão é algo que cada um de nós sentirá de uma forma, vivenciará de outra e traduzirá diferentemente, embora querendo dizer algo parecido com o que havíamos ouvido ou lido antes. Ser profissional docente é ter uma profissão de vida que nos engrandece, acima do que a nossa compreensão nos permite. É a entrega, a resiliência, a dedicação e a extrema busca de uma competência que, sabemos, nem todos têm, nem todos desenvolvem. Ser professor é ser escolhido. É vivenciar uma prática que permeia a nossa vida inteira e sabemos que fomos escolhidos para tal. É a entrega para algo maior que nós só conseguimos compreender quando encontramos nossos ex-alunos, formados, desenvolvendo suas atividades profissionais e, quando se lembram de nós, nos gratificam com o maior dos prêmios por toda uma vida de dedicação e envolvimento. Portanto, ser educador não é fácil, é trajetória profissional e de vida. É ser algo diferente a cada dia e a cada instante. É a busca do melhor em nós mesmos e de algo melhor para o nosso mundo. Seja educador. Nós recomendamos, para o nosso próprio bem-estar.

REFERÊNCIAS

FREIRE, Paulo. *Ação cultural para a liberdade e outros escritos.* 4ª ed. Rio de Janeiro: Paz e Terra, 1979, v. 10. (Coleção O Mundo Hoje).

_____. *A importância do ato de ler.* 7ª ed. São Paulo: Cortez, 1984, v. 4.

_____. *Educação como prática da liberdade.* 23ª ed. Rio de Janeiro: Paz e Terra, 1999.

_____. *Pedagogia da Autonomia: saberes necessários à prática educativa.* 7ª ed. São Paulo: Paz e Terra, 1996. (Coleção Leitura).

_____. *Pedagogia da esperança: um encontro com a pedagogia do oprimido.* 2ª ed. Rio de Janeiro; Paz e Terra, 1992.

_____. *Pedagogia do oprimido.* 28ª ed. Rio de Janeiro; Paz e Terra, 1970.

_____. *Educação e mudança.* 8ª ed. Rio de Janeiro: Paz e Terra, 1983. v. 1. (Coleção Educação e Comunicação).

GADOTTI, Moacir. *Pedagogia da Práxis.* São Paulo: Cortez, 1995.

_____. *Escola cidadã.* 4ª ed. São Paulo: Cortez, 1997, v. 24. (Coleção Questões da Nossa Época).

GADOTTI, Moacir; ROMÃO, José E. [Orgs.] *Autonomia da Escola: princípios e propostas.* São Paulo: Cortez, 1997.

LA TAILLE, Yves de. *Formação Ética: do tédio ao respeito de si.* Porto Alegre: Artmed. 2009.

MACEDO, Lino de. Ensaios Pedagógicos: Como construir uma escola para todos? Porto Alegre: Artmed, 2005.

MORIN, Edgar. *Os Setes Saberes Necessários à Educação do Futuro.* São Paulo: Cortez, 1999.

PERRENOUD, Philippe. *10 Novas Competências para Ensinar.* Porto Alegre: Artmed, 2000.

RIOS, Therezinha Azerêdo. *Compreender e Ensinar. Por uma docência da melhor qualidade.* São Paulo: Cortez, 2ª ed., 2001.

10 | ENSINO SUPERIOR BRASILEIRO

"A histórica busca pela universalização e pela qualidade"

Prof.ª Neurisângela Maurício

INTRODUÇÃO

> *A luta pela qualidade da Educação Superior Brasileira exige compreensão do antes, dos meados, do durante e uma leve pincelada das perspectivas para o depois. Fora disso, temos apenas uma luta meramente empírica, sem fundamento e, consequentemente, fadada ao fracasso.* (A autora)

Submersos num contexto assolado pela depreciação dos direitos sociais, dentre os quais se destacam o direito à Educação Superior, faz-se mais que pertinente propor reflexões em torno das políticas que historicamente vêm permeando as universidades brasileiras e legitimando seu caráter elitista e excludente.

Nesse esboço, converge as questões norteadoras deste capítulo: Como e onde se localiza a Educação Superior no contexto histórico brasileiro? Como os grandes autores da literatura dessa área abordam esse processo? Quais as perspectivas de um novo olhar para o Ensino Superior brasileiro com foco na mudança? Como tem se efetivado a educação nas universidades brasileiras? Qual a distância entre o ensino superior elucidado na Lei de Diretrizes e Bases (LDB) que rege a Educação nacional (9.394/96) e a realidade atual? Quais as influências positivas e negativas das mudanças inerentes à Reforma Universitária na atualidade? Quais desafios perseguir?

Essas são interrogativas, as quais nos orientarão rumo à compreensão das elucidações e implicações desdobradas no decurso deste trabalho. Nessa perspectiva, é mister corroborar o enunciado de Vargas mencionado por Guiraldelli (1994: 99) em que dizia: "A verdade é dura, mas deve ser dita. Nunca no Brasil, a educação nacional foi encarada de frente, sistematizada, erguida, como deve ser, em legítimo caso de salvação pública".

Considerando a potencialidade do assunto primazia-se, aqui, pelas pesquisas em textos de, Freitag, Freire, Chauí, Hernández, bem como em outras leituras diversas, inclusive da história geral da humanidade confrontando-os com leituras da contemporaneidade, o que nos abre um leque de informações acerca dessa demanda que concomitantemente se chocam como se fosse um repertório ecoado por meio dos tempos e que insiste em se manter inconcusso.

Assim, na tentativa de apontar rumos para uma discussão fundamentada e coerente, o texto que se segue faz-se um chamamento para a mudança necessária acerca da Educação Superior, a fim de que, no mínimo, despertemos para as sublinhas ideológicas que têm circundado e posto em risco a universalização e a qualidade desse direito tão valioso para todos.

10.1 | À LUZ DE GRANDES PENSADORES: BREVE HISTÓRICO CRÍTICO REFLEXIVO

É impossível dissertarmos bem sobre algo sem antes o situarmos dentro de um contexto histórico, social e econômico.

Nesse ínterim, vale ressaltar que todo o nosso histórico educacional jamais esteve desvinculado de termos como liberalismo, modernidade, política, legislação, positivismo, ideologias e outros que têm edificado um sistema educacional iníquo e bajesto, em especial no que se refere ao Ensino Superior, cujas práticas vêm sendo – cada vez mais – abduzidas de projetos que de fato venham alterar a pirâmide estratificadora que é a sociedade capitalista em que (sobre)vivemos.

A título de contextualização, assumimos a Educação Superior como a moeda do milênio e voltemos, então, às bases que regem o sistema educacional: a lei.

É óbvio que essas leis trazem implicações, normas e políticas produzidas por uma elite que secularmente preza pela manutenção da ordem social capitalista, em que se vigora os ideais de Adam Smith[30], cujas vertentes eximem o Estado de qualquer intervenção no campo econômico, já que essa poderia atrapalhar no crescimento desse campo (*Laissez-faire*). Ainda nesse sentido, poder-se-ia afirmar, também, a presença do liberalismo econômico de Malthus, em que defendia a ideia de que o Estado não deveria se preocupar com os pobres, pois eles eram os culpados por sua própria pobreza. Este, o Estado, deveria se preocupar com os ricos — financiando e/ou patrocinando suas artes e pesquisas científicas — pois eles, sim, seriam os promotores do progresso.

Retomemos a conotação Educação Superior como moeda do milênio. O termo em destaque sugere economia. E sendo o Estado responsável pela educação, de certa forma, também estaria interferindo nos ideais liberais já mencionados e consequentemente estaria se preocupando com os pobres. Logo, seria preciso uma política ideológica mais acirrada, que eximisse o governo de tal obrigação, ou que adotasse medidas que impedissem qualquer possibilidade de abalo na ordem social vigente. Como a educação é moeda, nem o Estado nem os liberais perderiam com a segunda opção, apenas o povo, subalterno e "sem prestígio", seria desprovido de desenvolvimento, mas se preocupar com isso não era dever do Estado e muito menos dos liberais. Freitag (1986:88) explana uma dessas medidas adotadas pelo governo brasileiro, coerente com a lei da reforma universitária de 1968:

> *Foi promulgado o Decreto-Lei n. 477. Este atribui às autoridades universitárias e educacionais (MEC) o poder de desligar e suspender estudante em atividades que fossem consideradas subversivas, isto é, perigosas para a segurança nacional. Durante o tempo de suspensão (três anos) os estudantes atingidos ficariam impedidos de se matricularem em qualquer outra escola de nível superior do país.*

Percebe-se, dessa forma, como se deu o malogro desse nosso direito social que, paulatinamente, fora e/ou está sendo exaurido do cenário das classes populares – aliás – as únicas ainda interessadas na ideia de revolução.

Cônscios da vasta dimensão da temática é preciso considerar ainda o termo modernidade, pois toda educação que se preze deve estar consentânea com tal. A modernidade, na verdade, é um termo que surgiu em detrimento da valorização da cidade sobre o campo; do crescimento do espaço capitalista e industrial; da supremacia do indivíduo sobre a

---

30 SCHMIDT, Mário. *Nova História Crítica*. 2ª ed. São Paulo: Nova Geração, 2002.

comunidade; das mudanças rápidas sobre a tradição; e, principalmente, da ciência sobre a religião. A modernidade teria sido uma imensa vitória se as conquistas e revoluções nela concentradas não tivessem se sobreposto aos valores humanos, até porque, tudo, com a modernização, inclusive a educação e o bem-estar da população, tem sido sutilmente e desenvergonhadamente delegados ao mercado:

> O mercado é portador de racionalidade sociopolítica e agente principal do bem-estar da República. Esse pressuposto leva a colocar direitos sociais (como a saúde, a educação e a cultura) no setor dos serviços definidos pelo mercado [...] Encolhe o espaço público democrático dos direitos e amplia-se o espaço privado não só onde isso seria previsível — nas atividades ligadas a produção econômica — mas também no campo dos direitos sociais conquistados. (Marilena Chauí. Folha de S. Paulo, 1999)

Perante o mencionado, vê-se a dimensão do afastamento do liberalismo político de Locke, em que se admite que o Estado (governo) só existe para servir o povo, protegendo seus direitos fundamentais: vida, liberdade, propriedade e outros. Contudo, simultâneo a esse afastamento, legitima-se século a século, década a década, dia a dia a forte invasão dos ideais positivistas de Comte, em que a ciência equivale à mudança social e não à democracia ou à revolução. Acredita-se na "ditadura dos sábios, únicos que teriam condições de garantir a ordem e o progresso" (SCHMIDT, 2002: 17). Garantia essa estampada não só na nossa bandeira nacional, mas em toda a face histórica de nossa educação. Isso pode ser comprovado ao analisarmos os primórdios da educação sistematizada no Brasil — o ensino jesuítico — o qual era caracterizado pela bifurcação: catequização para os índios, objetivando além do aumento de adeptos cristãos, torná-los dóceis, passivos à colonização; e instrução intelectual para os nobres, filhos de colonos. Esse ensino, financiado pelo Estado, mas efetivado pela Companhia de Jesus, começa a desagradar, pois estava abalando a unidade cristã, bem como a unidade da sociedade civil. Todavia, os motivos que desencadearam a expulsão dos jesuítas do Brasil, em 1759, foi além disso: eles detinham um poder econômico que deveria ser devolvido ao governo e estavam educando o cristão a serviço da ordem religiosa e não dos interesses do país (RIBEIRO, 1998: 33).

Com a expulsão dos jesuítas o Brasil viveu um período de decadência intelectual até que surgiu, com a reforma pombalina, um novo modelo de educação financiado pelo Estado, entretanto, agora, para o Estado:

Do ponto de vista educacional, a orientação adotada foi de formar o perfeito nobre, agora negociante; simplificar e abreviar os estudos fazendo com que um maior número se interessasse pelos cursos superiores [...] torná-los os mais práticos possíveis. Surge com isso o ensino público propriamente dito. Não mais aquele financiado pelo Estado, mas que formava indivíduos para a Igreja, e sim o financiado pelo e para o Estado.[31]

Assim, a inauguração dos cursos superiores no Brasil (1808 a 1814) foi marcada desde então pela insígnia do separativismo e desprovidos de sua mais relevante faceta: a pesquisa científica.

Em outras palavras, o ensino deixou explícito a que e a quem veio. Era um ensino limitado e fragmentado, embasado em modelos inoperantes, mas por ser ensino superior já era mérito, excelência, e, por isso, a preocupação dos pais — burgueses — em fazer os filhos ingressarem nessas entidades de ensino, matriculando-os em Liceus – colégios preparatórios para o ingresso nos cursos superiores. Pouco se importavam com a ética ou com os valores humanos, o que lhes vislumbravam era a possibilidade de ascensão econômica, ou, melhor, de se manter inserido na classe dominante.

Afinal, a educação organiza-se sempre em consonância com tal classe, assim como com suas ideologias; o que é notório nas asseverações de Cury (1985:13) em que afirma que a educação se opera na sua unidade dialética com a totalidade, como um processo que conjuga as aspirações e necessidades do homem no contexto objetivo de sua situação histórico--social. A educação é, então, uma atividade humana partícipe da totalidade da organização social. Essa relação exige que se considere como historicamente determinada por um modo de produção dominante, em nosso caso, o capitalismo. E no modo de produção capitalista, ela tem uma especificidade que só é inteligível no contexto das relações sociais resultantes do conflito de duas classes fundamentais.

Apesar da precariedade do ensino superior que vigorava no Brasil, com a mudança de modelo econômico (rural-agrário para urbano-comercial) ainda se acreditava que a educação era a peça principal na resolução dos problemas do país. Por essa razão sonhava-se com uma universidade melhor, em que professores e alunos seriam livres para ensinar e aprender o que fosse melhor para todos.

É incontestável que isso não ultrapassou do plano onírico. Em 1980 com a intensidade dos movimentos sociais, acirrou-se a disputa pelas escolas

---

31   *Ibid*: História da Educação Brasileira – a organização escolar.

públicas e privadas; instituiu-se[32] uma forte discussão em torno dos currículos, mas nada apagou a ótica de que a educação superior no Brasil foi sempre subserviente a uma única ordem: a dominante (elitista liberal).

Isso prevalece desde a sua inauguração até os dias atuais, confirmado inclusive na lei que hoje rege a nossa educação (LDB, 9.394/96)

> A LDB abre possibilidade de instituições privadas de ensino superior receberem verbas públicas (além das atividades universitárias de pesquisa e extensão previstas na Constituição Federal), uma vez que contempla a oferta de bolsas de estudo para instituições particulares. (§ 2°, Art. 77)

É imprescindível dizer que seria louvável o sistema de bolsas mencionado no texto de nossa LDB, caso essas fossem oferecidas àqueles que realmente delas necessitam. Mas já sabemos que isso abalaria a ordem, o que é definitivamente inaceitável! Até que todos assim o queiram.

10.1.1 | Novo (velho) olhar com foco para o futuro: princípio da mudança

> O novo não se constrói sem o velho e é a situação de tensão e conflito que possibilita a mudança. (CUNHA, 1998: 25)

Efetivar qualquer abordagem no tocante ao Ensino Superior brasileiro na atualidade exige, a priori, uma ressalva: muito do que se tem hoje, apesar das inovações científico-tecnológicas, ainda é eco do passado. Muitas de nossas políticas educacionais mudaram de nome, de atores, mas não de objetivos. Ou seja, quase nada mudou. Assim, esboçar um olhar novo acerca dessa questão é extremamente difícil, por conta da denotação que o termo novo recebe e pouco dele temos em termos educacionais, em especial no nível superior de ensino.

Entretanto, um ponto positivo, isso nos deixa tensos, conflituosos e, consequentemente, como implica Cunha no enunciado anteriormente mencionado — propensos à mudança. Em outras palavras, não estamos satisfeitos com a forma de condução de nossos direitos sociais e ainda sonhamos com dias melhores, em que não tenhamos mais que nos adaptar para sobreviver. É preciso, sim, novas táticas, novas estratégias dentro de um discurso crítico que vise à transformação:

---

32 Interpretação pautada na obra: História da educação brasileira – organização escolar, de Maria Luisa Santos Ribeiro; 1998.

Como um insatisfeito com um mundo de injustiças que está aí, ao qual o discurso "pragmático" sugere que eu simplesmente me adapte, devo, é óbvio, hoje, tanto quanto devi ontem estar desperto para as relações entre tática e estratégia. Uma coisa é chamar a atenção dos militantes que continuam brigando por um mundo menos feio de necessidade de que suas táticas não contradigam sua estratégia [...] seu sonho [...] de que suas táticas se realizam na história, por isso mudam, e outra é simplesmente dizer que não há por que sonhar. (FREIRE, 1992: 91)

Consubstanciados às palavras de Freire, bem como aos sonhos educacionais vinculados à sociedade atual encontramos uma grande controvérsia, pois apesar de ainda sonharmos com tal direito social (educação superior ao alcance de todos) continuamos – num panorama geral – com as mesmas táticas, as mesmas estratégias e, porventura, os mesmos objetivos: a busca da qualidade total em educação, já que ainda acreditamos nela como escada e/ou suporte para ascensão social e para tal as famílias (burguesas ou não) retomam os "Liceus" (hoje os cursinhos, os colégios com ensino modular), os quais abafam nosso sonho — humano — de transformação social, em prol de um sonho — individual — de ascensão econômica.

É evidente que para tanto sempre aparecem aqueles amenizando nossa culpa pela falta de solidariedade e pela falta de espírito comunitário com supostas ideias de democratização do ensino (sistemas de cotas, bolsas de estudo, financiamentos etc.).

Nessa perspectiva, são cabíveis as conclusões de Tecglen[33] (1995:8): Que saiba quem lhe fala e porque lhe fala assim, para que não seja enganado ou esforçado acreditar o que, por sua classe, sua ideologia, seu interesse ou seu capricho, não quer acreditar. Tais conclusões são claramente visíveis em todas as instâncias sociais.

Somos inteligentemente enganados a cada dia, isso porque os detentores da inteligência excelente, meritocrática (graduados) usam-na para suprimir a inteligência da massa, com os mesmos objetivos de séculos atrás — manutenção da ordem, agora com nova alcunha, Neoliberalismo — que nada mais é que o reflexo, a repetição do liberalismo econômico de Smith e Malthus. Cabe enfatizar que o neoliberalismo é o suporte ideológico que sustenta o capitalismo.

---

33   Ap. HERNÁNDEZ, Fernando. *Transgressão e Mudança na Educação: os projetos de trabalho.* Trad. Jussara H. Rodrigues – Porto Alegre: Artmed, 1998: 4.

Eis, então, outra questão que faz-se lastro de nossa inquietude: por que isso ocorre de forma tão tenaz? A explanação é encontrada nas palavras de Milton Santos[34] (1998:02):

> *Neste fim de século, aquilo que, desde o século XVIII, os economistas desejavam e os filósofos temiam acabou por se dar: a interdisciplinaridade, isto é, a forma como as diversas disciplinas conversam, passou a ser comandada pela economia, em vez de ser comandada pela filosofia.*

Nesse mesmo discurso, Santos aduz ainda que em lugar, pois, de um tempo de homens, o que vamos assistindo realizar-se é um tempo da técnica-mercado, isto é, técnicas subordinadas a esse mercado global. Aduz também que a consequência mais importante é que o grupo passa a atuar sem política própria, que é o caso do Brasil, em que o Estado e os políticos renunciaram à política... e são, afinal, as empresas globais que fazem a política jogando o Estado pelos seus aparelhos, à situação de apenas secundar a política exigida pelo mercado global, ao qual se subordina.

Em suma, existe um mercado global que usa a interdisciplinaridade — já que atinge a diversas camadas, por dialogar saberes diversos — para disseminar os seus ideais (neoliberais) e a população (maioria dominada) se deixa enganar.

A preocupação reside no fato de que essa minoria dominante é formada justamente nas universidades e enquanto o acesso a ela não for, de fato, democratizado, a inteligência excelente chegará a poucos que, se já não são, serão corrompidos pelo poder, uma vez que a universidade — que não deveria — também é um aparelho ideológico do Estado, e por extensão dos neoliberais, cujos princípios norteadores justificam estar adotando um ensino para globalização que poderia ser confundido com uma educação que promove valores economicistas, aceita a supremacia dos mercados sobre os cidadãos, dos imperativos do benefício imediato pelo do bem-estar social. Uma visão que tem como bandeira o domínio dos mais fortes (uma minoria) frente aos que não têm as mesmas possibilidades (a maioria).

Uma visão que situa o público em inferioridade frente ao privado, e que produz desvios de fundos provenientes dos impostos de todos os cidadãos para iniciativas com intenção de lucro e fora do controle público, como acontece hoje na Espanha, em que escolas, com pretensão de formar grupos de elite, [...] recebem fundos do Estado e dos governos

---

34 Extraído do texto transcrito da gravação da Conferencia do professor Milton Santos (Professor Intelectual na Sociedade Contemporânea) realizada em Águas de Lindoia – SP, de 4 a 8 de maio de 1998.

autonômicos, enquanto as escolas públicas não podem levar adiante a reforma educativa em toda a sua extensão por falta de fundos (HERNÁN-DEZ, 1998:11).

Esta ideia de ensino perpetuará, enquanto nós — educadores, educandos, políticos, cidadãos – mantivermos a escola — desde a Educação Infantil até os mais altos níveis do labor universitário – assentada na vã investidura do suposto saber e das novas ciências produzidas.

10.1.2 | Entre formas, deformas e reformas do Ensino Superior brasileiro: o princípio da reinvenção

> *Somos, enfim, o que fazemos para transformar o que somos. A identidade não é uma peça de museu, quietinha na vitrine, mas há sempre assombrosa síntese das contradições nossas de cada dia.* (Eduardo Galeano, *O Livro dos Abraços*)

Em pleno final de década do século XXI é possível perceber todo um formato do Ensino Superior brasileiro historicamente engendrado, marcado pela situação de incoerência com as reais necessidades da população enquanto humanidade carente de propostas que atendam em todos os âmbitos as demandas que paulatinamente vão surgindo. Em contrapartida, esse final de década traz novidades nunca antes apresentadas, as quais vêm abalando positivamente (para alguns) e negativamente (para outros) as estruturas das Instituições de Educação Superior (IES) no tocante ao acesso e universalização desse nível de ensino.

Nesse contexto encontramos termos que vão se popularizando e abrindo arenas de discussão em todo o país: ENEM, ENADE, PROUNI, FIES, SISU, REUNI, SINAES. Entre outras, essas são as mais recentes terminologias que exigem traquejo para não estarmos reproduzindo, mais uma vez na história, uma gama de ideologias dominantes que escondem uma face neoliberal capaz de criar uma máscara de aparente acesso democrático. O que nos interessa, na verdade, em meio a tudo isso, é compreender que tais termos fazem parte de um grande pacote intensificados a partir da Reforma Universitária, cuja proposição mais debatida na atualidade gira em torno do Decreto-Lei n. 6.096/07, o REUNI — Programa de Apoio a Planos de Reestruturação e Expansão das Universidades Federais — o qual tem trazido certo mal-estar nos fóruns educacionais pelo fato de muito se falar em aumentos estatísticos de cunho quantitativo, mas pouco se tem feito pelo fator qualitativo. Em outros termos: mais expansão, mais universidades, mais professores, mais alunos, e ainda pouco dito sobre qualidade — palavra mestra em tempos de aligeiramento e precarização da Educação Superior que vivenciamos, o que compromete o tripé ensino-pesquisa-extensão — diferencial magno desse nível de ensino para com os demais.

O que se critica também dentro desse processo de reforma é que ainda há forte investimento dos governos federal e estaduais no ensino superior privado (PROUNI, FIES, Nossa Bolsa) amparados pela ideia de democratização do ensino superior, mas não público e não de qualidade. Essa realidade é facilmente constatada ao verificarmos o forte crescimento do ensino à distância, bem como a supremacia do número de instituições de Educação Superior privadas sobre as públicas, que em números do INEP (2008) totalizam-se 2.016 instituições privadas e 236 públicas. Trata-se de uma disparidade inaceitável visto a gama de possibilidades que um país como o Brasil suporta.

Precisamos sim de acessibilidade e democratização da Educação Superior de ordem PÚBLICA. Precisamos sim de maiores investimentos em nossas universidades federais e estaduais de modo que elas possam se expandir e cumprir um aparato de questões como produção acadêmica, compromisso social (não mera e unicamente mercadológico), desenvolvimento sustentável, atenção ao diálogo intercultural, investimentos em extensão que (re)signifique o papel da ciência, da tecnologia em prol de sociedades mais justas e inclusivas, menos burocratização, mais incentivo em políticas de patente, mais investimento e valorização do professor, mais investimento e incentivo à Educação Presencial (não querendo desmerecer a Educação à Distância, mas temendo uma retomada do método Lancasteriano em que o conhecimento chega aos estudantes em doses homeopáticas).

Junto a essa discussão acerca da qualidade desvela-se o SINAES – Sistema Nacional de Avaliação do Ensino Superior — que, anunciado pelo MEC em abril de 2004, propunha discutir a melhoria da qualidade da educação superior, além de orientar a expansão do sistema educacional. O que aconteceu foi que muito do proposto não vem sendo efetivado, e geram, como consequência, iniciativas de boicote, em especial ao ENADE (Exame Nacional de Desempenho dos Estudantes), já que a perspectiva avaliada gira em torno apenas das respostas dos alunos seguindo ainda uma lógica de ranqueamentos, patenteando novamente a educação como mercadoria dentro de uma perspectiva de competição ao invés de colaboração/ recíproca social, perspectiva essa reforçada, segundo os críticos, com Lei de Inovações Tecnológicas que vem atender a interesses do mercado.

A Educação Superior Pública hoje com garantia de acessibilidade, qualidade e permanência é um anseio nacional. Prova disso são as propostas aprovadas na Conferência Nacional de Educação (CONAE 2010) em Brasília no período de 28 de março a 1º de abril, as quais não têm valor de Lei, mas são referências bases para a constituição de programas de governo ou projetos de lei que venham a atender esse clamor social. Enquanto isso, vamos todos nos inteirando do que temos de modo que possamos subsidiar a luta pelo que queremos nesse setor.

Uma questão importante que não podemos deixar de discutir ao se falar em política de acesso e de inclusão universitária refere-se ao ProUni[35] — Programa Universidade para Todos, que visa à ocupação, a partir da injeção de verbas públicas, de vagas ociosas em universidades privadas por estudantes de baixa renda. A intenção aparente é a inclusão desses jovens na Educação Superior, por outro lado, o que se questiona é o porquê do investimento do dinheiro público no setor privado, visto que tal prática não é tão inclusiva como parece, pois existem custos altíssimos (moradia, alimentação, deslocamento e outros) que o ProUni não alberga e geram a desistência de muitos contemplados pelo programa que optam por fazer o mesmo curso em menos tempo, à distância e bem mais em conta financeiramente.

Em toda essa configuração contextual um ponto positivo é a reformulação do ENEM (Exame Nacional do Ensino Médio) que dez anos depois de sua primeira versão ganha uma faceta muito interessante que é a possibilidade de usar este exame para que o aluno concorra ao ingresso em várias universidades, inclusive as federais, por meio de uma única prova. Apesar dos benefícios é preciso ressaltar que o nível das questões do ENEM ainda está muito distante do que se ensina em nossas escolas de Educação Básica, mas não deixa de ser uma iniciativa que faz com que todas elas acordem da pasmaceira histórica do LEC[36] (ler, escrever e contar) em prol de uma educação para o pensar, agir e repensar diante de determinada situação — problema consciente e dialético.

Sob a alcunha de novo ENEM, no ano de 2009 o exame já passou a contar com 180 questões de múltipla escolha distribuídas nos seguintes grupos: Linguagens, Tecnologia (Ciências Exatas), Ciências da Natureza (Ciências Biológicas) e Humanidades (Ciências Humanas). Nesse cenário ganha espaço o SiSU — sistema de seleção unificada — um sistema informatizado, gerenciado pelo Ministério da Educação (MEC), por meio do qual as instituições públicas de educação superior participantes selecionam novos estudantes exclusivamente pela nota obtida no Exame Nacional de Ensino Médio (Enem).

Talvez com essa iniciativa diminua a procura pelo FIES, Programa de Financiamento Estudantil, destinado a financiar o curso de graduação no Ensino Superior de estudantes com renda insuficiente para custear sua

---

35 O ProUni – Programa Universidade para Todos foi instituído em 2004 pelo Governo Federal do Brasil com a proposta de oferecer a alunos de baixa renda bolsas de estudo (integrais ou parciais) em faculdades privadas, concedendo a essas isenção de alguns tributos fiscais.

36 Termo utilizado para designar a consistência do ensino jesuítico no período colonial do Brasil.

formação e estejam regularmente matriculados em instituições privadas, cadastradas no Programa e com avaliação positiva do MEC. É mister ressalvar que o Fies também é alvo de críticas, pois também é um programa que denota uma política de investimento no setor privativo ao invés do público. Esse torna-se mais um argumento que vem justificar o alto crescimento do número de IES privada, as quais albergam uma maciça maioria dos estudantes matriculados nesse nível de ensino e é óbvio que não são os da classe que detém poderio econômico, já que esses ocupam as cadeiras universitárias das mais tradicionais universidades públicas do país, em especial as federais. Ou seja, mudaram-se os tempos, os termos, as formas, mas a ideologia nas entrelinhas de cada uma dessas novas ideias, desse "novo (velho) paradigma" é exatamente a mesma impregnada desde o surgimento da escola no Brasil: excludente, estratificadora, mercadológica, (neo)liberal.

Não é a intenção, frente às colocações, negar que todas essas novas formas de reestruturação do cenário da educação superior brasileira não se faz um divisor de águas importantíssimo. O que se intenciona é lançar pistas de reflexão no entorno de toda essa conjuntura, bem como dos valores a ela inerentes de modo que possamos pensar em indicadores de qualidade que sustentem uma práxis a altura exigida e merecida nesse nível de ensino, afinal, ainda é, ao menos em teoria, o centro de excelência educacional, em que depositamos nossas expectativas frente à produção de novos saberes pertinentes à humanidade, em especial em tempos de dinâmica temporal, tecnológica, comunicativa, científica e cultural. A pesquisa e a extensão precisam ter espaços mais privilegiados dentro dessas instituições, ou, então, qual caráter diferencial entre o Ensino Médio e o Ensino Superior? Sobre isso, é pertinente dar ênfase ao papel do Conselho Nacional de Desenvolvimento Científico e Tecnológico (CNPq/MCT) que visa a promoção e o fomento do desenvolvimento científico e tecnológico do país por meio do financiamento de pesquisas científicas e tecnológicas nas diversas áreas do conhecimento, com bolsas e auxílios. Eis o *locus* do contraponto: como financiar pesquisas de qualidade, sem um Ensino Superior (de graduação ou pós-graduação) de qualidade? Se abrirmos aqui um parêntese para dialogar sobre quantidade de pesquisas realizadas e patenteadas no país, também perceberemos um número relativamente pequeno visto o potencial que temos, o problema é que temos poucas universidades ou centros universitários e muitas faculdades (a maioria privada) e, como sabemos, as faculdades são desobrigadas da pesquisa e da extensão, centram-se apenas no ensino.

Trata-se, pois, de um árduo, mas necessário desafio de empreendimento, uma luta em prol da garantia da qualidade do sistema educacional brasileiro, em especial no tocante às nossas IES, as quais não podem se isentar do papel de educar, produzir, inferir, discutir, investir no educador e no educando, pesquisar questões de ordem individual, social, intelectual, técnica e moral, deve buscar inserir-se num processo de reciprocidade social e fazer valer suas funções magnas de academia e é sob tais aspectos que o sistema de avaliação nacional deve pautar-se oferecendo a essas instituições condições de analisar e reestruturar novos parâmetros de qualidade, seja no âmbito público ou privado. O que não pode mais acontecer é a permanência desse viés ideológico com um tom perigosamente intrínseco de autoritarismo que sucumbe as possibilidades reais de uma Educação universitária inclusiva com garantia de acesso, permanência e qualidade de ensino, com menos frustrações e mais possibilidade de ascensão pessoal e profissional como forma de abrandamento das desigualdades sociais. É preciso crer que esse seja o ideal daqueles que lutam dia após dia por uma universidade pública, gratuita, democrática, laica e socialmente referenciada, articulando ensino, pesquisa e extensão, um diferencial que se ausentou no período inaugural dos cursos superiores no Brasil e que ainda hoje são poucas as iniciativas plausíveis em torno dessa questão. Isso porque muitas iniciativas realizadas não têm grande aceitação pelo fato dessas não serem coerentes com os anseios da sociedade. Mas isso é algo considerado normal visto que somos fruto de um ensino fragmentado em que a prioridade era a preparação técnica, racional, específica que, paulatinamente, acentuasse a sociedade histórica e ideologicamente dual. Mudar essa face, talvez seja o desafio central a ser enfrentado e a pesquisa científica pode, com certeza, desde que qualificada, ser peça fundamental nesse desígnio: Tomamos como desafio central da educação superior a produção de conhecimento próprio com qualidade formal e política, capaz de postá-la na vanguarda do desenvolvimento (FAVERO, 1989).

> A alma da vida acadêmica é constituída pela pesquisa, como princípio científico e educativo, ou seja, como geração de conhecimento e de promoção da cidadania. Isso lhe é essencial, insubstituível. Tudo o mais pode ter imensa significação, mas não exige instituição, como a universidade, nem mesmo para apenas ensinar. Qualquer um de nós tem como tarefa, tarefa histórica, assumir o seu tempo, integrar-se, inserir-se no seu tempo [...]. O futuro não é a pura repetição de um presente de insatisfações. O futuro é algo que se vai dando e esse "se vai dando" significa que o futuro existe na medida em que eu ou nós mudamos o presente. E é mudando o presente que a gente fabrica o futuro; por isso, a história é possibilidade e não determinação. (FREIRE; apud GADOTTI, 1991: 137)

Cabe reiterar que existem muitos cursos de educação superior no Brasil, mas seria ingênuo dizer que todos os cursos são desse nível, uma vez que os que existem — sejam públicos ou privados — ainda carecem de reformas urgentes sejam nas políticas internas ou externas, seja na pedagogia e na valorização dos profissionais que neles atuam, na possibilidade dos educandos. Enfim, é preciso que deixem a verdadeira identidade — mesmo que a "sempre assombrosa síntese das contradições nossas de cada dia" — fluir pelo cenário social. Só então, ela — a Educação Superior — será reinventada sob a luz de nosso clamor: democrática, significativamente produtiva e nossa — por direito.

10.1.3 | Considerações Finais: a guisa de desfecho com foco na transcendência

> *Precisamos, nós todos, assumir o compromisso magno de lutar, pesquisar, produzir, participar e partilhar pela Universalização e Qualidade da Educação Superior do Brasil.*
> (A autora)

À guisa de desfecho, mas com foco na transcendência, sumariamente retomemos a ideia central que aflorou o limiar desse intento: *Ensino Superior Brasileiro: a histórica busca pela universalização e pela qualidade.* Em meio a tantas idas e vindas pelo princípio, meio e fluxo atual da Educação Superior brasileira vislumbra-se um desafio macro que venha, efetivamente, concorrer para a dinamização de sua universalização e qualidade pautado em um redimensionamento do caráter cidadão da universidade. Nesse ínterim, ressalte-se que não adianta pensarmos em novas formas de se conceber a Educação Superior brasileira lamentando as deformações herdadas de nosso moroso processo de evolução educacional, o que precisamos, em caráter de urgência, é repensarmos as reformas atuais do Ensino Superior brasileiro e nelas visualizarmos os princípios da reinvenção que balize consciência do passado, olhar concatenado no presente e propósitos concrescíveis para o futuro. Fora disso, reiteremos o que fora aludido logo nas palavras de abertura desse capítulo quando se sugere compreensão fundamentada dos aspectos cronológicos (início, meio e fluxo atual) do contexto histórico da Educação Superior para não decairmos nas falácias histórica e idelogicamente engendradas.

Eis o compromisso de todos nós: lutar, pesquisar, produzir, participar e partilhar por essa questão.

REFERÊNCIAS

BRASIL. *Lei de Diretrizes e Bases da Educação Nacional – LDB Lei n. 9.394/96.*

CHAUÍ, Marilena. A universidade operacional. *Folha de S. Paulo*, 9 de maio de 1999, Caderno Mais p. 5-3. (texto 4).

CUNHA, Maria Isabel da. *O professor universitário na transição de paradigmas.* Araraquara: JM Editora, 1998.

CURY, C. R. J. *Educação e contradição*. São Paulo: Cortez/Autores Associados, 1985.

FÁVERO, M. L. A. et al. *A Universidade em Questão. Polêmicas do nosso tempo*. v. 29. Ed. CORTEZ, São Paulo, 1989.

FREIRE, Paulo. *Pedagogia da esperança – um reencontro com a pedagogia do oprimido.* 6ª ed. São Paulo: Paz e Terra, 1992.

FRETAG, Bárbara. *Educação, escola e sociedade*. São Paulo: Ática, 1986.

GADOTTI, Moarcir. *Convite à leitura de Paulo Freire.* 2ª ed. São Paulo: Editora Scipione, 1991.

GALEANO, Eduardo. *O livro dos abraços.* 5ª ed. Porto Alegre: L & PM, 1997.

GUIRALDELLI Júnior, Paulo. *História da educação*. São Paulo: Cortez, 1994. 2ª ed. (Col. Magistério. 2° grau. Série Formação do Professor).

HERNÁNDEZ, Fernando. *Transgressão e mudança – projetos de trabalho*. Porto Alegre: Artmed, 1998.

INEP: http://www.inep.gov.br/superior/censosuperior/default.asp.

RIBEIRO, Maria I. Santos. *História da educação Brasileira – a organização Escolar*. Campinas: Autores Associados, 1998 (Col. Memória da Educação).

SCHMIDT, Mário. *Nova História Crítica*. 2ª ed. São Paulo: Nova Geração, 2002.

11 | EDUCAÇÃO DE JOVENS E ADULTOS

"Por um ensino de qualidade"

Prof.ª Walérya Caminha

INTRODUÇÃO

Vivemos em um mundo globalizado, todos os dias nos deparamos com transformações no âmbito econômico, social e político. Para enfrentar a realidade é preciso um processo de educação que garanta formação de um modo amplo, desenvolvendo habilidades para o trabalho, para o convívio social e que ajude no exercício da cidadania e foi com base nisso que a Educação Continuada veio para contribuir com o desenvolvimento: cultural, social, afetivo e intelectual, dos Jovens e Adultos.

Ao se falar sobre Educação de Jovens e Adultos se introduz a Educação Continuada, sendo aquela que se realiza ao longo de toda a vida de um ser humano, relacionando-se com a ideia de construção do ser. Trabalhando com a aquisição do conhecimento e aptidões, bagagem individual: atitudes e valores próprios de cada ser, promovendo um aumento da capacidade de discernir e agir. Essa concepção de educação envolve todo o universo da experiência humana.

Educação continuada associa-se à própria característica individual dos seres humanos, capacidade de conhecer e querer aprender mais. Segundo Behrens (1996, p. 135) "A essência na formação continuada é a construção coletiva do saber e a discussão crítica reflexiva do saber fazer".

Antigamente a educação era apenas direcionada a uma certa fase da vida: a infância, enquanto para o adulto só lhe restava o trabalho. Tais rotulações vão se rompendo à medida que o mercado de trabalho passa a exigir atualização dos conhecimentos e também à medida que a expectativa de vida das pessoas aumenta, passando a ter um peso crescente na economia do país.

Com base nisso, nos últimos anos, vem crescendo o reconhecimento de que existem muitas outras formas de aprendizagem que têm melhorado a condição e o acesso à educação para os jovens e adultos.

Algumas empresas passam a assumir tarefas de qualificação profissional para ajudar na escassez da educação. Entretanto, é a escola que tem o maior dever que é o de garantir que o seu educando adquira habilidades e atitudes que o tornem apto para aprender sempre e de forma autônoma.

Existem países que enfrentam problemas de déficits em relação à educação básica obrigatória, mas, mesmo assim, esses países ainda dedicam recursos à promoção de oportunidades educativas para os adultos visando não só a qualificação profissional, mas também a formação para a cidadania.

Em nosso país, existem jovens e adultos que participam desses programas de aprendizagem continuada, tanto no que se refere à qualificação profissional quanto ao desenvolvimento pessoal.

A Unesco (Organização das Nações Unidas para a Educação, a Ciência e a Cultura), atende a ideia de Educação Permanente, tendo como firmamento os desafios diante de um mundo que vive em constantes transformações, sendo assim, é necessária a adaptação do ser humano a estas mudanças, fazendo com que as práticas educativas se voltem para o processo de transmissão de mudanças sociais.

Um campo importante para as práticas educativas tem sido a educação popular que se tem renovado ao longo dos anos e tem incorporado novos aspectos, no que se refere à natureza cultural e às novas condições de democracia. O seu conceito está voltado à ideia de um trabalho educativo direcionado às classes populares e que tem por sentido a ideia de organização, mobilização e ganhos de consciência, visando à transformação das suas condições de vida.

A ONU (Organização das Nações Unidas) vêm a somar com a Educação Continuada, pois a ONU é um movimento que une o respeito e a valorização dos direitos humanos, promovendo a defesa dos direitos sociais e culturais do ser humano.

Com oportunidades sociais adequadas, os indivíduos podem efetivamente moldar seu próprio destino e ajudar uns aos outros. Não precisam ser vistos, sobretudo, como beneficiários passivos de engenhosos programas de desenvolvimento. Existe, de fato, uma sólida base racional para reconhecermos o papel positivo da condição de agente livre e sustentável. (SEN, 2000, p. 26)

Toda essa ação amplia as ações de liberdade, aumenta a capacidade participativa desse adulto. Isso só comprova que a Educação Continuada garante a formação para a vida e desenvolvimento humano em todos os sentidos, afinal, a realização das potencialidades de um adulto é parte integrante de toda uma prática social.

Mas para que a Educação Continuada chegue a todos é necessário a universalização da educação básica e a abertura de oportunidades de formação acessíveis ao conjunto da população.

A Educação de Jovens e Adultos – EJA define-se como um processo contínuo de organização de grupos para a discussão de temas transversais (de diferentes assuntos) e para a efetivação do direito de cidadão (tomada de decisões).

Existem vários programas vinculados à modalidade da Educação de Jovens e Adultos. Há possibilidade de participar desses programas, coletando nomes de adultos que tenham o desejo de retomar os estudos, assim estará realizando o sonho de muitos em parceria com a Secretaria de Educação do seu município. Desse modo, por meio dos programas, projetos e ações no campo: social e cultural, pode-se resgatar um direito social muito importante: a cidadania.

11.1 | EDUCAÇÃO E ALFABETIZAÇÃO

11.1.1 | O que é Educação?

Segundo o Novo Dicionário Aurélio da Língua Portuguesa, educação é o processo de desenvolvimento da capacidade física, intelectual ou moral da criança e do ser humano em geral, visando à sua melhor integração individual e social. Todos nós contribuímos para a sua existência quando aprendemos algo de construtivo e o ensinamos.

11.1.2 | O que é Alfabetização?

Alfabetização é o processo pelo qual as pessoas aprendem a ler e a escrever. Entretanto esse aprendizado vai muito além de transcrever a linguagem oral para a linguagem escrita. Alfabetizar-se é muito mais do que reconhecer as letras e saber decifrar palavras. Aprender a ler e a escrever é apropriar-se do código linguístico gráfico e tornar-se de fato um usuário da leitura e da escrita. (CAGLIARI, 1989)

Um dos motivos que pode levar o adulto a sentir receio em aprender a ler é o risco que acarreta toda aprendizagem: a vergonha e medo de não ser capaz, de quem, por já possuir uma certa idade, não está autorizado a errar. Todos esses fatores podem influenciar de modo negativo na aprendizagem desse adulto. Entretanto, sabemos que no processo de aquisição da aprendizagem errar faz parte, esse é o risco que o alfabetizando tem de correr e sua perseverança é o que irá fazê-lo alcançar seus objetivos.

A alfabetização é a aquisição da escrita, por um processo de construção do conhecimento, que se dá num contexto discursivo de interlocução e interação, por meio do desvelamento crítico da realidade, como uma das condições necessárias ao exercício da plena cidadania: exercer seus direitos e deveres frente à sociedade global. (FREIRE, p. 59, 1996)

Mas é claro que pode acontecer que o adulto decida que não vale a pena todo esforço, e isto por várias razões. Uma delas pode ser uma falta de motivo para aprender a ler, já que este ache que não precise da leitura para exercer o seu trabalho.

A alfabetização não pode ser reduzida a um aprendizado técnico-linguístico, como um fato acabado e neutro, ou simplesmente como uma construção pessoal intelectual. A alfabetização passa por questões de ordem lógico-intelectual, afetiva, sociocultural, política e técnica. (FREIRE, p. 60, 1996)

A maioria desses adultos desempenha tarefas predominantemente operacionais que não exijam escolaridade, como as funções de: costureira, pintor etc. E esse pode ser o motivo que os levem a pensar que não precisem da leitura para exercerem o seu trabalho. Faço aqui jus as palavras de Lindeman(1926), quando ele nos ensina sobre os cinco pontos-chave para a Educação de Jovens e Adultos:

1. Adultos são motivados a aprender à medida que experimentam que suas necessidades e interesses serão satisfeitos. Por isto estes são os pontos mais apropriados para se iniciar a organização das atividades de aprendizagem do adulto.

2. A orientação de aprendizagem do adulto está centrada na vida; por isso as unidades apropriadas para organizar seu programa de aprendizagem são as situações de vida e não disciplinas.

3. A experiência é a mais rica fonte para o adulto aprender; por isto, o centro da metodologia da educação do adulto é a análise das experiências.

4. Adultos têm uma profunda necessidade de serem autodirigidos; por isto, o papel do professor é engajar-se no processo de mútua investigação com os alunos e não apenas lhes transmitir seu conhecimento e depois avaliá-los.

5. As diferenças individuais entre pessoas cresce com a idade; por isto, a educação de adultos deve considerar as diferenças de estilo, tempo, lugar e ritmo de aprendizagem.

No filme *O Curioso Caso de Benjamin Button* vemos as fases da vida se inverterem. Benjamin nasce velho com a mente de criança, ou seja, ainda em processo de aquisição. Graças a uma maturação biológica e a adaptação ao meio social, Benjamin estaria maduro no que se refere aos aspectos da percepção e motricidade, assim é com um adulto.

A aprendizagem de um adulto é algo que deve ser voltado para o seu cotidiano e não apenas se fixar em conteúdos.

> *Que a educação seja o processo por meio do qual o indivíduo toma a história em suas próprias mãos, a fim de mudar o rumo dela. Como? Acreditando, no educando, na sua capacidade de aprender, descobrir, criar soluções, desafiar, enfrentar, propor, escolher e assumir as consequências de sua escolha.*

> *Mas isso não será possível se continuarmos bitolando os alfabetizandos com desenhos pré-formulados para colorir, com textos criados por outros para copiarem, com caminhos pontilhados para seguir, com histórias que alienam, com métodos que não levam em conta a lógica de quem aprende.* (FUCK, pp. 14 e 15, 1994)

A melhor maneira de alfabetizar um adulto é esquecer a cartilha.

> *Por isso a alfabetização não pode se fazer de cima para baixo, nem de fora para dentro, como uma doação ou uma exposição, mas de dentro para fora pelo próprio analfabeto, somente ajustado pelo educador. Esta é a razão pela qual procuramos um método que fosse capaz de fazer*

instrumento também do educando e não só do educa-dor e que identificasse, como claramente observou um jovem sociólogo brasileiro (Celso Beisiegel), o conteúdo da aprendizagem com o processo de aprendizagem. Por essa razão, não acreditamos nas cartilhas que pretendem fazer uma montagem de sinalização gráfica como uma doação e que reduzem o analfabeto mais à condição de objeto de alfabetização do que de sujeito dela. (FREIRE, 1979, p. 72)

No processo de alfabetização dos adultos, trabalhar com o cotidiano utilizando temas da atualidade é o mais indicado.

Os alunos da EJA são pessoas com personalidade formada, trabalhe com coisas que façam parte da realidade deles, temas como: notícias de jornal, culinária, lista de compras, só assim sua aula obterá resultado, pois você terá alfabetizado utilizando assuntos reais.

11.2 | OBJETIVOS E METAS COM A EDUCAÇÃO

O objetivo pretendido aqui é instigar a reflexão de uma educação trans-formadora e social, uma educação cidadã que forme indivíduos aptos a exigir seus direitos e exercer seus deveres.

Educar é um processo paralelo e de criação, portanto, é necessário romper com padrões repetitivos, dissociados da realidade dos alunos.

O objetivo da EJA é explorar alternativas que favoreçam a integração do alfabetizando com os conteúdos que lhe serão transmitidos.

A EJA procura compor um sistema no qual o aluno e o meio social estejam absolutamente articulados:

⇒ Estimular o alfabetizando a criar em parceria com seus alunos o conteúdo a trabalhar;

⇒ Incentivar professor e aluno a se posicionarem de maneira crítica diante da realidade em que vivem;

⇒ Buscar desenvolver uma consciência desalienada e favorecer o desenvolvimento do censo crítico essencial para a prática da cidadania.

Existem diferentes modalidades de educação de adultos (formal, não formal e a informal), sendo oferecidas em diversos locais (igrejas, centros comunitários, instalações de trabalho etc.).

O acesso à educação e aprendizagem para adultos é um aspecto fundamental ao direito à educação e facilita o exercício ao direito de participar na vida cultural, econômica, política, artística e científica.

A Educação de Jovens e Adultos não é uma segunda chance de educação e sim uma oportunidade do aluno da EJA atuar desalienadamente na sociedade.

11.3 | HISTÓRIA DA EJA/FATORES LEGISLATIVOS E OS NÍVEIS SOCIAIS E CULTURAIS DOS JOVENS E ADULTOS

A Educação de Jovens e Adultos formal surgiu no Brasil apenas com a vinda dos jesuítas aproximadamente em 1549 com a chegada de alguns padres da Companhia de Jesus ao Brasil, início da colonização portuguesa. Seu principal objetivo era catequizar os gentios.

Hoje, a história em torno da Educação de Jovens e Adultos (EJA) vem apresentando mudanças ao longo de todos esses anos, passamos por transformações sociais, econômicas e políticas que refletiram nos diferentes momentos históricos do nosso país.

Ao analisarem toda a trajetória da Educação de Jovens e Adultos, verifica-se que ocorreram grandes avanços, entretanto, alguns problemas ainda existem devido à falta de uma política educacional específica que constantemente sofre mudanças.

Também conta-se, infelizmente, com alguns professores dessa modalidade de ensino que ainda não dispõem de propostas pedagógicas específicas voltadas para essa realidade.

Somente depois da 2ª Guerra Mundial é que a Educação de adultos foi firmada como independente do ensino elementar.

De acordo com Paiva (*apud* Gadotti, 1995, p. 31), a Educação de Adultos, em âmbito histórico, pode ser dividida em três períodos:

1º. De 1946 a 1958, quando foram realizadas campanhas nacionais de iniciativa oficial para erradicar-se o analfabetismo;

2º. De 1958 a 1964. Em 1958 foi realizado o 2º Congresso Nacional de Educação de Adultos, tendo a participação marcante de Paulo Freire. Esse congresso abriu as portas para o problema da alfabetização que desencadeou o Plano Nacional de Alfabetização de Adultos, dirigido por Paulo Freire e extinto pelo Golpe de Estado de 1964.

3º. O MOBRAL, que foi concebido como um sistema que visava ao controle da alfabetização da população, principalmente a rural. Com a redemocratização (1985), a "Nova República" extinguiu o MOBRAL e criou a Fundação Educar. Assim sendo, a Educação de Adultos foi enterrada pela "Nova República".

Os alunos da EJA são: pais, mães, filhos, ou seja, homens e mulheres, trabalhadores, empregados, desempregados... em busca de um novo olhar. São sujeitos sociais e culturais, privados do acesso à cultura letrada. Estes são excluídos do sistema de ensino. Muitos nunca foram à escola e se foram repetiam diversas vezes, mas acima de tudo são sujeitos de direitos.

É fundamental aceitar esses sujeitos, para que possamos interagir com eles e com os conteúdos a serem trabalhados.

A Educação de Jovens e Adultos dentro desse contexto torna-se mais que um direito, torna-se uma exigência. Esses adultos precisam participar ativamente do exercício de seus direitos na sociedade, desenvolvendo assim a sua cidadania.

Educação é um direito de todos, por que privar o direito de estudar daqueles que não o obtiveram na idade certa?

A LDB – Lei n. 9.394/96

Art. 37. *A educação de jovens e adultos será destinada àqueles que não tiveram acesso ou continuidade de estudos no ensino fundamental e médio na idade própria.*
§ 1º. Os sistemas de ensino assegurarão gratuitamente aos jovens e aos adultos, que não puderam efetuar os estudos na idade regular, oportunidades educacionais apropriadas, consideradas as características do alunado, seus interesses, condições de vida e trabalho, mediante cursos e exames.
§ 2º. O Poder Público viabilizará e estimulará o acesso e a permanência do trabalhador na escola, mediante ações integradas e complementares entre si.

Art. 38. *Os sistemas de ensino manterão cursos e exames supletivos, que compreenderão a base nacional comum do currículo, habilitando ao prosseguimento de estudos em caráter regular.*
§ 1º. Os exames a que se refere este artigo realizar-se-ão:
I. no nível de conclusão do ensino fundamental, para os maiores de quinze anos;
II. no nível de conclusão do ensino médio, para os maiores de dezoito anos.
§ 2º. Os conhecimentos e habilidades adquiridos pelos educandos por meios informais serão aferidos e reconhecidos mediante exames.

Art. 39. *A educação profissional, integrada às diferentes formas de educação, ao trabalho, à ciência e à tecnologia, conduz ao permanente desenvolvimento de aptidões para a vida produtiva.*

Isso quer dizer que ela se prontifica a contribuir com o desenvolvimento humano, bem como a preparação dos alunos ao ingresso no mundo profissional. Isso se chama preparação para inserção no mundo do mercado.

A Constituição de 1934 estabeleceu a criação de um Plano Nacional de Educação, que indicava pela primeira vez a educação de adultos como dever do Estado, incluindo em suas normas a oferta do ensino primário integral, gratuito e de frequência obrigatória, extensiva para adultos.

No Plano de Desenvolvimento da Educação, tem como um dos objetivos e prioridades: garantia de ensino fundamental a todos os que não tiveram acesso na idade própria ou que não o concluíram. A erradicação do analfabetismo faz parte dessa prioridade, considerando-se a alfabetização de jovens e adultos como ponto de partida e intrínseca desse nível de ensino. A alfabetização dessa população é entendida no sentido amplo de domínio dos instrumentos básicos da cultura letrada, das operações matemáticas elementares, da evolução histórica da sociedade humana, da diversidade do espaço físico e político mundial da constituição brasileira. Envolve, ainda, a formação do cidadão responsável e consciente de seus direitos.

A educação de jovens e adultos propõe o cumprimento de uma importante função social no sentido de tentar reparar as desigualdades causadas pela evasão escolar e assegurar a cidadania dos alunos excluídos do seu direito de estudar.

Segundo FREIRE (2002), a prática pedagógica precisa estar vinculada aos aspectos históricos e sociais dos educandos. Dessa maneira a Educação de Jovens torna-se um eficiente instrumento de inclusão social e garante o processo de autossustentabilidade.

Pensando nisso torna-se urgente criar uma proposta de educação de jovens e adultos que garanta o conhecimento a todos.

> *É obrigação do Estado assegurar aos jovens trabalhadores o direito à educação pública, gratuita e de qualidade social, garantindo que ela se dê, prioritariamente, com o aproveitamento da estrutura pública de ensino, capacitada nos planos teórico-metodológico, profissional e material para o atendimento pedagógico adequado às especificidades dessa modalidade de ensino.* (GENTILI, 2003, p. 64)

A meta pretendida aqui é formar homens e mulheres conscientes, criativos e transformadores, tornando-os produtores de sua própria história.

11.2 | AO PROFESSOR DE EJA

O professor que tem uma turma de EJA sabe da dificuldade que é manter o interesse dos alunos que muitas vezes chegam esgotados de um dia de trabalho. É sua a mais fascinante responsabilidade de planejar uma aula, porém, não uma aula qualquer, mas aquela aula, a que terá relação com a vida de seu aluno.

Um grande desafio para o professor de Jovens e Adultos é acabar com o medo que a escola causa a muitos, logo nos primeiros dias de aula: carteiras enfileiradas, sem proximidade com o colega, e de cara um professor que fala o tempo todo e não dá sequer chance aos seus alunos de se pronunciarem e ainda por cima só passa tarefas para casa o tempo todo, sabendo que já é difícil a vida do aluno de uma classe de EJA. A impressão que irá causar em seus alunos é a de que só quer enrolar a aula.

> [...] Além de incrementar seus conhecimentos e atualizá-los, esforçar-se por praticar os métodos mais adequados em seu ensino, proceder a uma análise de sua própria realidade pessoal como educador, examinar com autoconsciência crítica sua conduta e seu desempenho, com a intenção de ver se está cumprindo aquilo que sua consciência crítica da realidade nacional lhe assinala como sua correta atividade. (PINTO, 2000, p. 113)

É importante que cada professor prepare o terreno de cada atividade. Se pretende passar um vídeo para a turma, antes distribua textos aos seus alunos sobre o tema do vídeo, isso provocará na sala uma breve preliminar do filme, ambos discutirão e ficarão ansiosos para a sessão. Terminado o filme, pergunte qual foi a cena mais marcante, emocionante para cada um deles. Fazendo dessa forma, você estará mostrando aos seus alunos que existe um mundo além do quadro e do giz no qual eles podem passear a vontade: entrevistando uns aos outros, discutindo ideias, dando o seu ponto de vista, enfim, viajando...

O educador, de verdade, mostra aos seus alunos que o conhecimento em si, não está apenas no livro em suas mãos, mas em tudo o que o cerca, no seu cotidiano.

Todo professor de EJA sabe que evitar evasão de seus alunos não é uma tarefa fácil. Os poucos que ainda se matriculam chegam com uma autoestima ameaçada. O estudante sente vergonha de nunca ter estudado ou ter parado de estudar há muitos anos, sem esquecer do medo desconhecido que muitos carregam consigo.

Algumas ações podem ser tomadas para evitar que seu aluno se desestimule:

Encoraje-o, mostre que a atitude de voltar a estudar não deve ser motivo de vergonha, mas de orgulho. Ajude o seu aluno a identificar que ele tem um valor individual e único.

Elabore aulas dinâmicas e estimulantes. Esteja atento para não só ouvir seu aluno e sim escutá-lo.

Mostre que a aula é um momento de troca de saberes entre todos no qual ele tem voz e vez.

Trabalhe em parceria com seus alunos.

Alterne os dias para se trabalhar com diferentes temas.

Num dia, trabalhe a matemática, leve-os para darem uma volta na escola, calcule o tamanho e espaço pelo qual eles caminham todos os dias. No outro dia, trabalhe ciência e por aí vá diversificando. Reveja também seus métodos de avaliação, pense que assiduidade e participação são os pontos que mais deverão contar em sua avaliação.

Considerando a própria realidade de seus alunos, você, educando, conseguirá promover uma educação motivadora e de qualidade, despertando neles interesse e entusiasmo.

> [...] discutir com os alunos a razão de ser de alguns desses saberes em relação com o ensino dos conteúdos. Por que não aproveitar a experiência que tem os alunos de viver em áreas da cidade descuidadas pelo poder público para discutir, por exemplo, a poluição dos riachos e dos córregos e os baixos níveis de bem-estar das populações, os lixões e os riscos que oferecem à saúde das gentes. Por que não há lixões no coração dos bairros ricos e mesmo puramente remediados dos centros urbanos? (FREIRE, 2006, p. 30)

O professor de EJA deve deixar de ser um simples transmissor de conteúdo e sim assumir o papel do qual lhe foi confiado, o de orientador e acima de tudo facilitador da aprendizagem. Ou seja, fazendo uma leitura de mundo, na busca de perceber as necessidades dos alunos e os instrumentos que eles devem dominar para conhecer sua realidade e perceber-se como sujeito dessa realidade para, de forma consciente, interagir em uma sociedade que está em constante transformação.

Quando se é professor de uma classe de EJA é imprescindível reconhecer os diferentes grupos sociais que não são escolarizados e seus saberes, e reconhecer suas diferenças e semelhanças. Pois são homens e mulheres que já têm construídas visões de mundo, já têm suas estruturas mentais elaboradas.

Trabalhar com EJA é levar em conta os saberes dos educandos e seus limites.

> *Conhecer a prática docente do professor que atua no campo específico da educação de jovens e adultos torna-se necessário também à compreensão específica deste tipo de ensino quanto à possibilidade de intervenções que objetivem uma educação de qualidade* (acesso, permanência e aquisição de conhecimentos básicos à vida e ao trabalho. (GUIDELLI, 1996, p. 13)

Procurar conhecer os adultos e descobrir o interesse de cada um é um grande passo.

Observe sua turma, isso irá contribuir para que você consiga um resultado satisfatório.

Construa em conjunto as estratégias de ensino e aprendizagem.

Respeite as preferências de seu aluno.

O professor espera a existência de uma metodologia perfeita, adequada a todos os adultos, deixe de sonhar, isso nunca existiu e nunca existirá, a não ser que as pessoas mudem e se tornem todas iguais. Sabemos que isso não irá acontecer, as diferenças existem e elas são contadas no processo de aprendizagem de cada aluno.

Confiar em uma metodologia milagrosa é perca de tempo, a sua experiência é o que vai somar nesse aspecto, a sua habilidade pedagógica.

Reflita sobre sua prática, aprofunde seus conhecimentos. Participe de oficinas, se atualize. Somente abrindo sua mente para essas novas técnicas pedagógicas, a esses programas de ensino a fora, você poderá conhecer, compreender e, o mais desejado, atender às necessidades e dificuldades do seu aluno.

A educação de jovens e adultos requer do educador conhecimentos específicos no que diz respeito ao conteúdo, metodologia, avaliação, atendimento, entre outros, para trabalhar com essa clientela heterogênea e tão diversificada culturalmente (Arbache, 2001, p. 19).

CONCLUSÃO

Educação, direito de todos. Nunca é tarde para aprender. Até dentro das prisões isso se torna possível. É importante investir na educação de jovens e adultos para a superação das desigualdades.

Nessa perspectiva, busca-se uma verdadeira política pública de educação de jovens e adultos e que ela possibilite uma formação de cidadãos críticos e ativos, na qual docentes e discentes possam juntos refletir sobre que tipo de conhecimento está se produzindo e quais orientações devem ser implantadas no decorrer do processo.

A Educação de Jovens e Adultos deve ser pensada de forma diferente das outras modalidades educacionais. A formação do profissional da Educação de Jovens e Adultos pode representar um importante fator para um possível sucesso das políticas de acesso e permanência para essa modalidade de ensino, pois, mediante a ação consciente do educador torna-se possível desenvolver um trabalho voltado para a realidade desse aluno, o que pode garantir a permanência dele, que antes podia – se encontrar excluído desses sistemas educacionais.

Para que isso ocorra é importante que o professor tenha uma formação adequada de acordo com as especificidades da alfabetização e dos diversos conhecimentos frente às diferentes concepções e visões de mundo de cada um dos seus alunos.

O desafio então é pensar em formação continuada, tanto para o educador, quanto para o educando, levando o educando a assumir uma atitude de busca do conhecimento, necessário para sua integração no mundo do trabalho, procurando especialização, seja em cursos de magistério, ou pedagogia, contanto que procurem práticas que estejam condizentes com as características que desejamos para o educador de Jovens e Adultos.

Trabalhar com jovens e adultos é estar aberto para conhecer seus educandos, é estabelecer junto a eles um projeto do que e como aprender. É saber que, apesar de estarmos apreendendo sempre, temos um papel diferenciado. Espera-se que o professor de EJA: agregue conhecimento com seus alunos; oriente-os; anime-os; mantenha o grupo unido; escute-os; compreenda-os, descubra o que eles se interessariam em aprender, impulsione a curiosidade e respeite-os.

Todos podem e devem contribuir para o desenvolvimento da EJA: órgãos competentes, as escolas, a comunidade, para acabar com essa evasão.

Ao entrar em um curso de Educação de Adultos, o aluno não estará apenas sendo alfabetizado, mas terá acesso a vários conhecimentos que serão de extrema importância para conhecer melhor o mundo em que vive e poder agir sobre ele com consciência.

REFERÊNCIAS

Alfabetização e cidadania n. 19. Julho de 2006. *Revista de Educação de Jovens e Adultos.* Disponível em http://unesdoc.unesco.org/images/0014/001465/146580POR.pdf. Acesso em junho de 2009.

ANDRADE, Márcia Regina de. *Educação de jovens e adultos*: estratégias e metodologias para uma sustentabilidade local. Disponível em http://www.cereja.org.br/arquivos_upload/marciaregina-eja_estrategias_metodologias.pdf.

ARBACHE, Ana Paula Bastos. *A formação do educador de pessoas jovens e adultas numa perspectiva multicultural crítica.* Rio de Janeiro: Papel Virtual, 2001.

BARBOSA, José Juvêncio. *Alfabetização e leitura.* 2ª ed. São Paulo: Cortez, 1998.

BAVIER, Ramiro. *Professores da EJA resgatam autoestima.* Disponível em http://secom.to.gov.br/noticia.php?id=623. Acesso em junho de 2009.

BERNARDINO, Adair José. *Exigências na formação dos professores de EJA.* Disponível em: http://forumeja.org.br/sc/files/Exig%C3%AAncias%20na%20forma%C3%A7%C3%A3o%20dos%20Professores%20da%20EJA.pdf. Acesso em: 10/12/09.

BRANDÃO, Carlos Rodrigues. *O que é educação.* São Paulo: Brasiliense, 1981.

CARMELATO, Denise Maria. *Formação de professores em EJA.* Disponível em: http://www.ufrgs.br/faced/pesquisa/niepeeja/pefjat/formacao_professores_eja.pdf. Acesso em: 25/01/10.

DAVIES, Nicholas. Plano Nacional de Educação: muito discurso, nenhum recurso. In: TEIXEIRA, Lucia Helena G. [Org.]. *LDB e PNE: Desdobramentos na política educacional brasileira.* São Bernardo do Campo: UMESP, 2002. 143 p. (Cadernos Anpae; Ano 1, n. 1, agosto de 2002).

DEMO, Pedro. *A nova LDB*: ranços e avanços. 19ª ed. Campinas: Papirus, 2006.

FERREIRA, Aurélio Buarque de Holanda. *Minidicionário da Língua Portuguesa.* 3ª ed. Rio de Janeiro: Nova Fronteira, 1993.

FERREIRA, Rubens Alves; DUARTE, Márcia Maria Nascimento Baptista. *Políticas públicas voltadas para a educação de jovens e adultos: construindo a educação para todos.* Disponível em: http://74.125.113.132/search?q=cache: f2OoJJgMPMYJ: www.ufscar.br/~crepa/ICREPA/formacao/POLITICAS_PUBLICAS_VOLTADAS_PARA_A_EDUCACAO.doc+politicas+publicas+voltadas+para+a+eja+rubens+alves&cd=1&hl=pt-BR&ct=clnk&gl=br acesso em: 12/12/09.

FINCHER, David. *O Curioso Caso de Benjamin Button.*

FREIRE, A. M. A. *Analfabetismo no Brasil*: da ideologia da interdição do corpo a ideologia nacionalista, ou de como deixar sem ler e escrever desde as Catarinas (Paraguaçu),

Filipas, Madalenas, Anas, Genebras, Apolônias e Graças até os Severinos. 3ª ed. São Paulo: Cortez, 2001.

FREIRE, Paulo. *Pedagogia da Autonomia: Saberes necessários à prática educativa.* São Paulo: Paz e Terra, 2006.

_____. *Pedagogia do oprimido.* 17ª ed. Rio de Janeiro: Paz e Terra, 1987.

_____. *Pedagogia dos sonhos possíveis.* São Paulo: Editora da UNESP, 2001.

HADDAD, Sérgio. *A educação continuada e as políticas públicas no Brasil.* Disponível em: http://www.oei.es/noticias/spip.php?article985. Acesso em 05/01/10.

LINDEMAN, Eduard. C. *The Meaning of Adult education.* New York, New Republic, 1926.

LOPES, Selva Paraguassu; Sousa Luzia Silva. EJA: uma educação possível ou mera utopia? Disponível em: http://www.cereja.org.br/pdf/revista_v/Revista_SelvaPLopes. pdf. Acesso em: 17/11/09.

PINTO, Álvaro Vieira. *Sete lições sobre educação de adultos.* 11ª ed. São Paulo: Cortez, 2000.

ROCHA, Halline Fialho da; Karl, Helena de Azevedo; Veiga, Marise Schmidt; Guimarães, Michele. *As práticas educativas na educação de jovens e adultos.* Disponível em: http:// www.pedagogiaemfoco.pro.br/jovens01.html. Acesso em: 18/10/09.

SANTOS, Edicleia Aparecida Alves dos; Stremel, Margareth Leonardi Kuhn; Oliveira, Rita de Cássia da Silva. *A necessidade de reinventar a história da educação de jovens e adultos no Brasil.* Disponível em: http://www.cereja.org.br/arquivos_upload/edicleia_marga-reth_rita_necessidade_%20reinventar_eja.pdf. Acesso em 09/01/10.

SEN, Amartya. *Desenvolvimento como liberdade.* São Paulo: Cia. das Letras. 2000.

SEQUEIROS, Leandro. *Educar para a solidariedade*: projeto didático para uma nova cultura de relações entre povos. Porto Alegre: Artmed, 2000.

SEXTA CONFERÊNCIA INTERNACIONAL DE EDUCAÇÃO DE ADULTOS. *Vivendo e aprendendo para um futuro viável*: o poder da aprendizagem e da educação de adultos. Belém do Pará, Brasil 19-22 maio de 2009.

VIEIRA, Maria Clarisse. *Fundamentos históricos, políticos e sociais da educação de jovens e adultos – Volume I: aspectos históricos da educação de jovens e adultos no Brasil.* Universidade de Brasília, Brasília, 2004.

12 | EDUCAÇÃO E LEITURA

Prof. Rodrigo Avelar

INTRODUÇÃO

Durante o decorrer da história humana, o homem foi desenvolvendo de forma natural e gradual o desejo pela comunicação. Com a complexificação da estrutura da vida humana, o ato de comunicar passou não só a ser um caminho natural do desenvolvimento humano, mas também uma necessidade. Esse movimento resultou no advento da escrita, pois a linguagem oral não mais satisfazia as solicitações da sociedade em busca da informação, do conhecimento.

Por se constituir como uma habilidade primordial para o desenvolvimento contínuo da sociedade, o ato de comunicar é visto dentro do prisma da leitura, competência que se tornou indispensável para ela. Pode-se dizer que, nos dias de hoje, não há comunicação sem leitura, pois a forma escrita passou a ser o meio mais importante de obtenção de informações e conhecimentos, alcançando um maior número de pessoas, muito mais do que quando foi inventada, pois além dos livros, jornais, revistas e outros impressos, existe hoje a divulgação de materiais escritos por meio eletrônico, sendo o mais responsável a rede mundial de computadores, a Internet.

Depois de uma série de trabalhos que buscaram trazer à tona aspectos da leitura que são deixados de lado, como, por exemplo, o principal responsável por ela existir, o próprio homem, reúnem-se aqui todos os pontos de vista a fim de confrontá-los com a atual prática educativa das escolas de nosso país.

Com isso, procura-se focar no processo de leitura em si, delineando os caminhos que são tomados a partir de um olhar que considera o homem dentro da estrutura do ato de ler. A partir disso, são denominados os vários aspectos que devem nortear o entendimento do processo de leitura, levando a sua definição à leitura crítica, que é considerada como o nível a ser alcançado pelo leitor para a excelência nessa competência.

Entendendo a leitura como uma habilidade que tem função social e tendo a escola o papel de desenvolvê-la em seu nascimento durante a formação do indivíduo, é necessário que se estabeleça a relação entre educação e o ato de ler de forma mais profunda. Por conta disso, efetua-se uma análise sobre o pensamento do profissional de educação sobre a leitura, estabelecendo relações com a formação, e, principalmente, com o indivíduo que exerce a função de educador, fato que acontece dessa forma para seguir a linha da variável do homem no processo.

12.1 | A LEITURA E A ESCOLA

A escola, na concepção que se conhece, é tida como o espaço em que o indivíduo vai adquirir conhecimentos, sendo estes integrantes da cultura que circula dentro da sociedade, lugar em que esta é formulada, seja como saberes populares, denominado como senso comum, e os saberes científicos, tendo em mente que esses dois ramos do saber dependem um do outro, isto é, possuem uma relação dialética.

O que acontece na escola, sendo traduzido como o seu objetivo principal, é o ato de educar. Tendo isso em mente, retoma-se o olhar que foi trabalhado em pesquisas anteriores, colocando a leitura como o caminho pelo qual o homem faz-se existir dentro da sociedade, justamente por essa relação dialética em que se baseia o mundo hoje.

Segundo o conceito colocado acima, tornando o indivíduo uma variante importantíssima no processo de leitura, e tendo esse mesmo como integrante da relação entre escola e leitura, é impossível pensar na estrutura leitura + escola = educação sem colocar o homem e o seu processo de existir, tornando a estrutura um pouco maior: homem + leitura + escola = educação.

Por isso, é importante analisar esse processo por meio de um olhar existencialista, buscando elucidar a importância dessa estrutura e o seu resultado final, que deve ser a educação. Ao pensar nisso, tem-se a educação como "o projeto de conscientização do mundo, de hominização, mesmo porque homem e mundo são elementos inseparáveis" (SILVA, 2005, p. 77).

Essa ideia de ter a educação como projeto é construída pela relação entre o ato de comunicar e o ato de ler, sendo por meio desta união que o indivíduo irá buscar sua existência, ou seja, em sua trajetória de vida ele estará constantemente buscando vir-a-ser, marcando sua existência por sua atitude de sujeito-leitor.

> *O fenômeno da educação ocorre no interior do fenômeno da existência humana, pois a educação somente se concretiza no homem, pelo homem e para o homem que, por meio dos objetos de sua percepção, mostra (aponta para) um horizonte externo. Esclarecendo: a totalidade dos objetos da percepção está unida ao campo total de percepções e cada objeto surge como uma figura especial no horizonte de significados. A percepção real dos objetos inclui, necessariamente, o seu horizonte. Dessa forma, há vários horizontes no mundo para o homem à medida que vai percebendo os diferentes objetos da cultura. (SILVA, 2005, pp. 76-77)*

Ao analisar essa fala, tem-se presente aqui a visão fenomenológica, em que a educação é tida como um fenômeno que ocorre dentro do fenômeno da existência humana. Por isso, dá-se aqui uma pequena pausa no entendimento do ato de ler dentro da educação para melhor entender o que vem a ser o ato de educar dentro dessa perspectiva.

A educação, exposta aqui, ganha um sentido de "exercício da liberdade do homem para estruturar o seu projeto de existência" (SILVA, 2005, p. 77), o que traz à tona a necessidade de se pensar o que vem a ser a "liberdade" aqui colocada. Pode-se dizer que o indivíduo, na sua busca pela comunicação, vai acessar os conhecimentos que adquiriu e os outros que circulam pelo ambiente, procurar entendê-los usando seu ponto de vista, sua percepção, transformando e comunicando novos conceitos para outrem.

Desse pensamento surge, permeando esse fenômeno da comunicação, a liberdade que se caracteriza nos acontecimentos como um todo. Isso se dá pelo fato de o homem ter autonomia para construir essa relação de acordo com o seu olhar, isto é, sua perspectiva, que aqui são representados pelos objetos de percepção. É evidente que, a partir desse conceito, surgem vários horizontes diferentes, os significados, o que irá caracterizar esse movimento totalmente livre, permitindo a percepção de outros significados dentro de uma mesma cultura ou conhecimento, e, por conseguinte, esse fato se aplica à educação, pois o ato de comunicar está inserido nela.

> *A existência humana se realiza pela dialética homem-*
> *-mundo. Educação é o resultado dessa dialética; como tal*
> *evidencia-se como sendo um projeto pelo qual o homem*
> *"apreende" os significados que estão em circulação no*
> *interior do seu mundo histórico e cultural. Esta "apreensão"*
> *é dialética porque o homem somente existe enquanto dia-*
> *loga — no diálogo recorrente das várias épocas a verdade*
> *plena vai paulatinamente abrindo caminho por meio do*
> *choque de posições antagônicas [...].* (MERLEAU-PONTY,
> 1972, apud SILVA, 2005, p. 77, grifo do autor)

Como já citado anteriormente e reforçado novamente, homem e mundo têm uma relação dialética, ou seja, para que o processo de existência se desenvolva de forma plena é necessário que esse diálogo aconteça. Partindo dessa interação, o indivíduo será capaz de apreender os vários significados presentes no ambiente em que vive, e a partir disso desmistificar as verdades existentes, possibilitando visões novas, outros caminhos que podem ser seguidos.

Com isso, se torna fundamental salientar o caráter de mundo a que esse pensamento se refere, sendo este um ambiente histórico e cultural. Esse modelo proporciona ao homem o revisitar, isto é, voltar no tempo e trabalhar com as verdades absolutas do seu ambiente e procurar entendê-las, considerando também os aspectos culturais de sua época, o que sempre vai permitir a descoberta de outros significados para um mesmo significado. Muitas vezes, o diálogo que mais produzirá resultados serão aqueles em que as visões são antagônicas, gerando uma busca mais profunda e consistente sobre essas visões.

Por conta desses fatores, o homem é capaz de firmar sua existência, pois essa dialética homem-mundo possibilita o ato de comunicar, sendo assim que o indivíduo registra seus pensamentos e os transmite, fazendo com que outros pensem sobre o seu pensamento e formulem seus próprios conceitos.

> *Mas homem e mundo sempre se configuram num con-*
> *texto histórico e cultural; sendo assim "um" mundo que*
> *não esgota ou abarca todos os mundos, isto é, o mundo*
> *presente não é a única possibilidade. É por isto mesmo*
> *que educação é "projeto" (mais do que processo), pois,*

*recuperando os significados em circulação no contexto
social, pode propor outros, abrindo perspectivas para novas
formas de existência.* (SILVA, 2005, p. 77, grifo do autor)

A noção de processo usada para a existência e para a educação nesse momento se descaracteriza, pois é possível notar que no olhar fenomenológico, há uma estrutura fenomenal, complexa, que vai interferir em vários aspectos da vida humana e social. Para que haja uma melhor adequação a esse conceito, vê-se a educação como um projeto, e, conseguintemente, a existência também. Isso se dá pelo que acontece dentro da estrutura, como já citado, onde o indivíduo vai propor novos caminhos a partir de outros já existentes na sociedade.

Essa constatação não elimina a noção de processo, pois ele está presente dentro desse projeto, mas é preciso ter uma visão maior, tendo em vista que não ocorre apenas um processo, mas sim vários que fazem com que o projeto de existência flua de forma satisfatória.

Por conta disso, Silva (2005) não trata da educação como um mero descobrir, mas sim como a transformação do homem e do mundo. Nesse raciocínio também se emprega a libertação, pois o homem é obrigado a se movimentar, dar um significado para o outro, no intuito de estabelecer o projeto de transformação.

*Realmente, se a educação for tomada como "projeto",
a importância das mensagens escritas e do ato de ler
torna-se bastante evidente. Uma mensagem escrita deixa
de ser o mero conteúdo informativo para se transformar
no "pretexto" (condição) para a formação da consciência
crítica. Mais especificamente: o documento escrito deixa
de ser o simples instrumento de produção que o professor
fornece ao aluno, para transformar-se num "a partir de", vei-
culador da tradição histórica e cultural, passada e presente.
(Idem, ibidem, p. 78)*

Analisando essa ideia, a importância da leitura na educação, e, por conseguinte, a sua ligação, é totalmente elucidada. Se o ato de ler é o principal veículo de transmissão de pensamentos e ideias no mundo de hoje, estabelecendo o projeto existencial do autor, têm-se a ideia de que o mesmo caminho que foi percorrido pela pessoa que formulou seja seguido por quem está descobrindo essas ideias agora, como leitor. E é por meio da educação que esse projeto se desenha, pois o indivíduo irá ler, pensar nos significados a partir de suas perspectivas, e após esse processo formular novos significados, o que acarretará novos conceitos que se aplicam a sua realidade histórico-cultural.

Por meio da leitura, o homem exercita a dialética da libertação, podendo empregá-la no seu projeto existencial, que terá como consequência a transformação do seu ambiente e de si próprio, o que pode ser traduzido como o ato de ler como condição para transmitir tradições culturais e históricas do passado e do presente.

> No diálogo educacional e, portanto, existencial, a mensagem escrita assume o papel de um horizonte cultural possível, tendo algo a dizer ou uma ideia significativa a propor. Representa, pois, o "ponto de partida" — a partir dele o professor e o aluno desenvolvem a reflexão para a conscientização. Funciona, metaforicamente falando, como um trampolim para o mergulho no conhecimento; e deixa de ser conhecimento dado ou "pronto-à-mão", verdadeiro ou absoluto (o que poderia caracterizar ou gerar um tipo de leitura mecânica ou decorativa). (SILVA, 2005, p. 78, grifo do autor)

Um ponto de contradição pode ser observado nas ações que ocorrem dentro do diálogo educacional. Para que a leitura seja efetiva e leve o leitor a um ato de transformar-se, e, consequentemente, transformar o meio, o modo de trabalhar o ato de ler, levando a reflexão para a conscientização deve ser incorporado ao trabalho do educador. Tendo isso em mente, e ao traçar um paralelo entre o que fazer e o que é feito na educação, estabelece-se uma relação antagônica, em que teoria e prática não se encontram, trazendo prejuízos para a formação do homem-leitor dentro do projeto de existência.

Esse pensamento vai ao encontro do que diz Andraus Junior e Santos (1999), afirmando que a escola não tem colaborado para o encaminhamento dos jovens para a leitura, pois priorizam os textos institucionalizados e acadêmicos, que pelas suas características não contribuem para transformar e prolongar essa atividade em algo prazeroso.

Ao tomar o ser humano como base para o desenvolvimento da leitura, no intuito de formar novos leitores, deve-se considerar as variáveis que serão envolvidas nisso, o que torna essa formação singular, isto é, cada um irá se tornar leitor por um caminho diferente, segundo a sua leitura sensorial, emocional e racional.

> Para que as palavras continuem dizendo cada vez coisas distintas, para que uma eternidade sem consolo abra o

*intervalo entre cada um de seus passos, para que o devir
do que é o mesmo seja em sua volta a começar, de uma
riqueza infinita, para que o porvir seja lido como o que nunca
foi escrito... "Deve-se dar as palavras que recebemos."*
(LARROSA, 2003, p. 117, grifo nosso, tradução nossa[37])

Por conta desse pensamento, deve-se mudar a atitude do profissional
que dirige a educação: o educador. Considerando esses fatores apresentados no decorrer deste trabalho, a leitura não é um caminho único, em
que os leitores devem pensar e concluir a mesma coisa, mas sim pensar
o que foi escrito e formular o seu próprio significado, o que vai delinear
o seu perfil no que diz respeito ao projeto de existência. Nesse ponto o
homem e o ato de ler se unem em um constante vir-a-ser por meio do
pensamento.

Ao ver isso, percebe-se que a figura do educador atual se contrapõe
à linha de pensamento desenvolvida, pois este é um impositor de ideias,
ou seja, aquele que faz o caminho contrário ao projeto existencial, pelo
simples fato de transmitir o significado tal e qual foi concebido por ele
em seu projeto.

Esse comportamento é destacado por Avelar (2008) como desrespeito
ao conhecimento do educando, uma vez que não percebe que todos têm
uma bagagem originada de sua vivência diária em comunidade e em família. Pode-se ver que os atos do educador não estão condizentes com o
projeto existencial, o que caracteriza um desrespeito ao que o educando
já conhece.

> *[...] Numa meditação que, em vez de "sentidos profundos"
> e de "erudição, exige apenas a coragem do simples, o que
> se mostra é que o homem, aquele que na sua essência
> "tem a palavra", perdeu a palavra de todas as palavras. E a
> perdeu porque diz sem pensar a palavra "ser" como o mais
> vazio de todos os vazios, sem, no entanto, conseguir jogá-la
> totalmente fora, porque para fazê-lo teria que perder a sua
> própria essência.* (HEIDEGGER, 2000, p. 96, grifo do autor)

Com esse olhar, pode-se colocar esse desrespeito aos saberes do educando como um desrespeito ao projeto do outro, impedindo um indivíduo
de marcar sua existência na sociedade, ou, melhor, não permitindo que ele

---

37 *Para que las palabras duren diciendo cada vez cosas distintas, para que una eternidad sin
consuelo abra el intervalo entre cada uno de sus pasos, para que el devenir de lo que es lo
mismo sea, en su vuelta a comenzar, de una riqueza infinita, para que el porvenir sea leído
como lo que nunca fue escrito... hay que dar las palabras que hemos recibido.*

exista. Por analisar a escola e a leitura sob essa perspectiva, fica bem claro que, por todos os elementos da estrutura fenomenológica interagirem, influindo um sobre o outro, as consequências não são apenas no âmbito escolar, mas sim sobre toda a vida do sujeito-leitor na sociedade. Pensar por outro vai contra todos os conceitos desse pensamento, que no seu âmago privilegia a total liberdade de expressão e de ressignificação de conceitos.

Por isso, há a necessidade de mudança dentro do ambiente escolar, para que as exigências da sociedade sejam cumpridas pelo formando, e também pelo próprio formador, que talvez não conheça a leitura a partir desta perspectiva.

12.1.1 | Leitura: uma nova ação educativa

Fica constatado, após reflexões contínuas sobre o ato de ler, o homem e a educação, que se faz urgente uma mudança de atitude do educador, que não privilegia em sua atuação no âmbito educacional a relação natural e dialética entre homem e mundo. Nesse mesmo caminho, fica ferida também a própria relação entre educador e mundo por meio de sua prática, já que segundo Freire (1996) a prática educativa deve ser crítica e envolve um pensar dinâmico, dialético entre o fazer e o pensar sobre o que fazer.

Por conta disso, tem-se uma ligação íntima entre a prática educativa crítica e a educação, pois ambas caracterizam-se por uma estrutura complexa, que implica relacionamentos, em que cada elemento funciona como variável para o outro.

Ao pensar nesse modo complexo de ver os elementos que levam o ser humano a delinear seu projeto de existência, inicia-se o processo de mudança por um lugar óbvio: a formação do educador.

> No geral, essa formação, de uma forma mais profunda, e tida nas universidades, que, por sua vez, tem-se inculcado no pensamento como "o lugar em que o leitor se apresenta como uma figura constante: leitura em casa, leitura na sala de aula, leitura na biblioteca". (ANDRAUS JUNIOR; SANTOS, 1999, p. 48)

Esse pensamento é uma verdade, ou até algo maior, uma necessidade do profissional em formação, pois o ato de ler se efetua por meio da necessidade pela busca de conhecimento para nortear a prática. Isso significa que desenvolver atitude de pesquisador é importante para que o profissional seja bem formado e logo após sua graduação passe a formar com qualidade.

Contudo, sabe-se que há algo mais a ser mudado no profissional, que é exatamente a mentalidade, ou melhor, o "pôr em prática" a prática educativa crítica, elemento que, talvez, não seja só despertado pela universidade, mas sim ao longo da vida escolar do educando.

Foca-se aqui na universidade pelo fato de ser o local responsável pela busca de conhecimento mais especializado, e, por conseguinte, ser o lugar de onde vêm as pessoas com capacidade crítica, ou com maior possibilidade de desenvolvê-la, e ter as ferramentas para a mudança de rumo em sua área de atuação.

> [...] O simples conhecimento "erudito" de seus conteúdos é tão destituído de história quanto a adaptação de seu conteúdo para as necessidades diárias. A posse bibliotecária dos escritos dos pensadores não garante que sejamos capazes, ou dotados, para seguir no pensamento que aí foi pensado. Mais essencial do que conservar e possuir integralmente o escrito do pensador é relacionar-se, mesmo que à distância, com o a-se-pensar no pensamento do pensador [...]. (HEIDEGGER, 2000, p. 52, grifo do autor)

É preciso colocar aqui o que vem a ser o conhecimento erudito, que nada mais é do que o saber científico que circula no curso superior. Contudo, o pensamento que permeia essa fala é algo bem maior, tendo profunda ligação com o projeto de existência dentro da leitura. Várias teorias são apresentadas no decorrer da vida acadêmica, mas é fato que para uma boa formação é necessário mais do que apoderar-se delas para a prática, mas sim dialogar com as ideias do autor, buscando o que ele quer dizer para assim poder transformar o a-se-pensar no pensamento do escritor em um vir-a-ser da prática profissional do educador.

Mas novamente se tem a figura da variável humana no projeto, que vai atender a busca profissional aquilo que se acha certo, seja isso bom para a sociedade ou não. Por isso, a mentalidade se torna, às vezes, mais importante que o conteúdo. Freire (1996) cita o comprometimento como fator primordial, pois não se pode exercer o magistério como se nada acontecesse ao indivíduo educador. Seguindo esse pensamento, não só ocorrem coisas com o educador, como também com o educando e com a sociedade.

Ao internalizar isso, o educador estará preparado para assumir as exigências que constituem no cumprimento de um novo papel da educação no que diz respeito à leitura. Estar preparado para uma mudança no olhar sobre o ato de ler exige esvaziamento e consideração ao olhar do educando, abrindo-se a múltiplas vertentes, tornando-se, como exalta Freire (1996), um educando, para vir-a-ser um educador.

[...] Uma primeira diz respeito ao seu criador (emissor): o texto deve ser "expressivo" do diálogo existencial entre o seu criador e o mundo, isto é, "representativo" da sua caminhada para fora de si mesmo, da sua penetração em horizontes da cultura. Sendo expressivo, estará sendo "original". Sendo representativo, estará sendo "relativo": "um" homem, "um" ponto de vista. (SILVA, 2005, p. 78, grifo do autor)

Isso pode se traduzir como o respeito ao educando, e, consequentemente, a estrutura fenomenal de leitura e educação. Um pensamento nunca irá se tornar único se não for respeitada pelo educador essa exigência. De acordo com Silva (2003), se o educador for adepto do lema que leitura é pura tradução da escrita do autor, ele irá privilegiar isso por meio de sua prática.

O educador deve se livrar de velhos paradigmas e ter a educação como um fator que influencia a sociedade, e, assim, privilegiar a leitura criativa, sendo esta que estabelecerá a relação homem-mundo por meio do processo de significação original, ou seja, única, e relativa, isto é, diversificada a partir do olhar do indivíduo que a originou.

A segunda exigência diz respeito ao contexto no qual o documento escrito se insere. O contexto não é outro senão o mundo histórico, cultural e existencial. O documento deve objetivar esse mundo a fim de permitir a "observação" por parte do aluno-leitor; deve, em outras palavras, expressar o mundo em sua significação, simbolizando a sua estrutura. (SILVA, 2005, p. 79, grifo do autor)

Para que se entenda de forma plena o documento escrito, o educador deve propiciar ao educando todo um contexto histórico, o que dará as condições de ação por parte do indivíduo, a fim de tornar claras as significações escondidas nas entrelinhas. Todo documento tem conceitos camuflados que podem aparecer à medida que se conhece o que estava ocorrendo na sociedade quando o texto foi redigido, o que ele representou para a época.

Por isso, a leitura criativa é focada novamente em sua significação, em que o indivíduo que efetua o ato de ler "é aquele que interpreta um texto à luz do seu contexto, estabelecendo relações entre as ideias produzidas e a vida concretamente vivida em sociedade" (SILVA, 2003a, p. 41). Esse homem será capaz de visualizar situações na estrutura social, que, como já comentado acima, normalmente estão escamoteadas, o que torna possível que haja contradições na realidade social em curso.

> *A terceira exigência da mensagem é que ela deve voltar-se ao aluno-leitor. Não basta ao documento escrito ser expressivo do ser-no-mundo, é necessário que ele se constitua numa "tentativa de comunicação com o outro", pois o "texto" só se manifesta à medida que é lido. Comunicativo é, então, o documento que provoca, questiona, interpela e dá a sua palavra, levando em conta a presença do leitor em situação de aprendizagem.* (SILVA, 2005, p. 79, grifo do autor)

Nesse caminho, um documento deve suprir as necessidades dos educandos, sendo esse tipo de texto que lhe atrairá e deixará motivado a continuar sua caminhada na busca pelo seu projeto existencial. O desinteresse vai acontecer a partir do momento em que o documento escrito não oferecer significado ao indivíduo, o que pode tornar a leitura improdutiva e, até, prejudicial. Entende-se o prejuízo numa visão micro, ou seja, para o indivíduo, e numa visão macro, para a sociedade, que não se beneficiará de outra significação para produzir o conhecimento.

Andraus Junior e Santos (1999) colocam que o leitor pode exercer o papel de sujeito ou objeto do ato de ler, tendo ligação com a postura crítica ou acrítica que venha a ter frente ao texto lido. Para que o indivíduo não se torne objeto da leitura é necessário que ele não apenas retenha as informações, mas sim as trabalhe para extrair os significados e enxergue se há conexão entre realidade e escrita, expressando-os à sociedade da forma que ele entenda como correta.

> *A quarta exigência diz respeito à linguagem, código por excelência, por meio da qual veicula-se a mensagem escrita. Esta deve constituir-se, antes de mais nada, no "campo de compreensão" diálogo. Deve ser "criativa" para o emissor (isto é, permitindo-lhe expressividade máxima) e "simbólica" para o leitor, ou seja, permitindo-lhe a atribuição de significados. Estas são funções que cabem ao código somente por força de expressão, pois na verdade a língua é produzida pelo homem e somente existe por meio dele.* (SILVA, 2005, p. 79, grifo do autor)

Retorna-se aqui a origem da escrita e seu principal objetivo para o seu criador, ou seja, o homem. Quando foi criada, a sua função principal era a de comunicar, tornando, assim, possível que os conhecimentos não se perdessem e possibilitassem que as outras gerações também se beneficiassem deles. Hoje não é diferente, e para tornar o olhar mais complexo, a linguagem escrita não só se desenvolveu em sua estrutura como também nos meios de disseminar-se: tornam-se cada vez mais comuns a propagação de textos em modos eletrônicos, além do impresso.

Contudo, essa maior facilidade de comunicar não implicará qualidade de leitura se o educador não mediar esse processo de maneira adequada. Silva (2003b) apresenta uma visão interessante, em que o profissional de educação deve se colocar como um ouvinte, orientando os educandos no intuito de aprofundamento, questionando e estimulando a produção de novas ideias partindo das significações obtidas pelo indivíduo.

Por conta disso, se torna mais importante o papel do educador, levando em consideração, na escolha dos textos, o que esse material transmite em seu código linguístico, isto é, se ele se comunica com eficácia e permite uma interpretação livre de vícios do emissor. Sua atitude de ouvinte deve estar presente na sala de aula, omitindo-se para melhor orientar, mas não deve omitir-se no momento de escolha, analisando os textos com atenção rigorosa em todos os aspectos.

> *Uma quinta e última exigência diz respeito à própria participação ou presença da mensagem escrita no diálogo educacional. Ela deve ser ABERTA a fim de permitir a concretização do diálogo. Isto é: a presença do documento escrito, na situação em que o homem se coloca para atribuir significados, significa uma QUESTÃO ou DÚVIDA. Como toda questão existe para ser respondida, a resposta à mensagem escrita é o próprio ATO DE LER, o exercício do leitor no diálogo educacional. (SILVA, 2005, p. 79)*

A leitura dentro do espaço educacional deve ser tratada como um ato de liberdade. Para que se obtenha uma resposta às significações atribuídas pelo autor, é necessário que se busque aquilo que irá satisfazer o leitor. Nesse caminho, o indivíduo participa do dialogo educacional, expressando seus pontos de vista e mostrando os caminhos que o levaram a ter esse posicionamento.

Por isso, Silva (2003a) coloca o dar liberdade aos leitores como o escutar os sentidos dados por estes e aproveitá-los pedagogicamente, e buscar sempre a união entre os significados e a compreensão cada vez mais aprofundada e refinada da realidade em que está contextualizada.

Ao situar a liberdade no projeto de existência, não há possibilidade de cada indivíduo projetar seu vir-a-ser no mundo sem libertar-se dos significados preestabelecidos. Isso deve ser internalizado pelo educador, que em sua prática deverá libertar o indivíduo do papel de aluno, apenas recebendo informações e significados, para se tornar um educando, sujeito de sua própria ação educativa, e assim desenvolver seu projeto de existência original e único.

> Assumindo ser o ensino um processo diretivo sob a responsabilidade e autoridade do professor, temos que a qualidade das unidades de leitura depende diretamente do conjunto de decisões tomadas antes, durante e depois da implementação delas com o grupo de alunos a serem ensinados numa determinada escola, sob determinadas condições e num tempo curricular normatizado pela rede de ensino a qual essa escola pertence (SILVA, 2003b, p. 20).

Constata-se aqui a importância do profissional de educação no processo de leitura, em que esse indivíduo deve ser capaz de organizar suas ações em benefício ao respeito devido ao educando, possibilitando que tudo o que fora desenvolvido nessas reflexões saia do quadro teórico para o prático.

O educador deve partir do princípio de análise de cada passo em sua prática, norteando suas ações em perguntas aparentemente simplórias, mas que vêm carregadas de significação do seu próprio "eu" e da sua visão como educador: "Por que do meu ensino de leitura?" "Para quem do meu ensino de leitura?" "O quê do meu ensino de leitura?" "O como do meu ensino de leitura?" "De que forma avaliar o meu ensino de leitura?"

Aqui surge a grande questão que envolve a leitura. O educador, tendo de respeitar e considerar várias etapas do ensino da leitura como deve ser feita, se vê, talvez, um pouco confuso sobre em que consiste o seu papel dentro da educação, se cada um tem de desenvolver seu projeto de existência e procurar caminhar com as próprias forças.

É justamente nesse momento que o profissional de educação tem de estar presente, não dando o significado pronto, mas, sim, dando os caminhos para que cada um encontre o seu significado frente ao texto. Por conta disso, dar-se-ão as palavras, mas o sentido, só o leitor saberá, e, assim, a leitura se caracteriza como a resposta aos questionamentos e dúvidas no caminho do indivíduo em busca de vir-a-ser dentro do mundo, e assim firmar sua existência dentro dele.

CONSIDERAÇÕES FINAIS

Este trabalho serviu para constatar que o ato de ler, por ser um projeto de existência, pode ser considerado também um ato de compreensão da vida, em que a relação entre leitor e texto não ocorre mecanicamente e sistematicamente, mas sim de maneira consciente, em que o indivíduo se localiza dentro da leitura em busca de significados que o trarão à possibilidade de reconstrução do conhecimento, torna, assim, cada projeto único.

Por conta disso, coloca-se aqui o objetivo principal do presente estudo, que seria o da análise do trabalho do educador no desenvolvimento do ato de ler dos educandos, que, segundo foi constatado, deve, a princípio, valorizar o ambiente social, refletindo-se nessa ação o respeito ao indivíduo como ser único e integrante de uma comunidade, que embora regida por leis e normas iguais tem suas características, o que dá a cada um essa singularidade.

Esse objetivo foi elaborado a partir da problematização e hipótese, referindo-se à atuação do educador perante a leitura no âmbito escolar. Foi constatado que os educadores, apesar de saberem da importância do ato de ler, pelo fato de terem passado pela universidade, tida como uma casa de leitores, a singularidade do indivíduo que se torna profissional de educação também interfere em sua área de atuação. A mentalidade dogmática prevalece em sua prática, o que não auxilia de forma alguma o desenvolvimento do educando em direção à leitura crítica e criativa, que são utilizadas frequentemente na universidade e na vida, momento em que se estabelecem os projetos de existência.

Fica comprovada a hipótese de que os educadores não têm dado o devido auxílio aos educandos no intuito de dá-los plena formação e domínio da habilidade de ler, tendo atitudes que levam a crer que há falta de comprometimento e respeito para com os discentes, que desenvolvem, a cada dia, seu vir-a-ser no mundo.

Por conta disso, é necessário que se efetue uma mudança de mentalidade, tornando a prática educativa mais adequada para esse fim, que é o de formar indivíduos que tenham competência no ato de ler para pensar, ressignificar e reconstruir os conhecimentos que irão direcionar o seu projeto existencial, firmando sua existência no mundo, e, conseguintemente, atuando de forma plena na sociedade.

REFERÊNCIAS

ANDRAUS JUNIOR, Salim; SANTOS, Acácia A. Angeli dos. Importância do desenvolvimento da leitura na formação profissional. In: WITTER, Geraldina Porto. *Leitura: Textos e Pesquisas.* Campinas: Alínea, 1999, pp. 37-53.

AVELAR, Rodrigo. Leitura e Autonomia na vida dos educadores e educandos. *Revista Enfoque*, Nova Friburgo; v. 2, n. 2, pp. 46-50, jan./jul. 2008.

FREIRE, Paulo. *Pedagogia da Autonomia: saberes necessários à prática educativa.* 37ª ed. São Paulo: Paz e Terra, 1996.

HEIDEGGER, Martin. *Heráclito: a origem do pensamento ocidental. Lógica. A doutrina heraclítica do logos.* 2ª ed. Rio de Janeiro: Relume & Dumará, 2000.

LARROSA, Jorge. Dar a leer... quizá – Notas para una dialógica de la transmisión. Trad. Rodrigo Avelar. In: OSWALD, Maria Luiza; YUNES, Eliana [Orgs.]. *A Experiência da Leitura.* São Paulo: Loyola, 2003, pp. 117-131.

SILVA, Ezequiel Theodoro da. *O Ato de Ler: fundamentos psicológicos para uma nova pedagogia da leitura.* 10ª ed. São Paulo: Cortez, 2005.

_____. *Trilogia Pedagógica – Leitura em curso.* Campinas: Autores Associados, 2003a.

_____. *Trilogia Pedagógica – Unidades de Leitura.* Campinas: Autores Associados, 2003b.

13 | EDUCAÇÃO ESPECIAL

"Mais que uma descoberta e um aprendizado: Um desafio!"

Prof.ª Bianca Guidini Santaguita
Prof.ª Adriana Soriano
Prof. Alexandre Vieira

INTRODUÇÃO

O dia a dia de uma escola especial é bastante diferente de um dia em uma escola regular. Estão envolvidos afazeres, atitudes e maneiras de condução de atividades que a torna diferente, mas que para aquela circunstância são tão naturais e corriqueiras que resultam na indagação: *"Alunos especiais com professores de grupos especiais ou professores especiais para alunos especiais?"*

Falar de pessoas especiais na educação é uma missão enriquecedora, pois faz perceber que a todo instante o que torna um educador especial não são só as pessoas que têm alguma necessidade educativa especial ao redor e sim a maneira que ele, educador, tem de olhar a tudo que o rodeia.

Normalidade, diferenças individuais – difícil tarefa é definir os limites. A tendência do novo milênio parece realmente ser a de derrubar barreiras, sobrepor preconceitos ou desinformações. Cada vez mais instrumentos legais têm sido criados com o intuito de oferecer às crianças e jovens brasileiros oportunidades indistintas de acesso ao ensino regular, independentemente de possíveis restrições motoras, sensoriais ou até mesmo intelectuais.

No Decreto n. 3.298 de 1999 da legislação brasileira, encontramos o conceito de deficiência como *"toda perda ou anormalidade de uma estrutura ou função psicológica, fisiológica ou anatômica que gere incapacidade para o desempenho de atividade, dentro do padrão considerado normal para o ser humano"*. Nos últimos anos, muito se tem discutido sobre o movimento de inclusão que o Governo Federal vem tentando implementar nos estabelecimentos do sistema regular de ensino (BRASIL, Constituição Federal, 1988). Os professores, que até então encaravam crianças com deficiências como uma realidade muito distante, agora são obrigados a fazer cursos e a se atualizar para recebê-las.

Até pouco tempo atrás, acreditava-se que crianças e jovens com deficiências teriam melhores resultados caso fossem atendidos por um sistema especial de ensino, inclusive no que se refere à educação física. Considerava-se que, em função das limitações, estes estudantes não poderiam se engajar irrestritamente, de forma segura e com sucesso, em atividades vigorosas de um programa de educação física convencional. Exigia-se que houvesse mudanças ou ajustes de metas, objetivos e instruções. Tal preceito, nos dias de hoje, não é premissa para a implementação e implantação de programas, dada a tendência de convivência manifestada pela sociedade, com base no modelo de direitos humanos e direitos sociais. Assim, emerge a necessidade de modificações profundas no sistema educacional brasileiro, de forma que o processo de inclusão extrapole a esfera legal e mostre-se na prática um instrumento poderoso de formação da cidadania e inclusão social.

13.1 | A EDUCAÇÃO ESPECIAL NO BRASIL – DIMENSÕES HISTÓRICAS E LEGAIS

Durante muitos séculos pessoas com deficiência foram consideradas pessoas doentes, as quais não tinham serventia alguma perante a sociedade. Moussatché (1997) descreve que as leis de Esparta e da Antiga Roma os condenava à morte. Na Europa Medieval existia uma ambivalência de atitudes, que ora os considerava como enviados divino, ora os condenava ao exílio, à fogueira como se fossem pessoas estigmatizadas com pacto com o demônio.

Em oposição a esse tipo de prática veio a institucionalização da escolaridade obrigatória, porém, devido ao fato de as escolas não terem preparação para oferecer aprendizagem a todos de forma igualitária, vieram os meios segregados e assistencialistas de ensino.

Segundo Mantoan (2003) a educação especial no nosso país teve início no século XIX, inspirada em modelos norte-americanos e europeus, na forma de ações isoladas e não governamentais. Mazzota (2003) divide a história da educação especial em três fases, sendo a primeira de caráter assistencialista, com o intuito maior de proteção, a segunda com caráter médico-terapêutico, e a terceira com caráter da integração dividida em dois momentos, o primeiro com intervenção centrada no aluno e a segunda centrada na escola. Na intervenção centrada no aluno, as crianças eram agrupadas em categorias, segundo um diagnóstico. O apoio era prestado em salas específicas, de modo a não causar qualquer perturbação na sala regular. Já na intervenção centrada na escola, passa a caber a esta a necessidade de responder à individualidade e às necessidades educativas especiais de cada criança. Assim, a integração no sistema regular de ensino mostra o objetivo de "normalizar" o indivíduo, tanto em níveis físicos, como funcionais e sociais. O princípio da normalização tinha como pressuposto básico a ideia de que toda pessoa com deficiência tinha o direito de experimentar um estilo ou padrão de vida que seria comum ou normal à sua própria cultura.

Ainda segundo Mazzotta (2003), a evolução da educação especial no Brasil pode ser subdividida em dois períodos distintos: primeiro de 1854 a 1956, com iniciativas oficiais e particulares e segundo de 1957 em diante, com iniciativas oficiais de âmbito nacional. O primeiro período inicia-se em 12 de setembro de 1854, quando o imperador D. Pedro II fundou, na cidade do Rio de Janeiro, o Imperial Instituto dos Meninos Cegos, posteriormente modificado para Instituto Benjamin Constant (IBC).

Já o segundo período inicia-se em 1957, quando o Governo Federal passa a criar campanhas voltadas especificamente para pessoas com deficiência. Foram criadas a Campanha para a Educação do Surdo Brasileiro em 1957 e a Campanha Nacional de Educação de Cegos em 1960.

Em 1994, a Conferência Mundial da UNESCO sobre Necessidades Educacionais Especiais (BRASIL, 1994) deixou claro que a exclusão nas escolas incentiva a discriminação, que a educação é questão de direitos humanos e que os indivíduos com deficiências devem frequentar as escolas, cabendo a elas modificarem-se para incluir a todos. A partir de então, com a aprovação da Declaração de Salamanca, diversos esforços começaram a ser movidos no sentido de tornar real o movimento de inclusão escolar no Brasil e em todo o mundo. Esses movimentos iniciados na década de 90 têm avançado de forma acelerada especialmente em países desenvolvidos, constatando-se que a inclusão bem-sucedida de alunos com deficiências ou outras necessidades educacionais especiais requer um sistema educacional diferente do atualmente disponível. Um exemplo de país desenvolvido no qual a inclusão acontece na maior parte dos estabelecimentos de ensino é a Noruega, onde 99% das crianças estudam em sistema inclusivo.

Após a assinatura da Declaração de Salamanca em 1994, o Brasil atravessa um momento de grandes revisões na área do atendimento a crianças com deficiências e uma das maiores discussões diz respeito à formação dos professores. No entendimento de alguns educadores, não seria necessário formar professores especializados no ensino para crianças com deficiências, já que esta tarefa passaria a ser de todos os professores, em vista do movimento de inclusão.

A principal ideia da Declaração de Salamanca foi sua "orientação inclusivista", considerando que as escolas regulares, ao atingirem a educação para todos, devem ser o ponto de partida para a criação de comunidades solidárias e de uma sociedade que seja capaz de incluir. Nesse novo conceito, a escola, em vez de encarar as diferenças como dificuldades, considera-as como oportunidades para a criação de um ambiente educativo mais rico para todos.

13.2 | ASPECTOS LEGAIS DA EDUCAÇÃO ESPECIAL NO BRASIL

Há alguns anos o Governo Federal vem tentando implementar um movimento inclusivo nos estabelecimentos do sistema regular de ensino. Em 1948 foi preconizado, legalmente, pela Declaração Mundial dos Direitos Humanos, o direito de toda pessoa à inclusão, atendendo às necessidades de negros, índios, pobres e todos aqueles comumente excluídos da sociedade ao direito de ter uma educação igualitária, assim como pessoas com deficiência.

A Lei de Diretrizes e Bases – LDB fundamentou em 1961 na Lei n. 4.024 (MEC/SEESP, 2007) o atendimento educacional às pessoas com deficiência, apontando o direito dos "excepcionais" à educação, preferencialmente dentro do sistema geral de ensino. Já a Lei n. 5.692, artigo 9°, veio alterar a LBD de 1961, preconizando que os alunos que apresentassem deficiências físicas ou mentais, os que se encontrassem em atraso considerável quanto à idade regular de matrícula e os superdotados deveriam receber tratamento especial, de acordo com as normas fixadas pelos competentes Conselhos de Educação", o que acabou como "tratamento especial", encaminhando esses alunos a classes e escolas especiais.

A Constituição Federal (BRASIL, 1988) trouxe em seu artigo 3 inciso IV o dever do estado em "promover o bem de todos, sem preconceitos de origem, raça, sexo, cor, idade e quaisquer outras formas de discriminação", e garantiu no artigo 206 inciso I igualdade de condições para o acesso e permanência na escola, e no artigo 208 inciso III: "atendimento educacional especializado aos portadores de deficiência, preferencialmente na rede regular de ensino". Nesse momento notou-se a necessidade de mudanças na legislação educacional brasileira, de forma a garantir que aqueles que tivessem a capacidade de acompanhar o ritmo de uma sala regular assim o fariam dentro de uma proposta inclusiva.

Também a Lei n. 8069 (BRASIL, 1990), dispondo sobre o Estatuto da Criança e do Adolescente, determinava que todos tinham direito à educação, visando ao pleno desenvolvimento da sua pessoa, com igualdade de condições para o acesso e permanência na escola.

Ainda em 1994 foi publicada a Política Nacional de Educação Especial (BRASIL, 1994), que condicionava o acesso às classes de ensino regular àqueles que possuem condições de acompanhar e desenvolver as atividades programadas no mesmo ritmo dos alunos do ensino comum. Isto deixava clara a necessidade de conhecimento por parte dos educadores, pois a adaptação no ensino não deveria ser feita somente em seu conteúdo.

A nova Lei de Diretrizes e Bases da Educação Nacional – LDBN n. 9394 (BRASIL, 1996) tratou em seu 5° capítulo somente sobre educação especial, o que foi um resultado do crescimento das pesquisas nessa área. Este capítulo resumidamente determina a necessidade de que os alunos da educação especial sempre que possível se matriculem em classes regulares, definindo ainda treinamento aos professores de classe regular e especial para que estejam preparados para a inclusão quando necessário e apoio multidisciplinar. Em seu capítulo 60, estabelece que "o Poder Público adotará, como alternativa preferencial, a ampliação do atendimento aos educandos com necessidades especiais na própria rede pública regular de ensino, independentemente do apoio às instituições previstas neste artigo".

Em 1998, os Parâmetros Curriculares Nacionais – PCNs foram elaborados levando em conta estratégias para a educação de alunos com necessidades educacionais especiais e adaptações curriculares nacionais, respeitando a diversidade dos estudantes do país e construindo referências nacionais comuns ao processo educativo de todas as escolas do Brasil (BRASIL, 1998).

O Plano Nacional de Educação (BRASIL, 2001), ao analisar a situação da educação especial no Brasil, propõe uma série de diretrizes e ações progressivas para a melhora do atendimento educacional para as pessoas com necessidades educacionais especiais, incluindo-se neste grupo aquelas com deficiências. Segundo o PNE, essa política deveria abranger o âmbito social, reconhecendo todas as pessoas como cidadãos e o âmbito educacional, tanto nos aspectos administrativos (adaptação dos espaços e equipamentos), como na qualificação de professores e de todos os demais profissionais envolvidos, garantindo vagas no ensino regular para os diversos tipos e graus de deficiências. Entre outras ações, são colocadas as necessidades de se organizar em todos os municípios parcerias com as áreas de saúde e assistência, além do oferecimento de recursos materiais adequados para a aprendizagem de alunos com deficiências, da adaptação estrutural dos estabelecimentos de ensino a fim de facilitar o acesso de todos à escola, do aumento da quantidade da verba destinada para o propósito da inclusão nas escolas e do preparo contínuo dos professores para lidar de forma cada vez mais efetiva com esta nova realidade.

Em 2002, por meio da Lei n. 10.436 artigo 4º destacou-se que o sistema educacional federal e os sistemas educacionais estaduais, municipais e do Distrito Federal devem garantir a inclusão nos cursos de formação de Educação Especial, de Fonoaudiologia e de Magistério, em seus níveis médio e superior, do ensino da Língua Brasileira de Sinais – Libras, como parte integrante dos Parâmetros Curriculares Nacionais – PCNs, conforme legislação vigente. A Língua Brasileira de Sinais (Libras) é reconhecida como meio legal de comunicação e expressão e outros recursos de expressão a ela associados, porém, no parágrafo único cita que a Libras não poderá substituir a modalidade escrita da língua portuguesa. No decreto n. 5.626/05 que regulamenta essa lei é disposta a inclusão da Libras como disciplina curricular, sendo que professores, intérpretes e instrutores devem se preparar, utilizando o ensino da Língua Portuguesa como segunda língua para alunos surdos.

Tratando especificamente das necessidades de alunos com deficiência visual, a Portaria n. 2.678/02 do MEC aprova diretrizes e normas para o uso, o ensino, a produção e a difusão do sistema Braille em todas as modalidades de ensino, compreendendo o projeto da Grafia Braille para a Língua Portuguesa e a recomendação para seu uso em todo o território nacional.

Na Convenção sobre os Direitos das Pessoas com Deficiência, que foi aprovada pela ONU em 2006 e da qual o Brasil é signatário, foi estabelecido que os Estados Partes se comprometem em adotar todas as medidas legislativas, administrativas e de qualquer outra natureza, necessárias para a realização dos direitos reconhecidos na presente Convenção. No artigo 24 que fala sobre a Educação ficou estabelecido que os Estados Partes reconhecem o direito das pessoas com deficiência à educação. Para realizar este direito sem discriminação e com base na igualdade de oportunidades, os Estados Partes deverão:

1. Assegurar um sistema educacional inclusivo em todos os níveis, bem como o aprendizado ao longo de toda a vida, com um dos objetivos sendo o desenvolvimento máximo possível da personalidade e dos talentos e criatividade das pessoas com deficiência, assim como de suas habilidades;

2. Assegurar que as pessoas com deficiência não sejam excluídas do sistema educacional geral sob alegação de deficiência e que as crianças

com deficiência não sejam excluídas do ensino fundamental gratuito e compulsório, sob a alegação de deficiência;

3. Assegurar às pessoas com deficiência a possibilidade de aprender as habilidades necessárias à vida e ao desenvolvimento social, a fim de facilitar-lhes a plena e igual participação na educação e como membros da comunidade; para tanto, os Estados Partes deverão tomar medidas apropriadas;

4. A fim de contribuir para a realização deste direito, tomar medidas apropriadas para empregar professores, inclusive professores com deficiência, habilitados para o ensino da língua de sinais e/ou do braille, e para capacitar profissionais e equipes atuantes em todos os níveis de ensino. Esta capacitação deverá incorporar a conscientização da deficiência e a utilização de apropriados modos, meios e formatos de comunicação aumentativa e alternativa, e técnicas e materiais pedagógicos, como apoios para pessoas com deficiência.

5. Os Estados Partes deverão assegurar que as pessoas com deficiência possam ter acesso à educação comum nas modalidades de: ensino superior, treinamento profissional, educação de jovens e adultos e aprendizado continuado, sem discriminação e em igualdade de condições com as demais pessoas. Para tanto, os Estados Partes deverão assegurar a provisão de adaptações razoáveis para pessoas com deficiência.

Como se pode observar, muitos são os mecanismos legais que asseguram o ingresso de todas as crianças, independentemente de condições especiais, no sistema brasileiro de educação. Não fica claro, no entanto, quais são as crianças que de fato caracterizam o grupo que pode ser "extraordinariamente" atendido pela educação especial e não pela regular. É preciso que estas informações sejam esclarecidas e amplamente divulgadas em todos os estabelecimentos de ensino do país, para que a teoria seja de fato posta em prática, o governo assuma definitivamente seu papel de provedor da educação e todos os ajustes necessários possam ser feitos.

13.3 | CONDIÇÕES NECESSÁRIAS PARA A INCLUSÃO NAS ESCOLAS – ATENDIMENTO EDUCACIONAL ESPECIALIZADO DA SECRETARIA DE EDUCAÇÃO ESPECIAL DO MEC (SEESP/SEED/MEC)

Em 2003, é implementado pelo MEC o Programa Educação Inclusiva: direito à diversidade, com vistas a apoiar a transformação dos sistemas de ensino em sistemas educacionais inclusivos, promovendo um amplo processo de formação de gestores e educadores nos municípios brasileiros para a garantia do direito de acesso de todos à escolarização, à oferta do atendimento educacional especializado e à garantia da acessibilidade. Em 2007 diferentes autores montaram a cartilha do Atendimento Educacional Especializado abordando as deficiências visual, auditiva (surdez), intelectual e física, alguns direcionamentos estão destacados nos subtítulos a seguir.

13.3.1 | Atendimento Educacional Especializado para alunos com deficiência visual

Antes de abordar sobre os alunos com deficiência visual é preciso entender algumas classificações que se fazem necessárias, pois o resíduo visual que é o que sobra de uma visão após a sua perda sendo de forma congênita ou adquirida, é o que auxiliará bastante no aprendizado do dia a dia, nas tarefas de rotina oferecendo maior segurança no aprendizado escolar, no convívio social, no aprendizado esportivo e em tantos outros aspectos

Uma pessoa que apresente deficiência visual pode ter Baixa Visão ou ser Cega Total, isso quer dizer que pode ter ausência ou perda de visão em ambos os olhos ou um campo visual inferior a 0,1 grau no melhor olho, mesmo após tentativa de correção. A perda da visão pode vir a ser congênita quando a criança nasce com essa deficiência (período pré-natal e perinatal) ou adquirida quando a criança fica deficiente após o nascimento (pós-natal). Dentro do aspecto educativo, a cegueira representa a perda total ou um resíduo baixo de visão que leve o aluno a adquirir o aprendizado do Braille, criado em 1825 na França, por Louis Braille como código ou meio de leitura e escrita das pessoas cegas, conhecido universalmente para sua alfabetização, além de outros equipamentos e recursos que são utilizados promovendo uma maior independência da pessoa deficiente.

Baixa Visão ou Visão subnormal ocorre quando o indivíduo possui uma acuidade visual de 6/20 e 6/60 no melhor olho, após a correção máxima. Sob o enfoque educacional, Baixa Visão é o resíduo visual mais elevado que possibilita que o educando faça o acompanhamento de materiais impressos em uma fonte maior facilitando a leitura e também se utilizando de *softwares* ampliadores de tela ou de caracteres que apresentam o recurso de variação de tamanho de fonte e de imagens e com combinações de cores.

Muitas vezes, infelizmente pela falta de preocupação e atenção do docente e da instituição ao seu aluno, ambos costumam confundir ou interpretar de maneira equivocada determinadas atitudes e condutas de alunos com baixa visão que oscilam entre o enxergar e o não enxergar.

Esses equívocos institucionais e de docentes fazem com que tais alunos manifestem algumas dificuldades de percepção em determinadas circunstâncias, tais como: objetos colocados em ambientes com má iluminação, ambiente com muita claridade, objetos que não possuam contraste, percepção de formas complexas, dificuldades de representação de objetos tridimensionais, e, por fim, impressos ou figuras que não condizem com o potencial da visão do aluno.

É importante que a motivação e o incentivo deste aluno em sala de aula seja o principal foco para progressão de seus estudos, sendo que as atividades realizadas devem proporcionar prazer, o que leva por consequência à iniciativa e à autonomia, que são os objetivos primordiais da estimulação visual.

Uma necessidade real na educação para cegos é possibilitar a coleta de informação por meio dos sentidos remanescentes (audição, o tato, o paladar e o olfato), que são importantes canais ou porta de entrada de dados e informações que serão levados ao cérebro, para que o aprendizado seja completo e significativo.

Criar um ambiente que privilegia a convivência e a interação com diversos meios de acesso à leitura, à escrita e aos conteúdos escolares em geral são primordiais para a facilitação do sistema de ensino-aprendizagem deste aluno, sendo que a consequência deles, a falta de conhecimento, de estímulos, de condições e de recursos adequados podem reforçar o comportamento passivo, inibir o interesse e assim a motivação. A escassez de informação restringe o conhecimento em relação ao ambiente.

Por isso, é necessário incentivar o aluno com deficiência visual a uma situação exploratória, ou seja, a observação e a experimentação como processo de conhecimento e interação global.

Além desses fatos, não há dúvidas que os educadores devem estabelecer um relacionamento aberto e cordial com a família dos alunos para conhecer melhor suas necessidades, hábitos e comportamentos, para que evitem determinadas atitudes como superproteção do aluno e assim a própria fragilização dele com docentes e amigos, combatendo atitudes de discriminação.

Alfabeto Braille

a b c d e f g h i j

k l m n o p q r s t

u v x y z ç é á è ú

â ê ì ó ù à î ü õ w

í ó ã sinal numérico - ' — ... grifo maiúscula caixa alta

, ; : . $? ! ( ) " * "

1 2 3 4 5 6 7 8 9 0

cela braille completa

1 4
2 5 numeração convencionada dos pontos
3 6

13.3.2 | Atendimento Educacional Especializado para alunos com surdez

A deficiência auditiva consiste na perda bilateral, parcial ou total, de quarenta e um decibéis (dB) ou mais, aferida por audiograma nas frequências de 500Hz, 1.000Hz, 2.000Hz e 3.000Hz.

Pessoas com surdez enfrentam inúmeros problemas e dificuldades para participar da educação escolar, vista a perda da audição e em consequência a esta a estrutura das propostas educacionais das escolas.

Diante deste problema, muitos alunos com problemas auditivos podem e muitas vezes são prejudicados pela ausência de estímulos adequados aos potenciais cognitivo, sócio-afetivo, linguístico e político-cultural e assim ter perdas que realmente podem prejudicá-lo no desenvolvimento de sua aprendizagem.

Sobre os fatos expostos anteriormente, quais seriam os processos curriculares e pedagógicos a serem modificados e/ou criados para atender a essa diferença sendo que, diante da Legislação Nacional, a escola é aberta para todos?

As polêmicas em torno da educação escolar para pessoas com surdez são inúmeras, sendo que a proposta de educação escolar inclusiva ainda é um desafio a ser combatido.

A necessidade de se realizar a inclusão do aluno com surdez no âmbito educacional é de extrema importância e deve acontecer desde a educação infantil até a educação superior, para que ele possa, diante das inúmeras dificuldades existentes em sociedade, usufruir seus direitos e deveres como cidadão, segundo os princípios constitucionais de nosso país.

O "oralismo" realizado nas escolas comuns ou especiais visam à capacitação e qualificação da pessoa com deficiência auditiva no sentido de que possa utilizar a linguagem da comunidade ouvinte na modalidade oral, como forma de possibilidade linguística, de modo que seja possível o uso da voz e da leitura labial, tanto em sua vida social, como na instituição de ensino.

O meio de comunicação mais propício é a Língua de Sinais (LIBRAS), essencial para a realização do ensino-aprendizagem.

É importante que o professor que ministra aulas em Libras deve ser qualificado para realizar o atendimento das exigências básicas do ensino por meio destas comunicações, para não misturar a Libras e a Língua Portuguesa, que são duas línguas de estruturas diferentes, chamada Bimodalismo.

Na escola regular ou comum, é necessário que se obtenham professores que realizem tal atendimento, sendo que eles precisam ser formados para ser professor e ter pleno domínio da Língua de Sinais.

Não há dúvidas de que o Atendimento Educacional Especializado em Libras fornece a base conceitual dessa língua e do conteúdo curricular estudado na sala de aula, o que favorece ao aluno com surdez a compreensão desse conteúdo.

O atendimento nessa língua contribui enormemente para o avanço conceitual do aluno na classe comum.

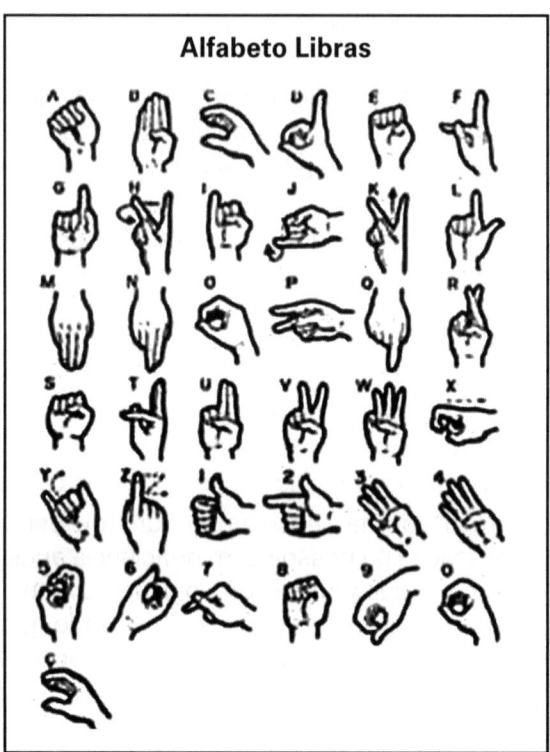

Alfabeto Libras

O Atendimento Educacional Especializado com o uso de Libras ensina e enriquece os conteúdos curriculares promovendo a aprendizagem dos alunos com surdez na turma comum, mas é importante e indispensável que o ambiente educacional seja bilíngue, respeitando desta forma a estrutura da Libras e da Língua Portuguesa, mas para isso necessita-se de uma organização metodológica e didática especializada.

13.3.3 | Atendimento Educacional Especializado para alunos com deficiência intelectual

A deficiência intelectual, de acordo com a American Association on Intellectual and Development Disabilities (AAIDD), consiste em funcionamento intelectual significativamente inferior à média, com manifestação antes dos dezoito anos e limitações associadas a duas ou mais áreas de habilidades adaptativas, tais como: um funcionamento mental significativamente abaixo da média, em relação ao período de desenvolvimento, concomitante com limitações associadas a duas ou mais áreas da conduta adaptativa, ou da sociedade, nos seguintes aspectos: comunicação, cuidados especiais, habilidades sociais, desempenho na família e comodidade, independência na locomoção, saúde e segurança, desempenho escolar, lazer e trabalho.

A deficiência intelectual diferentemente das outras deficiências não abala tanto a escola comum, pois não toca no cerne e no motivo da sua urgente transformação, que é o de considerar a aprendizagem e a construção do conhecimento acadêmico como uma conquista individual e intransferível do aprendiz, que não cabe em padrões e modelos idealizados de escolas que precisam se reorganizar para atender, indistintamente, todos os alunos.

Essa necessidade de mudança já fez com que muitas escolas adaptassem ou modificassem seus currículos, atividades, avaliações e atendimentos, porém, idealizados de uma forma que atendessem somente alunos com deficiência intelectual, o que acabava sendo uma educação com foco especial ainda, não com foco inclusivo. Na concepção inclusiva, a adaptação ao conteúdo escolar é realizada pelo próprio aluno que testemunha a sua emancipação intelectual. O próprio aluno regula sua aprendizagem, pois ele assimila o novo conhecimento por meio das possibilidades de ajuste ao que já era conhecido por ele.

A avaliação dos alunos com deficiência intelectual visa ao conhecimento de seus avanços no entendimento dos conteúdos curriculares durante o ano letivo de trabalho, seja ele organizado por série ou ciclos, e isso vale para todos os alunos da sua turma, para que se respeite os princípios da inclusão escolar.

A educação especializada adaptativa/integrativa tradicional reforça a deficiência desses alunos, já possuindo um programa concreto idealizado para intervenção. Essa ideia de treino a partir do que é concreto é equivocada, pois o concreto não dá conta do que um objeto é em toda a sua extensão e dos significados que cada pessoa pode atribuir a esse objeto, em função de sua vivência e referências anteriores.

O Atendimento Educacional Especializado deve possibilitar aos alunos um tipo de ação que lhes possibilite selecionar e optar pelos meios que julguem mais convenientes para agir intelectualmente. Este atendimento deve privilegiar o desenvolvimento e a superação dos limites intelectuais desses alunos.

Diferentemente das crianças sem deficiência intelectual, que conseguem espontaneamente retirar informações do objeto e construir conceitos progressivamente, as crianças com deficiência intelectual precisam exercitar sua atividade cognitiva, de modo que consigam o mesmo, ou uma aproximação do mesmo avanço, pois elas encontram inúmeras barreiras nas interações com o meio para assimilar as propriedades físicas do objeto de conhecimento, já que essas crianças apresentam prejuízos no funcionamento, na estruturação e na construção do conhecimento.

É necessário que se estimule o aluno com deficiência intelectual a avançar na sua compreensão, criando-lhe conflitos cognitivos e desafiando-o a enfrentá-los. Esse exercício intelectual implica trabalhar a abstração, por meio da projeção das ações práticas em pensamento. A projeção e a coordenação das ações práticas em pensamento são partes de um processo cognitivo que é natural nas pessoas que não têm deficiência intelectual, já para aqueles que têm essa passagem deve ser estimulada e provocada, para que consigam interiorizar o conhecimento e fazer uso dele. É importante estar atento para as formas específicas de cada aluno se relacionar com o saber, mesmo o ensino sendo para grupos.

A prática escolar inclusiva provoca necessariamente a cooperação entre todos os alunos e o reconhecimento de que ensinar uma turma é, na verdade, trabalhar com um grande grupo e com todas as possibilidades de subdividi-lo. O maior engano do ser humano é pensar que a capacidade de aprendizagem através do meio é sempre mais baixa nas pessoas com deficiência intelectual, racionalizando o que deve ser ensinado dentro do que se supõe poder ser aprendido. O Atendimento Educacional Especializado propõe uma intervenção em que todos possam expressar-se de maneira particular construindo seu conhecimento e suas respostas para os problemas/estímulos oferecidos, mostrando dentro de sua capacidade, seja ela pequena ou grande, o potencial de evolução existente em cada um deles. Cabe aos profissionais da educação oferecer a grande gama de oportunidades para que essas pessoas possam atuar nas diferentes maneiras que são possíveis a todos, com ou sem deficiência intelectual.

13.3.4 | Atendimento Educacional Especializado para alunos com deficiência física

O documento "Salas de Recursos Multifuncionais – Espaço do Atendimento Educacional Especializado" publicado pelo Ministério da Educação afirma que: *A deficiência física se refere ao comprometimento do aparelho locomotor que compreende o sistema Osteoarticular, o Sistema Muscular e/ou o Sistema Nervoso.* As doenças ou lesões que afetam quaisquer desses sistemas, isoladamente ou em conjunto, podem produzir grandes limitações físicas de grau e gravidades variáveis, segundo os segmentos corporais afetados e o tipo de lesão ocorrida (BRASIL, 2006, p. 28).

Como a possibilidade de um professor encontrar diferentes diagnósticos é grande, torna-se importante a informação sobre quadros progressivos ou estáveis, alterações ou não da sensibilidade tátil, térmica ou dolorosa e ainda se existem outras complicações associadas como epilepsia ou problemas de saúde que requerem cuidados e medicações (respiratórios, cardiovasculares etc.). Essas informações auxiliarão o professor especializado a conduzir seu trabalho com o aluno e orientar o professor da classe comum sobre questões específicas de cuidados. Outro fator importante é de que nem sempre a deficiência física aparece isolada, por isso é necessário o conhecimento de outras deficiências que podem estar associadas para poder, desta forma, realizar um atendimento melhor.

O Atendimento Educacional Especializado para pessoas com deficiência física pode fazer uso das diversas modalidades da Tecnologia Assistiva, visando à realização de tarefas acadêmicas, além da adequação do espaço escolar por meio do uso da Comunicação Aumentativa e Alternativa, que atende às necessidades dos educandos com dificuldades de fala e de escrita; da adequação dos materiais didático-pedagógicos; do desenvolvimento de projetos em parceria com profissionais da arquitetura, engenharia, técnicos em edificações para promover a acessibilidade arquitetônica, pois mesmo não sendo responsabilidade dos professores especializados, são eles quem levantam as necessidades de acessibilidade arquitetônica do prédio escolar; da adequação de recursos da informática; do uso de mobiliário adequado que deve ser solicitado à Secretaria de Educação, bem como dos recursos de auxílio à mobilidade como cadeiras de rodas, andadores, entre outros, criando condições adequadas à locomoção, comunicação, conforto e segurança dos alunos.

Já os recursos humanos necessários ao Atendimento Educacional Especializado aos alunos com deficiência física são os professores especializados que devem ter a função, juntamente com a diretoria escolar, arquitetos, terapeutas ocupacionais, fonoaudiólogos, fisioterapeutas, entre outros, de prover a esses alunos os recursos necessários para o acesso ao conhecimento e ao ambiente escolar, preferencialmente de maneira independente. Se a independência do aluno em se locomover, se alimentar e utilizar aparelhos ou equipamentos médicos não for possível, faz-se necessária a presença de um acompanhante no período em que este aluno frequenta a classe comum.

Com vontade de ver um país melhor e mais acessível e com a utilização desses recursos materiais e humano, torna-se viável a inserção de alunos com deficiência física na rede regular de ensino.

CONSIDERAÇÕES FINAIS

Ao falarmos de educação especial para crianças e adolescentes com deficiência, devemos pensar em possibilidades diferenciadas. Não podemos acreditar no êxito desta atividade se os profissionais que irão atuar com essa população não forem capazes de perceber os jovens que estão por trás das cadeiras de rodas, das bengalas, das muletas e dos aparelhos auditivos.

Embora as dificuldades de acessibilidade arquitetônica existam, e devam ser eliminadas, as barreiras impostas pela falta de informação e pelo preconceito conseguem ser ainda mais nocivas. De nada vão adiantar os instrumentos legais criados para garantir o acesso de todos os jovens ao lazer, educação, saúde e promoção social, se não tivermos profissionais aptos e seguros para lidar com esta realidade. Nenhuma política pública será frutífera se os profissionais responsáveis pela educação dos jovens não conseguirem enxergar naqueles com deficiência potenciais enormes a serem explorados.

REFERÊNCIAS

BRASIL. *Constituição da República Federativa do Brasil.* Brasília: Imprensa Oficial, 1988.

BRASIL. *Estatuto da Criança e do Adolescente no Brasil.* Lei n. 8.069, de 13 de julho de 1990.

BRASIL. *Declaração de Salamanca e linha de ação sobre necessidades educativas especiais.* Brasília: UNESCO, 1994.

BRASIL. Ministério da Educação. Secretaria de Educação Especial. *Política Nacional de Educação Especial.* Brasília: MEC/SEESP, 1994.

BRASIL. Ministério da Educação. *Lei de Diretrizes e Bases da Educação Nacional.* LDB 9.394, de 20 de dezembro de 1996.

BRASIL. Ministério da Educação. *Parâmetros Curriculares Nacionais – adaptações curriculares.* Brasília: SEF/SEESP, 1998.

BRASIL. *Plano Nacional de Educação.* Brasília: MEC/SEESP, 2001.

BRASIL. Ministério da Educação. Secretaria de Educação Especial. *Lei n. 10.436*, de 24 de abril de 2002.

BRASIL. Ministério da Educação. *Portaria n. 2.678*, de 24 de setembro de 2002. Disponível em: ftp://ftp.fnde.gov.br/web/resoluçoes_2002/por2678_24092002.doc.

GORGATTI, Márcia Greguol. COSTA, Roberto. *Atividade Física Adaptada: Qualidade de vida para pessoas com necessidades especiais.* São Paulo: Ed. Manole, 2008.

GREGUOL, Márcia. *Natação Adaptada: Em busca do movimento com autonomia.* São Paulo: Ed. Manole, 2010.

MANTOAN, M. T. E. *A hora e a vez da educação inclusiva. Educação e família – Deficiências: a diversidade faz parte da vida.* São Paulo, v. 1, pp. 42-45, 2003.

MAZZOTTA, M. J. S. *Educação Especial no Brasil: História e Políticas Públicas.* 4ª ed. São Paulo: Cortez, 2003.

MEC/SEED/SEESP. *Atendimento Educacional Especializado.* Brasília, 2007. Disponível em http://portal.mec.gov.br/index.php?option=com_content&view=article&id=12625&Itemid=860.

MEC/SEESP. *Política Nacional de Educação Especial na Perspectiva da Educação Inclusiva.* Brasília: MEC/SEESP, 2007.

MOUSSATCHÉ, A. H. Diversidade e processo de integração. In: MANTOAN, M. T. E. (et col.). *A integração de pessoas com deficiência: contribuições para uma reflexão sobre o tema.* São Paulo: Memnon: Editora SENAC, 1997, pp. 10-12.

ORGANIZAÇÃO DAS NAÇÕES UNIDAS. Convenção sobre os Direitos das Pessoas com Deficiência, 2006.

Parte 2

A Educação e o Ensino

Contexto e diversidade

EDUCAÇÃO E FILOSOFIA

"A estreita relação entre Filosofia e Educação"

Prof. Alexandre Vieira

A verdade é a essência da moralidade. (T. H. Huxley)

14.1 | O QUE É FILOSOFIA?

A palavra filosofia é grega, sendo composta de duas palavras: *Philo* e *Sophia*. *Philo* deriva-se significando: amizade, amor, respeito pelos iguais e *Sophia* quer dizer sabedoria.

Considerar-se portanto que Filosofia (amor à sabedoria) é o estudo de problemas fundamentais relacionados à existência, ao conhecimento, à verdade, aos valores morais e estéticos, à mente e à linguagem.

Uma das maneiras de chamar a atenção para a relevância da Filosofia é sublinhar como os seus conceitos e categorias, com uma história de dois milênios e meio, estão em todo o lado da nossa civilização.

A Filosofia é de grande interesse de várias áreas de estudos, no entanto, ainda para muitos alunos e para alguns profissionais de inúmeras áreas, ela parece muito distante e complicada, com nomenclaturas difíceis, textos complicados, e entendimento dificultoso, deixando grandes dúvidas sobre sua importância para estas áreas.

Para o aluno que está numa evolução de conhecimento e de aprendizagem, a Filosofia é simplesmente a busca do saber, porém a filosofia estimula ainda mais, sendo o pensamento, os estudos (formais ou informais), o relacionamento humano e a liberdade de expressão e do indivíduo.

Ao tratarmos deste tema neste capítulo, iremos abordar a filosofia como principal ponto de apoio, os subsídios suficientes para o desenvolvimento do aluno na atividade intelectual para pensar.

É imprescindível entender a filosofia, seja numa sociedade burocrática, capitalista ou social, entretanto é preciso conhecer alguns filósofos, tais como suas histórias e principalmente seus pensamentos, afinal, são exemplos de homens que chegaram a uma realização, uma busca pela verdade.

A Filosofia é fundamental na vida de todo ser humano, visto que proporciona a análise, a reflexão e a crítica em benefício do encontro do conhecimento do mundo com o homem. O aluno, tendo a filosofia como principal fator de aprendizagem, torna-se um indivíduo de boa compreensão, incluindo bom senso e sendo possível a uma autoavaliação.

Podemos entender que a filosofia é o meio pelo qual o homem se torna crítico, ou seja, é a partir do momento em que passa a "pensar, refletir, questionar, debater e analisar os conceitos da sociedade", que se vê como um membro com possibilidade de viver e de alterar o funcionamento desta, assim a filosofia é a procura do saber.

Filosofia é sem dúvida expor ideias novas e interagir sobre o meio em que vivemos, não aceitando de maneira adestrada e exclusiva o que nos é posto como certo e a ser seguido cegamente. Sendo assim, quando começamos, então, a filosofar, começamos também a ponderar a crítica positiva de determinados indivíduos.

Deparamo-nos algumas vezes com pessoas falando de suas concepções de vida, descrevendo-as como: "essa é minha filosofia de vida".

Na medida em que há uma racionalidade que não pode mais simplesmente explicitar o modelo de ensino idealizado ou lógico de filosofia, introduz-se a possibilidade de reconduzir as propostas pedagógicas a partir do reconhecimento intersubjetivo e hermenêutico de conjugação entre a filosofia e a prática educativa.

Acredita-se que a Filosofia leva ao trabalho de pensar, refletir, raciocinar e, assim, despertar o senso crítico e, consequentemente, auxiliar a construir uma nova visão de sociedade, em que se pressupõe que a educação é a principal responsável pelas transformações desta.

14.2 | OS PENSADORES E A FILOSOFIA

Consideremos alguns pensadores que fizeram parte da evolução da educação e da filosofia como segmento transformador de uma sociedade.

a) Platão (427-347 a.C.): O objetivo final da Educação era a formação do homem moral, vivendo em um Estado justo.

b) Aristóteles (384-322 a.C.): Cabe à Educação a formação do caráter do aluno.

c) Jean-Jacques Rousseau (1712-1778): A reforma da educação é que possibilitaria uma reforma do sistema político e social. Para Aristóteles, a educação não somente mudaria as pessoas particulares, mas também a toda a sociedade, pois trata-se de educar o cidadão para que ele ajude a forjar uma nova sociedade.

d) Johann Heinrich Pestalozzi (1746-1827): A escola idealizada por Pestalozzi deveria ser não só uma extensão do lar, como inspirar-se no ambiente familiar, para oferecer uma atmosfera de segurança e afeto.

e) Johann Friedrich Herbart (1776-1841): Em Herbart, o processo educativo se baseia, em seus objetivos e meios, na Ética e na Psicologia, respectivamente. A principal função da educação em uma sociedade é a aquisição de ideias por parte dos alunos.

f) Karl Marx (1818-1883): Via na função da Escola a tarefa de preparar os alunos para a vida política e social do seu país. É um ideal revolucionário que contribuiu para formação de "monstros" sociais como o comunismo soviético.

g) Émile Durkheim (1858-1917): Ensinar ao aluno a cultura daquela sociedade em que ele vive, educando-o para o trabalho e pregar a moral daquele grupo. A Escola deve disciplinar o homem para a vida.

h) Karl Mannheim (1893-1947): A Escola existe em uma visão conservadora para ensinar sobre temas importantes, preparar o aluno para a vida e para uma carreira profissional, estimulando-o no desempenho das suas tarefas.

i) John Dewey (1859-1952): A Escola é um espaço em que as pessoas se encontram para educar e ser educadas. O objetivo da Escola deveria ser ensinar a criança a viver no mundo. A Escola deve proporcionar práticas conjuntas, promover situações de cooperação, em vez de lidar com as crianças de forma isolada.

j) Maria Montessori (1870-1952): Os princípios fundamentais do sistema Montessori são: a atividade, a individualidade e a liberdade. Enfatizando os aspectos biológicos, pois, considerando que a vida é desenvolvimento, achava que era função de educação favorecer esse desenvolvimento. Os estímulos externos formariam o espírito da criança, precisando, portanto, ser determinados.

k) Alexander Neill (1883-1973): A criança tinha a possibilidade de escolher e decidir o que aprender e como aprender, respeitando seu ritmo e interesse.

l) Célestin Freinet (1896-1966): Por acreditar que o interesse da criança não estava na Escola e sim fora dela, Freinet idealizou uma atividade (aula/passeio) com o objetivo de trazer motivação, ação e vida para a Escola.

m) Jean Piaget (1896-1980): A Escola deve partir dos esquemas de assimilação da criança, propondo atividades desafiadoras que provoquem desequilíbrios e reequilibrações sucessivas, promovendo a descoberta e a construção do conhecimento. A Escola tem um papel essencial na construção desse ser; ela deveria dirigir o ensino não para etapas intelectuais já alcançadas, mas, sim, para etapas ainda não alcançadas pelos alunos, funcionando como incentivadora de novas conquistas, do desenvolvimento potencial do aluno.

n) Lev Vygotsky (1896-1934): A Escola é o lugar em que a intervenção pedagógica intencional desencadeia o processo ensino-aprendizagem. É preciso que a Escola e seus educadores atentem que não tem como função ensinar aquilo que o aluno pode aprender por si mesmo e, sim, potencializar o processo de aprendizagem do estudante. A função da Escola é fazer com que os conceitos espontâneos, informais, que as crianças adquirem na convivência social, evoluam para o nível dos conceitos científicos, sistemáticos e formais, adquiridos pelo ensino.

o) Anísio Teixeira (1900-1971): A escola é local propício para a construção desta consciência social. Nela o indivíduo adquire valores;

p) Paulo Freire (1921-1997): Propõe uma prática de sala de aula que pudesse desenvolver a criticidade dos alunos.

q) Edgar Morin (1921): O papel da Escola passa pela porta do conhecimento. É ajudar o ser que está em formação a viver, a encarar a vida. O papel da educação é de ensinar a enfrentar a incerteza da vida; é de ensinar o que é o conhecimento, instruir o espírito a viver e a enfrentar as dificuldades do mundo.

r) Emília Ferreiro (1936): Implantou os mecanismos cognitivos relacionados à leitura e à escrita. Segunda ela o desenvolvimento da leitura e da escrita começa muito antes da escolarização.

14.3 | IMPORTÂNCIA DA FILOSOFIA PARA A EDUCAÇÃO

Não podemos questionar que Filosofia e a Educação caminham juntas. Nesta busca pela sabedoria, o pensamento sempre foi necessário, já que o aluno vive numa realidade de pensamento, a Filosofia é indispensável para sua busca.

A Filosofia leva o aluno a diversas oportunidades de desenvolver um pensamento independente, crítico e questionador, permitindo a ele experimentar um pensamento globalizado.

Nessa expectativa, a educação acabou tornando-se objeto de estudos e reflexão da filosofia desde os tempos gregos.

Pode-se dizer que a filosofia da educação surgiu do forte vínculo entre a filosofia e a pedagogia estabelecido no decorrer dos anos, pois a filosofia, preocupada com as formas do conhecimento perfeito, orientou o ser humano, segundo a razão, à busca da perfeição.

Percebemos que no mundo Grego, filosofia e educação são indissociáveis, ou seja, um fato presente até nos dias atuais.

Entretanto, a filosofia da educação dos últimos tempos procurou transcender seus limites conceituais, aventurando-se nas discussões filosóficas modernas e contemporâneas que propiciam a articulação entre diferentes perspectivas teóricas.

Podemos considerar que filosofia e a educação são interligadas desde suas origens, e a ligação entre as duas é de extrema importância no momento de se refletir sobre a educação, mesmo que essa relação hoje seja vista de forma deturpada.

A filosofia educacional consiste em propiciar, por meio do ensino, o amadurecimento da pessoa, com o objetivo de fazê-la definir sua própria vida, tendo a consciência de decidir, ou seja, de fazer sua escolha, que a partir dessas escolhas poderá receber as consequências tanto de forma positiva ou negativa.

De forma objetiva, a filosofia da Educação é um conjunto de ideias que nos define como é a educação.

Os gregos viam na educação um meio necessário para o alcance de uma cultura ideal e de uma alma purificada, capaz de elevar o homem ao conhecimento inteligível, apostando na busca de um ideal artístico de cultura.

Desde a antiguidade, o Homem preocupou-se em buscar respostas para si mesmo e para o mundo que se volta para ele e assim encontrar essas soluções era muito significativo.

Antigamente, na era de Pitágoras, Homero e Sócrates não era por meio de livros, palestras ou outros meios e, sim, apenas pelo pensamento.

A filosofia da educação, em sua história, esclareceu muitas dúvidas, contribuindo para transformações qualitativas na sociedade. Torna-se importante retomar e discutir o sentido do filosofar nos cursos de formação de professores, para que os futuros profissionais da educação possam atribuir novos significados às práticas docentes.

Pensemos então: Se a filosofia é o exercício do pensar, de buscar a verdade, ou, etimologicamente falando, "amigo da sabedoria", ela é necessária para a Educação, pois é na Educação que o saber se eleva, se constrói.

Se o modo de explorar a realidade desde a antiguidade foi pelo meio da reflexão, do pensamento, hoje não é diferente.

Hoje o papel da Filosofia é o mesmo desde o tempo de Platão, ou seja, levantar questionamentos, procurar a razão, buscar a verdade e se abster do próprio ponto de vista para aceitar a realidade que nos cerca.

Historicamente, pode-se ver que a educação vem sofrendo modificações, as quais, por sua vez, visam torná-la mais adequada à realidade. Entretanto, a Filosofia afirma que é a partir do convívio e da ação do homem, com e sobre a realidade, que ele se forma e se estrutura.

Os filósofos gregos, em busca da virtude humana, foram os que deram início às discussões sobre a filosofia da educação e seu sentido no mundo.

Percorrendo o caminho do tempo, chegando aos confins de hoje, o buscar de respostas para o homem se inicia na Escola, exercitando o aluno a trabalhar com sua mente, ou seja, o homem é levado a pensar desde sua infância. Deste modo, o pensar é uma ferramenta indispensável ao Homem.

A educação tende-se consolidar, sistematizar e reproduzir a ideologia, mas também fazer crítica dessa ideologia tornando emancipadora à prática de cada um, melhorando as condições reais da existência da humanidade.

Diante deste cenário todas essas pretensões são embasadas a partir da existência da verdade. Portanto, a verdade e o pensamento são procedimentos especiais, partem de conhecer os fatos, relação teórica e prática.

No entanto, é interessante ressaltar que algumas coisas só têm razão se tiver alguma utilidade imediata.

Muitos são os questionamentos que fazemos para responder a vida ou situações da vida, sendo: O que é a vida? Qual é o real propósito dela? Por que estamos aqui? De onde viemos? Pra onde vamos? Não tenham dúvida que é a filosofia quem formula e tenta responder essas questões.

Filosofia e Educação caminham juntas. É impossível falar em educação e não falar em Filosofia. Ainda que de forma inconsciente, o homem vivencia a filosofia em seu dia a dia.

Tendo a filosofia como o estudo que orienta o indivíduo tanto na visão concreta na visão de vida, como seus valores e significados, é imprescindível quando se fala em conduta humana no geral.

Assim sendo, constata-se que o senso comum a respeito da educação é o de uma formação fragmentária, incoerente, desarticulada, enfim, totalmente desprovida de certeza.

Enquanto na consciência filosófica acontece o contrário, pois, é uma concepção com total coerência, unidade e articulação. E ainda fornece à educação uma reflexão sobre a sociedade na qual está situada. Entretanto, compreende-se que a educação está aberta a questionamentos.

Por isso, acredita-se que a Filosofia é uma das muitas alternativas para se tentar pensar a educação como instrumento de transformação social.

Dessa forma, concorda-se com LUCKESI (1990, p. 33) quando afirma que "a reflexão filosófica sobre a educação é que dá o tom à pedagogia, garantindo-lhe a compreensão dos valores que, hoje, direcionam a prática educacional e dos valores que deverão orientá-la para o futuro". Então, se constata que a Pedagogia nada mais é do que uma concepção filosófica da Educação, a qual deve ser exercida na práxis, para obter seus melhores resultados.

Portanto no educar, que significa orientar, conduzir, que é uma influência deliberada e sistemática de um ser "maduro" para um ser "imaturo", por meio da instrução, ensino e disciplina e desenvolvimento "harmonioso" de todas as potencialidades do ser humano, pode-se afirmar que não existe educação sem a associação filosófica.

Não se pode negar que todas as correntes filosóficas deram contribuições supervalorosas na construção da educação.

Ainda que o homem não tenha consciência diante de si e da humanidade, o fato de educar e ensinar torna-se sinônimo de filosofar.

A educação esteve presente em toda a história junto com a Filosofia. Com Sócrates, o homem voltou-se para si mesmo, ou seja, o homem começou a questionar. E este questionamento, este autoconhecimento do homem se dava, sobretudo, com o diálogo mútuo.

Sócrates era defensor do diálogo como método da Educação. É um ponto importante para o ensino, pois, atualmente, é essencial que haja diálogo na sala de aula para um bom crescimento intelectual e humano também.

Percebe-se que na medida em que avança o estudo na filosofia educacional, inúmeras são as questões que se assomam na mente humana e que essas pedem respostas objetivas, claras e verdadeiras.

A importância de compreender a relevância da filosofia da educação, pois esta ciência objetiva, ajudar o ser humano a pensar e a organizar as questões e propor soluções para os desafios encontrados na sociedade, uma prática educacional democrática em um mundo globalizado e saturado de informações que recebem de mídia, como quaisquer meios de comunicações e também de sua leitura de mundo a nossa volta e que estes precisam ser transformados em conhecimento e revertidos para o bem de um grupo ou de um segmento da sociedade.

De acordo com Saviani:

> A Educação também transforma o homem em um indivíduo mais comportamental, ou seja, de boa vivência na lei moral. (SAVIANI, 2000)

Na questão do diálogo, Dewey também afirmava de sua importância, principalmente nos trabalhos grupais. Outra semelhança é no método maiêutico de Sócrates. Dewey também pensava que o professor devia levar ao aluno conteúdos em forma de questões, fazer com que o aluno refletisse, conseguisse uma resposta.

Promover o homem significa torná-lo cada vez mais capaz de conhecer os elementos de sua situação a fim de poder intervir nela, transformando-a no sentido da ampliação da liberdade, da comunicação e elaboração entre os homens. E, para o conhecimento da situação, contamos hoje com um instrumento valioso: a ciência.

Quando as informações processadas na mente são colocadas em prática transformando-se em ação por meio de ações reflexivas dando uma visão do que é conhecimento, quando isso ocorre, ocorre a educação baseada na concepção de Dewey do que é a concepção de liberdade.

> A educação do homem seria processo mediante o qual o homem desabrocha todas as suas potencialidades. (GADOTTI, 2001, p. 17)

Onde defende que a escola conceda o diálogo, a possibilidade de contestação, a possibilidade de discussão e mais ainda, de o indivíduo chegar ao consenso; ao atingir esse patamar, esta atinge seu papel como sociedade.

A filosofia desperta no educador o interesse da busca de novos horizontes, neles tem a oportunidade de refletir sobre a educação, nesta visão consegue-se ultrapassar a mera busca de metodologia, didáticas e outros tipos de sistematização para a prática educativa. Começa-se a pensar e a buscar soluções para as inquietações que surgem.

A filosofia da educação torna-se importante neste sentido, pois é por meio dela que teremos oportunidade ou buscaremos conhecimentos que nos darão base para exercemos nossas profissões com responsabilidades. Todo educador deveria buscar estes conhecimentos e conhecer realmente o sentido de educação e sua relação com a filosofia.

A filosofia gera na Educação um método de estudo, um método de pensamento. Gera um conceito novo de viver, uma forma nova de ver a realidade.

Dentro da Educação, não é somente para o aluno que a filosofia é importante.

As teorias são importantes para a formação do professor. Todo professor deveria ter em mente tais teorias para aperfeiçoar seu desempenho em sala de aula; estudar teorias, por meio da Filosofia da Educação, adentrando em filosofias atuais proporciona ao mestre qualidade no seu desempenho enquanto professor. Pensar sobre a formação do educador em nosso tempo consiste num grande desafio.

A educação assume faces diferentes em cada período histórico, mas a essencialidade do professor em buscar a interação com seu aluno não modificou.

Não se pode discutir a Educação sem ter a filosofia presente. Ambas caminham juntas desde a idade antiga, já sendo vivenciadas e discutidas. Algumas ideias propostas pelos primeiros filósofos estão presentes e vividas hoje, dentro da Educação. Na didática, é essencial que na sala de aula experimente a Filosofia, para que o aluno chegue há uma autorreflexão, seja argumentativo e crítico para a sociedade.

Conhecer os filósofos e suas teorias proporciona um autoconhecimento, para abrir os olhos e enxergar uma nova realidade, isto é, como dizia Merleau-Ponty "a verdadeira filosofia é reaprender a ver o mundo".

Essa realidade é essencial para o meio, pois a Sociedade busca e procura sempre seres humanos que façam a diferença, ou seja, como dizia um sociólogo do século XIX "o homem que pretende mudar a sociedade não pode ter ideias tímidas". Ou seja, para ter algum pensamento, a Educação a executa, com o acompanhamento da Filosofia, pela sua história e valor.

REFERÊNCIAS

GADOTTI, Moacir. *Concepção Dialética da Educação: Um estudo introdutório.* 12ª ed. ver. São Paulo: Cortez. 2001.

GONÇALVES, Roseli. *A Contribuição da Filosofia para a Educação.* Disponível em: <www.webartigos.com>. Acesso em: 15 jun. 2010.

MARILENA Chauí: em: http://geocities.yahoo.com.br. Acessado em 15 de out. 2004.

MORIN, Edgar. *A cabeça bem-feita: repensar e pensar, reformar o pensamento.* 9ª ed. Rio de Janeiro: Bertrand Brasil, 2004.

PILETTI, Claudino. *Filosofia da Educação.* 3ª ed. São Paulo: Ática, 1991.

Revista em aberto. Brasília, ano 09 n. 45 jan/mar 1990.

LUCKESI, Cipriano Carlos. *Filosofia da Educação.* São Paulo: Cortez, 1990.

SAVIANI, Dermeval, *Educação: do senso comum à consciência Filosófica.* 13ª ed. Campinas. Autores associados, 2000. Coleção Educação Contemporânea.

VAZ, Elizabeth Santos. *Filosofia da Educação.* Disponível em: <www.webartigos.com>. Acesso em: 12 abr. 2010.

EDUCAÇÃO E POLÍTICA

"Educação enquanto um processo político"
"A inter-relação do Serviço Social com a educação"

Prof. Marcelo Souza Oliveira

INTRODUÇÃO

Este capítulo irá relatar sobre a educação enquanto um processo político: A inter-relação do Serviço Social com a educação. Este não apresentará novidades para muitos, nem pretende ser original, foi escrito com a finalidade de ser útil e prático. Seu mérito talvez seja o de colocar-nos em contato mais direto com o tema discutido tornando a aprendizagem mais simples, fácil e agradável.

Obviamente os conhecimentos teóricos adquiridos deverão ser utilizados na prática quando no exercício profissional do Assistente Social.

Este considera a educação, enquanto processo político, que fará a inter--relação do Serviço Social necessitando de uma discussão mais ampla para que possa ser verdadeiramente compreendida. Parte-se da premissa que a dialética compreende o homem como o único ser que necessita de uma instituição específica de uma antecâmara.

A escola que o prepara para entrar no exercício cotidiano da vida entre seus pares, assim, de uma indefinida possibilidade de desenvolvimento inicial, atinge uma concreta colocação histórica e uma específica dimensão pessoal.

Acredita-se que o ser humano atravessa a sua adolescência nos bancos escolares, sobre a orientação de adultos especializados em prepararem as novas gerações para a vida adulta real. A escola é um estágio preparatório para o século, e, contraditoriamente, esta mesma instituição é um obstáculo ou, pelo menos, um fator retardador da experiência da maturidade e de uma imersão adequada na contemporaneidade.

Partindo dessa compreensão do homem e suas relações sociais, é possível apontar qual o papel da educação enquanto processo político. Sobre o ponto de vista de alguns autores e os analisando à luz de alguns fatos da história recente, em que combinam objetivos específicos com perspectivas globais, assim, a inter-relação do serviço social tem uma ligação dialética que poderá contribuir para uma visão crítica de uma sociedade que está em processo de transformação.

Ao final deste tema, esperamos ter sido útil a tantos quantos vierem como fonte de conhecimento, ou simplesmente por curiosidade pessoal.

15.1 | EDUCAÇÃO E SERVIÇO SOCIAL

A educação, ao longo da história, sempre esteve presente nas sociedades, articulada com os diversos discursos sobre a natureza humana, incluindo-se nesses discursos seu conceito de razão. Para tantas sociedades distintas, a educação se constituía de maneira diferenciada, como para os Gregos, os Romanos, para as diferentes tribos indígenas, para os povos da Idade Média (MERCURE, 1969).

Para Platão (apud FERRARI, 2006, p. 13) "A educação deve propiciar ao corpo e à alma toda a perfeição e a beleza que podem ter". Para o filósofo a criança deveria ser tirada dos pais e enviada para o campo, uma vez que considerava corruptora a influência dos mais velhos. Até os 10 anos, a educação seria predominantemente física e constituída de brincadeira e esporte.

Portanto, é importante focalizar o momento em que a educação é articulada como um projeto político mais amplo, ou seja, a educação na modernidade deve ter uma inter-relação com o Serviço Social. Supõe-se que a implantação dos sistemas nacionais de ensino, sobretudo, a partir da Revolução Burguesa, conferiria à escola o papel de transmitir e conservar a cultura e os conhecimentos considerados universais, bem como formar o cidadão para atuar na sociedade. Antes mesmo de existirem escolas, a educação já era assunto de pensadores, toda uma classe de filósofos dos mais antigos da Grécia, os sofistas, tiravam sustento da transmissão de conhecimento aos filhos das famílias tradicionais e daquelas que desejavam planejar subir alguns degraus na escola social.

Conforme Sócrates (*apud* BRIZA, 2006, p. 10), a educação era outra coisa: o objetivo deveria ser a sabedoria, isto é, conhecer o mundo e a si mesmo. Segundo o filósofo defensor do diálogo como método de educação, Sócrates considerava muito importante o contato direto com os interlocutores, que é uma das possíveis razões para o fato de não ter nenhum texto escrito. A preocupação de Sócrates era levar as pessoas, por meio do autoconhecimento, à sabedoria e à prática do bem.

Segundo Sócrates o papel do educador é, então, o de ajudar o discípulo a caminhar nesse sentido, despertar sua cooperação para que ele consiga, por si próprio, iluminar sua inteligência e sua consciência.

Portanto, a prática educativa traz em si uma filosofia política, tenha o indivíduo consciência disso ou não, a necessidade de buscar o significado individual e coletivo da própria educação.

Mas não é importante apenas por causa dessa tentativa de extrair as conexões que possam existir entre nossos presentes esforços de análise crítica da educação. Esse é um tempo extremamente difícil, no qual as contradições e problemas sociais colocam constantemente em tese nossas melhores compreensões teóricas.

Um tempo pequeno torna-se dolorosamente sensível aos limites de nossas melhores explorações cognitivas. E nos fazem cair em tentação de abandonar nossos esforços de compreensão teórica em favor de explicações que mais levam à contingência da análise, ao senso comum e à ideologia que a umas construções conceituais pacientes, coletivas e historicamente construídas. Essa dissertação em relação ao reforço teórico é facilmente detectável hoje no pensamento social e educacional brasileiro.

Quando refletimos resgatar uma dimensão que vai além do círculo da mercadoria, do repetitivo. Isso é educação, é formativo (MERCURE, 1969), pois compreender a realidade significa compreender o que as coisas realmente significam, compreender o que as coisas realmente são, e isto, por sua vez, significa rejeitar sua mera felicidade.

Acredita-se que o Serviço Social como um pensamento dialético torna a sua função em romper com a autoconfiança e autossatisfação do bom senso, a solapar a confiança sinistra no poder e na linguagem dos fatos, é demonstrar que a não liberdade está no cerne das coisas, o desenvolvimento das contradições internas leva necessariamente a algumas mudanças qualitativas, à exploração e à catástrofe do estado estabelecido das coisas.

A educação enquanto num processo político, para Adorno (1978) são medidas educativas que dificilmente poderão evitar o aparecimento dos construtores e ideológicos da barbárie. Entretanto, a educação como um processo político pode fazer alguma coisa no sentido de modificar a atividade dos que praticavam os atos da barbárie que significavam o preconceito delirante à repressão, ao genocídio e à tortura.

Entretanto, o processo político da educação inspira o resgate da formação enquanto apropriação subjetiva da cultura, o que possibilita sobreviver por meio do pensamento crítico. É bem menor e acredita-se que a categoria de formação cultural se expressa desde suas origens à ideia de humanidade sem *status* e sem exploração de indivíduos aptos a se afirmarem como racionais numa sociedade civil.

A educação, enquanto um processo político, tem uma importância primordial na questão da formação das gerações atuais no sentido de uma sociedade que tenha bases racionais, que lute pela sua autonomia, pela emancipação. E esse processo se realiza por meio da superação do inconsciente do não ciente e do pseudociente (ADORNO, 1978).

A educação escolar tem um papel importante enquanto processo político. Porém, o resgate da formação cultural ultrapassa as muralhas da educação formal e atinge as dimensões vivas da sociedade. Acredita-se que é necessário resgatar, nas contradições da barbárie capitalista, a ideia de uma humanidade sem *status* e sem exploração, ricamente presente na categoria formação cultural.

Para que o processo educacional sobreviva é preciso o exercício da autorreflexão crítica. Acredita-se que os objetivos da educação estariam na organização que se dá em toda a estrutura escolar, seja no que se refere a currículos, como aos procedimentos internos. Certamente que a escola não é o *locus* exclusivo para alienação e garantia da mudança social necessária. Embora esse processo não seja suficiente, é necessária autorreflexão da crítica das determinações históricas sociais da realidade educacional, autorreflexão da crítica das determinações históricas sociais da realidade educacional, para exigir da educação o cumprimento de seu papel emancipatório.

De certa forma, se estabelece uma situação paradoxal, por um lado a escola está sendo usada pela razão formalizada, por outro lado, essa mesma escola que as possibilidades de construção desse sujeito, sem o qual não se estabelece à capacidade operatória formal levaria à tomada de consciência. Esta teria simultaneamente grande significado político, pode-se dizer que sua ideia é politicamente impositiva. Isto é, uma democratização que não se propõe a apenas funcionar, mas proceder de acordo com seu conceito, exige homens emancipados. A educação enquanto processo político seria importante se a ideologia ignorasse esta finalidade de adaptação e não preparasse os homens a operarem na realidade. Mas ela seria igualmente questionável se se reduzisse a isto, produzindo nada mais do que *"well adjusted people"*, que se importariam justamente os piores conteúdos da situação existente. Nesta medida, no conceito de educar para tornar racional para consciente existe de antemão uma cisão, uma ambiguidade talvez não possível superá-la, mais certamente não devemos evitá-la (FERREIRA, 1993).

O próprio papel da escola está subjugado à razão subjetiva. Esse processo não trazido à consciência mascara-se sobre uma pretensa neutralidade que, facilmente, retira da educação seus vínculos como reprodutora do modelo social. Se a razão não é mais agente de compreensão ética, a escola, ao promover a razão, reproduz esse processo, não consequentemente interações nem as transformações do mundo social e natural, o homem transforma a si mesmo e o objetivo último dessa transformação é a supressão de suas carências.

Qualquer que seja a educação entre si há uma filosofia política, tenha o indivíduo consciência disso ou não, e há a necessidade de buscar o significado individual e coletivo do próprio trabalho. Organização se dá em toda a organização escolar, seja no que se refere a currículos, como aos procedimentos internos. Certamente que a escola não é o *locus* exclusivo para a delineação e garantia da mudança social necessária. Embora esse processo não seja suficiente, é necessária a conclusão da crítica das determinações históricas sociais da realidade educacional, para exigir da educação o cumprimento de seu papel emancipatório.

Segundo a LDB (*apud* Legislação Brasileira para o Serviço Social 2005, p. 378). Redação dada pela Emenda Constitucional n. 26 de 2000, art. 2°. A educação, dever da Família e do Estado, inspirada nos princípios de liberdade e nos ideais de solidariedade humana, tem por finalidade o pleno desenvolvimento do educando, em preparo para o exercício da cidadania e sua qualificação para o trabalho. Art. 6°. São direitos Sociais: a Educação, a Saúde, o Trabalho, a Moradia, o Lazer, a Segurança, a Previdência Social, a proteção à maternidade e à Infância, a Assistência aos Desamparados, na forma desta Constituição.

Entretanto, a inserção do profissional de Serviço Social na política e na educação constitui uma parceria importante e que somará esforços na busca de solução que venha amainar alguns problemas de reconhecimento instalados na educação pública, no tocante ao direito ao acesso e permanência do aluno na escola. Logo o assistente social na sua prática deverá identificar essa inserção nas políticas públicas.

A escola deve, portanto, ter compromisso com a construção mental, com a formação de sujeitos capazes de operar formalmente para que se criem as condições necessárias à tomada de consciência e, de forma articulada com a prática, dê a ruptura com o caráter ideológico, mistificador de uma racionalidade que desumaniza. Algumas propostas nestas perspectivas, chamadas pedagógicas progressistas e libertadoras, têm por objetivos o desenvolvimento de uma consciência crítica, com vistas a superar as condições opressivas que impedem a libertação do homem.

Para o brasileiro Teixeira (*apud* BRIZA, 2006, p. 49) não se aprendem apenas ideias ou fatos, mas também atitudes, ideias e senso crítico, desde que a escola disponha de condições para exercitá-los. Para o educador Teixeira, as novas responsabilidades da escola eram, portanto, educar em vez de instruir, formar homens livres em vez de homens dóceis, preparar para um futuro incerto em vez de transmitir um passado claro, e ensinar a viver com mais inteligência, mais tolerância e mais felicidade. Para isso, seria preciso reformar a escola, começando por dar a ela uma nova visão da psicologia infantil.

Portanto, a educação, mais que um dever do Estado, é um dever da Família. Menos que um direito, é uma conquista do cidadão. Ao Estado cabe auxiliar a família, dando-lhe acesso gratuito à educação fundamental e possibilitando às famílias carentes, por meio de bolsas de estudos, optar entre a escola pública e a escola privada nos demais níveis. A escola privada não é concessão do Estado.

Sobre o ponto de vista de Comte (*apud* FERRARI, 2006, p. 40), todos os seres humanos guardam em si instintos tanto egoístas quanto altruístas. A educação deveria assumir a responsabilidade de desenvolver nos jovens o altruísmo em detrimento do egoísmo, e mostrar a eles que o objetivo existencial mais nobre é a vida das outras pessoas.

Entretanto, essas medidas pedagógicas não conseguiram ainda ter expressão no sistema de ensino. É necessária uma consideração especial a esse questionamento, se na educação há uma ação que dirige deliberadamente a constituição do homem, essa intervenção não pode desconsiderar a necessidade de autorreflexão e de libertação. O desafio é a sua realização, mas a educação, enquanto práxis, não pode desconsiderar a influência do progresso da razão.

O mundo da escola, que deve ser um *hall* de entrada à vida real, acaba substituindo a própria vida, resta saber até que ponto a escola deve manter um processo de reflexão crítica.

A educação constitui-se, assim, como um agente da nação que deve ser entendida como identidade nacional, padrão de avaliação, de autorreconhecimento dos agentes sociais e econômicos e, portanto, condição de reprodução da formação social brasileira, nos termos de sua inserção no âmbito mundial.

A educação visa promover sinais de orientação, regras de conduta, e, acima de tudo, valores que orientam a opção, ou seja, dotá-las da capacidade de distinguir entre as razões corretas e incorretas de preferência e da inclinação a seguir aquelas e evitar estas, assim, como induzir os indivíduos a estabelecer agenda e dividir as opções teoricamente possíveis entre as que são permitidas e as que são proibidas e puníveis, a educação desempenha sua função codificante e subdivide o conjunto de opções disponíveis permitidas entre as que são desejáveis, recomendáveis, adequadas e as indesejáveis, não recomendáveis.

O movimento que busca a qualidade da escola, primeiro sobre a égide da qualidade total e depois programa fundo a escola, propiciou o deslocamento da reflexão, que é política na gênese e na essência, para uma discussão técnica e estéril na origem e dotada de pseudoneutralidade que é na sua essência. Dessa maneira a qualidade, que é uma questão de decisão política, passou a ser considerada como opção sem problema. É preciso ficar bem claro para a escola que a linguagem técnica e quantitativa tem contribuído para o distanciamento entre o sujeito e o objeto do conhecimento.

O plano de desenvolvimento da escola concretiza-se por meio de uma crescente racionalização na organização da escola, com ênfase em aspectos como produtividade e competência, contando, para tanto, com a cooperação internacional, como, por exemplo, o Banco Mundial, que apresenta um discurso economicista para ser operacionalizado pelos professores.

A polêmica em torno dos compromissos, das possibilidades e dos limites da escola na condução de projetos políticos-pedagógicos tornou-se mais densa nos últimos anos e pelo menos dois argumentos fundamentais sustentam esse expressivo desenvolvimento da ciência e da tecnologia na segunda metade do século XX.

Ao definir a forma como poder e saber se articulam e, reciprocamente, se produzem/reproduzem no discurso. Segundo Foucault (FERRARI, 2006, p. 58), nos leva a interrogar sobre a racionalidade que fundamenta aquilo que está instituído na escola e a pensar sobre as condições do contexto histórico em que emergem explicações, teorias e conceitos que sustentam nossos projetos.

Na escola, a busca de um tipo ideal de administrar burocrático subordinou as atividades pedagógicas ao controle técnico, subvertendo seus fins educativos. O processo de construção da identidade do sujeito no contexto da modernidade refletia a sua relação com a questão educacional que demanda a reflexão crítica de dois pressupostos fundamentais: O primeiro deles refere-se ao fato de que toda identidade é relacional, na medida em que sempre tomam outras como referências, o que equivale a dizer que sua constituição ocorre com base na teia das relações sociais.

Precisa-se ter claro, porém, que a relação entre sujeito e o coletivo, quando se trata de constituição de identidade, não se constrói no vazio, mas à luz de condicionantes sociais, éticos e políticos. O sujeito social é preciso levar em conta que cada homem se faz pelo relacionamento com o meio físico e social, não havendo, *a priori*, uma essência de indivíduo social. Se os sujeitos constituem-se no âmbito de suas relações sociais, éticas e políticas, de formas semelhantes ocorre a construção do projeto político-pedagógico da escola.

É preciso sentido, é preciso não perder de vista o fato que o processo de construção desse projeto é um campo, por excelência, de produção da subjetividade dos sujeitos, uma vez que todos os segmentos da escola constroem e reconstroem relações em suas práticas cotidianas.

Quando os profissionais da educação estruturarem sua atuação na reflexão, eles criam novas possibilidades de aprendizagem. As relações sociais redefinem-se porque a reflexão coletiva torna oportunas as relações solidárias, exigindo uma reorganização do trabalho pedagógico.

Cabe também considerar que o ato reflexivo não se dissocia da necessidade e da importância do autoconhecimento, ou seja, da consciência de si mesmo. No entanto, fragilidade da escola na construção do projeto político pedagógico representa a própria fragilidade da relação entre sujeitos que ensinam e aprendem a sociedade. As diferenças devem ser analisadas como produtos da história, da ideologia e das relações de poder e constituem-se em fato incontestável. É sempre polêmico delimitar os fins da educação e não tratar de privilegiar o indivíduo ou a sociedade.

15.2 | SERVIÇO SOCIAL

O Serviço Social com a educação é viabilizar os direitos à educação, ao acesso, e à permanência na escola, o que tem sido garantido reiteradamente nos aportes legais, seja na Constituição Federal 1988 (2004, p. 10), Estatuto da Criança e do adolescente (2005) e a Lei de Diretrizes e Bases da Educação Nacional (1996), tendo como finalidade a formação do sujeito. Portanto, a qualidade dos serviços prestados à população e de modo especial ao usuário da escola pública tem como objetivo seu pleno desenvolvimento. Apenas para ilustrar, conforme o art. 53 (ECA), o direito à educação, ao acesso e permanência na escola.

A inserção do profissional do Serviço Social na política da educação, constituição da parceria importante é que somará esforços na busca de solução que venha amainar alguns problemas recentemente instalados na educação pública, no tocante ao direito ao acesso e permanência do aluno na escola. Logo que outras dificuldades sejam devidamente detectadas, com a participação do Serviço Social, levando em consideração o seu trânsito junto às organizações, tem seus interesses voltados para as causas que dizem respeito ao tema em pauta.

A contribuição do Serviço Social para a garantia do direito à educação é digno de discussão, mantendo os interesses da causa acima de quaisquer dificuldades menores em função dos desafios em que se constituem as concretizações da educação como um direito social.

O Serviço Social terá dentre suas relevantes funções, a atribuição de analisar e diagnosticar as causas dos problemas sociais detectados em relação aos alunos, nas escolas frequentadas por estes, objetivando atuar nestas questões preventivamente de forma a saná-las ou atenuá-las. Portanto, a implantação do Serviço Social escolar é uma das medidas que poderá criar condições para o efeito do exercício da cidadania, o que contribuirá para a inclusão social das crianças e adolescentes que frequentam as escolas públicas.

A importância do Serviço Social escolar, em face às atribuições atinentes a atividades profissionais (estabelecidas pelos arts. 4º e 5º da Lei n. 8.662/93) propiciará não só diagnosticar, mas propor resoluções e alternativas à problemática social, vivida por muitas crianças e adolescentes, evitando a evasão escolar, o baixo rendimento escolar e outros decorrentes das desigualdades e carências vividas pelo educando.

Trará de outro lado a sorte, benefícios para os alunos da rede pública, possibilitando e orientando o acesso aos Serviços Sociais e assistenciais, por meio de programas e encaminhamentos efetuados pelo profissional competente.

O projeto de Lei que pretenda instituir ou implantar o Serviço Social nas escolas públicas deve sempre ser de iniciativa do poder executivo, Estadual ou Municipal. O art. 205 (CF-1988, p. 57) estabelece que a "educação" direito de todos e dever do Estado e da família. Entretanto, será promovida e incentivada com a colaboração da sociedade, visando ao pleno desenvolvimento da pessoa, seu preparo para o exercício da cidadania e sua qualificação para o trabalho.

O Serviço Social é área de objeto do estudo e do trabalho do assistente social, que por sua vez é uma profissão de caráter técnico-cientifíco de nível universitário, regulado, entretanto, pela Lei n. 8.662/93.

Portanto, caberá ao Serviço Social escolar desenvolver atividades técnicas profissionais, por meio de profissionais: Assistentes Sociais habilitados ao exercício da profissão, desempenhar dentre outras as seguintes funções:

a) Pesquisa de natureza socioeconômica e familiar para caracterização da população escolar;

b) Elaboração e execução de programas de orientação sociofamiliar, visando prevenir a evasão escolar e melhorar o desempenho e rendimento do aluno e sua formação para o exercício da cidadania;

c) Articulação com instituições públicas, privadas, assistências e organizações comunitárias locais, com visitas ao encaminhamento de suas necessidades;

d) Realização de visitas sociais com o objetivo de ampliar o conhecimento acerca da realidade sociofamiliar do aluno, de forma a possibilitar assisti-lo e encaminhá-lo adequadamente;

e) Elaboração e desenvolvimento de programas específicos nas escolas em que existem classes especiais.

A educação enquanto um processo político e a inter-relação do serviço social com a educação são de enorme relevância no campo de atuação do profissional de Serviço Social.

Conforme GUERRA (1995, p. 62), O Serviço Social pode qualificar-se para novas competências, buscar novas legitimidades, indo além da mera requisição instrumental-operativa do mercado de trabalho. Este enriquecimento da instrumentalidade do exercício profissional resulta num profissional que, sem prejuízo da instrumentalidade no atendimento das demandas, pode antecipá-las. E habilidade no manejo do instrumento técnico, saber colocar-se em seu devido lugar.

Entretanto, a prática do assistente social deve estar situada no contexto das relações sociais concretas de cada sociedade, abrigando na sua configuração os resultados do movimento histórico, da dinâmica da sociedade, num determinado momento, numa dada conjuntura.

Logo, a prática profissional é tida fundamentalmente com políticas sociais, esta é sua matéria-prima, evidentemente não é o serviço social que se ocupa dessas políticas, nem estas são apenas produzidas para serem por ele operadas.

CONSIDERAÇÕES FINAIS

Vale ressaltar que este tema é de grande importância para o desenvolvimento da intelectualidade, trazendo subsídios para discutir os aspectos que envolvem o tema em foco.

Para ser bom profissional, não basta só adquirir uma graduação, tem que ter o melhor do conhecimento, para isso, uma boa opção para idealizar o objetivo do assunto em foco fez com que utilizasse a pesquisa, assim somei ainda mais conhecimento aos que já possuía.

Este trouxe melhor esclarecimento do tema: **Educação enquanto Processo Político**: A inter-relação do Serviço Social com a educação e sua finalidade para o curso de pedagogia tanto como para o curso de Serviço Social. Como profissional da área, este trouxe elementos para análise dos aspectos que envolvem a educação enquanto processo político: A inter-relação do Serviço Social com a educação.

Ao término deste capítulo espero ter sido útil àqueles que usufruírem este gratificante esforço, e que o conhecimento adquirido venha orientar o exercício profissional de quem ama a arte de educar.

REFERÊNCIAS

ADORNO, TW. A indústria cultural. Tradução de Amélia Colin. 4ª ed. In: COH, Gabriel [Org.]. *Comunicação e Indústria, Cultura.* São Paulo: Cia. Ed. Nacional, 1978.

CONSTITUIÇÃO DA REPUBLICA FEDERATIVA DO BRASIL, 1988, Brasília, 2004, pp. 10, 57.

COMTE. *Apud* FERRARI. In: *Revista escola, Grandes Pensadores*, vol. 2, edição de abril de 2006, pp, 40- 42.

ESTATUTO DA CRIANÇA E DO ADOLESCENTE. *Lei n. 8069, de 13 de julho de 1990*, Brasília, 2005, p. 20.

FERRARI, Márcio; BRIZA, Lucita. Apud: *Revista escola, Grandes Pensadores*, vol. 2, edição de abril de 2006, pp. 10-49.

FERREIRA, Nilda Tevês. *Cidadania: Questão para educação*. Rio de Janeiro: Nova Fronteira, 1993.

FOUCAULT, Michael. *Apud* FERRARI. In: Revista escola, *Grandes Pensadores*, vol. 2, edição de abril de 2006. pp. 58-60.

GUERRA, Yolanda Guerra. *A instrumentalidade do Serviço Social*. São Paulo: Cortez, 1995.

HORHEIMER, MARX, ADORNO, TEODORO W. A indústria cultura. O esclarecimento como mistificação das massas. Tradução de Emido de Almeida. In: *Dialética do Esclarecimento*, 2ª ed. Rio de Janeiro: Zahar, 1986.

Leis de Diretrizes e Bases da Educação Nacional (LDB) 1996. *Apud* Legislação Brasileira para o Serviço Social. São Paulo: Ed. CRESS –SP, 2005, p. 378.

LEGISLAÇÃO BRASILEIRA PARA O SERVIÇO SOCIAL: *Coletânea de Leis, Decretos e regulamentações para instrumentação da(o) assistente social*. Organização Conselho Regional de Serviço Social do Estado de São Paulo, 9ª Região. Diretoria Provisória. 2ª ed. ver. amp. e atual. até dezembro de 2005. São Paulo: Editora CRESS-SP.

MARX, KARL. Apud FERRARI. In: *Revista escola, Grandes Pensadores*, vol. 2, edição de abril de 2006, pp. 43-45.

MERCURE, Herbert. Eros e Civilizações: *Uma interpretação Filosófica do ensino de Freud*. Rio de Janeiro: SGA, 1969.

PLATÃO. *Apud* FERRARI. In: *Revista Escola, Grandes Pensadores*, vol. 2, edição de abril de 2006, pp. 13-15.

SÓCRATES. *Apud* BRIZA. In: *Revista Escola, Grandes Pensadores*, vol. 2, edição de abril de 2006, pp. 10-12.

TEIXEIRA, Anísio. *Apud* BRIZA. In: *Revista Escola, Grandes Pensadores*, vol. 2, edição de abril de 2006, pp. 49-51.

EDUCAÇÃO E SEXUALIDADE

"Educação sexual, sexualidade e história"

Prof.ª Jehmy Katianne Walendorff

INTRODUÇÃO

Ao refletir sobre o tema, não se tem consciência de todo o jogo de poderes e saberes que envolvem a sexualidade em nossa sociedade.

Nota-se que esta é apenas uma das tantas possibilidades de se discutir a questão da sexualidade na sociedade. Porém, se entende sexualidade também como uma questão de cidadania, a qual afeta a toda a sociedade.

Apesar de ocorrerem alguns questionamentos sobre a forma com que a sexualidade é negada na nossa sociedade, pois até grande parte dos educadores consideram que a sexualidade não é importante para ser tratada numa sala de aula, nem um tema a ser cogitado no trabalho pedagógico escolar, digo que essa educação se faz necessária para o educando possuir acesso às informações e passar a refletir sobre outros assuntos polêmicos, como drogas, tabus e a própria Educação Sexual, que volta e meia está sendo foco na mídia.

Busca-se relatar com o objetivo de historicizar a difusão social e cultural da Sexualidade e analisar a visão de mundo que os autores têm nos dias de hoje. Inicialmente, traz-se um breve histórico da Educação Sexual, destacando o que é articulado vários autores para buscar compreender como ela é vista em nossa sociedade.

A concepção do trabalho de Orientação Sexual, como instrumento preventivo, vem passando por inúmeras transformações. Seu espaço está sendo discutido intensamente, seja na família, na escola, ou na comunidade. Quando utilizado na área de educação, decorre do conceito pedagógico de Orientação Educacional, definindo-se como o processo de influência classificada na área de sexualidade, realizado principalmente em escolas. Implica o fornecimento de informações sobre sexualidade e a organização de um espaço de reflexões e questionamentos sobre postura, tabus, crenças e valores a respeito de relacionamentos e comportamentos sexuais.

Trazendo reflexões sobre a História Antiga, com exemplo dos gregos e romanos; a Idade Média, com o autoritarismo da Igreja Católica; a História Moderna e a Educação Sexual revolucionando-se por meio das narrativas de William Shakespeare em peças teatrais e poéticas; a História Contemporânea e as mudanças radicais na cultura, assim como na atualidade, por meio da liberdade sexual, contracultura, como também a partir das décadas de 1970 e 1980 quando surgem questões relevantes para a Educação Sexual ensinada nas escolas e comunidades, ponderando valores e preocupações inseridos na história e comparando-as com a opinião de outros autores que tratam do assunto.

16.1 | EDUCAÇÃO SEXUAL: UM CONCEITO

Ao escrever história, o historiador conta com a memória explicando o objeto à sua maneira, essa perspectiva apresentada é apenas uma das várias possibilidades interpretativas do fato histórico, essa teoria pode ser levada em consideração ao estudarmos a importância da Educação Sexual[38].

Ocorreram várias mudanças na escrita da história. Podemos citar o surgimento da expressão francesa *La Nouvelle Histoire* (a nova história), na passagem dos séculos XIX e XX, esta *Nouvelle Histoire* praticada pela Escola dos Annales a partir de Lucien Febvre, Marc Bloch e Fernand Braudel, que romperam com a influência filosófica, sustentada nas teorias das novas ciências sociais. A França, além de ser considerado o berço da Nova História, também é considerada precursora da Educação Sexual.

Abordar a temática Educação Sexual não é novidade, principalmente quando se pensa na questão da sexualidade vista de forma histórica. É interessante nos remeter a alguns fatos e datas significativas pelas quais atravessou este assunto.

---

38 BURKE, Peter. *A escrita da história: novas perspectiva*. São Paulo: Editora da Universidade Estadual Paulista, 1992. p. 332.

Peter Burke em sua obra intitulada *A Escrita da História* discute a Nova História, em que se preocupa com uma história total, ou seja, em que tudo é histórico, e afirma: "A Nova História começou a se interessar por virtualmente toda atividade humana e como afirmou o cientista J. B. S. Haldane "Tudo tem uma história"[39].

Nesse sentido, falar de Educação Sexual nos remete ao tema sexualidade, e este também constitui os significados de coerção, domínio, preconceito, embargo do indivíduo, anseio, amor, prazer, vida, morte, autoridade, gênero, perversidade, opção sexual e construção de papéis sexuais. Por fim, de todas as representações sociais que giram em torno dela na sociedade.

Antes de fazer um retrospecto do tema Sexualidade, se faz necessário explicar o que é Educação Sexual. Segundo alguns autores, como, por exemplo, a médica e sexóloga Marta Suplicy:

> *A Educação Sexual é um processo formal e informal, sistematizado que se propõe a preencher lacunas de informação, erradicar tabus, preconceitos e abrir a discussão sobre as emoções e valores que impedem o uso dos conhecimentos, cabe também propiciar uma visão mais ampla, profunda e diversificada acerca da sexualidade.[40]*

Conforme Marta Suplicy, o processo do esclarecimento da Educação sexual pode ocorrer em qualquer lugar, sendo ele em salas de improviso, comunidade, ou até em associações para a explicação do tema proposto, buscando uma conscientização popular para a importância desse tema.

O esclarecimento sobre a Educação Sexual pode ocorrer de forma simples, a partir de informações repassadas por alguma instituição pública ou privada. Independentemente do local, o importante é que as informações sobre sexualidade sejam repassadas à população com a intenção de uma conscientização.

Segundo Vagner Lapate temos a concepção de que:

> *[...] na moderna educação sexual projetada para o terceiro milênio abrange todo aspecto de informação cientifica, atitudes culturais e aprendizagem que estão implícitas no homem e na mulher [...] A educação sexual abrange o*

---

39 *Idem*, p. 11.

40 SUPLICY, *op. cit.*, p. 12.

aspecto total do comportamento humano, a compreensão das necessidades básicas no que diz respeito a pertencer, a amar e ser amado, respeitando-se os direitos dos outros [41].

Vagner Lapate deixa claro que se faz importante a discussão de todos os ângulos referentes ao tema Educação Sexual, do qual faz parte pontos como o respeito, amor próprio, preocupação com doenças sexualmente transmissíveis, gravidez indesejada, entre outras preocupações cabíveis. A Educação Sexual, desde seu debate inicial acerca da sexualidade, sofreu várias formas de repressão, sendo marginalizada e perseguida pela moral [42]. Somente com o passar do tempo é que essa discussão ganhou espaço, credibilidade e importância, chegando aos dias de hoje como necessidade básica para sobrevivência do ser humano, porque uma pessoa sem informação pode engravidar em hora indesejada, pode contrair doenças e essas levarem à morte do indivíduo.

O sexo sempre esteve presente na vida humana, tanto como forma de reprodução, prazer, quanto na forma representativa de *status* ou virilidade, em alguns casos e lugares esta representação perpetua-se até os dias de hoje.

Atualmente, a mídia e os órgãos de saúde expõem uma crescente preocupação para com as Doenças Sexualmente Transmissíveis (DSTs) [43], e estas são conceituadas como estados patológicos incluídos entre as doenças infectocontagiosas e infecções causadas por agentes causais diversos, envolvendo as áreas genital, anal, ocular ou outras, tendo no contato sexual seu modo de transmissão predominante.

Um dos principais fatores que contribuem para o aumento dessas DSTs é a mudança radical ocorrida na perspectiva demográfica, ou seja, a superpopulação nos dá prova circunstancial de um maior índice de doenças. Os usos abusivos das pílulas anticoncepcionais [44] contribuem para

---

41 LAPATE, *op. cit.*, pp. 34 e 36.

42 O termo moral pode ser compreendido como parte da filosofia que trata dos costumes ou dos deveres do homem. FERREIRA, Aurélio Buarque de Holanda. *Miniaurélio*. Curitiba: Editora Positivo, 2008.

43 De acordo com seu histórico recentemente foi divulgada a teoria de que os *vikings* teriam a doença já há mil anos, em torno de 1495 a Europa sofria da primeira epidemia de sífilis. Fritz Shaudinn descobriu a bactéria causadora em 1905, Paul Ehrlich descobriu o primeiro tratamento usando um composto à base de arsênico em 1909. Morreram com sífilis Rei Henrique VIII (inglês), Vicent Van Gogh, Beethoven, Schumann [...]". LAPATE, *op. cit.*, pp. 121 e 124.

44 As pesquisas com as pílulas contraceptivas datam da década de 1960, nos últimos anos se conseguiu diminuir progressivamente a dosagem de hormônio até se atingir os atuais contraceptivos de baixa dosagem que previnem eficazmente a gestação não desejada, acarretando menos efeitos físicos e metabólicos indesejáveis. LAPATE, *op. cit.*, p. 94.

a reduzida aplicação do preservativo, uma vez que propiciam uma falsa segurança e causam uma sensação de destemor, aumentando também o índice de doentes.

Os preservativos mais antigos são os envoltórios de pênis que aparecem em desenhos da civilização egípcia, também as mulheres estavam encarregadas pela contracepção, elas utilizavam plantas maceradas, raízes, beberagens e tampões improvisados.

Desde a queda do Império Romano, as alusões ao uso dos preservativos desapareceram até o século XVI, quando ressurgiram na Europa, com a informação de que no reinado de Charles II na Inglaterra (1660-85)[45] o rei utilizava preservativos fabricados a partir de intestino de cordeiro, tal como faziam os antigos soldados romanos.

Anteriormente a isso, em 1564, o anatomista italiano Gabriel Fallopius (1523-1562) indicou o uso de um envoltório de linho para evitar Doenças Sexualmente Transmissíveis.

Em Londres, no século XVIII, tem-se indício do surgimento de lojas na confecção de preservativos que atendiam excepcionalmente a aristocracia europeia. Eram produzidos sob medida com intestino de cordeiro ou carneiro, reutilizáveis, estampados e aromatizados com essências florais e embalados em caixa de cristal.[46]

No século XIX, quando foi descoberto o método de vulcanização da borracha, os preservativos passaram a ser feitos desse material, mais resistentes e teoricamente mais seguros.

Uma das explicações para a falsa segurança em relação aos preservativos, essa "despreocupação" pode estar no movimento chamado de "liberdade sexual", que propiciou a quebra dos tabus. O sexo deixa de ser visto simplesmente como forma de reprodução para ser visto como prazer e conhecimento do corpo humano.

Cabe aqui ressaltar a década de 1920, com a onda de novos movimentos sociais, surgiu também um movimento feminista liderado por Berta Lutz, uma bióloga formada pela Universidade de Sorbone[47] em Paris, trazendo uma discussão em que se tenta implantar a Educação Sexual nas escolas, tendo como objetivo maior a proteção à infância e à maternidade.

---

45 Museu do sexo. Disponível em: <http://www.museudosexo.com.br>. Acesso em: 5 out. 2006. Fonte: http://www.zol.be/Vesalius/Biography/body_biography.html.

46 Informações contidas no *site* http://www.museudosexo.com.br.

47 REIS, Letícia Vidor de Sousa. *Uma senhora batalha*. Disponível em: <http://www.agenciacartamaior.uol.com.br/templates/materiaMostrar.cfm?materia_id=11939>. Acesso em: 17 out. 2006.

De acordo com o Guia do Vaticano[48] sobre a Educação Sexual, em relação à prevenção de doenças, recomenda o documento que os pais devem rejeitar o chamado sexo seguro ou o uso do preservativo, devendo insistir na continência fora do casamento como a única e verdadeira forma de prevenção contra as doenças contagiosas, ou seja, o Vaticano não aprova o uso de preservativos, pois considera que as pessoas se contagiam com essas doenças por meio de relações extraconjugais.

Por meio deste documento revela-se o conservadorismo e tradicionalismo da Igreja Católica, mostra que a instituição por vezes se mostra sexofóbica, a qual tem aversão ao sexo e não quer de forma alguma se modernizar de acordo com as mudanças sociais, ou seja, não é mais aquela "sociedade disciplinar" estudada por Foucalt.

A sexualidade é imposta de uma maneira pela Igreja, também abordada no seio familiar, em que nas duas formas são passadas de forma direta ou indireta valores nos quais a própria família quer que a criança adote, mas também cabe à escola orientar sobre o tema prevenindo-a de doenças e de uma gravidez indesejada, este sim é o papel da educação, dar informações para a pessoa ter o controle sobre o que ela quer para o seu futuro.

16.2 | SEXUALIDADES: UM BREVE HISTÓRICO

No período antigo da história, os indivíduos do povo hebreu casavam-se muito jovens, a reprodução era contínua por causa das guerras e também pela grande mortalidade infantil. A virgindade era valorizada ao extremo pela sociedade e a poligamia era liberada para os homens, somente após o casamento.

> *Portanto, o homem poderia ter, no casamento, sexo apenas para reprodução, mas em função das outras práticas também tinha oportunidades de desenvolver sentimentos profundos de amar e de ter do sexo muito prazer sensual.*[49]

Ainda no período antigo, mas sobre os gregos, segundo Burgo Partridge[50] pode-se dizer que: "na vida prática cotidiana, os gregos baseavam

48 No dia 20 de dezembro de 1995, o Vaticano, por meio do conselho Pontifício para a família, divulgou um manual normativo sobre sexualidade humana. TOMITA, Luiza E. Guia do Vaticano sobre a educação sexual. *Boletim Pela Vidda*, n. 27, jan./mar. 1997. Disponível em: http://www.pelavidda.org.br/public2.html>. Acesso em 17 out. 2006.

49 LAPATE, *op. cit.*, pp. 34 e 36.

50 Burgo Partridge, escritor, filho de Ralph e Frances Partridge, figuras expoente do grupo de Bloomsbury, nasceu na Inglaterra em 1935 e morreu em 1963 aos 28 anos, seu único livro: *Uma História das Orgias*.

seus comportamentos e ideais num hedonismo extraordinariamente simples e sensual"[51]. Neste seu livro intitulado: *Uma História das Orgias*, o estudo deixa claro que eram idealistas, aficionados por uma doutrina filosófica que faz do prazer o objetivo da vida.

Um dos principais e importantes filósofos gregos, Platão, em sua obra *Repúblicas e Leis*[52] recomenda a importância da educação igualitária para ambos os sexos, deixando clara a preocupação do filósofo quanto à necessidade da educação para o crescimento e desenvolvimento de uma sociedade culta e preparada, tendo como base todo o legado cultural deixado pelos gregos que ainda hoje é apreciado por alguns como uma das culturas mais desenvolvidas.

Os gregos tinham uma grande liberdade sexual, como fica claro nas citações logo a seguir: "A moral não estava ligada à noção de pecado e sim as virtudes como bravura, autodomínio, patriotismo, sabedoria, devotamento aos amigos [...]"[53], ou seja, os gregos ainda estavam livres do conceito de moral que muitos têm hoje, tinham sim, por interpretação, muita relevância deste conceito, por exemplo, a ousadia, coragem, audácia e valor, ou seja, os gregos separavam o sexo para procriação do prazer.

E ainda Demóstenes diz: "As prostitutas, nós conservamos pelo prazer, as concubinas, para cuidar da nossa pessoa e as esposas, para nos proporcionar filhos legítimos e cuidar da nossa casa"[54], ou seja, sendo a sociedade grega da época patriarcal, a mulher sofria restrições provenientes destes costumes, não podendo reclamar ou questionar, pois os homens estavam livres para desfrutar de outras relações extraconjugais sem culpa moral ou social.

Com os Romanos, notamos certa liberdade na questão da vida conjugal. Ressaltamos abaixo uma citação na qual se relata uma sensação de liberdade, embora pouca, mas iniciando uma longa conquista da família se formando por vontade própria, ainda que fosse por permissão do chefe da família, no caso a figura paterna:

> *[...] o casamento era uma questão pessoal e não requeria uma sanção religiosa ou governamental, apenas o consentimento paterno. Assim parece que os jovens romanos tinham melhor oportunidade do que os gregos para encontrar no casamento uma união de Amor e Prazer, embora*

---

51 PARTRIDGE, Burgo. *Uma História das Orgias*. São Paulo: Editora Planeta do Brasil, 2004. p. 11.

52 LAPATE, *op. cit.*, p. 18.

53 *Idem*, pp. 18-19.

54 *Idem, ibidem.*

aliado a sua função reprodutora, pois a tradição sustentava que todas as pessoas deveriam se casar e havia uma tributação de impostos para os solteiros.[55]

Pode-se entender ainda que, para o governo romano, era vantajoso que os jovens continuassem solteiros, pois tinham de pagar certo tributo ao Estado por continuar nesta condição, também se interpreta que o Estado incentivava o casamento por meio deste tributo.

Os romanos, teoricamente, eram liberais, sendo sua cultura considerada até sádica e cruel. Com a iniciação dos filhos na atividade sexual, o pecado vai ser um instrumento para a conscientização de que o sexo desenfreado não é correto. Como fica claro no estudo de Burgo Partridge.

> *Os romanos, cujo comportamento indica certo grau de culpa por causa do elemento de sadismo em sua cultura, davam-se relativamente pouco a delitos puramente sexuais. No entanto, seu sadismo estava estreitamente associado à culpa sexual, e na cultura deles podemos ver os primeiros lampejos de um conceito novo: o pecado.[56]*

Nos séculos II e III, nota-se a ruptura do paganismo em direção ao cristianismo. Este período de Roma era dominado por luxúria e sadismo, o que gerou um descontentamento por parte da população; então parte desta adere ao cristianismo, que "escarnecia e castigava os prazeres"[57]. Apesar das divergências entre pagãos e cristãos, o cristianismo cresce até se tornar religião dominante por meio do Imperador Constantino (323 d.C.).

Com a tentativa da Igreja Católica de impor condições novas à sociedade, como o celibato, exaltação da virgindade e uso do sexo apenas para a procriação, o que gerou um descontentamento com a nova religião, a população começa a se queixar e resistir à imposição da Igreja. Contudo, nos tribunais da época apareceram inúmeros registros de condenação por crimes sexuais, por exemplo citamos fornicação[58], adultério[59], incesto[60] e homossexualidade[61].

---

55 *Idem*, p. 19.

56 PARTRIDGE, *op. cit.*, p 79.

57 LAPATE, *op. cit.*, p. 20.

58 Prática de atos sexuais. FERREIRA, *op. cit.*

59 Infidelidade conjugal. FERREIRA, *op. cit.*

60 União sexual ilícita entre parentes. FERREIRA, *op. cit.*

61 Atração ou afinidade entre indivíduos do mesmo sexo. FERREIRA, *op. cit.*

Com o passar dos séculos, na Idade Média, na Europa, a sexualidade era vista como pecado, sacrilégio, volúpia, devassidão, luxúria, e todos esses pecados deveriam ser confessados.

Atualmente o discurso atual da Igreja Católica dá ênfase à dignidade do corpo humano, pregando legitimidade do sexo apenas dentro do casamento, ou seja, o sexo deixa de ser pecado desde que seja praticado dentro dos laços do matrimônio. Para a oficialidade da Igreja Católica, a única forma sexual permitida era para procriação, sendo assim até os dias de hoje.

A doutrina cristã expõe a dignidade do corpo humano como exemplo máximo da obra de Deus, expressando toda a legitimidade do casamento e da união sexual como valorização da procriação, como fica claro na citação de Paul-Eugène Charbonneau "Cultivavam uma atitude negativa que condenava o sexo ou apenas o tolerava como uma vergonha inevitável. Tanto mais que, paralelamente, a virgindade era exaltada como a expressão da mais alta qualidade espiritual"[62].

Deixando claro todo o estigma criado pela Igreja em torno do sexo, mostrando que para a procriação o sexo ainda era tolerado, mas sempre enaltecendo a virgindade, ou seja, a pureza.

Durante a Idade Moderna, a partir do século XVI, com a junção dos ideais do Iluminismo com a Renascença, o sexo não parecia ser mais tão pecaminoso nem repulsivo, o sexo já podia ser associado ao amor.

William Shakespeare[63] pode ser citado como exemplo, pois sua narrativa romântica se identifica com que já supõe algo parecido com o relacionamento moderno começando a surgir. Esta nova literatura apresenta o "homem renunciando a seu próprio espírito para entregar-se à sexualidade"[64]. Alguns títulos de peças de Shakespeare são: Otelo, Rei Lear, Macbeth, Hamlet e Romeu e Julieta, um dos mais conhecidos.

Apresento como exemplo a peça intitulada de Romeu e Julieta:

> [...] conta história de duas famílias inimigas em que Romeu e Julieta se apaixonam e são proibidos de viver este amor. Para não ter de casar com outro Julieta decide seguir um plano que pode mudar sua sorte: ela fingiria o suicídio

---

62 CHARBONNEOU, Paul-Eugéne. *Educação sexual: seus fundamentos e seus processos.* São Paulo: Editora Pedagógica e Universitária, 1979. p. 13.

63 De acordo com Harold Bloom, famoso crítico americano, diz que William Shakespeare alterou o rumo da literatura mundial, o dramaturgo inglês entendia a alma humana como nenhum autor jamais entendeu. MONTENEGRO, Érica. Por que Shakespeare é considerado um gênio?. *Superinteressante*, edição 211, p. 28, mar. 2005.

64 CHARBONNEOU, *op. cit.*, p. 10.

tomando um líquido que altera os sentidos. Romeu foi avisado e resgataria a jovem do túmulo. Os planos dão errado e os dois jovens escolhem a morte a viver separados de seu amor.[65]

Shakespeare encantou várias plateias com estes clássicos escritos no século XVI, os grandes gênios da literatura de hoje são muitas vezes inspirados por ele.

Na Idade da Razão, entre os séculos XVII e XVIII, época em que o dogmatismo religioso começa a decair e tem-se a tentativa de dar lugar à razão, no qual as "coisas" do mundo começam a ser explicadas cientificamente com Newton, Galileu, Copérnico, percebemos então segundo Vagner Lapate "através da razão, ao invés da fé, a verdade objetiva poderia ser alcançada, desta forma o racionalismo avançava enquanto a teologia decaía"[66].

A sexualidade e o dispositivo saber/poder são demonstrados nos livros de Michel Foucault, um ponto importante nas teses de Michel Foucault é o questionamento da "repressão" da sexualidade.[67]

Foucault descreve o período moderno da seguinte forma: "o discurso de confissão foi disperso em discursividades distintas, que tomaram forma na demografia, na biologia, na medicina, na psiquiatria, na psicologia, na moral, na crítica política"[68]. O discurso cristão foi sendo rompido e modificado para tomar lugar o discurso científico, ou seja, o discurso utilizado na Idade Média foi sendo substituído cada qual com o "olhar" teórico da sua lógica, procurando dar respostas para questões que até então não passavam de mais um fato do cotidiano.

Já na Idade Contemporânea há indicativos de que a discussão sobre a Educação Sexual ocorreu na França em meados do século XVIII. De acordo com Marluce Alves dos Santos[69];

Pouco se sabe sobre a "entrada" da sexualidade na escola, porém alguns estudiosos (BARROSO e BRUS- CHINI, 1983; SAYÃO, 1997) apontam para o seu surgi-

---

65 MONTENEGRO, Érica, *op. cit.* p. 28.

66 LAPATE, *op. cit.*, p. 24.

67 FOUCAULT, Michel. História da sexualidade I: vontade de saber. Trad. Maria Thereza da Costa Albuquerque e J. A. Guilhon Albuquerque. Rio de Janeiro: Graal, 1990. pp. 88-89.

68 *Ibidem*, p. 35.

69 SANTOS. Marluce Alves dos. *Orientação sexual no 1° e 2° ciclos do ensino fundamental: uma realidade distante?* Caíco, RN: UFRGN, 2001. Disponível em: < http://www.adolec. br/bvs/adolec/P/textocompleto/ MARLUCE.doc>. Acesso em: 20 out. 2005.

mento na França, a partir da segunda metade do século XVIII. Foi a partir desse período que a chamada Educação Sexual começou a preocupar os educadores. Essa educação tinha como objetivo maior combater a masturbação, tendo como pano de fundo as ideias de Rousseau, para quem a ignorância era a melhor forma de manter a pureza infantil.[70]

De acordo com Marluce, a França foi considerada o lugar de origem das discussões sobre sexualidade nos educandários, tinha como preocupação maior combater a masturbação, algum tempo depois retomam essas discussões pela preocupação acerca das enfermidades venéreas, a degradação das raças e o crescente número de aborto clandestino.

Nota-se ainda no discurso de Marluce que a Suécia teve também seu papel importante acerca de discussões sobre a Educação Sexual. Marluce interpreta com afirmações de Ribeiro que:

> *[...] em 1770 a Suécia teve as primeiras conferências públicas sobre as funções sexuais. As primeiras reivindicações pleiteadas referiam-se a informações sobre o livre acesso aos métodos contraceptivos e o direito ao aborto em certas circunstâncias, todas aprovadas pelo governo em 1938. RIBEIRO (id) cita ainda que a Suécia teve a Educação Sexual na escola recomendada pelo governo, em 1942, e declarada obrigatória em 1956. Ao contrário da França, que apesar de ser considerado o país precursor nas discussões sobre a inclusão da Educação Sexual na escola, só inseriu oficialmente esse tema nos currículos escolares, em 1973.[71]*

Entende-se que a Suécia foi também precursora nas discussões sobre o tema mesmo naquela época, por volta do século XVIII, e a dar a devida importância à Educação Sexual, deixando claro que naquele período a preocupação sobre sexualidade era evidente. Ao contrário, a França, também precursora destas discussões, mas que somente implantou a discussão posteriormente.

---

70   *Idem*, p. 11.

71   *Idem*, p. 11.

Basicamente a revolução sexual[72] surgiu juntamente com os novos teóricos da sexualidade como Sigmund Freud, Alfred Charles Kinsey e William Reich no início do século XX, nascendo logo após o movimento de contracultura[73], um século de repressão do qual alguns grupos de pessoas criaram um modo de vida mais natural, como, por exemplo, o movimento *hippie*, que consistia na busca por liberdade em todos os ângulos e a quebra dos tabus sociais, objetivos estes sendo representados por meio do amor livre, dos cabelos longos, das roupas coloridas, drogas, músicas de protesto e pregando o pacifismo[74].

No século XX, o psicanalista Sigmund Freud revolucionou as Ciências Humanas com suas teorias sobre sexualidade e suas implicações para o comportamento humano. Freud é considerado o pai da psicanálise analisando distúrbios psicológicos que muitas vezes, segundo ele, estão ligados a distúrbios sexuais, constituindo uma ligação entre repressão sexual a outros fatores psicológicos, conforme a citação em *A Educação Sexual da Criança*, de Nunes e Silva:

> *Até a eclosão do fantástico pensamento de Freud não se admitia que existisse na criança o que ele chamou de "impulso sexual". No máximo, admitia-se que durante o período de puberdade o jovem começasse a se interessar pelas chamadas "coisas sexuais". Em seus estudos, Freud considerou a sexualidade infantil desde o nascimento da criança (a primeira infância que nomeou "pré-história do indivíduo"). Freud foi o primeiro a considerar com naturalidade os atos e efeitos sexuais das crianças como ereção, masturbação e mesmo simulações sexuais.[75]*

---

72 De todos os fenômenos de natureza social e cultural que afetaram o comportamento nas sociedades ocidentais durante o século XX, o mais importante foi a chamada Revolução Sexual. Séculos de repressão criaram uma maneira de viver antinatural. A libertação tornou-se, assim, uma necessidade da espécie e sua urgência se manifestou tanto em termos teóricos quanto práticos. As descobertas da psicanálise foram radicalizadas e muita gente transformou suas próprias vidas nesse processo. http://www.culturabrasil.pro.br/reich.htm.

73 Para os jovens dos anos 60, a geração que se caracterizou por seu interesse em sexo, drogas e *rock and roll*, e cujo *slogan* favorito era *make love, not war*, o sexo vinha indiscutivelmente em primeiro lugar. A liberdade sexual foi o traço de comportamento que melhor caracterizou o *flower power*. http://www.culturabrasil.pro.br/reich.htm.

74 Pacifismo quer dizer um sistema dos que apregoam a paz universal e o desarmamento das nações de acordo com BUENO, *op. cit.*

75 NUNES, C.; SILVA, E. *A educação sexual da criança*. Campinas: Autores Associados, 2000. p. 46.

A sexualidade, para Freud, não se limita à função dos órgãos genitais e desperta muito cedo, logo após o nascimento uma série de excitações e de atividades presentes desde a infância, à função sexual desde o início até a forma definitiva passa por um processo de impedimento da libido, o qual dá origem às neuroses, sendo o lugar inconsciente em que se localiza os nossos desejos reprimidos.

Já Alfred Charles Kinsey foi um entomologista[76] e zoólogo[77] norte-americano. Em 1947, na Universidade de Indiana, organizou o Instituto de Pesquisa sobre Sexo, hoje chamado de Instituto Kinsey para Pesquisa sobre Sexo, Gênero e Reprodução. Suas pesquisas sobre a sexualidade humana influenciaram profundamente os valores sociais e culturais dos Estados Unidos da América, principalmente na década de 1969, com o início da revolução sexual. Ainda hoje, suas obras são consideradas de importância constitucional para o entendimento da disparidade humana.

Wilhem Reich (1897-1957) foi um médico cientista natural que, por quase quarenta anos, desenvolveu uma ampla pesquisa sobre os processos energéticos primordiais, vitais[78]. Todo seu pensamento indica que é preciso uma mudança radical nas relações humanas.

A experiência da contracultura indicou o destaque mais visível, até hoje, da possibilidade de uma tradição governada pelo princípio do prazer e não pelo princípio da realidade, gerador de neurose.

Com a "aparente" revolução sexual ocorrida nos anos 1950, 60, 70, em alguns países iniciou-se, nesse período, uma temporada de tolerância em questões relacionadas ao controle do próprio corpo.

Desde a década de 1950 no Brasil, temos o início da comercialização da pílula anticoncepcional, a partir daí as mulheres começaram a ter o poder de escolher se queriam o sexo só por puro prazer ou para procriação[79]. Nesse momento parte da sociedade ficou muito agitada e ao mesmo tempo chocada com essa inovação.

Em meados de 1960 e 1970 o Brasil passa por um período de intensa repressão por meio da ascensão dos militares ao poder, instalando um clima de moralismo puritano e aumento da censura e medo.

---

76 Pessoa que se ocupa da etimologia, ou seja, ciência que estuda as causas, e origens das coisas. BUENO, *op. cit.*

77 Pessoa que estuda parte da história natural dos animais. FERREIRA, *op. cit.*

78 WILHELM Reich. Disponível em: <http://www.org2.com.br/wreich.htm>. Acesso em: 10 out. 2006.

79 Tanto que a Igreja Católica ainda resiste a questão da pílula anticoncepcional quanto à utilização do preservativo, a Igreja ainda persiste na ideia de abstinência sexual no período fértil da mulher.

Peter Burke nos remete a atenção às tentativas de derrubar as "velhas hierarquias culturais"[80] com o surgimento da contracultura dos anos 1960 quanto pelo feminismo[81] dos anos 1970. Burke nos passa a mensagem de que até pouco tempo a questão do corpo era ignorada, negligenciada por questões relativas a nossa herança cultural.

Pela atitude moralista defendida pelo Golpe Militar de 1964, foram abortados alguns projetos defendidos em escolas que davam informações sobre Educação Sexual entre as décadas de 1954 e 1970 em São Paulo. Certamente este período repressivo também deixou marcas no processo de implantação oficial nas escolas de uma educação sexual.

Apesar de pouco estímulo em relação a alguns projetos, outros seguiram em frente, continuaram em colégios particulares, mas com pouca divulgação.

Na década de 1980 passou a ter mais veiculação questões ligadas à Educação Sexual como revistas "eróticas", publicando fotos de homens e mulheres nus até pouco tempo antes proibidas. A sexóloga Marta Suplicy, quando faz um quadro no programa TV Mulher, falando sobre sexo, provoca repercussões nas escolas, universidades e na sociedade, ressurgindo assim o interesse pelo tema.

Nos anos de 1990 intensificaram-se os projetos e trabalhos de Orientação Sexual desenvolvidos nas escolas devido ao grande número de gravidez precoce e ao número de pessoas contaminadas pelo vírus da AIDS.

Atualmente muitos projetos vêm sendo elaborados no Brasil acerca do tema da sexualidade, estão sendo abordados com o intuito de discutirem a sexualidade nas escolas tanto pública como privada. Apresenta-se a necessidade da inclusão da orientação sexual nas escolas de forma clara e coerente, dado ao alto índice de gravidez na adolescência e devido ao alto índice de doenças sexualmente transmitidas sem a devida prevenção.

Nota-se que, desde o surgimento da Educação Sexual até os dias de hoje, o tema gerou várias abordagens e discussões, preconceitos e tabus, mas deixando clara a preocupação com a saúde e ao mesmo tempo geram uma separação da Educação Sexual do preconceito ao sexo. Tentamos aqui associar a sexualidade desde a antiguidade até a consolidação, afirmação e desenvolvimento da Educação Sexual na atualidade, a partir da análise de dois projetos específicos dentro do território brasileiro.

---

80 BURKE, *op. cit.*, p. 293.

81 É um movimento que prega a igualdade entre os sexos. FERREIRA, *op. cit.*

16.3 | A EDUCAÇÃO SEXUAL E O TERRITÓRIO

A partir da preocupação com a conscientização a respeito da Educação Sexual para os jovens, algumas instituições se propuseram e se propõem a inserir a Orientação Sexual no meio escolar, nas igrejas, associações de moradores e ONGs[82]. Cada uma dessas instituições, com suas maneiras e concepções, objetivam informar a população sobre o tema Educação Sexual. Vale ressaltar que as ONGs atuam tanto no espaço escolar como também em outras instituições educativas no meio civil, como, por exemplo, a CUFA[83].

Na década de 1970-80 houve motivações por meio da ação própria de alguns médicos e psicólogos, que tomaram a iniciativa de desenvolver projetos de cunho informativo para a população, ampliando o conceito de orientação sexual, assim como observou Gavranic:

> Desde a década de 70 algumas atuações isoladas como a do Dr. Nelson Vitt Tielo começaram a iniciar a figura social do educador sexual. Na década de 80, nomes como Dr.ª Ismeri Seixas, Marta Suplicy e Rosely Sayão ampliaram este conceito. Mas somente em 1996 a educação sexual começou a ser obrigatória por lei nas escolas dentro do conteúdo programático transversal. Poucas escolas cumprem, ou investem muito pouco, convidando qualquer profissional para falar em uma palestra ocasional sobre DSTs, e gravidez indesejada. Educação Sexual é um processo. É importante ter educadores sexuais dentro da escola para tocar processos de educação continuada[84].

A autora deixa claro que, no meio das mudanças políticas, sociais e culturais do país, a inquietação de alguns intelectuais e sociólogos deu ênfase à Educação Sexual gerando um novo olhar, mais crítico, sobre a sexualidade, seus benefícios e principalmente nos cuidados com a saúde. E ainda:

---

82 Organizações não governamentais e sem fundo remunerativo.

83 Central Única das Favelas que acontece no Estado do Rio de Janeiro na Cidade de Deus. A CUFA é uma organização social que tem como principal objetivo oferecer ferramentas para que os jovens possam estruturar, desenvolver e expandir sua arte. CUFA – Central Única das Favelas. Disponível em: <http://www.cufa.org.br/projetos.htm>. Acesso em: 20 out. 2006.

84 GAVRANIC, Arlete Girelo T. Depoimentos sobre educação sexual. In: EDUCAÇÃO sexual: muito além da prevenção. Disponível em: <http://www.isexp.com.br/si/site/0628?idioma=portugues>. Acesso em: 17 out. 2006. Arlete é psicóloga e psicopedagoga, terapeuta sexual e também coordenadora da pós-graduação em Educação Sexual do ISEXP – Instituto Brasileiro Interdisciplinar de Sexologia e Medicina Psicossomática.

Falar em Educação Sexual é falar em educação continuada. E precisamos, enquanto educadores, não ter medo de estimular nossos adolescentes porque estamos falando da sexualidade dentro das escolas, ONGs, entidades e órgãos públicos. Pesquisas demonstram que discutir sobre o tema adia a iniciação sexual e torna esta mais refletida por nossos jovens.[85]

Entende-se que, pela Educação Sexual continuada, por meio de incentivos como, por exemplo, projetos de Orientação Sexual, os adolescentes estão tomando consciência de se proteger e refletir sobre o assunto.

Temos por objetivo apresentar alguns Projetos de Educação Sexual inseridos no território[86] brasileiro, apontando os aspectos comuns entre eles.

Levando em conta que cada território dispõe daquilo que cada período necessite ou precise, como deixa claro Milton Santos e Silveira: "Cada região instala aquilo que, a cada momento, vem a construir rugosidades diferentes"[87], entende-se, também, a questão dos Projetos de Educação Sexual localizados em diferentes territórios, com o mesmo propósito, mas que são implantados de formas diferentes em cada Estado.

Os Projetos de Educação Sexual abordam uma temática a ser incorporada na educação no Brasil. Além de ser um tema de abrangência social, a sexualidade é central na vida das pessoas e sua discussão é especialmente relevante para crianças e adolescentes.

Segundo os Projetos a Orientação Sexual nas escolas, estes pressupõem um trabalho contínuo, sistemático e regular, que acontece ao longo de toda a vida escolar. Pressupõe também a capacitação e o acompanhamento, na forma de supervisão do trabalho dos educadores que se responsabilizarem pela tarefa. Há uma expectativa para que a Educação Sexual ultrapasse a sala de aula, tornando-se objeto de reflexão e debate em outros lugares, como na comunidade escolar ou em outro espaço institucional, como, por exemplo, associações, ginásios etc. Este trabalho de conscientização pode envolver todos os profissionais envolvidos com o

---

85 *Idem, ibidem.*

86 A etimologia da palavra território deriva do latim *Territorium*, que, por sua vez, é derivado de terra. É importante destacar que há muitas definições do termo, bem como uma grande diversidade e ambiguidade de entendimento provenientes das varias áreas do saber, ligadas às ciências humanas, dentre eles foram utilizados conceitos dos seguintes autores: RIBAS, Alexandre Domingues; SPOSITO, Eliseu Savério; SAQUET, Marco Aurélio. *Território e desenvolvimento: diferentes abordagens.* Francisco Beltrão: Unioeste, 2004.

87 SANTOS e SILVEIRA, *op. cit.*, p. 268.

ensino, como orientadores, coordenadores, auxiliares de ensino, tutores, pais e mães dos alunos.

Os projetos de Educação Sexual estão inseridos de diferentes formas no território brasileiro, como já comentado anteriormente, deixemos claro que as definições de território são várias, como podemos ver: "generi-camente é entendido como uma área de terra ou a extensão geográfica de um município, um país, estado, região, distrito"[88], ou seja, qualquer ambiente, seja pequeno ou grande e até uma demarcação de um pequeno espaço pode ser entendido como território próprio para a discussão sobre a Educação Sexual.

Compartilhando do conceito da obra intitulada *Território e Desenvolvimento: Diferentes Abordagens* temos o seguinte ponto:

> *O poder do laço territorial revela que o espaço está inves-tido de valores não apenas materiais, mas também éticos, espirituais, simbólicos e afetivos. É assim que o território cultural precede o território político e ainda mais razão precede o espaço econômico.*[89]

Assim, entende-se que a discussão acerca do território é de suma importância para a compreensão do assunto aqui tratado, pois a localização do Projeto pode influenciar no resultado.

Sabe-se que a perspectiva integradora dos territórios também está ligada à Educação Sexual na questão "Território-rede, espacialmente descontínuos, mas intensamente conectados e articulados entre si"[90], ou seja, a compreensão dos Projetos de Educação Sexual, ainda que estejam localizados em diferentes lugares, têm o mesmo objetivo, que é a compreensão da informação educacional.

Discutiremos como é tratada a Educação em duas regiões diferentes do território brasileiro: o Projeto Neuro Educa de Minas Gerais – MG e o Projeto de Prevenção da Gravidez na Adolescência (PPGA) do Paraná, do Núcleo Regional de Educação (NRE) de Toledo – PR, que acontece em parceria com o Eco Clube e as secretarias de Saúde e de Educação de Toledo – PR.

---

88   SANTOS, Milton; SILVEIRA, Maria Laura. *Dicionário da Terra: conceito de territorialidade.* In: SANTOS, e SILVEIRA, *op. cit.,* pp. 2-3

89   RIBAS; SPOSITO e SAQUET, *op. cit.,* p. 93

90   *Idem,* p. 116.

Tendo o entendimento de que a Educação Sexual tem o mesmo objetivo em qualquer uma das duas regiões citadas anteriormente, dentro do território nacional.

Segundo Haesbaet:

> Uma região é uma sociedade contígua, historicamente produzida, que possui um ambiente físico, um milieu (meio) socioeconômico, político e cultural distinto de outras regiões e em relação a outras unidades territoriais básicas à cidade e à nação.[91]

Ainda assim, para ambos os Projetos, o conceito de Educação Sexual apresentado é

> A Orientação ou Educação Sexual é um processo formal e informal, sistematizado que se propõe a preencher lacunas de informação, erradicar tabus, preconceitos e abrir a discussão sobre as emoções e valores que impedem o uso dos conhecimentos, cabe também propiciar uma visão mais ampla, profunda e diversificada acerca da sexualidade.[92]

Os Projetos de Educação Sexual analisados têm a mesma função, que é dar às pessoas o acesso a informações, extirpar preconceitos, e abrir espaço para discussão, propiciando um conhecimento aprofundado sobre o assunto.

16.4 | A EDUCAÇÃO SEXUAL EM TERRRITÓRIOS DISTINTOS

Como já mencionado anteriormente, os Projetos de Educação Sexual estão localizados em territórios distintos, sabe-se que as informações que são repassadas têm a mesma finalidade e intuito, que é levar conhecimento para quem não o tem.

No Estado brasileiro de Minas Gerais, o Projeto Neuro Educa estabeleceu parcerias com voluntários, nas quais desenvolvem um programa de capacitação para um trabalho de orientação sexual nas escolas, em que se pretende promover o desenvolvimento pessoal e social do(a) adolescente por meio de uma reflexão sobre sexualidade no ambiente escolar.

---

91 HAESBAET, Rogério. *Desterritorialização e identidade: a rede gaúcha no nordeste*. Niterói: EDUF, 1997. p. 51.

92 SUPLICY, *op. cit.*, p. 12.

O Projeto Neuro Educa nasceu por meio de uma reflexão sobre questões relacionadas à educação e à neurobiologia[93], em que chegam à conclusão que cérebro e educação são companheiros para o desenvolvimento pessoal e de qualidade de vida, daí o nome do Projeto Neuro (Cérebro) Educa (Educação).

Para os elaboradores do projeto Neuro Educa, Gustavo Batista Chaves (Coordenador – Psicólogo, Psicanalista, Consultor em Educação Afetiva- -Sexual), Eliza Queiroz (Bióloga e Educadora consultora em Educação afetiva-sexual) e Leonor Bezerra Guerra (Médica Doutora em Ciências Morfológicas/UFMG), a "sexualidade é uma temática complexa e tem a intenção de sensibilizar os educadores para esse desafio"[94]. É importante entender o papel da escola, reconhecer o limite do educador e trabalhar também com a família, amenizando o impacto da responsabilidade da escola.

Segundo as diretrizes do projeto:

> Um ponto relevante observado nesse trabalho é a dificuldade de aproximação e a distância da família no cotidiano escolar. A escola não está preparada para a inclusão da família e da comunidade. A participação da família e da comunidade geralmente é muito pequena, quando não difícil [...] A reclamação dos educadores é a de que geralmente os pais entregam seus filhos e dizem, "Agora deem conta dele pra mim". O trabalho com a sexualidade tem que ter a inclusão dos pais, não só pelo receio dos professores em trabalhar a temática sem consultá-los.[95].

Para os educadores do Projeto Neuro Educa é importante reconhecer o papel da escola, de que ela não pode substituir os pais em determinados assuntos, mas pode, sim, ajudá-los a preencher lacunas.

O Projeto Neuro Educa almeja divulgar, informar, encaminhar e acompanhar profissionais da área de ensino a propósito de informar sobre conceitos básicos da neurociência relevantes para a compreensão do processo ensino-aprendizagem. Buscam, assim, o avanço da qualificação do profissional da educação em relação à compreensão do processo

---

93 Estuda questões relacionadas ao cérebro e suas funções.

94 CHAVES, Gustavo Batista; QUEIROZ, Eliza; GUERRA, Leonor Bezerra. Apontamentos para trabalho em educação sexual nas escolas. In: ENCONTRO DE EXTENSÃO DA UNIVERSIDADE FEDERAL DE MINAS GERAIS, 7., Belo Horizonte, 12 a 15 de setembro de 2004. *Anais...* p. 3. Disponível em: <http://www.ufmg.br/proex/arquivos/7Encontro/Educa34. pdf>. Acesso em: 15 set. 2006.

95 *Idem.*

ensino-aprendizagem, assim como também a melhoria do desempenho e evolução dos alunos[96].

Também percebemos um ponto de resistência, que é o falar sobre a sexualidade, em que se nota que todos sabem sua importância, as necessidades de incluir esta discussão em espaço escolar ou qualquer outro já citado anteriormente, mas ainda enfrenta uma espécie de preconceito referente à educação sexual, pois para muitos o tema ainda é tratado como obscenidade.

Com relação ao Projeto Neuro Educa:

> *O objetivo geral do trabalho é promover o desenvolvimento pessoal e social do(a) adolescente por meio da reflexão e do aprofundamento de questões da sexualidade, propondo aos educadores rever e ampliar conceitos e condutas ao lidar com a sexualidade na escola e com as interferências do tema na relação ensino-aprendizagem e na vida das pessoas envolvidas[97].*

Com isso, percebemos que o projeto gira em torno do conhecimento e responsabilidade tanto do adolescente quanto do educador a respeito do tema proposto, dando esclarecimento e responsabilidade para o jovem, e para o educador a oportunidade de rever e ampliar seus conhecimentos.

A integração desse projeto de Educação Sexual na Escola caracteriza o desenvolvimento humano como um processo multidimensional que ocorre durante o processo de ensino-aprendizagem, que contribuirá para a formação do indivíduo.

No Estado do Paraná, o Projeto Prevenção da Gravidez na Adolescência (PPGA), ou Projeto de Formação de Facilitadores em Prevenção da Gravidez na Adolescência, do Núcleo Regional de Educação (NRE), ocorre em parceria com o Eco Clube e as secretarias de Saúde e de Educação de Toledo – PR. Neste projeto são desenvolvidas atividades propondo-se a formar jovens multiplicadores, ou seja, que os próprios alunos se tornem educadores desses assuntos e orientem não só na prevenção da gravidez na adolescência, mas também em outros contextos que envolvam adolescentes.

---

96 GUERRA, Leonor Bezerra; PEREIRA, Alexandre Hatem; LOPES, Marina Zaramela. Neuro Educa: inserção da neurobiologia na educação. In: ENCONTRO DE EXTENSÃO DA UNIVERSIDADE FEDERAL DE MINAS GERAIS, 7., Belo Horizonte, 12 a 15 de setembro de 2004. *Anais...* Disponível em: <http://www.ufmg.br/proex/arquivos/7Encontro/Educa113.pdf>. Acesso em: 15 set. 2006.

97 CHAVES; QUEIROZ e GUERRA, *op. cit.*, p. 3

Estes jovens tratam de temas polêmicos como a prevenção de doenças sexualmente transmissíveis, gravidez na adolescência, homossexualismo, valores, moralidade, preconceito e drogas. Esse projeto tem dado maior ênfase nos problemas da gravidez nas adolescentes, porque a gravidez precoce é a quinta causa de morte em adolescentes, como podemos observar em entrevista concedida por Bernadete Ribeiro, chefe do Setor de Epidemiologia de Toledo:

> *Acredita-se que a causa das gestações na adolescência esteja relacionada com a parte social. As meninas carentes, tanto de afetividade como financeira, se deixam levar mais facilmente. Elas geralmente não procuram ajuda, não fazem um pré-natal. Se pinta um clima, como os jovens dizem, elas não estão preparadas e na maioria dos casos estão sem o preservativo[98].*

Ou seja, algumas adolescentes têm consciência do que estão fazendo por já terem uma educação de casa sem preconceito, mas outras, em compensação, impregnadas de preconceito com a própria sexualidade, trazida de uma herança cultural, não admitem, não "querem" receber estas informações que estão disponibilizadas em lugares como no Posto de Saúde por meio do Planejamento Familiar; sabendo que o Posto de Saúde dá uma certa quantidade de preservativos mensal, não vão a estes lugares por crendices repassadas pelos familiares e por medo, reação do que os "outros vão pensar de mim", e também por julgar que nunca vai acontecer com ela, ou seja, que ela não irá engravidar.

Conforme Bernadete Ribeiro, o trabalho do (PPGA) é a longo prazo. "Temos números estatísticos que registramos nos últimos três anos"[99].

> *No Brasil, as taxas de gravidez na adolescência variam muito de serviço para serviço, mas estima-se que aproximadamente 20 a 25% do total de mulheres gestantes são adolescentes, apontando que uma em cinco gestantes são adolescentes.[100]*

---

98   RIBEIRO, Bernadete. Número de adolescentes grávidas aumentou 10% de 1998 para 2004. *O Presente*, Marechal Cândido Rondon, 11 maio 2005.

99   *Idem.*

100 Projeto de formação de facilitadores em prevenção da gravidez na adolescência. (PPGA), TOLEDO – PR.

Segundo ela, o que se percebe no resultado, é a modificação do comportamento dos cinco mil adolescentes envolvidos no projeto, porque o adolescente fala com outros adolescentes e, além de se conscientizar, ele divulga as orientações recebidas.

O trabalho acerca do Projeto PPGA vem sendo desenvolvido desde 2002, é constantemente avaliado pela equipe, a qual propõe a constante integração entre os órgãos, adolescentes, pais e comunidade.[101]

Percebe-se que em todo o território nacional brasileiro há microterritórios que tratam de forma específica o mesmo assunto, alguns projetos são mais amplos e outros de maneira mais peculiar ou, até, superficial, mas se percebe que, de uma forma ou de outra, ocorre uma intervenção pedagógica que favorece a reflexão mediante a problematização de temas polêmicos, permite ampla liberdade de expressão, num ambiente acolhedor e num clima de respeito.

Percebemos que no Projeto Neuro Educa – MG a proposta é formar, rever e ampliar os conceitos dos educadores para trabalhar a Educação Sexual nas Escolas; já o (PPGA) discute com maior ênfase a prevenção da Gravidez na Adolescência, pois é um projeto que prevê a discussão, a problematização e a resolução de um grande "problema" da região. Segundo Rogério Haesbaet:

> O mundo "moderno" das territorialidades continuas/contíguas regidas pelo princípio da exclusividade (cada Estado com seu espaço e suas fronteiras bem delimitadas frente ao território do outro) estaria cedendo lugar hoje ao mundo das múltiplas territorialidades ativadas de acordo com os interesses, o momento e o lugar em que nos encontramos. Percebe-se aí ao mesmo tempo um ângulo positivo (a vivência concomitantemente de múltiplos "territórios" e identidades) e negativo (a fragilidade e a instabilidade de nossas relações com os outros e com o meio).[102]

De acordo com a Revista Região[103], o assunto gravidez na adolescência é debatido frequentemente no meio dos profissionais de saúde, mas com os(as) adolescentes ainda ocorre frequentemente este problema.

---

101   Projeto de formação de facilitadores em prevenção da gravidez na adolescência.

102   HAESBAET, op. cit., p. 44.

103   Conselho Editorial. Gravidez na Adolescência. Revista Região, Marechal Cândido Rondon. Ano 7, n. 65, pp. 14-16, 2006.

Sendo assim, observamos que em cada região há formas de projetos com interpretação e visões diferentes sobre Educação Sexual, que poderíamos, enquanto educadores, numa medida mais ampla, unir todas essas ideias e elaborar um único projeto que visa à articulação dessas informações sobre a sexualidade, em que o principal objetivo seria o indivíduo capacitado e informado, tendo maiores chances de crescer como um ser dotado de maturidade suficiente, para saber conduzir cada momento novo que vive, cada problema de forma consciente e segura.

Nota-se que o Projeto tem sido de grande valia, tanto para os alunos quanto para os coordenadores, pois estão tendo muitos pontos positivos em relação aos resultados alcançados.

Sabe-se que a sexualidade ainda é um tema muito polêmico, muitos não gostam de discuti-lo, mas temos de ter a consciência de que discuti-lo e esclarecer dúvidas, faz com que todos tenham uma noção de como se proteger de forma correta, prevenindo-o com antecedência.

CONSIDERAÇÕES FINAIS

As questões abordadas aqui ainda podem ser retomadas e reinterpretadas, além de serem levantadas novas perspectivas, afinal de contas ninguém é proprietário de questões intelectuais. Ainda existem outras fontes de Educação Sexual disponíveis com as quais se pode trabalhar para desenvolver um trabalho mais acurado.

Atualmente, a realidade é marcada pelos temas da sexualidade expostos em capas de revista, nas bancas de jornal, nas danças dos programas de televisão, nas imagens comerciais em *outdoors* e na Internet. Essa realidade está presente na vida dos jovens, os quais ficam à mercê de informações incompletas sobre sexualidade, por isso, a importância de se ter esse acesso diretamente nas escolas e nas comunidades.

Em relação ao que os pais ensinam a seus filhos, nada de ficar colocando cegonhas e sementinhas na pauta, nem ficar forçando a ampliação de temas. O importante é o orientador abrir espaço para dúvidas e responder àquilo que é solicitado. Simples, assim, ensinar. Passar as informações possíveis para que o aluno tenha uma Educação Sexual satisfatória com a qual ele terá consciência de que sem prevenção ele estará perdido!

Considerando os diferentes territórios e suas respectivas identidades, almejar um único projeto seria audacioso demais, já que a Educação é mantida por órgãos e Instituições diferentes. Poderia, então, haver uma interação entre os coordenadores e participantes de ambos os projetos, para que um pudesse contribuir com o outro, trocando experiências e informações para o bem social.

Enfim, busca-se um caminho que já começa a ser trilhado com a criação de um espaço de discussão sobre sexualidade e que pode ser ampliado, ou, mesmo, mais bem aproveitado para que o silêncio sobre o sexo nas escolas não seja mantido.

REFERÊNCIAS

BARROSO, C.; BRUSCHINI, C. *Sexo e juventude*: como discutir a sexualidade em casa e na escola. 6ª ed. São Paulo: Cortez, 1998.

BURKE, Peter. *A escrita da história*: novas perspectivas. São Paulo: Editora da Universidade Estadual Paulista, 1992.

CABRINI, Conceição. *O ensino de história*. 2ª ed. São Paulo: Brasiliense, 1986.

CHARBONNEOU, Paul-Eugéne. *Educação sexual*: seus fundamentos e seus processos. São Paulo: Editora Pedagógica e Universitária, 1979.

COTRIM, Gilberto. *História e consciência do mundo*. 4ª ed. São Paulo: Saraiva, 1996.

FERREIRA, Aurélio Buarque de Holanda. *Miniaurélio*. Curitiba: Editora Positivo, 2008.

FOUCAULT, Michel. *História da sexualidade I*: vontade de saber. Trad. Maria Thereza da Costa Albuquerque e J. A. Guilhon Albuquerque. Rio de Janeiro: Graal, 1990.

GUIMARÃES, I. *Educação Sexual na escola*: mito e realidade. São Paulo: Mercado de Letras, 1995.

HAESBAET, Rogério. *Desterritorialização e identidade*: a rede gaúcha no nordeste. Niterói: EDUF, 1997.

LAPATE, Vagner. *Educando para a vida sexualidade e saúde*. São Paulo: Ed. Sttima, s. d.

NUNES, C.; SILVA, E. *A educação sexual da criança*. Campinas: Autores Associados, 2000. p. 46.

PARTRIDGE, Burgo. *Uma história das Orgias*. São Paulo: Editora Planeta do Brasil, 2004. p. 11.

RIBAS, Alexandre Domingues; SPOSITO, /eliseu Savério; SAQUET, Marco Aurélio. *Território e desenvolvimento*: diferentes abordagens. Francisco Beltrão: Unioeste, 2004.

SANTOS, Milton; SILVEIRA, Maria Laura. *O Brasil*: território e sociedade no início do século XXI. 2ª ed. Rio de Janeiro: Record, 2001.

SAYÃO, R. Saber o sexo?: Os problemas da informação sexual e o papel da escola. In: AQUINO, J. G. [Org.]. *Sexualidade na escola*: alternativas teóricas e práticas. São Paulo: Summus, 1997.

SUPLICY, Marta. *Sexo se aprende na escola*. 2ª ed. São Paulo: Olho d'Água, 1999.

Periódicos

Conselho Editorial Gravidez na Adolescência. *Revista Região*, Marechal Cândido Rondon. Ano 7, n. 65, pp. 14-16, 2006

Livros-vivos: criando histórias divertidas. *Revista do Professor*, ano 20, n. 80, out./dez. 2004.

MONTENEGRO, Érica. Por que Shakespeare é considerado um gênio? *Superinteressante*, Edição 211, p. 28, mar. 2005.

Projeto de formação de facilitadores em prevenção da gravidez na adolescência (PPGA).

RIBEIRO, Bernadete. Número de adolescentes grávidas aumentou 10% de 1998 para 2004. *O Presente*, Marechal Cândido Rondon, 11 maio 2005.

Documentos on line (Internet)

CHAVES, Gustavo Batista; QUEIROZ, Eliza; GUERRA, Leonor Bezerra. Apontamentos para trabalho em educação sexual nas escolas. In: ENCONTRO DE EXTENSÃO DA UNIVERSIDADE FEDERAL DE MINAS GERAIS, 7., Belo Horizonte, 12 a 15 de setembro de 2004. *Anais...* p. 3. Disponível em: <http://www.ufmg.br/proex/arquivos/7Encontro/ Educa34. pdf>. Acesso em: 15 set. 2006.

CUFA – Central Única das Favelas. Disponível em: <http://www.cufa.org.br/projetos. htm>. Acesso em: 20 out. 2006.

GAVRANIC, Arlete Girelo T. Depoimentos sobre educação sexual. In: EDUCAÇÃO sexual: muito além da prevenção. Disponível em: <http://www.isexp.com.br/si/ site/0628?idioma=portugues>. Acesso em: 17 out. 2006.

GUERRA, Leonor Bezerra; PEREIRA, Alexandre Hatem; LOPES, Marina Zaramela. Neuro Educa: inserção da neurobiologia na educação. In: ENCONTRO DE EXTENSÃO DA UNIVERSIDADE FEDERAL DE MINAS GERAIS, 7., Belo Horizonte, 12 a 15 de setembro de 2004. *Anais...* Disponível em: <http://www.ufmg.br/proex/arquivos/7Encontro/ Educa113.pdf>. Acesso em: 15 set. 2006.

http://boasaude.uol.com.br/lib/ShowDoc.cfm?LibDocID=3745&ReturnCatID=1802. Acesso em: 18 ago. 2005.

http://educabrasil.com.br/eb/exe/texto.asp?. Acesso em: 23 maio 2005.

http://glssite.net/. Acesso em: 31 ago. 2005.

http://glssite.net/edusex/literatura.htm. Acesso em: 31 ago. 2005.

http://pt.wikipedia.org/wiki/Alfred_Kinsey. Acesso em: 10 out. 2006.

http://www.educarede.org.br/educa/html/index_oassuntoe.cfm. Acesso em: 24 out. 2006.

http://www.friendtofriend.org/chat/CondomHistory.html. Acesso em: 5 out. 2006.

http://www.gtpos.org.br/index.asp?Fuseaction=Informacoes&ParentId=248#osex02. Acesso em: 18 ago. 2005.

http://www.smile-condoms.com/francais/histoire/histoire.htm. Acesso em: 5 out. 2006.

http://www.zol.be/Vesalius/Biography/body_biography.html. Acesso em: 5 out. 2006.

LIMA, Helena. Como se dá a orientação sexual na visão do Multirio. Disponível em: < http://boasaude.uol.com.br/lib/ShowDoc.cfm?LibDocID=3745&ReturnCatID=1802# Como%20se%20dá%20a%20Orientação%20Sexual%20na%20visão%20do%20 Multirio>.

MUSEU do sexo. Disponível em: <http://www.museudosexo.com.br>. Acesso em: 5 out. 2006.

REIS, Letícia Vidor de Sousa. *Uma senhora batalha*. Disponível em: <http://www.agen-ciacartamaior.uol.com.br/templates/materiaMostrar.cfm?materia_id=11939>. Acesso em: 17 out. 2006.

SANTOS. Marluce Alves dos. *Orientação sexual no 1º e 2º ciclos do ensino fundamental*: uma realidade distante? Caíco, RN: UFRGN, 2001. Disponível em: <http://www.adolec. br/bvs/adolec/P/textocompleto/ MARLUCE.doc>. Acesso em 20 out. 2005.

TOMITA, Luiza E. Guia do Vaticano sobre a educação sexual. *Boletim Pela Vidda*, n. 27, jan./mar. 1997. Disponível em: <http://www.pelavidda.org.br/public2.html>. Acesso em: 17 out. 2006.

WILHELM Reich. Disponível em: <http://www.org2.com.br/wreich.htm>. Acesso em: 10 out. 2006.

www.simaiapsicopedagoga@yahoo.com.br. Acesso em: 18 ago. 2005.

EDUCAÇÃO MUSICAL

Prof. Jouhilton Estevão

A sorte não vem de fora. Nós próprios criamos nossas oportunidades. (Masaharu Taniguchi[104])

INTRODUÇÃO

Minha participação neste livro só está sendo possível graças à Internet, sei que isso não é um caso isolado, mas tenho mil motivos para festejar, pois não conhecia o Professor Alexandre Vieira; no entanto, por ter alguns trabalhos e artigos publicados na NET, passamos a nos conhecer por *e-mail* e assim ele me fez este convite para escrever um capítulo em seu livro,

---

104 Nascido na cidade de Kobe, no Japão. Recebeu uma educação doméstica rigorosa, pois seu pai adotivo era descendente de samurais. Contra o desejo dos pais, que prefeririam que ele se formasse em medicina ou se tornasse militar, Taniguchi iniciou em 1911 seus estudos na área de literatura inglesa pela Universidade de Waseda em Tóquio. Paralelamente, estudava também filosofia tanto ocidental quanto oriental e tomou contato com obras de autores como Schopenhauer, Nietzsche e Oscar Wilde, que o levou a refletir sobre os problemas da humanidade e soluções para as contradições que ele teria constatado.

não hesitei, e foi muito proveitoso produzir este material, que para mim é uma fonte de pesquisa inesgotável, uma vez que tenho acompanhado de perto esta nova fase da música na escola, como também sei que há uma vasta literatura a respeito, seja ela no campo do ensino básico.

O que muitos não sabem é sobre o curso de licenciatura em música na plataforma EAD que é pioneiro no Brasil e mais tarde teremos muitos profissionais habilitados para suprir a demanda das escolas do País.

Este curso é pela UFRGS em parceria com outras Universidades Federais, mas o que venho propor neste capítulo é uma reflexão sobre música em todos os sentidos, norteando as possibilidades de um fazer musical mais proveitoso dentro da escola, aguçando os sentidos dos educandos e por que não dizer de alguns educadores, esclarecendo fatos mostrando que este fazer musical vai muito além dos palcos, praças, teatros, enquanto jovens pensam em fazer música, conhecer outros ritmos ou ler uma partitura.

Venho dedicando boa parte do meu tempo pesquisando, junto aos colegas professores, amigos músicos, diretores de escolas e outros, o que e como a música pode influenciar nossos jovens para um caminho que seja construído com harmonia, alegria, sinceridade, confiança, espírito de equipe, criatividade e responsabilidade.

Tenho a absoluta certeza de que se todos nós, educadores, pensarmos e agirmos de forma proativa para o desenvolvimento desta arte que é tão bela, sem que a transformemos em um simples espetáculo para compor datas comemorativas, num futuro muito próximo estaremos vendo e ouvindo um novo alvorecer da música brasileira, que trará mais energia e emoções, assim não sentiremos apenas emoção e orgulho em ver e ouvir o Hino Nacional sendo tocado para o início de uma partida de futebol.

17.1 | EDUCAÇÃO E MÚSICA

Para muitas pessoas, a questão da educação musical pode ser uma coisa nova, mas não é bem assim. Há muito tempo que o Brasil tivera esta disciplina no currículo escolar, mas como tudo no País tem seu começo meio e fim, assim aconteceu com a música que por hora estava ainda adormecida, a não ser por algumas cabeças pensantes que tiveram a ideia para que ela retornasse à grade curricular, mas eram ações isoladas em algumas regiões do País, considerando os grandes centros.

Mas atualmente estamos aos poucos percebendo esta disciplina de volta às escolas, no entanto isto não será apenas como uma atividade isolada para formar grupos para se apresentar em datas comemorativas e eventos escolares, é preciso entender que a música como forma de educar passa por várias disciplinas, principalmente a matemática, pois para quem não sabe estudar música desenvolve o raciocínio lógico e espacial, mantendo também a concentração e a atenção sem que se perca o foco.

Quando a pessoa começa a ter contato com a leitura musical que é uma linguagem universal, tal qual a matemática, estamos lidando com a divisão do tempo espacial, a ideia de fração e assim por diante, depois entram as questões da física, claro que isso será dado de forma simples e compreensiva para que possa ser absorvido pelo educando, em linhas gerais, além destes conhecimentos, o músico também está ligado com épocas do desenvolvimento musical pelo mundo e pela formação das grandes orquestras.

A língua tanto estrangeira quanto a língua pátria, e para nossa maior satisfação é que tudo isso esta interligado e não nos damos conta.

Particularmente, acredito que, pensar em música desta forma, estamos além de musicalização, também educando paralelamente com as disciplinas convencionais como português, geografia, história, inglês, espanhol e outras, sob meu ponto de vista estamos formando cidadãos.

Então música na escola não pode ser de qualquer jeito, exige que o profissional seja licenciado, responsável e comprometido com o que se propõe, para não cairmos no descrédito como aconteceu com algumas disciplinas no passado.

Ainda há muito que se pensar em música como disciplina na escola, haja vista que algumas escolas particulares tenham a música em sua grade, mas não como se deve, pois fazer apresentação para pais e familiares é apenas maquiar a música no ambiente escolar.

O profissional tem de ter seu espaço, sua sala, com tudo o que for possível, alem de quadro branco e outros. Um cuidado maior terá que partir do próprio profissional quanto à questão da inclusão, uma tarefa que irá exigir muitas horas de estudo junto aos supervisores, diretores e pais. Não podemos apenas pensar que existam alunos aptos a tocar e cantar com maior facilidade, porém, surge a pergunta? e os que não tiverem esta disciplina e oportunidade?

Facilidade, como lidar com isso? Já que não iremos formar profissionais ou músicos virtuosos, temos de ter muito cuidado com o nosso discurso frente à escola em sala de aula ou não, a bem da verdade, temos muito a pesquisar, nos compêndios dos PCNs num primeiro momento estaremos recebendo estes educandos e devemos recebê-los com muita alegria, energia, e carinho, e seremos provocados ao extremo a criar, viajar entre melodias. Assim iremos identificando de que forma poderemos melhorar esta proposta de educação musical escolar a qual se faz necessária para que possamos atingir o nosso objetivo em trabalhos de grupos, respeito ao próximo, coleguismo, concentração, desinibição de falar em público, e tantas outras coisas que a música nos proporciona.

Isso é o que acontece quando tocamos em uma banda ou orquestra, em que todos que se propõem a estas atividades têm uma melhora considerável, além do desenvolvimento intelectual a cada dia.

Isso está comprovado cientificamente por pesquisadores e universidades conceituadas de música tanto no Brasil, como no exterior.

Num outro momento penso que também por ser uma nova proposta não será possível atender a todas as escolas, justamente por não haver muitos profissionais formados na área, então é muito provável que o MEC possa criar juntamente com as universidades federais outros cursos, assim como está sendo este em Licenciatura em Música na plataforma EAD.

Muitos professores deixaram de participar desta nova forma de educação musical, que é uma proposta pioneira em nosso país, e, diga-se de passagem, está sendo muito bem realizada pela UFRGS (Universidade Federal do Rio Grande do Sul em parceria com outras universidades Federais). Logo no início todos ficaram perguntando como se daria este aprendizado?; de poder tocar um instrumento, e tudo o que fosse ensinado seria a distância?

Deixando a todos muito curiosos, e ainda com umas falas que soavam negativas, além de muita gente pensar e imaginar que seria tão fácil, sem compromisso, um curso como se diz por aí para encher linguiça.

Mas não foi e não é nada disso, é um curso muito mais sério do que se imagina, pois o MEC não iria investir em um curso desta magnitude se não tivesse profissional gabaritado do mais alto nível de conhecimento em educação EAD.

Portanto, podem acreditar, estamos vivendo novos tempos da educação a distância, tratando-se de música. E isso vai ser uma prática natural, daqui mais alguns anos em que será possível outros que possam formar novos profissionais para a área.

Por este e outros motivos entendo que irá sobrar vagas, a menos que sejam realizados cursos de capacitação para músicos e professores da rede que queiram lecionar esta matéria.

Muito embora não possamos pensar sozinhos, ou seja, apenas profissionais da área de educação, acredito que neste primeiro momento os profissionais formados terão de realizar muitas coisas realmente a sós, mas logo em seguida precisarão de ajuda de outras disciplinas e não apenas deles, mas também da mídia para que possa esclarecer aos pais, escola e todos os cidadãos entrelaçando uma rede de informações, com debates em ambiente escolar, fóruns, seminários, congressos etc. levando informações importantes para as secretarias de educação, conselhos municipais de educação, e posteriormente em análise final para o MEC.

17.2 | MÍDIA, MÚSICA E RESPONSABILIDADE SOCIAL

Sob meu ponto de vista, o ensino musical é como uma via de mão dupla, em que sabemos que, logo de início, o que mais seremos questionados tange sobre qual instrumentos eles poderão tocar; em outro sentido, poderão perceber que o mundo a sua volta pode mudar por meio da música fazendo assim suas análises sobre o mercado fonográfico, ideologias, e o que este mercado tem feito em benefício da educação como um todo.

Sobre as redes de televisão e rádio, no que têm contribuído para se alcançar uma educação de qualidade? [...] Ou isso não passa de uma utopia? Será que estes meios de comunicação não poderiam ter uma programação voltada para a educação escolar, seja ela para infância, jovens e adultos? Ou também acreditamos que isso seja apenas papel do governo? [...] neste sentido tenho observado que a Internet tem feito este papel além de informar, socializar, criticar, e nos dias atuais formar profissionais, estamos vendo que as mídias comuns tradicionais têm deixado um rastro de incompatibilidade com a sociedade, apenas vendendo e anunciando produtos, e num caso que considero mais grave, fazem sensacionalismo barato com notícias medíocres e fofocas sobre artistas.

Vejo que estão preocupados apenas com a audiência. Isso é muito pouco para quem quer ver um país que possa progredir cultural e intelectualmente, como por exemplo os *reality shows*.

"Não podem ser medido com um sonho que se busca para se ter sucesso na vida", para mim essas pessoas não são e nunca serão celebridades, não as vejo com um trabalho voltado para a sociedade com relevância em temas que nos afligem a cada dia, se pensarmos como passatempo até poderemos deixar rolar [...] mas, convenhamos, há muito mais destes programas no ar do que uma programação voltada para a educação. E fica uma pergunta, será que a própria sociedade gostaria de ter programas para a educação? [...] e como cativar crianças e jovens para este formato de programa?

Enquanto isso as redes que investem verdadeiramente neste sentido têm feito um trabalho de garimpo com documentários sobre diversas áreas do conhecimento; um destaque para a TV Brasil, Canal Futura, TV Senado, TV Câmara, Rádio MEC, mas é muito pouco diante do que assistimos a todos os momentos.

O que vemos é uma programação que está se tornando obsoleta, sem sentido, a não ser por um ou dois programas que vão ao ar quando não muito cedo, ou muito tarde da noite, então jovens e crianças que estudam em período regular não podem assistir. Tenho acompanhado as notícias do mundo da música em diversas revistas, que mostram como um grupo de crianças da periferia saem de casa para participar de uma orquestra e conseguem depois de algum tempo viajar pela Europa, isso é fato!

Alguns meios de comunicação vêm mostrar que o ensino da música gera resultados incríveis, basta que se tenha profissionais aptos para tal feito, mas, veja bem, isso não saiu de uma escola, e sim de um projeto que talvez seja realizado em um contraturno.

Se isso pode dar certo com projetos, porque não tentar por meio de uma escola de ensino regular? Outra pergunta: será que as escolas não estão se tornando obsoletas no sentido do ensino regular para formação?

Cumprir metas para se tirar média para passar de ano realmente mostra o conhecimento que uma pessoa possui? Irá tornar crianças e jovens pessoas mais críticas e curiosas, sabemos que a base da educação está na família, mas parece que não é bem assim que está acontecendo. Em muitos casos a própria família tem delegado esta função para o professor, e isso não era para ser desta forma. Diante desse caos que tem se abatido nas escolas do país, como a violência, a prostituição e outros, como o professor pode ajudar a melhorar o rendimento se ele não tem segurança no seu trabalho?

Mas o que se tem pensado para a música seria a salvação da lavoura? Espero que não. "A batuta do maestro está para a orquestra, assim como o giz está para a lousa". A música vem para a escola para ser trabalhada junto com todas as competências e não isoladamente, e que isso não aconteça apenas nos grandes centros, mas em todas as regiões do país; claro que não será repentinamente, afinal estes resultados apareceram devagar, em cada região teremos uma situação diferenciada, que isso venha dar novos ares à escola, melhorando assim a autoestima de todo o corpo escolar junto com seus familiares, então há que se respirar novos ares, novos conhecimentos em busca de uma escola que tenha uma saúde melhor.

Quanto ao que pode ser trabalhado em sala com alunos da educação infantil, penso que a iniciação musical deve começar pelo canto, ampliando o repertório com músicas do cancioneiro popular, cantiga de roda, parlendas, assim vai-se desenvolvendo a percepção quanto a afinação e ritmo, pois o professor deve mostrar às crianças coisas que elas não conhecem para que saiam do imediatismo e modismos ditados pelas mídias convencionais. Desta forma estaremos educando e não apenas nos mostrando como professor, pois o que se busca não é que o professor seja um artista em sala de aula, mostrando suas qualidades músicais, mas que por meio de suas qualidades possa fazer com que os educandos tenham uma autoestima melhor do que quando chegaram à escola.

Este deve ser um exercício diário, além de poder contar com temas transversais e buscar sempre estimular para que sejam críticos, observadores e que gostem de pesquisar.

Quando levamos uma música para a sala de aula, esta pode estar carregada de informações importantes que passam despercebidas, então penso que se deve fazer uma escuta comparada, fazendo anotações a cerca de: nome do compositor, onde nasceu, o que ele está comunicando com a música dele?

A meu ver são elementos que fazem com que o aluno pense e aprenda a se concentrar, depois vamos ouvir mais uma vez e tentar descobrir quais instrumentos utilizou para a sua música, partindo daí podemos fazer uma pesquisa sobre os instrumentos, sua origem, quem o criou, penso que, até aqui, estamos mais concentrados a respeito de como estamos ouvindo música e não apenas para se dançar, ou fazer coreografias, o prazer de ouvir sentado em uma cadeira irá nos transportar para épocas e lugares que estão em nosso imaginário.

E no cotidiano, se pensarmos música desta forma, estaremos praticando os valores que vêm sendo esquecidos no ambiente escolar, veremos que no passado muitos artistas utilizaram da música como meio não só de expressão artística, mas também como meio para protestar contra o governo e outros. Não que isso tenha deixado de existir, mas, com o domínio da mídia, isso vem sendo mudado a cada dia que passa.

Muitas pessoas que têm ingressado no mundo da música atualmente não estão prestando muita atenção no que esta mídia vem fazendo com as pessoas, se pararmos para analisar veremos que estão ficando mais vorazes e sedentos para não perderem a bocada, que é vender seus produtos a todo custo, e isso tem vindo de forma negativa para a sociedade, usando de uma linguagem não muito apropriada, transformando pessoas do dia para a noite em artistas que nunca saíram sequer do quintal de suas casas, fazendo com que estas pessoas acreditem que elas são fenomenais. E isso para os jovens é o maior barato, pois eles embarcam nestas transformações sem pelo menos questionar.

O que temos visto é uma farra, em que não se tem observado a estética e a linguística, mas me parece que isto é um caminho sem volta, pois já vemos dentro de algumas faculdades este uso incontrolável das comunicações de massa fazer efeito bem perto de nós.

O que se espera é que estas mídias estejam mais comprometidas não apenas com as notícias factuais, mas que contribuam de alguma forma para com a educação de nossas crianças, jovens agregando valores que são desconhecidos de muitos, eliminando o preconceito, de todas as formas.

17.3 | EXERCITANDO O CÉREBRO

Quando se pensa em música, não há como ficar todo o tempo sozinho em um quarto ou estúdio fazendo seus exercícios ou praticando no instrumento, vai chegar o momento em que teremos de estar juntos como uma família nos harmonizando, mostrando o que temos de melhor para oferecer para nossos convidados, no caso o público.

Isso posto, fica a cargo do professor de música organizar o repertório, claro que isto também pode ser feito com a colaboração da orquestra ou banda, seja ela qual for, discutir com os educandos o tema, por que está colocando tal música, o que o levou a escrever e tocá-la.

O que isso pode trazer de reflexão para nós? Podemos desmembrar o estudo da música de várias formas a apontar seus benefícios para o desenvolvimento intelectual e social, estando ela na escola ou não. Estudos realizados por pesquisadores de universidades da Alemanha comprovam o desenvolvimento dos circuitos neurais de pessoas que começam a estudar música muito cedo, mostrando que esses circuitos eram consideravelmente maiores em pessoas que tocam instrumentos e fazem uso constante do polegar e do quinto dedo da mão esquerda.

Quanto à linguagem, quanto mais palavras a criança ouvir desde muito nova, mais o seu vocabulário vai crescer — tudo isso mostra que o cérebro de uma pessoa que estuda música é mais desenvolvido do que de uma pessoa que não o exercita.

É notório vermos os jovens de hoje se preocuparem com sua aparência, para ter um corpo sadio, cheio de curvas, viril, mas se esquecem que o cérebro precisa ser exercitado também, e nada melhor do que fazer atividades lúdicas e não apenas as que envolvam força física. Para complementar este papel da música nas escolas, levaremos ao conhecimento dos alunos épocas e sociedades diferentes, fazendo-os compreender as diversas manifestações culturais e musicais do país e no mundo.

Vamos descobrir que a música que domina as classes sociais passa por diversos gêneros e estilos como: *reggae*, samba, *rock*, *funk*, *techno*[105], *dance*, *jazz* e *blues*.

Portanto, a escola deve desempenhar este papel participando de eventos culturais, promovendo o contato direto com outros grupos, no que concerne às relações humanas. Já que tocamos no assunto sobre relações humanas, nos dias atuais percebemos como os temas transversais

---

105   *Techno* é um estilo musical eletrônico que surgiu em meados de 1980 e refere-se primariamente a um estilo em particular criado nos EUA com influências alemãs e desenvolvido nos arredores da cidade de Detroit, subsequentemente adotado por produtores europeus. O termo *techno* é frequentemente utilizado erroneamente para descrever todas as formas de música eletrônica.

são discutidos na escola. Em ocasião apropriada, fazer uma reunião com os pais para informar da importância da música na grade curricular, pois estes não sabem como se dará esta nova disciplina. Desta forma terão outra visão do ensino da música, e aquela imagem que perdurava de fazer música apenas no intuito de apresentação se desmanchará aos poucos.

Começarão a perceber o quanto a música pode fazer com que seus filhos tenham uma melhora considerável tanto de rendimento escolar, quanto social, de maneira que, tanto os filhos quanto os pais, passarão a defender a música na escola, e assim a cada dia ela se tornará mais forte nas escolas de nosso país. Embora esta concepção de retorno da música nas escolas já esteja um tanto quanto encaminhada em algumas regiões do país é preciso que haja mais formação, informação para todos, pois nem tudo está completamente resolvido, pois se traçarmos uma linha do tempo musical veremos que muita coisa se modificou e com as novas mídias isso se torna mais evidente. Para esclarecer, vamos fazer um passeio pela música indígena com o compositor Heitor Villa-Lobos, sua obra tornou-se importantíssima para o Brasil, em que pesquisou a música africana, negra e indígena, em alguns de seus trabalhos como em Uirapuru (1917), Canto do Pajé (1933), dança de característica africana.

Villa-Lobos escreveu mais de duas mil obras em que podemos encontrar sua genialidade nos ritmos e estilos melódicos no nosso folclore, no entanto, a música que se fazia no Brasil no período colonial estava muito vinculada à igreja, com o mestre do coro catequizando os índios, mas a maior contribuição foi sem dúvida a negra, porém, com portugueses aprendemos sobre harmonia, síncope, além das estrofes quadradas.

Já no século XVIII começam a surgir as irmandades que, em Ouro Preto, fez com que o repertório se modificasse, saindo do medieval para o repertório napolitano, em que Antônio José da Silva, que era "judeu", se tornou uma pessoa importante com as suas comédias. Porém, com a chegada de D. João VI, a música profana e religiosa tomaram impulso com a também chegada do compositor mulato carioca José Maurício Nunes Garcia (1767-1830), ficando lá de 1808 a 1811. Mas nem tudo foram flores com o retorno da corte portuguesa para Portugal.

Com a falta de verbas para custear as produções tudo ficou parado, até a chegada de Carlos Gomes, próximo ao século XIX – um destaque para Francisco Manuel da Silva (1795-1865), que mais tarde passou a ser lembrado como autor do Hino Nacional. Como podemos perceber, o Brasil sempre esteve bem servido da música, seja ela qual for desde os tempos coloniais, mas percebemos claramente a função da música nesta época, com o passar dos anos ela se tornou o que é hoje para o mundo.

A música brasileira é respeitada nos quatro cantos do planeta, sendo riquíssima em harmonia, ritmos e passando assim por vários gêneros e estilos. Mas na época da ditadura a censura não conseguiu parar a criatividade dos artistas que exercem influência até os dias de hoje.

Cantamos músicas belas de nosso país, falamos de nossas matas, nossas gente, mas em meados dos anos 70 é que surgiu uma grande quantidade de compositores que haviam saído das escolas de samba, como D. Ivone Lara, Martinho da Vila, entre outros.

Já na década de 80, surgiram muitas bandas de *rock*, o que prova também que neste período da história a criatividade estava a todo vapor projetando novos grupos para o mundo, por meio do rádio e das emissoras de televisão.

Temos visto ultimamente uma nova geração de artistas que tem surgido de vários cantos e regiões do país, mas o que muitas pessoas desconhecem é que muitas dessas produções que não aparecem nos meios de comunicação convencional como rádio e a televisão estão fazendo sucesso na Internet, seja com um *microblog, site, my space*, fazendo sua divulgação, compartilhando assim com todos, sem dúvida que a própria mídia tem-se aproveitado disso para que algumas bandas estejam mais em evidência do que outras.

Com a queda das gravadoras, a Internet tem sido o meio mais fácil de divulgação desses artistas; assim, muitos baixam música, postam comentários sobre seu artista preferido, chegam até mesmo a ter aulas com grandes nomes da música popular por meio de vídeos, formando assim uma grande rede de compartilhamento. Parte-se do pressuposto de que no passado estudar à distância era uma coisa utópica, hoje é uma realidade, passando por diversas áreas do saber, e esta práxis está se tornando mais comum em todo o mundo, encurtando distâncias entre educador e educando, fortalecendo laços de amizade com pessoas de várias nacionalidades.

Basta que para isso a pessoa esteja aberta a novas formas de conhecimento e tenha uma atitude proativa, participativa, não cabe mais concebermos a ideia de que para se aprender tenhamos de estar trancados dentro de quatro paredes com uma lousa e um professor.

Ainda que isso seja uma realidade na maioria das regiões, temos de lutar com todas as forças para que esses novos recursos cheguem a todos os lugares e que possam satisfazer aos anseios e às necessidades de todos. Um país em que o IDH[106] é mediano considerando seus estados e regiões tem muito que fazer e aprender acerca de estrutura organizacional pensada e elaborada para que realmente possa vir a fazer a diferença em nossas escolas, nos preocupando com uma educação de qualidade.

---

106   O Índice de Desenvolvimento Humano (IDH) é uma medida comparativa que engloba três dimensões: riqueza, educação e esperança média de vida. É uma maneira padronizada de avaliação e medida do bem-estar de uma população.

Mas se faz necessário também termos os pés no chão para não nos iludirmos com esta nova proposta que por ora está em construção, nem tudo pode ser maravilhoso, pois de lugar para lugar há diferenças muito grandes, como os costumes social, cultural e religioso.

Portanto, tudo isso pode e deve ser levando em consideração no ambiente escolar. O professor deve estar ciente do que e como irá desenvolver suas aulas nestes primeiros anos que sucederão o ensino de música nas escolas.

Há formatos prontos em alguns lugares, mas que muitas vezes não irão satisfazer a proposta pensada pelos alunos. Então terá de partir para outra pesquisa, sem se esquecer de que não será para formar profissionais, e sim complementar a educação — vemos que nossas escolas estão doentes, precisando deste momento de prazer e alegria proporcionado pelo "fazer música".

Mas, com tudo isso, as questões sobre a regulamentação de salários compatíveis com a carga horária e questões pedagógicas devem e serão mais discutidas em outros momentos com especialistas.

Particularmente o que tenho notado nas escolas é que muitos professores não estão mais conseguindo ter um resultado satisfatório quanto ao rendimento dos alunos, já não têm mais paciência para suportar tantos problemas que os educandos têm trazido de casa e fazendo com que as escolas fiquem mais adoentadas do que estão, a falta de espírito de equipe, o saber ouvir, falar, respeito ao outro, isso também tem se refletido nos próprios educadores, para exemplificar: quando se está em uma reunião ou planejamento vejam como tem sido o comportamento dos professores, vejam se conseguem fazer silêncio ou conseguem ouvir o que uma pessoa apenas fala, é notório ver isso também em palestras, convenções, em que uma grande parte está pensando apenas em obter um certificado para melhorar seu salário e não veem esta oportunidade como uma busca de conhecimento que possa ser realmente passado para outros, a preocupação é apenas as vantagens materiais que poderá obter.

Quando entram em uma sala, vejam como se posicionam em suas cadeiras, então como pedir que nossos educandos sejam melhores se nós mesmos não nos preocupamos em fazer o melhor e sermos exemplo de atitudes que possam fazer a diferença em nosso ambiente? Vejo que muitos desses cursos que têm aparecido por aí para professores não têm valido muito a pena, pois eles não têm mostrado que os professores podem ser a mola mestra de uma educação libertadora, e com uma base sólida podem transformar o ser humano a cada dia numa pessoa melhor, assim como se molda uma pedra bruta em diamante.

17.4 | COMPROMETIMENTO DA FAMÍLIA, ESCOLA, EDUCADOR, EDUCANDO COM A ARTE E A VIDA

No entanto, somos todos diamantes que precisam ser lapidados. Para isso a música pode e vai contribuir muito, mas não é apenas a música que faz isso, as artes como um todo fazem isso com o ser — vejam como um músico de uma orquestra desenvolve seu trabalho, esta forma de música vai mudar inteiramente a sua vida. Muitos podem ter a seguinte fala: Ah! Mas esta pessoa teve uma formação universitária para chegar a este grau de pensamento... aí é que está o engano. Basta analisar a orquestra dos meninos no sertão de Pernambuco, ou uma banda de uma cidade, seja ela de fanfarra ou marcial, e ver o comportamento desses educandos! Mas, ainda falando para professores, vejam o comportamento de um grupo de teatro ou dança frente a um palestrante, percebam o quanto estas pessoas absorvem o conhecimento sem que desviem a atenção para outra coisa que não seja o que o palestrante diz.

Pois bem, não é isso que ocorre em um congresso para professores. O déficit de atenção vai ao extremo a ponto de o palestrante se irritar com as atitudes dos próprios professores, o que é mais grave é que muitos chegam a comentar que já ouviram tantas outras palestras como aquela [...] mas o que ele conseguiu aproveitar? Nada!

Este professor ainda continua naquele mundinho pensando que já sabe demais e que já fez cursos demais, só que não pôs nada em prática no seu dia a dia.

Então por que motivos ocupar a cadeira de alguém que gosta e faz aquilo que ama e não apenas por um salário melhor, para ser mais justo se este professor tivesse de ganhar por produção ele já estaria desempregado.

Pois bem, isso é para enfatizar o quanto é diferente quando uma pessoa faz arte, o que ela faz não é apenas por dinheiro, mas por prazer, isso traz uma satisfação pessoal indescritível. É isso que a meu ver está faltando a muitos profissionais da área da educação, além do compromisso, é claro, não vemos numa banda, coro ou orquestra profissional mal-humorados, sem vontade de trabalhar, cheios de doenças crônicas, mas no ambiente escolar isso parece ser uma rotina. Como mudar estas atitudes?

Não pensem que a música vem a ser a única opção para a salvação da escola como um todo, não é este o propósito, todos temos que estar juntos pensando da mesma maneira, mas acredito que se os professores de outras áreas estiverem trabalhando juntos numa só linha de pensamento poderemos alcançar os objetivos.

E isso se estenderá para a família, bairro e outros. Em contrapartida, os pais têm de participar mais da educação dos filhos e não delegar esta função de educar apenas para a escola; no entanto, não é o que vem acontecendo, a escola está desempenhando dois papéis. Enquanto educador, temos visto que muitos pais jogam seus filhos e querem que eles sejam mais educados, que respeitem o professor. Isso deveria ser o contrário, pois como sabemos educação vem de berço, ou seja, já vem de casa, se aprendem a obedecer os pais certamente obedecerão aos professores e/ou responsáveis por eles.

Venho percebendo em cada lugar que passo a satisfação das crianças e jovens que já estão fazendo música, seja na escola ou em um projeto social. A transformação é nítida, pois começam a compreender os valores morais, socioculturais, além de estarem mais calmos quando chegam no ambiente escolar, muitos que começaram a aprender torciam o nariz pensando ser uma coisa chata, demorada, sem contar que muitos desses educandos passam por problemas graves em casa, outros são cobrados para resolver problemas que não diz respeito a sua idade e isso vai-se tornando uma bola de neve que cada dia tende a afastá-los mais da escola.

Sabemos o quanto os jovens querem ter seu espaço na sociedade, a busca pela sua autonomia e autoafirmação diante de outros grupos e da sociedade, já que a música é um agente de transformação e facilita o aprendizado.

Nada melhor do que estar junto com estes jovens descobrindo sua forma de linguagem, incutindo neles a sensibilidade, sociabilidade, explorando o respeito e desenvolvimento interior e o espírito de equipe.

Sendo assim, sabemos que por meio da música problemas epistemológicos podem ser resolvidos ao longo do desenvolvimento do intelecto. Neste sentido somos provocadores de uma série de questionamentos acerca de fatos relacionados ao nosso cotidiano, fantasias, sonhos, e mais uma infinidade de coisas vividas por eles e por todos nós, em cada fase da vida descobrimos novos caminhos para que tenhamos um melhor desempenho, assim vamos criando nosso senso crítico diante da sociedade, acredito que o objetivo da música seja este, de fazer com que possamos reagir diante de inúmeras coisas absurdas, além, é claro, de divertir.

Particularmente, sinto a necessidade de estar nos palcos fazendo *shows*, mas é muito prazeroso ver quando uma criança entende a linguagem musical e começa a procurar e selecionar o que mais lhe agrada em determinado tipo de música, e busca assim fazer um repertório mais variado compreendendo estilos, ritmos, melodias diferentes das que costumam ouvir no rádio ou no *player* de seus celulares ou tocadores de MP3.

Portanto, o educador musical deve conhecer bem o repertório que irá trabalhar para determinado grupo, mostrar que ele também pode e deve criar e não apenas ler a partitura de uma canção, assim terão mais confiança. Ainda na escolha do repertório o educador deve mostrar melodias com acordes maiores e menores para que conheçam a diferença destes sons, já que esses acorde mostram como uma melodia pode ser construída com caráter triste se for com acordes menores e alegre se for com acordes maiores, isso é parte do que pode ser aplicado para os educandos.

A priori sabemos que alguns chegam com certo conhecimento em determinadas coisas, mas que não foi o suficiente para que pudessem compreender aprofundadamente tal tema ou assunto tratado, assim, quanto mais rica for uma música em detalhes, como harmonia, intensidade, timbres, mais o cérebro será estimulado.

Desde o final do século XX, a música passou a ser mais usada em tratamento de doenças causadas por distúrbios mentais e de lá para cá só tem crescido o uso da música neste campo. Então o que constatamos é que realmente ela tem o poder de cativar as pessoas prendendo sua atenção, relaxando, entre tantas outras coisas que nos fascinam.

Muito embora saibamos que em sala de aula qualquer professor possa utilizar a música como aliada de sua disciplina mas, para isso, tem de haver um certo conhecimento do que se vai fazer em música, pois por mais que pareça ser simples pode ser que um professor não consiga atingir seu objetivo, se ele não souber conduzir um coro, por exemplo, ou tocar de forma mais simples um instrumento de percussão. Aí é que entra um professor formado na área para sanar essas dificuldades, muito melhor será se tiver na secretaria do município uma pessoa formada para esses trabalhos de acompanhamento do desenvolvimento da música em sala de aula.

Desde 2005 venho trabalhando em projetos sociais em minha cidade e pude realizar junto com os educandos do projeto qual estou envolvido muitas atividades que fizeram com que eles se interessassem mais por outros tipos de músicas, as quais eles nunca tinham tido contato. Para exemplificar, trabalhamos o repertório que compúnhamos em conjunto, isso foi muito bacana, pois assim eles tiveram a oportunidade de mostrar sua criatividade e expor seus sentimentos de forma simples, seus medos, desejos, alegrias, fantasias, questionamentos sobre ter uma vida mais digna para seus pais, irmãos e outros, assim como para comunidade em que vivem; em um outro momento, depois de compormos alguns temas, escolhi uma ciranda e fizemos um desenho animado em que eles criaram vários *storyboards*[107] (estória em quadrinhos), daí passei para a edição, mas esta parte eu tive de fazer, pois eles não dominavam ainda o programa de desenho CorelDRAW. E, depois de pronta esta etapa, postei o vídeo do desenho em meu *blog*: *http://falaeducando.blogspot.com*, em seguida

---

107 *Storyboard* são organizadores gráficos tais como uma série de ilustrações ou imagens arranjadas em sequência com o propósito de pré-visualizar um filme, animação ou gráfico animado, incluindo elementos interativos em *websites*.

planejei apresentar para todos os educandos do programa, e dava para ver como eles se sentiram importantes com aquele simples desenho, mas que foi tema durante muitas semanas. Como eu gosto muito de estar envolvido com tecnologia, criamos um outro projeto, resolvi discutir sobre vários temas de uma nova maneira, pelo menos para eles. Então propus que fizéssemos um *Podcast*[108] (rádio na internet). Neste projeto eu quis que eles se soltassem mais, ou seja, além de ter de falar em público, teriam de fazer entrevistas entre eles e buscar novos temas para serem debatidos na gravação do programa. Com isso foram feitos vários programas em que falamos de música, meio ambiente entre outros temas. Nesses trabalhos realizados tivemos uma participação efetivamente satisfatória, e depois do projeto terminado eles me perguntavam quando que iríamos gravar outro, mas tivemos de parar por um momento.

Já em 2009 comecei um outro projeto de um disco com canções infantis compostas por mim em parceria com eles, isso foi também com todas as turmas desde os menores até os adolescentes, escolhemos o tema Canções Infantis. Depois de analisarmos alguns discos e músicas que já fazem parte do repertório comum a todos identifiquei que, além da musicalidade deles, seria muito interessante termos nossas próprias canções, fizemos apresentações em vários eventos tanto em nossa cidade e na capital.

O CD ainda não foi finalizado por motivos diversos; no entanto, estamos retomando o que já foi feito e organizando a segunda parte em que iremos trabalhar a capa e a edição, sem contar com os ensaios que vão seguindo a cada semana. Isso é um pouco do que pude realizar, contando também com a colaboração de outros educadores que cooperaram para algumas atividades extras, como ensaio.

Mas quero deixar claro que tudo isso não pode ser realizado de qualquer forma, tem de haver um planejamento detalhado para que as coisas possam andar bem e os educandos sintam-se à vontade para cantar, tocar e representar.

Sabemos que a música vai-se tornar obrigatória, mas o que não sabemos é até que ponto poderemos cobrar a participação daqueles que não se sentirem confortáveis para representar, não se esqueçam de que não podemos expor as crianças a situações vexatórias, devemos conquistá-las, assim se sentirão acolhidas, além de serem mais amáveis conosco.

---

108 A palavra *podcasting* é uma junção de iPod — marca do aparelho de mídia digital da Apple de onde saíram os primeiros *scripts* de *podcasting* —, ou a sigla para *Personal on Demand* (numa tradução literal, algo pessoal e sob demanda), e *broadcasting* (transmissão de rádio ou televisão). A série de arquivos publicados por *podcasting* é chamada de *podcast*. O autor de um *podcast* é chamado *podcaster*.

CONSIDERAÇÕES FINAIS

Meu envolvimento com a música não é de agora, e por gostar muito de estar nos palcos, na estrada viajando com grupos musicais, é que aprendi a enxergar a música de outra forma. Hoje posso dizer que tenho um olhar um tanto quanto mais aguçado para as questões norteadoras sobre música e educação. Gosto de passar um pouco do conhecimento que venho adquirindo a cada dia, tanto no campo educacional, quanto nos palcos. Minha primeira escola musical foi os palcos, e com o passar dos anos a sala de aula, por isso venho mostrar aqui a minha preocupação com os jovens e crianças que estão tanto em sala de aula quanto nas esquinas, nos sinais e nas calçadas. Posso afirmar que a música mudou a minha vida e, por gostar tanto de fazer isso, acreditei e acredito que posso pelo menos sensibilizar outros que pensam em fazer música, mas não têm coragem de seguir seu sonho, pois desistem na primeira dificuldade.

Este meu casamento com a música é muito fiel, nunca fui traído por ela e nunca pensei em trai-la também, me vendendo a qualquer custo por uns míseros reais, pois penso que com o respeito, responsabilidade, ética, amizade e comprometimento consegui obter muitas coisas importantes. Portanto, tenho muito a agradecer principalmente a todos os familiares que sempre acreditaram em mim, meus amigos, colegas de trabalho e conhecidos. Todos são muito importantes para meu crescimento, meus alunos que embarcam em minhas ideias, viajam comigo em meus sonhos, e transformam isso em uma energia que é perpassada e canalizada como a luz de uma prisma, dividindo em várias cores, pulsando como um coração cheio de amor e carinho pela arte e pela vida.

REFERÊNCIAS

BRÉSCIA, Vera Lúcia Pessagno. *Educação Musical:* bases psicológicas e ação preventiva. São Paulo: Átomo, 2003.

CORVISERI, Enrico. *A República.* Coleção Os Pensadores. Trad. São Paulo: Nova Cultural.

FERREIRA, Martins. *Como usar a música na sala de aula.* 2ª ed., São Paulo: Editora Contexto, 2002.

FLETCHER, Peter. 1989. *Education and Music.* Oxford: Oxford University Press.

MACEDO, Lino de. *A perspectiva de Jean Piaget.* n. 2. São Paulo: FDE, 1994. pp. 47-51. (Série Ideias).

OLIVEIRA, Zilma de Moraes Ramos de. *L. S. Vygotsky: algumas ideias sobre o desenvolvimento e o jogo infantil.* n. 2. São Paulo: FDE, 1994. pp. 43-46. (Série Ideias).

SNYDERS, Georges. *A escola pode ensinar as alegrias da música?* 2ª ed. São Paulo: Cortez, 1994.

EDUCAÇÃO A DISTÂNCIA

"Como obter educação por meio do ensino à distância?"

Prof.ª Paula Mendes

INTRODUÇÃO

A partir do século XX, o ser humano ocidental se deu conta de que a história não se resume só no fluxo das continuidades, as possibilidades de descobertas em decorrência do surpreendente avanço científico-tecnológico quebram padrões muito rapidamente e geram tensões e rupturas. Tanto é assim que este século provoca a impressão do início de uma época completamente diferente da história da humanidade. O desenrolar dos acontecimentos nesse período levou o mundo a um intenso processo denominado *globalização*.

A globalização desafia práticas e ideais, instiga o surgimento de pensamentos e voos da imaginação. É o destino irremediável do mundo, um processo irreversível, que nos afeta a todos na mesma medida e da mesma maneira. "A Globalização está na ordem do dia; uma palavra da moda que se transforma rapidamente em um lema, uma encantação mágica, uma senha capaz de abrir as portas de todos os mistérios presentes e futuros" (BAUMAN, 1999, p. 07).

No fim do século XX, a revolução é a da informática. O computador passa ser o principal centro de comando da globalização, de forma que tudo gira em torno do sistema de informatização. Os sistemas de comunicação eliminam as distâncias e as relações entre as pessoas, desconhecem fronteiras e exigem um estilo de vida mais dinâmico e adaptado às constantes mudanças provocadas pela impressionante velocidade da produção de conhecimento.

> *As próprias perspectivas de autoafirmação, autoconsciência, luta pela emancipação ou desalienação revelam-se enriquecidas e dinamizadas pelo contato, intercâmbio ou contraponto de modos de vida e trabalho, formas de ser, agir, pensar, sentir, imaginar. As permutas reiteradas ou contínuas, os intercâmbios e as tensões entre formas socioculturais diferentes, entre povos com distintas formas de vida e trabalho, tudo isso tende a potenciar atividades, produções, horizontes.* (IANNI, 1997, p. 33)

A alfabetização, que nos séculos anteriores era requisito principal que abria portas para uma vida de qualidade superior e era o foco principal da educação, agora é apenas uma das inúmeras habilidades que o ser humano necessita para mover-se socialmente. A educação do nosso século atual, XXI, pressupõe uma consciência global, o que demanda conhecimento, além da alfabetização, das novas tecnologias e sistemas de comunicação, economia e política sempre em âmbito mundial. Isso requer uma preparação técnica mais especializada e exige do ser humano maior dedicação nessa preparação para futuramente estar apto ao mercado de trabalho.

Observa-se que uma das principais missões da humanidade é justamente a educação. Porque é dela que o indivíduo nasce, cresce e se desenvolve e busca seu objetivo no futuro. Por isso, à medida que o mundo avança, percebe-se que a educação precisa acompanhá-lo, de forma coerente e lógica.

No momento da globalização, em que todo mundo sabe de tudo que se passa ao seu redor, não podemos perder a oportunidade de aprender e crescer com novas modalidades educacionais, sendo a *educação à distância* uma excelente alternativa para pôr em prática ações que levem a um maior número de pessoas o acesso ao conhecimento. Cada vez mais usar a Internet como ferramenta indispensável ao uso das comunicações, bem como a troca de experiências que estão em toda parte.

Esse é o principal objetivo deste capítulo, conhecer um pouco mais a fundo sobre a modalidade de educação a distância (EAD).

18.1 | EDUCAÇÃO A DISTÂNCIA (EAD)

Com a inovação da educação tecnológica e a criação de ambientes virtuais observamos a possibilidade de um meio de acesso à aprendizagem a distância, por meio de novos ambientes para pessoas que se encontram dispersas geograficamente, evitando deslocamentos, além de favorecer o desenvolvimento de habilidades e competências cognitivas com autonomia, criatividade, autodisciplina, responsabilidade com a própria formação, construção do conhecimento e aprendizagem cooperativa (GARCEZ e RADOS, 2002).

> *Até os anos 80, houve grande preocupação com estudos de usuários presenciais. Porém, no final da década, houve uma paralisia temporária nessas investigações. Na década de 90, tais estudos começaram a eclodir, propiciados pela explosão da gestão de qualidade total nas organizações. Desde então, começaram a ser intensificados os estudos de usuários a distância, e as bibliotecas acadêmicas passam a ter uma preocupação maior em fazer parcerias com os programas de educação a distância. (GARCEZ e RADOS, 2002)*

Diferentemente dos cursos na modalidade presencial, em que o aluno precisa comparecer no local e horário determinados, na educação a distância é o aluno que determina os horários de estudo e o ritmo da aprendizagem. Por isso, esta modalidade é chamada de flexível e focada no aluno (UNISUL, 2007).

A educação a distância como modalidade educacional na qual a mediação didático-pedagógica nos processos de ensino e aprendizagem ocorre com a utilização de meios e tecnologias de informação e comunicação, com estudantes e professores/tutores desenvolvendo atividades educativas em lugares ou tempos diversos (BRASIL, 2005).

Na EAD destacam-se como elementos centrais a separação física entre professor/tutor e aluno; a influência da organização educacional; a utilização de meios técnicos de comunicação para transmitir os conteúdos educativos; a previsão de uma comunicação de mão dupla; e a possibilidade de encontros ocasionais com propósitos didáticos e de socialização (UNASUS, 2010).

A interação com o professor/tutor e colegas torna-se possível porque todos recebem o mesmo calendário acadêmico e acesso a um mesmo espaço virtual para acompanhar a disciplina. Deste modo, são estabelecidos objetivos comuns para o grupo, surge a Comunidade Virtual de

Aprendizagem. O pertencimento a uma comunidade virtual pode oferecer uma rica interação como professor-tutor e colegas, e permite que se estabeleça uma aprendizagem por colaboração e cooperação (UNISUL, 2007).

Entretanto, na modalidade à distância, por determinação do MEC, para credenciar a sua participação no curso e efetuar a avaliação da aprendizagem, o aluno terá de comparecer a avaliações presenciais. Elas são obrigatórias e terão horários e datas previamente combinados (UNISUL, 2007).

18.2 | CONCEITO DA EAD E AMBIENTE VIRTUAL

Um conceito de EAD é apresentado na legislação brasileira (Decreto n. 2.494, de 10 de fevereiro de 1998, regulamenta o Art. 80 da LDB (Lei n. 9.394/96 de 20 de dezembro de 1996). O artigo 80 da LDB autoriza o poder público a incentivar o desenvolvimento e a veiculação de programas de ensino a distância, em todos os níveis e modalidades de ensino, e de educação continuada.

> *Educação a distância é uma forma de ensino que possibilita a autoaprendizagem, com a mediação de recurso didáticos sistematicamente organizados, apresentados em diferentes suportes de informação, utilizados isoladamente ou combinados, veiculados pelos diversos meios de comunicação (DECRETO, 1998).*

Os projetos pedagógicos devem obedecer ao Decreto n. 5.622, art. 13. Para os fins de que trata este Decreto, os projetos pedagógicos de cursos e programas na modalidade a distância deverão:

⇒ Obedecer às diretrizes curriculares nacionais, estabelecidas pelo Ministério da Educação para os respectivos níveis e modalidades educacionais;

⇒ Prever atendimento apropriado a estudantes portadores de necessidades especiais;

⇒ Explicitar a concepção pedagógica dos cursos e programas à distância, com apresentação de:
a) Os respectivos currículos;
b) O número de vagas proposto;
c) O sistema de avaliação do estudante, prevendo avaliações presenciais e avaliações à distância;
d) Descrição das atividades presenciais obrigatórias, tais como estágios curriculares, defesa presencial de trabalho de conclusão de curso e

das atividades em laboratórios científicos, bem como o sistema de controle de frequência dos estudantes nessas atividades, quando for o caso (BRASIL, 2005).

A principal mídia utilizada neste curso é o Ambiente Virtual de Ensino e Aprendizagem, baseado na plataforma *Moodle*. Em inglês *Moodle*, significa *Object-Oriented Dynamic Learning Environment*. É um sistema de apoio à aprendizagem em ambiente *on-line*, com foco na educação e na interação entre estudantes e professores/tutores.

Muitas universidades já utilizam o *Moodle* em cursos virtuais e também como apoio aos cursos presenciais. Ele pode ser chamado de espaço virtual ou ambiente virtual. Nesse ambiente, o aluno encontra os conteúdos dos módulos disponibilizados em diferentes formatos, como textos, vídeos, animações etc., assim como atividades e ferramentas facilitadoras da interação com colegas e tutores. Além do ambiente, os alunos podem receber vídeos em DVD e materiais impressos, com diferentes conteúdos (UNASUS, 2010).

18.3 | PAPEL DA TUTORIA

Tutor é o representante de todo o curso junto aos alunos. Tem domínio do conteúdo, tem formação para avaliar o aluno e proporciona apoio pedagógico e operacional. Participa ativamente da avaliação do processo e do conteúdo (GARCIA ARETIO, 1994; SEWART, 2001; SIMPSON, 2000; REKKEDAL, 1995; MORAES, 2004, entre outros).

Ele é um agente educativo, quer dizer, um profissional que intencionalmente promove, facilita e mantém os processos de comunicação necessários para contribuir com o aperfeiçoamento do sistema, mediante a retroalimentação e a assessoria acadêmica e não acadêmica, e para apoiar a criação de condições que favoreçam a qualidade da aprendizagem e a realização pessoal e profissional dos usuários (GRIJALBO *apud* UNESCO, 1993, p. 62).

O tutor aparece como figura central no processo de tutoria, sendo responsável por uma gama quase infinita de atividades de apoio ao aluno. As estruturas de tutoria normalmente se organizam em centros, na maioria das vezes localizados em locais diversos, os quais contam com uma capacidade para realizar as atividades de apoio ao aluno sem recorrer à unidade central da instituição, podendo atuar independentemente (GARCIA ARETIO, 1994; 2001; NEDER, 2000; MORAES, 2004).

As atividades de tutoria são identificadas como atividades de docência, voltadas para a facilitação da aprendizagem do aluno por meio do trabalho com o conteúdo programático dos cursos e a oferta de apoio ao aluno para auxiliar nas possíveis dificuldades que sejam encontradas em relação ao conteúdo (MORAES, 2004)

Funções do tutor*	
Facilitação pedagógica	• orientar o aluno a fazer um plano de estudos realístico e promover o ensino de alta qualidade; • controlar o material do curso, estando pronto a fornecer material adicional.
Facilitação social	• conhecer os participantes de seu grupo de estudo e dar-lhes a possibilidade de se conhecerem uns aos outros, iniciando a interação entre eles e criando um sentimento de integração; • dar *feedback* regular aos alunos.
Facilitação administrativa	• preparar previamente os detalhes relativos ao curso; • descobrir as necessidades dos alunos e considerar os seus compromissos.
Facilitação técnica	• orientar os alunos no início do curso (ou antes) em relação aos novos métodos de estudo e à tecnologia utilizada; • ajudá-los a resolver problemas técnicos durante o curso ou encaminhá-los a um profissional que possa esclarecer suas dúvidas.

* *Fonte:* Adaptado de MORAES, 2003, 2004.

Segundo Thorpe (2001) coloca que o tutor está numa posição-chave e ao mesmo tempo muito difícil, pois responde às demandas do time envolvido no processo de produção e implementação do curso e dos estudantes. É o tutor o responsável por tentar articular estas demandas e estabelecer um diálogo entre as duas partes. O tutor tem o papel de atuar como um intérprete entre as duas partes sendo que o seu papel é extremamente significativo para os alunos (MORAES, 2004).

De acordo com Garcia Aretio (2001) algumas qualidades são fundamentais para o profissional que vai exercer função de tutoria, como:

⇒ Autenticidade e honradez;

⇒ Maturidade emocional;

⇒ Bom caráter e cordialidade;

⇒ Compreensão de si mesmo;

⇒ Capacidade empática;

⇒ Inteligência e agilidade mental;

⇒ Capacidade de escutar;

⇒ Cultura social;

⇒ Estabilidade emocional;

⇒ Capacidade de aceitação;

⇒ Inquietude cultural e amplos interesses;

⇒ Liderança etc.

O desenvolvimento dessas habilidades/qualidades deve ser trabalhado nos programas de treinamento e capacitação destes profissionais, pois irão garantir a eficiência do acompanhamento, atendimento e das informações oferecidas aos alunos dos serviços de apoio (MORAES, 2004).

O grande desafio do processo de tutoria é construir e manter uma interação que realmente suporte a aprendizagem. Uma das questões com as quais se deparam as instituições de ensino à distância, no que tange às estruturas de suporte e tutoria, é relacionada com a construção de um ambiente adequado, tempo de dedicação dos tutores, promoção de uma relação empática e informal entre alunos e tutores (MORAES, 2004).

18.4 | SERVIÇOS DE APOIO AO ALUNO

A oferta de serviços de apoio pode ser estruturada com o uso de diferentes mídias, oferecendo oportunidades de interação sincrônica e assíncrona, tendo como base para o desenvolvimento das mídias o resultado da avaliação diagnóstica do grupo de alunos a ser atendido. Qualidades apontadas como características do aluno à distância, como organização, autonomia, reconhecimento dos próprios limites e saber buscar auxílio, também devem ser levados em consideração (MORAES, 2004).

De acordo com Bayless (2001, p. 22), a visão dos serviços ao aluno, baseada no gerenciamento de qualidade e nos serviços ao cliente, pressupõe uma forma de oferecer serviços realmente efetivos, de forma a garantir um aumento da satisfação dos estudantes.

As atividades desenvolvidas pelo serviço de apoio são muito importantes devido ao fato de que os alunos apresentam necessidades ilimitadas; cada região e/ou instituição tem seu próprio *ethos* educacional, que deve ser respeitado. Também é fundamental considerar a dispersão dos alunos, disponibilidade dos recursos, currículo e produtos do subsistema de produção do curso, assim como as diferenças genéricas dos grupos alvos (KHAN, 2001).

A organização de serviços de apoio ao aluno à distância deve, então, levar em consideração as necessidades e características dos alunos, empregando agentes devidamente capacitados, adequado à realidade da instituição e do tipo de programa oferecidos. Ao mesmo tempo, é importante destacar a necessidade de se ofertar serviços de atendimento, acompanhamento e informação aos alunos à distância, em que será possível promover uma atuação dos agentes para oferecer a facilitação técnica, pedagógica e social da aprendizagem do aluno, motivando-o para a conclusão dos cursos e prevenindo altos índices de evasão (MORAES, 2004).

A partir disso, o apoio ao aluno pode ser visto como o conjunto de práticas e estratégias focadas na facilitação do processo de aprendizagem do aluno e no atendimento de suas necessidades. A utilização de diferentes mídias é vista como uma forma de ampliar o acesso dos alunos aos recursos, assim como um facilitador das interações necessárias para o processo de aprendizagem do aluno (MORAES, 2004).

Em relação às diferentes mídias, é fundamental esclarecer as diferenças entre mídia e tecnologia. O termo mídia é utilizado para "descrever uma forma genérica de comunicação associada com modos particulares de representar o conhecimento" (BATES, 1995, p. 29). Cada mídia pode ser transmitida por meio de diferentes tecnologias, como:

Mídias	Tecnologias	Aplicações para EAD
Texto (incluindo gráficos)	Material impresso Computadores	Apostilas; materiais suplementares (manuais, guias, glossários, etc.); correspondência; bases de dados; publicação eletrônica.
Áudio	Fitas cassetes; rádio; telefone	Programas especialmente formatados; apresentação de conteúdos; teletutoria; audioconferências
Televisão/ Vídeo	*Broadcasting*; videocassetes; cabo; fibra ótica; satélite; micro-ondas; videoconferência	Programas educativos; aulas via videoconferência ou teleconferência (com interação em tempo real ou assíncrona); videoaulas
Digital	Computadores; telefone; satélite; fibra ótica; ISDN; CD-ROM; DVD	Aprendizagem mediada por computador (CAI, TBT); *e-mail*; conferências por computador (listas de discussão, fóruns, *chats*, *videochats*); audiográficos; bases de dados; multimídia.

Fonte: BATES (1995).

O uso destas mídias amplia as possibilidades de comunicação em duas vias, que já eram exploradas no ensino por correspondência. As possibilidades de integração síncrona, derivadas da utilização das novas mídias como a VC, Internet e televisão interativa, reforçam afirmações de autores como HOLMBERG (1995):

> EAD é autoestudo, mas o estudante não está sozinho; ele ou ela se beneficiam de um curso e de tutores e da organização de apoio, constituída pela organização de EAD. Um tipo de conversação baseado no tráfico em duas vias de interação mediada pela escrita ou outra mídia qualquer entre o estudante e o tutor ou qualquer outro representante da organização de apoio.

Não é possível ignorar as mídias que serão utilizadas para o apoio aos estudantes, pois elas determinarão o grau de interação possível e, consequentemente, a distância transacional (MOORE, 1993). O acesso é fator essencial, uma vez que se espera que os alunos utilizem as mídias sugeridas para um contato direto e frequente com a instituição, por meio de seus representantes oficiais – o professor, o tutor e os demais agentes de apoio. É possível atender a um aluno com muito mais agilidade e afetividade, construindo maior proximidade, como o uso do telefone, por exemplo, do que até mesmo utilizando uma mídia em tese muito mais interativa, como a VC (MORAES, 2004).

18.5 | ESTUDO E A APRENDIZAGEM PARA O ENSINO DE EDUCAÇÃO À DISTÂNCIA

> Ninguém educa ninguém. Ninguém se educa sozinho. Os homens se educam juntos, na transformação do mundo. (FREIRE, 1997, p. 68)

A partir deste pensamento de Freire, percebemos que só existe educação se dois ou mais indivíduos estiverem interagindo e colaborando entre si, transformando o mundo, ou seja, para que a aprendizagem significativa aconteça, é essencial construir um ambiente colaborativo no qual todos (e cada um) se posicionem como aprendizes e, ao mesmo tempo, estejam dispostos a trocar e ensinar (UNASUS, 2010).

Dessa forma, na EAD acontece um processo de apropriação tecnológica em que, por meio da Internet, permite-se a construção de ambientes colaborativos de aprendizagem, os chamados AVEAs (Ambientes Virtuais de Ensino e Aprendizagem). Para compreender esse processo de EAD via Internet, é necessário ter a clareza do conceito de Aprendizagem: A palavra *"aprendizagem"* origina-se do latim *apprehendere* e designa a ação de aprender, tomar conhecimento. A aprendizagem está mais centrada na figura do aluno, que é o sujeito da construção de seu conhecimento (TORRES, 2004).

Então, aprender é função do aluno. Mas, para que a aprendizagem aconteça de modo efetivo, é preciso que ele tenha contato com o novo conhecimento, reconheça-o e explore-o. Isso acontece internamente, mas também depende de estímulos externos. A aprendizagem significativa implica mudança, pois os novos conhecimentos e as novas habilidades que conquistamos nos levam a ver o mundo com novos olhos e a adotar novos comportamentos. Mas essa aprendizagem só acontece quando o indivíduo está profundamente envolvido e motivado nesse processo. Aprender a distância vai exigir de você um esforço contínuo para as conquistas de competências que se traduzem em habilidades e qualidades e que, quando articuladas, tornam-se essenciais para o seu desenvolvimento profissional (UNASUS, 2010).

As habilidades e qualidades que o aluno deve desenvolver para o estudo à distância são:

Habilidades e qualidades	
Cognitivas	Inteligência; Cálculo; Leitura/escrita.
Emocionais	Motivação; Capacidade de pedir ajuda; Autoconfiança; Capacidade de aceitar críticas; Senso de humor; Gerenciamento de estresse; Lidar com a ansiedade diante de avaliações (provas ou exames).
De gerenciamento	• Capacidade de lidar com o seu emprego/trabalho; • Gerenciamento das demandas familiares; • Gerenciamento de grande volume de papéis/ informações impressas; • Saber definir prioridades; • Saber criar um bom ambiente de estudo.

Fonte: Adaptado de Willis (1993).

Seguem algumas informações fundamentais para o investimento dessas habilidades e qualidades: (WILLIS, 1993)

⇒ Tornar-se e manter-se responsável por si mesmo, por seu processo de aprendizagem.

⇒ Conhecer os seus pontos fortes e fracos, qualidades e limitações.

⇒ Manter e aumentar a autoestima.

⇒ Reconhecer e valorizar cada pequena conquista e o esforço que se faz para atingi-la.

⇒ Relacionar-se com os outros alunos.

⇒ Ter clareza sobre o que está realmente aprendendo.

⇒ É preciso que o aluno reflita e analise o que está sendo estudado, tendo certeza de que entendeu o que já foi visto, antes de seguir em frente com o estudo de novos conteúdos.

⇒ Definir um plano de estudos e administrar as atividades propostas, adequando a sua realização ao tempo que o aluno possui para se dedicar aos seus estudos.

⇒ Procurar sempre associar a aprendizagem à prática diária.

⇒ O aluno, como o principal agente desse processo de aprendizagem, precisa estar sempre atento às suas necessidades e dificuldades, e em constante processo autoavaliativo.

⇒ Reconhecer o seu estilo de aprendizagem e gerenciar seus horários e espaço de estudo para tornar essa experiência o mais proveitosa possível.

⇒ Disciplina, autonomia e colaboração são palavras-chave no sucesso do aluno à distância.

CONSIDERAÇÕES FINAIS

Observa-se que a educação de ensino à distância tem como objetivo buscar qualidade no atendimento, acompanhamento da informação, minimizar a sensação de distância, otimizando a comunicação e interação entre aluno e instituição.

O tutor atua diretamente no processo de apoio ao aluno, ensinando e aprendendo com os alunos e demais agentes para os quais estiver prestando o serviço.

A prática do tutor está embasada em duas áreas distintas de atuação, pois ao mesmo tempo que ele é um profissional da área de serviços que atua com o atendimento direto ao aluno é, também, pessoa fundadora na discussão do apoio ao aluno a distância.

O EAD leva à constatação de que a definição do papel e a construção do caráter da monitoria no contexto de qualquer instituição ou organização voltada para a oferta de cursos a distância passam, invariavelmente, pela implementação de uma estrutura de recursos humanos capacitados que sejam responsáveis pelo planejamento, execução e oferta de serviços de apoio aos alunos à distância de forma totalmente integrada (MORAES, 2004).

Destaca-se, a importância do contexto, pois este pode estimular processos de implementação de práticas de gerenciamento da qualidade nas instituições. No cenário brasileiro, o Ministério da Educação determinou um conjunto de referenciais de qualidade para a oferta de cursos de graduação à distância.

No momento em que se pensa em serviços como ações voltadas para a satisfação das necessidades dos alunos ou usuários, fica clara a contribuição da área para se refletir sobre os serviços de apoio ao aluno. A pesquisa na área de qualidade do ensino de educação à distância, especialmente dos critérios e diretrizes elaborados por outras instituições, podem contribuir para a implementação de critérios para a construção de serviços de apoio ao aluno como estruturas de monitoria, adequadas ao contexto brasileiro (MORAES, 2004).

É fundamental o comprometimento da instituição de ensino com EAD, pois os serviços de apoio ao aluno devem ter uma estrutura única, centralizada e vinculada a uma gerência ou diretoria, mas em que o amplo acesso aos serviços oferecidos por outros setores seja garantido e, principalmente, facilitado.

Logo, tratar da interatividade e das potencialidades da educação à distância (EAD) é uma questão bastante complexa, pois se trata de analisar e avaliar *a qualidade das relações sociais* nos ambientes de aprendizagem mediados por alguma técnica, que é a característica predominante da educação a distância, segundo a maioria dos seus teóricos.

Enfim, a educação não tem fim, renova-se dia a dia e avança rapidamente na sociedade contemporânea, provocando um processo ininterrupto de atualização. A instrumentalização do saber acompanha o profissional e abre caminho para acessar a universalização das conquistas da ciência e das técnicas.

> *E podemos concluir, afirmando que o homem moderno se acha ligado agora a todos os homens do presente e do passado, ao contemporâneo e ao ancestral. Se antes da modernidade podíamos estabelecer a nossa ligação com os antepassados por meio da profissão das mesmas*

*crenças, valores, formas de racionalidade e traços cultu-
rais, hoje nos ligamos com todos os contemporâneos por
estes laços e mais com a cadeia de informação.* (RODRI-
GUES, 1993)

O avanço agiganta-se e torna-se inevitável. A educação necessita da abertura de espaços para novas perspectivas. A proposição metodológica de aprender envolve mais que a vontade de usar um meio novo para ensinar, ela propõe que alunos e professores passem a ter produção própria, que sejam criativos e inovadores. Não se trata só de acessar as informações existentes, mas utilizá-las para construir um novo e próprio conhecimento.

CURIOSIDADE: LEITURA COMPLEMENTAR

O ambiente inovador da EAD nas práticas pedagógicas

TAVARES, Valéria Ribeiro de Carvalho[109]. Publicado em 13/12/2006, 16h46. Disponível em: http://www.universia.com.br/ead/materia.jsp?materia=12902.

*Ensinar com as novas mídias será uma revolução, se
mudarmos simultaneamente os paradigmas convencionais
do ensino, que mantêm distantes professores e alunos.*
(MORAN, 2001)

O desenvolvimento das tecnologias de informação e comunicação está diretamente atrelado a uma evolução que se iniciou por meio dos correios, passando aos programas de rádio e TV, vídeos, computadores e chegando até as sofisticadas transmissões e conferências via satélite, e a educação à distância tende a se apoiar cada vez mais em tecnologias emergentes que facilitam o seu acesso e aceitação. Diante desta evidência, verifica-se uma forte tendência da educação presencial integrada com a educação à distância, tendo esta como suporte a anterior ou vice-versa.

Mas adotar estratégias tecnológicas na EAD exige um repensar na relação professor-aluno e dos meios de comunicação e interação que poderão aproximar as pessoas, como também afastá-las. Algumas tendências acenam para que a EAD adote uma abordagem problematizadora,

---

[109] Valéria Ribeiro de Carvalho Tavares é pós-graduanda em educação à distância pela UCB (Universidade Católica de Brasília). O artigo foi publicado originalmente na *Revista Eletrô-nica SEED MEC*, com o título "O ambiente inovador da EAD como agente de mudanças e transformações das práticas pedagógicas".

investigativa e reflexiva, contrapondo-se à lógica de estímulo-resposta, ocasião em que o programa é que conduz o usuário. Conforme Belloni (2003), essas tendências sinalizam para alunos mais autônomos, maduros e sempre prontos a aprender, contudo, os ambientes devem prover as tecnologias e as facilidades para a implementação da interação, que visa viabilizar o processo de ensino-aprendizagem. É importante salientar, porém, que não é o ambiente em si próprio que determina a interatividade, mas os atores que fazem parte desse cenário, objetivando a construção do conhecimento, de forma colaborativa.

A aprendizagem colaborativa é um processo importante para o compartilhamento de um objetivo comum, e sua metodologia envolve a interação, que deve romper a lógica de ensino tradicional para uma prática mais inovadora, promovendo uma relação afetiva com o conhecimento, de forma reflexiva e mais autônoma.

Viabilizar na EAD o aprender a aprender, integrando o ser humano aos meios tecnológicos e sendo ele o condutor dos processos é fazer um confronto dialético voltado para a ação humanizada na reestruturação do processo de ensino-aprendizagem, integrado às tecnologias de informação e comunicação. O trabalho do professor se dá com os alunos e não sobre eles ou do professor consigo mesmo. Refletindo sobre esta perspectiva, Freire (2003) diz: "o ensinar inexiste sem aprender e vice-versa", e nessa dinâmica os educandos se modificam continuamente em sujeitos autores e construtores dos seus saberes. Por isso, "ensinar não é transferir conhecimentos, mas criar as possibilidades para sua produção ou a sua construção".

É notório que na educação à distância a interatividade entre professores e alunos é essencial, visto que sem essa interação o aprendizado pode ser realizado, mas a sua qualidade e valor significativo ficam comprometidos. Essas vantagens são relevantes na educação, proporcionando maior produtividade, rapidez e retorno imediato, com um custo-benefício favorável, tanto para os alunos, professores, como também para a instituição de ensino.

Diante disso, o ambiente inovador da EAD torna-se um agente de mudanças e transformações das práticas pedagógicas, em que o aluno é instrumentalizado para investir em sua formação, apropriando-se de conhecimentos, numa relação mais dialógica com os professores e alunos, formando uma rede colaborativa, em que os aspectos da interatividade são reforçados e a autonomia valorizada consideravelmente.

O desenvolvimento desses espaços flexíveis de ensino-aprendizagem é o grande desafio da educação e o presente artigo buscou enfocar tais aspectos, ressaltando a importância e o caráter inovador dessa modalidade de ensino como alternativa para uma educação de qualidade.

REFERÊNCIAS

BATES, A. W. *Technology, open learning and distance education.* Londres: Routledge, 1995.

BAYLESS, L. A. *What are the non-academic needs of distance learners?* Blacksburg, VA, 2001, 408p. Thesis (PhD in Higher Education) – Department of Higher Education and Student Affairs, Virginia Tech.

BORDENAVE, Juan Diaz; PEREIRA, Adair Martins. *Estratégias de ensino-aprendizagem.* 12ª ed. Petrópolis: Vozes, 1991.

BRASIL. Decreto n. 5.622, de 19 de dezembro de 2005. Regulamenta o art. 80 da Lei n. 9.394, de 20 de dezembro de 1996, que estabelece as diretrizes e bases da educação nacional. Disponível em: <http://www.planalto.gov.br/ccivil_03/_Ato2004-2006/2005/Decreto/D5622.htm>. Acesso em: 3 nov. 2009.

DECRETO n. 2.494, de 10 de fevereiro de 1998.

FREIRE, Paulo. *Pedagogia da autonomia.* Saberes necessários à prática educativa. São Paulo: Paz e Terra, 1997.

GARCEZ, Eliane Maria Stuart; RADOS, Gregório J. Varvakis. *Necessidades e expectativas dos usuários na educação a distância: estudo preliminar junto ao Programa de Pós-graduação em Engenharia de Produção da Universidade Federal de Santa Catarina. Ci. Inf. [on-line].* 2002, vol. 31, n. 1, pp. 13-26. ISSN 0100-1965. doi: 10.1590/S0100-19652002000100003.

GARCIA ARETIO, L. *Educación a distancia hoy.* Madrid: UNED, 1994.

_____. *La educación a distancia. De la teoría a la práctica.* Madri: Ariel Educación, 2001.

HOLMBERG, B. *Theory and practice of distance education.* 2ª ed. London: Routledge, 1995.

KEEGAN, D. J. *Foundations of Distance Education.* Routledge studies in distance education series. 3ª ed. London: Routledge, 1996.

KHAN, A. B. The role of Student Support Services (SSS). In: World Conference on Open Learning and Distance Education, 20, 2001, Dusseldorf. *Anais...* Dusseldorf: ICDE, 2001.

MORAES, L. *Supporting Distance Students Using the Internet:* A Brazilian Experience. *International Review of Research in Open and Distance Learning,* v. 4, n. 1, 2003.

MORAES, M. *A monitoria como serviço de apoio ao aluno na educação a distância.* 2004. 229 f. Tese (Doutorado) – Universidade Federal de Santa Catarina, Centro Tecnológico. Programa de Pós-graduação em Engenharia de Produção, Florianópolis, 2004.

NEDER, M. L. C. A Orientação Acadêmica na Educação a Distância a perspectiva de (re)significação do processo educacional. In: PRETI, O. [Org.]. *Educação a distância:* construindo significados. Cuiabá: NEAD/IE – UFMT, 2000.

PETERS, O. *Theoretical Aspects of Correspondence Instruction.* In: MACKENZIE, O.; CHRIS-TENSEN, E. L. [Ed.]. The Changing World of Correspondence Study. University Park, PA: Pennsylvania State University, 1971.

REKKEDAL. *Research in distance education – past, present and future.* (1995). Disponível em: http://www.nettskolen.com/alle/forskning/29/intforsk.htm Acessado em: 09/11/2002.

RODRIGUES, J. *Educação e Cultura.* Rio de Janeiro: Ática, 1993.

SEWART. *The future for services to students.* Proceedings of the ICDE 2001 Conference, Dusseldorf, apr. 2001.

SIMPSON, O. *Supporting students in open and distance learning.* Oxford: Kogan Page, 2000.

THORPE, M. Learner Support: a new model for online teaching and learning. In: *20th World Conference on Open Learning and Distance Education,* Dusseldorf, 01-05 abr. 2001. Proceedings. Dusseldorf: ICDE, 2001.

TORRES, Patrícia Lupion. *Laboratório on-line de aprendizagem:* uma proposta crítica de aprendizagem colaborativa para a educação. Tubarão: Ed. Unisul, 2004.

UNASUS – Universidade Aberta do SUS. *Introdução ao curso de especialização em saúde da família* [Recurso eletrônico] / Universidade Aberta do SUS: Elza Berger Salema Coelho, Kenya Schmidt Reibnitz (organizadoras). ISBN: 978-85-61682-38-5. Florianópolis: UFSC, 2010.

UNISUL – Universidade do Sul de Santa Catarina. UnisulVirtual. *Manual do aluno: aprendendo a distância: como estudar na UnisulVirtual* / Universidade do Sul de Santa Catarina. UnisulVirtual. 8ª ed. ver. E atual. Palhoça: UnisulVirtual, 2007.

WILLIS, B. Distance Education at a Glance. In: WILLIS, B. *Series of Guides prepared by Engineering Outreach at the University of Idaho.* 1993. Disponível em: <http://uidaho.edu/eo/distglan>. Acesso em: 11 nov. 2009.

EDUCAÇÃO E TECNOLOGIA

"A prática do professor e o uso da tecnologia"

Prof. Vicente Cândido

Vivemos cercados por recursos tecnológicos em nosso dia a dia: celulares, palms, net *e* notebooks, e-books,…

INTRODUÇÃO

O computador e os recursos eletrônicos de última geração viraram eletrodomésticos disponíveis em quaisquer lojas do ramo e, ainda, com a facilidade proposta para sua aquisição.

Hoje parcela-se o pagamento de quaisquer um desses equipamentos em várias vezes e em lojas populares.

Portanto, podemos constatar que a maioria dos professores possuem computador em casa e, consequentemente, os alunos também. Na escola, espaço que promove a apropriação de conhecimento, tais recursos tecnológicos existem e o modo de utilização por parte dos professores acontece da mesma maneira que com os alunos.

As descobertas acerca do potencial do computador e dos *softwares* disponíveis são praticadas da mesma maneira: em nosso cotidiano. Houve até uma revisão do cotidiano profissional e de lazer das pessoas se modificando com a inserção destes equipamentos como uma nova necessidade. Hoje não se vive sem o celular, por exemplo, e, até pouco tempo atrás, nem se pensava em algo assim. Os elementos da ficção científica vem se aproximando cada vez mais da nossa época.

Até certo tempo, o acesso a um computador era permitido somente no ambiente de trabalho; num escritório; numa empresa, pois era algo tão caro e inacessível para consumo que não permitia que uma pessoa física o possuísse em casa.

Com o passar do tempo, as facilidades de importação permitiram que as pessoas trouxessem de outros países equipamentos de natureza tecnológica, se bem que, mesmo assim, com preços e taxas de impostos relativamente altas.

Na atualidade, vê-se um computador, praticamente, em cada esquina: na banca de jornal, no bar, na lojinha do bairro, nas oficinas mecânicas, nas residências, nas escolas, enfim, em qualquer ambiente.

Pensar em equipamentos tecnológicos como um instrumento disseminado entre a população já é possível. O que temos que viabilizar é a utilização de tais equipamentos em sua forma de aplicação mais adequada a cada necessidade.

É algo comum e eles já estão inseridos em nossa rotina. O mundo consumista vem permitindo facilidades para se obter este ou aquele equipamento.

Enfim, essa não é a questão primordial que precisamos discutir, mas é fundamental que não esqueçamos sua recente trajetória evolutiva na vida das pessoas. Estamos falando do início dos anos 90, quando tais mudanças se deram com muita intensidade e velocidade.

19.1 | CHEGAMOS À ESCOLA

No início dos anos 90, utilizar computadores na escola era algo novo e, para isso, foram criados os "laboratórios de informática", que eram estruturados para apresentar as facilidades que essas máquinas poderiam nos proporcionar no que se refere a agilidade de processos, viabilização de prazos e outros recursos como o cálculo mais exato, por exemplo. Essas salas eram algo muito diferente, pois exigiam um cuidado especial: ar--condicionado, mesas apropriadas, canaletas para passagem dos cabos e um plano de manutenção preventiva para manter as máquinas funcionando em todos os períodos de aula.

A instalação física já era algo que alterava demais a estrutura da escola, pois exigia grande investimento e atenção. Dentro da máquina, o que se tinha eram os precursores das planilhas de cálculo (planilhas eletrônicas – Lotus 1-2-3) e dos editores de texto (CartaCerta), que foram os grandes aliados do mais surpreendente *software* já inventado: o sistema operacional.

A "linguagem de máquina" ou de baixo nível, como chamamos tecnicamente, pôde ser traduzida para a "linguagem humana", ou de alto nível, por de uma interface denominada "sistema operacional". Tal advento reformulou e, talvez, tenha dado o *start* de todo um processo de facilitações para que se disseminassem tais equipamentos do meio eletrônico-técnico para o meio eletrônico-doméstico.

Escrever este texto em uma mesa de um café ou na biblioteca da universidade, ou mesmo armazená-lo em um ambiente virtual e poder dar continuidade em sua produção em *lan houses*, no trabalho, na escola e em outros ambientes, era algo surreal para o fim dos anos 90.

Recentemente, portanto, tivemos a aparição, a disseminação e a inserção de tecnologia em vários aspectos de nossa vida.

19.2 | NA ESCOLA

Inicia-se, então, o grande processo de mobilização dos profissionais de educação para a apropriação do manuseio do computador. Como não poderia deixar de ser, os professores ligados às áreas de exatas iniciaram essa aventura. Surge, então, o *boom* de tecnologia e montagem de laboratórios de informática superequipados com máquinas de última geração. Investimento alto em estrutura física e em *hardware*, o *software* a ser explorado era um elemento adicional que foi crescendo à medida que a demanda de uso na escola solicitava algo específico.

Tal especificidade exigiu o envolvimento de profissionais de educação com as empresas produtoras de *softwares* educacionais. Assim, como um mercado promissor, essa migração de profissionais caracteriza um *people-ware* específico e especializado em educação. Aliados aos programadores de computador inicia-se a produção em série de uma série de atividades educativas como os jogos educativos e a reprodução virtual de atividades que eram comumente desenvolvidas em sala de aula. A produção intensa de *software educativo*, a utilização de tais recursos regularmente na escola, promove a primeira grande discussão acerca das relações professor-aluno, professor-aluno-computador, professor-computador-aluno, computador-professor-aluno e, enfim: computador-aluno, fazendo com que se pense no comprometimento da existência do professor a partir de então.

A ideia de que o computador iria substituir o professor gerou, além de todas as inseguranças possíveis com relação ao uso dessa máquina, o mito da extinção do professor.

Obviamente, ao ler este texto e todas as inúmeras publicações sobre esse assunto, podemos concluir que houve a superação dessa insegurança inicial. Mas o trajeto entre o *boom* e essa superação é muito complexo, o que tem exigido a constante reflexão sobre novos temas que surgem para desestabilizar a prática docente e o uso do computador e demais instrumentos tecnológicos na escola

O computador passou a ser um auxiliar no qual você investe tempo, estudo, dinheiro *(porque ainda é caro!)* e ideias, conhecimento, busca do conhecimento; valendo lembrar que o computador não é um equipamento inteligente e com conteúdo, ele apenas nos auxilia a formatar melhor qualquer conteúdo, a organizar ideias e agilizar processos de pesquisa com diversas facilidades.

Surgem, desde então, muitas novidades quando se fala em tecnologia, mas pense comigo: a caneta não é um instrumento tecnológico do qual fazemos uso diariamente e nem nos damos conta disso?

Pois, o computador hoje precisa ser visto como um grande aliado para a prática docente, não nos atrapalhando, e, sim, colaborando conosco. Para se utilizar dos vários recursos disponíveis devemos tomar alguns cuidados antes de tê-lo como aliado, em que, primeiramente, devemos entendê-lo e respeitá-lo enquanto máquina. É como um carro que você precisa respeitar a aceleração para a passagem das marchas. Não pode pará-lo bruscamente, senão pode danificar alguns dos sistemas; deve ter condições ergonômicas boas para poder conduzi-lo com conforto e dirigibilidade.

Associe isso ao computador: ligar, esperar carregar o sistema operacional, acessar o conteúdo. "Seu" conteúdo, pois se você não o alimenta com conteúdo, o computador só sabe processar dados impecavelmente e, para processar, ele deve ter elementos para iniciar esse processo.

Quem oferece os dados necessários para o processamento é o usuário, sendo o usuário-professor que dá o algo mais que ele não tem: conteúdo didático, pensamento, reflexões, ideias, criatividade. Há, então, a identificação do professor com a máquina e de sua inclusão no processo educacional, portanto, o professor ainda é a base de tudo.

Por outro lado, o uso constante e desenfreado de tecnologias não vai melhorar tudo o que o professor já faz, porque, se não há criatividade, nada acontecerá e para nós, professores, no que transformaríamos sem nossa criatividade? De nada adianta você se preocupar em possuir o computador mais veloz, equipado com os melhores programas, implementos digitais, supermecanismos de impressão e digitalização... se você não sabe o que fazer com tudo isso.

A Introdução do computador em qualquer processo desburocratiza, facilita, agiliza e também exclui. Quem nunca ouviu falar em "exclusão digital"? E alguém ouviu falar em "Exclusão Digital Escolar?" Use o computador como um aliado. Se você é desorganizado, organize suas ideias no computador, ele oferece recursos para isso.

A Exclusão Digital não existe, afinal nós nascemos sem o computador! O que existe é a Inclusão Digital. Inclua-se; apresente seu material didático feito no computador. Comece a usá-lo e quando você menos esperar vai estar querendo "mais" da máquina e fazendo-a trabalhar para você.

Um conselho: também não saia por aí fazendo cursos e mais cursos sem antes saber onde você quer chegar usando o computador. É muito mais importante você fazer um curso de especialização relacionado a sua disciplina do que um curso específico de um "software qualquer, que você ouviu dizer, que fulano fez, e que usou tal programa, para fazer não sei o quê"...

Espere o momento oportuno para se "especializar" em computadores, alie sua intenção maior com a necessidade da prática. Daí sim faça o curso relacionado à informática que seja perfeitamente adequado à sua necessidade. Um outro bom sinal de superação: Refletir um pouco sobre essas dicas é mais um sinal de que você não se incomoda mais com esse mecanismo tecnológico chamado computador, apenas o explora para melhorar o que já era bom: sua prática!

A apropriação de recursos tecnológicos ainda está em curso. A cada dia surgem novas ferramentas e, com o advento da Internet, somos capazes, depois de uma boa busca, de encontrar praticamente tudo o que precisamos para utilizar na escola.

Os jogos de raciocínio, por exemplo, há uma infinidade destes na grande rede! Existem grandes portais que disponibilizam muita coisa para que se use em sala de aula. Paralelamente existem os cursos à distância, que, cada vez mais nos apresenta possibilidades de formação continuada em qualquer lugar do mundo, e basta, para isso, estarmos conectados na web. O que vai ficando cada vez mais claro é que a apropriação das ferramentas é a parte mais fácil que qualquer usuário poderá fazer, utilizar os recursos disponíveis com a didática adequada, com a consciência crítica e explorando as várias facetas da web e de qualquer outro software é a parte complicada. Continua sendo a parte mais complicada.

Professores em formação têm como fonte de aprendizagem um cabedal de recursos teóricos baseados em todas as mudanças mais significativas e paradigmáticas que ocorreram na educação desde Comenius; por outro lado, a tecnologia vem sendo utilizada de modo intuitivo e conforme a necessidade imposta pelo contexto escolar: escolas e universidades com mais recursos tecnológicos exigem um aprofundamento maior na utilização, as escolas pequenas vão até certo ponto.

O fato é que não adianta você poder contar com máquinas de ultima geração, lousa digital, projetor multimídia com "n" possibilidades de definição de imagem, *scanners*, impressoras, se você não as utiliza de modo a potencializar a sua prática.

É comum termos escolas com lousas digitais e DATA SHOW em todas as salas, porém, a prática do professor continua do mesmo modo, usando recursos de última geração, mas não utilizando nem 5% do potencial específico para a aprendizagem.

Os alunos ainda ficam hipnotizados por uma fala bem colocada, com motivação, que demonstre o conhecimento, mas que, ao mesmo tempo, aceite as opiniões e que promova os debates cabíveis; ficam extremamente gratos quando aprendem algo que levam para a vida prática e, dessa forma, não há tecnologia que justifique o sucesso da aprendizagem. Pesquisar com os alunos, demonstrar o nosso envolvimento com os conteúdos e o domínio do assunto é algo admirável, tanto quanto a fluência na língua e a capacidade de compreensão das dificuldades apresentadas em sala de aula, promovendo a superação destas.

Vemos, então, que grande parte da responsabilidade sobre o ato de ensinar ainda pesa e sempre pesará sobre a figura do professor. Não podemos deixar que se banalize os recursos tecnológicos na escola, também não precisamos exaltá-los ao extremo, em educação, a palavra de ordem é a contextualização.

Num ambiente multifacetado como a escola, precisamos lidar com o inesperado, com o novo, com as dificuldades na aprendizagem e, ainda, cuidarmos para que as urgências sejam encaminhadas da melhor maneira possível. Mas, ao mesmo tempo, não podemos esquecer de que os conteúdos estão organizados de forma a contemplar as necessidades dos alunos no decorrer de sua vida acadêmica e de sua escolha profissional e que vai fazê-lo decidir sobre os caminhos a serem seguidos.

As redes sociais disponíveis na *web*, os comunicadores instantâneos, estão aí para serem utilizados, tanto como um suporte fornecido pelo professor ao aluno, como para um potencial recurso de comunicação e de organização de ideias. As redes sociais, expandindo-se cada vez mais, os *blogs* e os ambientes colaborativos *wiki* fazem com que tenhamos mais oportunidade de envolvimento com o conhecimento com a sua busca.

Aliarmos tudo isso a uma sólida formação acadêmica, que faz com que o professor continue sendo a figura central de todo processo educativo.

Professor em formação: explore os recursos disponíveis na grande rede, aproprie-se de tais recursos, mas, com eles, dê um *plus* na sua prática; cresça profissionalmente, e busque uma formação continuada de excelência. Não deixe de ser crítico às novidades, porém, não seja resistente! É possível utilizarmos muita coisa disponível em tecnologia e as escolas nos dão essa abertura, precisamos aproveitar tudo o que aparecer daqui para frente, mas não necessariamente precisamos utilizar tudo em sala de aula.

Não precisamos andar de sala em sala com um DATA SHOW e um *netbook* embaixo do braço, nem mesmo, andar com livros e mais livros. É muito mais saudável para a aprendizagem andarmos com um *pen drive* com grande capacidade, termos um ambiente colaborativo *on-line*, uma área *"nas nuvens" (cloud computing)* para armazenamento de arquivos e sabermos articular todos esses recursos.

REFERÊNCIAS

FREIRE, Paulo. *Ação cultural para a liberdade e outros escritos.* 4ª ed. Rio de Janeiro: Paz e Terra, 1979, v. 10. (Coleção O Mundo Hoje).

_____. *A importância do ato de ler.* 7ª ed. São Paulo: Cortez, 1984, v. 4.

_____. *Educação como prática da liberdade.* 23ª ed. Rio de Janeiro: Paz e Terra, 1999.

_____. *Pedagogia da Autonomia: saberes necessários à prática educativa.* 7ª ed. São Paulo: Paz e Terra, 1996. (Coleção Leitura).

_____. *Pedagogia da esperança: um encontro com a pedagogia do oprimido.* 2ª ed. Rio de Janeiro; Paz e Terra, 1992.

_____. *Pedagogia do oprimido.* 28ª ed. Rio de Janeiro: Paz e Terra, 1970.

_____. *Educação e mudança.* 8ª ed. Rio de Janeiro: Paz e Terra, 1983, v. 1. (Coleção Educação e Comunicação).

GADOTTI, Moacir ROMÃO, José E. [Orgs.] *Autonomia da Escola: princípios e propostas.* São Paulo: Cortez, 1997.

_____. *Escola cidadã.* 4ª ed. São Paulo: Cortez, 1997, v. 24. (Coleção Questões da Nossa Época).

MORIN, Edgar. *Os Setes Saberes necessários à Educação do futuro.* São Paulo: Cortez, 1999.

RIOS, Therezinha Azerêdo. *Compreender e Ensinar. Por uma docência da melhor qualidade.* 2ª ed. São Paulo: Cortez, 2001.

LA TAILLE, Yves de. *Formação Ética: do tédio ao respeito de si.* Porto Alegre: Artmed. 2009.

PERRENOUD, Philippe. *10 Novas Competências para Ensinar.* Porto Alegre: Artmed, 2000.

MACEDO, Lino de. *Ensaios Pedagógicos: Como construir uma escola para todos?* Porto Alegre: Artmed, 2005.

GADOTTI, Moacir. *Pedagogia da Práxis.* São Paulo: Cortez, 1995.

EDUCAÇÃO AMBIENTAL

"Educação Ambiental na Escola"

Prof.ª Maria Augusta

INTRODUÇÃO

Este capítulo tem por objetivo realizar uma exposição acerca do meio ambiente, sua influência e necessidade na prática educativa. O tema é amplo e seu estudo necessita de pesquisas detalhadas para ser visto em profundidade. Ao se traçar somente as linhas básicas no desenvolvimento do texto, é intenção delinear de forma simples alguns dos temas abordados dentro da prática escolar, em planos de aula, que possibilitem esboçar princípios elementares a serem transmitidos aos alunos como alicerce de um estudo tão extenso.

A preocupação com o meio ambiente ecologicamente equilibrado não vem de hoje, porém, agora se dá maior ênfase devido aos perigos que a humanidade vive com a destruição da sua biodiversidade.

Neste sentido, alguns fatos históricos muito importaram para a obtenção do conceito de meio ambiente, como os estudos realizados pelo francês Georges Leclerc e o alemão Alexander Von Humbold, no século XIX (KOHLHEPP, 2006). Ambos desenvolveram, separadamente, conceitos sobre o meio ambiente geográfico, afirmando que a fauna e a flora de determinada região estão intimamente relacionadas com a latitude, tipo de relevo e com as condições climáticas existentes.

O sociólogo e economista inglês Thomas Malthus foi o primeiro a teorizar sobre o desequilíbrio ambiental (1798), em seu livro *Ensaio sobre o Princípio da População*, estabelecendo que a população cresce em escala geométrica, e a produção de alimentos, em escala aritmética; hoje a Lei de Malthus (visão neomalthusiana) em relação ao meio ambiente é pensada da seguinte forma: chegará o dia em que a população não terá mais condições de viver sobre este meio ambiente devastado e completamente pressionado por este crescimento populacional (ABRAHÃO, 2010).

Porém, ainda hoje se tem a ecologia como um campo interdisciplinar que estuda a relação: seres vivos e meio ambiente, observando a reprodução e sustentação das diferentes formas de vida. Os ecossistemas são dinâmicos e dependem de fatores físicos que se compõem do ambiente, ou seja, a atmosfera, a hidrosfera e a litosfera, elementos articulados que vão formando a cadeia alimentar, que é a responsável direta pelo equilíbrio e reprodução do sistema. Destarte, sua deformação ou degradação comporta sérios riscos para a reprodução do próprio sistema, o que torna cada vez mais difícil a vida neste planeta.

Sob esta visão, observa-se que, em virtude da escalada do progresso técnico, as mudanças no planeta ocorrem em escala assustadora e nota-se também que, quanto maior o desenvolvimento tecnológico, maior a degradação do meio ambiente. As pessoas ainda não estão grandemente preocupadas com o desequilíbrio ecológico e consideram o desenvolvimento como uma prioridade, esquecendo que o cuidado com o meio ambiente é motivo a ser seriamente considerado, pois dele depende a sobrevivência da humanidade.

A preocupação com o desenvolvimento sustentado vem ganhando cada vez mais espaço no ambiente escolar, bem como nos governos e nas grandes empresas, uma vez que na sociedade já há limites para o crescimento das atividades humanas na Terra e este limite atua de acordo com o modo como o ser humano interage com a natureza.

Segundo Monica Lopes Folena Araújo, "quando o assunto é meio ambiente, os prognósticos para os próximos cem anos são alarmantes", entendendo-se como meio ambiente todo o complexo conjunto dos elementos que integram as relações do meio com as condições de vida do homem.

Consideram-se hoje as propostas inovadoras em educação — educar é um ato de amor; é prodigalizar, é plantar, é semear, é colher, é produzir e transmitir conhecimentos, em todas as áreas.

Neste sentido, a escola precisa tomar uma posição de alerta e de orientação educacional, a começar pelos primeiros ensinamentos das séries iniciais. O tema tem sido objeto de frequentes estudos e reflexões de professores, diretores e estudantes do magistério, e merece uma atenção maior e profunda, que integra a finalidade deste breve texto.

20.1 | A EDUCAÇÃO AMBIENTAL E O MAGISTÉRIO

O universo, a sociedade, a família, nos dias de hoje, giram em torno da sobrevivência e é preciso oferecer aos jovens uma educação que lhes permita viver dignamente em um mercado de trabalho marcado pela competitividade.

Em um período de grande busca do profissionalismo e do desenvolvimento globalizado, há necessidade de rever a história e analisar a participação da instituição educacional na concessão do conhecimento.

Considera-se que "o desafio a enfrentar é grande, principalmente para um país em processo de desenvolvimento, que, na década de 90, sequer oferece uma cobertura no ensino médio, considerado como parte da educação básica, a mais de 25% de seus jovens entre 15 e 17 anos", conforme descreve o texto do Ministério da Educação, "Parâmetros Curriculares Nacionais. Ensino Médio." (BRASIL, 1999, p. 24)

Observa-se a problemática curricular do sistema de ensino brasileiro, que, na realidade, tem gerado uma população mal informada e intelectualmente pouco capacitada para fazer uma análise crítica de sua situação de vida e para buscar solução para seus problemas, o que leva à necessidade de se buscar novos direcionamentos que atendam não somente à formação profissional, mas também ao desenvolvimento cultural, à capacitação da vivência segundo a realidade da sociedade brasileira hoje.

A educação é fator fundamental para o ser humano. A educação formal, aliada à educação no processo vivencial do indivíduo, é uma tarefa árdua, porque ensinar e aprender são uma tarefa coletiva. O adquirir conhecimentos requer esforço, o aprendizado deve ser flexível e dinâmico, porém calcado na disciplina, no apreço e respeito mútuo entre educador e educando.

O ambiente escolar é o local em que os assuntos são abordados e o ensino bem planejado e desenvolvido passa a integrar o conhecimento necessário para a formação de bons cidadãos. Cabe ao professor repassar essa informação e também contribuir para a formação dos alunos para que estes possam conscientizar-se do aumento dos problemas que a humanidade vêm causando ao meio ambiente, trazendo poluição, e decomposição da natureza, e prevenir também para a sobrevivência do ser humano.

Educar é ir ao encontro dos anseios do indivíduo, respeitando os saberes adquiridos na família e comunidade. A escola não é somente o lugar em que se adquire educação. A educação deve ir até o indivíduo no trabalho, na fábrica, na usina, nas comunidades.

20.1.1 | O papel da educação na sociedade tecnológica

O trabalho como fator de produção deriva da necessidade do homem que não possui a faculdade de criar bens econômicos: sua aptidão limita-se a transformar os bens que encontra na natureza, que representa o fator original das riquezas, em forma de bens naturais.

Todas as ocorrências ligadas ao trabalho, em todos os níveis, impõem a presença da instrução por mínima que seja, e, assim, a educação e o ensino juntamente com a aquisição do conhecimento estão implicitamente ligados ao trabalho do ser humano, ao seu desenvolvimento tanto pessoal quanto social.

A globalização econômica, o desenvolvimento industrial, tecnológico e principalmente nas comunicações e informatização têm levado as entidades educacionais a buscar transformações e inovações em seus próprios termos.

Hoje, a escola, em todos os níveis, como organização, desempenha um importante papel no cenário econômico, tecnológico e social no mundo moderno: forma profissionais para atuarem nas mais diversas áreas, produz conhecimentos como resultado das investigações realizadas e aplica conhecimento na solução dos problemas sociais. Um dos impactos mais preocupantes no campo educacional é o que se refere às relações meio ambiente-educação.

A sociedade deve estar engajada politicamente, inserida no contexto histórico de lutas de classes, no esforço das massas, em exigir direito à cidadania e desenvolver potenciais educativos e de trabalho.

Isto significa que "alteram-se, portanto, os objetivos de formação no nível do ensino médio. Prioriza-se a formação ética e o desenvolvimento da autonomia intelectual e do pensamento crítico". (BRASIL, 1999, p. 25)

No início do século XXI, as políticas educacionais e ambientais devem ser revistas; os ventos da modernidade devem soprar em favor da educação plena, que satisfaça aos anseios do indivíduo e do coletivo. Os ajustes e acertos judiciosamente analisados, já que a educação é um processo contínuo e educação, política e sociedade estão intrinsecamente ligadas.

O aumento da escolarização, o combate à evasão e repetência, as políticas de saúde, formação de professores, melhoria do livro didático e elaboração de diretrizes curriculares, maior compreensão, adaptação e implementação da Lei de Diretrizes e Bases, e repasse de recursos complementares materiais e financeiros.

Educar é ir ao encontro, é troca, é um verdadeiro ensino-aprendizagem gratificante e salutar. Educar é viver. E para alcançar esses objetivos, o professor necessita, também, de buscar acréscimos ao seu conhecimento, tornar-se aluno em busca do saber de mestres e preparar-se a fim de esclarecer suas dúvidas e estar em condições de transmitir seus conhecimentos. Entende-se que há necessidade de se incorporar nas determinações da Lei n. 9.394/96:

> – a educação deve cumprir um triplo papel: econômico, científico e cultural;
>
> – a educação deve ser estruturada em quatro alicerces: aprender a conhecer, aprender a fazer, aprender a viver e aprender a ser.

São princípios que se aplicam permanentemente na tarefa de educar. Para que se possa ministrar aula acerca da educação ambiental é preciso, inicialmente, a conscientização quanto às diversas possibilidades de transmissão de conhecimentos, a fim de fornecer a base necessária para a compreensão do que seja o meio ambiente global e local, construído e natural por parte dos alunos.

Neste sentido, a prática do professor e seus conhecimentos e aplicações acerca da educação ambiental em geral acham-se muito aquém das suas necessidades, o que leva ao entendimento de quão importante é a realização de estudos, seminários e mesas-redondas para a discussão do tema.

A prática didática de uma educação escolar tradicional impede muitas vezes a transmissão do conhecimento da educação ambiental, uma vez que esta apresenta uma pluralidade de temas e abrangência ampla, de tal forma que acaba por ser alvo da falta de interesse por parte dos docentes.

20.2 | DIAGNÓSTICO DO ECOSSISTEMA BRASILEIRO

Segundo o IBGE, em 1970 a concentração da população nas cidades brasileiras era de 30,5% e em 2000 era de 81,2%, conforme divulgação do Censo Demográfico. Afirmam Camargo, Capobianco e Oliveira (2002, pp. 29-30), que:

Atualmente, no Brasil, apenas 33,5% dos domicílios brasileiros são atendidos pelo sistema de coleta de esgotos e 64,7% dos esgotos coletados não sofrem nenhum tratamento. Apenas 20% de todo o esgoto gerado no Brasil é tratado. Os lixões são o destino dos resíduos sólidos de 68,5% dos municípios com menos de 20 mil habitantes, ou seja, 73% do total de 5.507 municípios brasileiros. As cidades brasileiras perdem de 40% a 65% da água colocada nos sistemas de distribuição e 65% das internações hospitalares são provenientes de doenças vinculadas pela água.

Os mesmos autores ainda informam que a justificativa dessa defasagem encontrada está no fato que "o orçamento do Ministério do Meio Ambiente do Brasil, em 1995, era 0,51% do orçamento da União e em 2000 representava somente 0,13%" (CAMARGO, CAPOBIANCO e OLIVEIRA, 2002, p. 31), o que é uma depreciação insuportável, considerando-se que no mesmo período a população foi grandemente multiplicada.

Em seus estudos, os citados autores constatam ainda que, "em 1992, a contribuição da energia renovável no Brasil atingiu a cifra de 47,2%. Em 2000, o percentual de contribuição das energias de baixo impacto ambiental representaram apenas 39,4% de toda energia produzida" (CAMARGO, CAPOBIANCO e OLIVEIRA (2002, p. 31) e ainda que, no ano de 1998, a emissão de gás carbônico (CO_2) alcançou o índice de 285 milhões de toneladas por ano, no Brasil, sendo a divisão relativa a estas emissões constante de: "combustíveis líquidos: 71%; carvão mineral: 15,6%; gás natural: 4%; e outros: 9,4%."

Outro dado relevante apresentado refere-se à reserva de água. Afirmam Camargo, Capobianco e Oliveira (2002, p. 29), que, "em 1950, a reserva de água doce por pessoa no mundo atingia o valor de 16,8 mil m³, em 1998, foi reduzida para 7,3 mil m³ e em 2023 a previsão é que se terá apenas 4,8 mil m³ de água doce *per capita*". Por estes poucos dados comprova-se que: "menos de 20% da população global, países ricos, são responsáveis por 80% do consumo privado no mundo, enquanto 35% da população da Terra, países mais pobres, são responsáveis por apenas 2% do consumo privado" (CAMARGO, CAPOBIANCO e OLIVEIRA, 2002, p. 33).

Menciona-se ainda um fator de suma importância e que jamais pode ser ignorado que a temperatura mundial aumenta na taxa de 0,2°C a cada década, conforme os citados autores, e que "o gás carbônico é responsável por 55% do total das emissões mundiais de gases do efeito estufa. Hoje, sua emissão atinge o valor de 6,5 bilhões de toneladas por ano. Os combustíveis fósseis são responsáveis por 75% a 80% das emissões de carbono no mundo" (SANTILLI, CARVALHO e NEPSTAD, 2002, p. 64).

Diante destes poucos dados, pode-se contemplar a importância e a necessidade da educação ambiental, desde os primeiros passos do ser humano, considerando a necessidade de ser orientado quanto à sua vida e a dependência dela em relação ao meio ambiente que o cerca, para preservar a própria vida da sociedade à qual pertence.

A educação ambiental deve estar presente em todas as disciplinas do currículo escolar, de forma multidisciplinar, para proporcionar aos alunos o conhecimento da natureza em sua ampla variedade de aspectos — físicos, sociais, econômicos, políticos e artísticos — oferecendo a compreensão acerca da necessidade de uma convivência equilibrada com o meio que os cerca.

20.3 | PRINCIPAIS TEMAS DA EDUCAÇÃO AMBIENTAL

20.3.1 | Consciência ecológica

Segundo Camargo, Capobianco e Oliveira (2002) uma demonstração de que a consciência ecológica está evoluindo é o resultado de pesquisa realizada no Brasil, a qual revela que, de 1992 para 2001, evoluiu de 22% para 31% o número de pessoas que acreditam que o meio ambiente deve ter prioridade sobre o desenvolvimento econômico. A melhoria da qualidade de vida e da conservação ambiental andam de mãos dadas.

Essa evolução tem se tornado evidente, com a contenção do desflorestamento. O desflorestamento pode ser definido como a substituição ou remoção da cobertura florestal em sua quase totalidade, ou seja, um processo que causa a mudança ou conversão no uso da terra a longo prazo. O problema principal para coibir o desflorestamento é a debilidade da fiscalização do poder público.

Para reverter ou diminuir o quadro existente dever-se-á criar oportunidades econômicas alternativas para as populações locais buscarem fontes de renda, que não provoquem desflorestamento. Deve-se priorizar a educação e conscientização ambiental nas áreas de influência sobre florestas e expansão da certificação florestal para orientar os consumidores e incentivar o manejo sustentável das florestas.

20.3.2 | Recursos hídricos

A água é um bem de domínio público, sendo um recurso natural limitado e dotado de valor econômico estratégico para o desenvolvimento.

O total de água globalmente retirado de rios, aquíferos e outras fontes aumentou nove vezes, enquanto o uso por pessoa dobrou e a população cresceu três vezes, nas últimas décadas. Em 1950, as reservas mundiais representavam 16,8 mil m³/pessoa; atualmente esta reserva reduziu-se para 7,3 mil m³/pessoa e a expectativa é que venha a se reduzir para 4,8 mil m³/pessoa nos próximos 25 anos devido ao aumento da população, industrialização e agricultura (UNESCO, 2010).

> A cobertura de abastecimento de água no Brasil está acima de 90% e o esgoto doméstico tratado que retorna aos rios é cerca de 20%. A expansão do uso da água sem uma visão ambiental produz deterioração dos mananciais (super-ficiais e subterrâneos) e a redução da cobertura de água segura para a população (escassez quantitativa). [...] O país perde, anualmente, somas superiores a US$ 1 bilhão com enchentes urbanas. [...] O Brasil possui um bom volume de água potável do planeta. Entretanto, apenas 11% das águas superficiais estão nas regiões mais densamente povoadas, em que se concentram mais de 90% da demanda hídrica do país. (TUCCI, 2002, p. 267)

Constata-se ainda que há uma estimativa de que, para cada real investido em saneamento, economizar-se-iam cinco reais em serviços de saúde. O processo de desenvolvimento urbano resulta da expansão, geralmente irregular, que ocorre sobre as áreas de mananciais (consequência de uma legislação inadequada) de abastecimento humano comprometendo a sustentabilidade hídrica das cidades.

Os impactos são a grande carga de efluentes domésticos, industriais e pluviais sem tratamento despejado nos rios, junto com material sólido do lixo e da erosão, além do crescimento da inundação urbana. Este cenário tem impacto direto sobre a saúde da população, pois 65% das internações hospitalares no Brasil são provenientes de doenças transmitidas pela água.

A poluição das reservas já atinge 54% da água doce disponível, segundo relatório anual da ONU de 2001. As análises para definição de sistemas de abastecimento público devem contemplar, imprescindivelmente, aspectos técnicos, econômicos e ambientais.

A escassez do recurso no nordeste, como exemplo, pode ser mensurado por meio das seguintes revelações: o Ceará tem 60% do seu território com rocha cristalina, sem água subterrânea; no sertão de Pernambuco, a água do subsolo é salobra, inadequada ao uso.

Com efeito, a "sociedade de exclusão" que caracteriza as relações sociais de hoje já institucionalizava a segregação em relação ao uso dos recursos naturais. Acrescentar o dever de pagar pela água em função do consumo é o mesmo que excluir deliberadamente, milhões de pessoas do uso da água no âmbito da rotina de vida mais elementar.

A única maneira de lidar com o problema é garantir 40 litros de água potável gratuita por pessoa e entregá-los no lugar da residência dos interessados. Além dessa quantia, pode-se cobrar pela água. A "cobrança pela água bruta" tende a ter maior impacto sobre o comportamento do usuário industrial ou agrícola que capta ou dilui efluente diretamente nos corpos hídricos.

A cobrança que afeta diretamente o comportamento do usuário doméstico, podendo induzir a redução de uso, é efetivamente a que pode dar sustentabilidade ao setor de saneamento. "A bacia amazônica representa quase 80% dos recursos hídricos em território brasileiro", segundo Caubert *et al.* (2002, p. 378).

É evidente que a importância do aproveitamento da água subterrânea justifica-se pelo fato de que ela é adequada ao consumo humano, além do que o aquífero apresenta boa proteção contra os agentes poluidores que afetam rapidamente as água dos rios e de outros mananciais de superfície.

Torna-se evidente a necessidade de se contribuir na organização da sociedade para participar ativamente na defesa do uso racional da água e na democratização do seu controle social.

Para CAUBET *et al.*, (2002, p. 300), cerca de "66,2% dos municípios brasileiros que dispõem de coleta de esgoto não tratam seus despejos, jogando-os *in natura* nos corpos hídricos ou no solo".

Deve-se buscar a melhoria contínua da qualidade das águas dos rios, que devem ser portadores da vida e indutores da saúde, e não condutores de doenças e promotores de morte. A escassez hídrica no Brasil resulta, fundamentalmente, como ocorre em todos os países que sofrem o mesmo problema, da combinação do crescimento exagerado das demandas localizadas e da degradação da qualidade das águas.

20.3.3 | Energia

Segundo Schmidt (2002, p. 20), o World Energy Council informa que, próximo ao ano 2050, o consumo de energia deverá crescer entre 150% e 300% e a expansão "selvagem" dos centros urbanos requer projetos de produção e distribuição uniforme e regular de energia.

> *Os países do primeiro mundo tem 18% da população e consomem 78% da energia produzida, ao passo que o terceiro mundo consome 22% da energia e tem 82% da população*

mundial. A América Latina e o Caribe entram com 9% da produção mundial de energia e consomem 6,7% do total. (SCHMIDT, 2002, p. 10)

Os estudiosos constatam que, cerca de 85% do enxofre lançado na atmosfera (principal responsável pela poluição urbana e pela chuva ácida) origina-se na queima de carvão e petróleo, bem como 75% das emissões de carbono responsáveis pelo efeito estufa.

As reservas brasileiras de gás e petróleo são grandes, mas não infinitas. O aumento do consumo dos combustíveis fósseis poderá levar à exaustão rápida das reservas e consequente agravamento dos problemas ambientais, com o intuito de minimizar estes impactos deve-se melhorar a eficiência energética de sua utilização e aumentar a participação de fontes renováveis de energia (eólica, fotovoltaicas, solar, biomassa, álcool, hidrelétricas, termelétricas — bagaço de cana e outros resíduos agrícolas etc.). A tecnologia da fonte renovável de energia por meio de painéis fotovoltaicos é a alternativa mais cara para a produção de energia elétrica.

Dentro destas perspectivas, para Darci Prado (2002, p. 24), nenhuma outra fonte atende com tamanha prioridade a questão ambiental e a viabilidade econômica quanto as que utilizam o vento e o sol como geradores de energia.

O Brasil tem alternativas energéticas típicas de suas terras; tem tecnologias que tornam possível a substituição, por exemplo, da gasolina pelo álcool, ou do diesel pelos óleos vegetais (de dendê, de pupunha, de mamona, de girassol etc.).

São alternativas que podem ser mobilizadoras de uma nova realidade. Além disso, a biomassa, o sol e o vento podem ser indutores de uma produção de energia elétrica que, somada à hidreletricidade, representarão um grande salto do Brasil já nesta década. (SCHMIDT, 2002, p. 10)

"Ao contrário dos combustíveis fósseis, que levam milhões de anos para se formarem e não são renováveis, a energia da biomassa é renovável e limpa, não polui, não acaba. Estamos prestes a presenciar uma das mais importantes mudanças da história contemporânea. O capitalismo perde a sua base de energia. O poder pode mudar de mãos", conforme afirma Yokomizo (2003, p. 21).

Planejar a energia, neste momento, significa retomar a soberania e reassumir o controle sobre a composição de nossa agenda de desenvolvimento, até então atreladas às conveniências e interesses estrangeiros. É a energia que poderá criar um ambiente para que se possa voltar a pensar em progresso. O Brasil tem instrumentos e recursos para isso e muito mais. Falta articular os recursos e potenciais, por meio de planejamento e pensamento estratégico.

Discutir e investir em tecnologias novas e dominar a energia diversificada e sustentável é, acima de tudo, a perspectiva de geração de emprego e renda, utilizando aquilo que se pode ter em abundância: a energia.

20.3.4 | Meio ambiente urbano

Meio ambiente é o produto da interação entre os homens e a natureza e da interação entre os próprios homens, em espaços e tempos concretos e com dimensões históricas e culturais específicas, que expressam também o significado político e econômico das mudanças que se pretende induzir ou sustar.

Com a ampliação do desenvolvimento das áreas urbanas, constata-se que "Doenças infecciosas ligadas à falta de saneamento básico foram responsáveis por 77% da morbidade infantil até um ano de idade em 2000, e estima-se que esta seja igualmente a causa de cerca de 8.500 casos anuais de mortalidade prematura e morbidade adicional" (SANTOS, ULTRAMARI e DUTRA, 2002, p. 345).

Segundo os mencionados autores, as principais causas das inundações e alagamentos estão relacionadas à má gestão e/ou operações dos sistemas urbanos:

⇒ obstrução de bueiros: 51%;

⇒ obras inadequadas: 27,9%;

⇒ aumento populacional em áreas inadequadas: 31%.

São critérios que atingem diretamente o saneamento ambiental, abrange o abastecimento de água, a destinação dos resíduos sólidos, o esgotamento sanitário, a drenagem urbana, o controle de vetores e de focos de doenças transmissíveis, a melhoria das condições habitacionais e a educação sanitária e ambiental.

É válido salientar que 80% das doenças e 65% das internações hospitalares são decorrentes do contato da população com os efluentes do esgoto doméstico, segundo o que divulga os dados do IBGE (2000).

CONSIDERAÇÕES FINAIS

Por esta breve exposição pode-se captar a amplitude do tema e a importância do professor neste contexto. A alteração do padrão de descuido e descaso dos indivíduos em relação ao meio ambiente, conforme Zuquim, Fonseca e Corgozinho (2010), somente vai ocorrer pela ampliação do conhecimento, pelos "diversos modos que a sociedade humana tem-se relacionado com o meio construído (humano) e o não construído (natural)", tendo como base a discussão constante e aberta para a conscientização da população.

> *Uma forma de transformar a realidade atual é incorporar à educação tradicional sistemas que permitam trabalhar de forma multidisciplinar o conhecimento. Esse conhecimento propicia a formação de cidadãos suficientemente informados, conscientes e preparados para modificar o presente, para que as questões ambientais possam ser não apenas discutidas, mas para que se busquem soluções para elas. (ZUQUIM, FONSECA e CORGOZINHO, 2010)*

Segundo os citados autores, hoje, a educação ambiental se destaca como uma "obrigação legal, ética e moral da escola, uma vez que a atualidade pede mudanças profundas de valores e comportamentos humanos", isto porque é necessário se orientar e buscar alternativas de sustentabilidade na convivência entre o ser humano e a natureza, visando mantê-la saudável e equilibrada para a garantia da própria vida.

A educação ambiental assume cada vez mais a função de transformar, proporcionar um modelo de desenvolvimento que reduza e impeça a crescente degradação socioambiental, e, para tanto, é imprescindível que esse tema seja inserido na escola e que alcance a ampla participação social, pela interação entre escola e comunidade.

É papel dos professores mediar e transmitir um conhecimento suficiente para que os alunos tenham a possibilidade de adquirir uma base adequada de compreensão do meio ambiente global e local, porém, o que se constata é que, mesmo os professores responsáveis para liderar o diálogo entre os saberes, se acham isolados e distantes da contextualização dos seus temas e conteúdos, o que impossibilita a reflexão geradora de transformação (FREIRE, 1987).

> *As propostas da educação ambiental e as condições necessárias a sua implementação podem auxiliar no desencadeamento das mudanças de que tanto necessita o ensino formal, a fim de atingir a efetividade esperada. Daí a importância de se rever os processos de formação dos educadores no intuito de capacitá-los e, nesse ínterim, buscar melhores formas para que a educação ambiental*

seja um tema trabalhado em sala de aula, haja vista que é um assunto de suma importância para o corpo discente e o ambiente como um todo. (GRAÇA e CAMPOS, 2009)

Conforme define a Lei n. 9.795/99 é necessário que sejam implantados novos conceitos acerca da inserção da educação ambiental no currículo das escolas, e que se dê ampla formação aos professores, em todos os níveis, para que sejam capacitados a aplicarem a educação ambiental em todas as disciplinas. Com a inserção da educação ambiental no currículo escolar, serão atendidas as necessidades de novos conhecimentos, valores e competências dos educandos, e seu foco ampliará o espaço da dimensão ambiental de forma interdisciplinar.

As propostas estabelecidas pelos Parâmetros Curriculares Nacionais, para o ensino fundamental e médio, busca estimular os indivíduos a enfrentar o mundo atual como cidadãos participativos, críticos e profundos conhecedores de seus direitos e deveres (BRASIL, 1997).

Neste sentido, Graça e Campos (2009) refletem acerca da dificuldade dos professores, nos seguintes termos:

> *A realidade da educação em nosso país ainda não é a que sonhamos; graves problemas ainda impedem um bom desempenho escolar e resultados positivos do sistema de ensino. Esses empecilhos repercutem no próprio desenvolvimento brasileiro, porém não podemos esquecer que os danos ambientais aumentam assustadoramente, em consequência da ausência de cuidados e do descaso provenientes da ação humana.*

Esta visão ressalta a urgência social e educacional quanto à comunicação e o conhecimento, a conscientização e a ação direcionada especificamente para a sustentabilidade do meio ambiente, bem como a necessidade de se integralizar as vivências e eliminar os obstáculos encontrados pelos professores em sua atividade diária.

O professor, além de sensibilizado e consciente da necessidade e da importância do tratamento dessa questão com seus alunos, deve estar preparado e instrumentalizado para enfrentar esse desafio.

Neste sentido, é essencial repensar o papel do professor enquanto transmissor de conhecimentos, para uma nova ação reflexiva e criativa. Cabe à escola ser o instrumento a serviço da coletividade, cumprindo e fazendo cumprir o exercício da cidadania.

REFERÊNCIAS

ABRAHÃO, Cinthia Maria de Sena. Síntese e complexidade no pensamento geográfico. *Sociedade & Natureza* (Online). v. 21, n. 2, Uberlândia, ago. 2009. Disponível em: <http://www. scielo.br/scielo. php?pid=S1982 – 45132009 000200014& script=sci_arttext> Acesso em: 21 set. 2010.

ARAUJO, Monica Lopes Folena. Educação ambiental, Parâmetros Curriculares e universidade. *Primeira Versão*. Universidade Federal de Rondônia. Ano II, v. VII, n. 107, Porto Velho, 2003. Disponível em: <http://www.primeiraversao.unir.br> Acesso em: 21 set. 2010.

BRASIL. MINISTÉRIO DA EDUCAÇÃO. Secretaria de Educação Média e Tecnológica. *Parâmetros Curriculares Nacionais*. Ensino Médio. Brasília, 1999.

_____. *Política Nacional de Educação Ambiental. Lei n. 9.795*, de 27 de abril de 1999.

CAMARGO, Aspásia; CAPOBIANCO, João Paulo Ribeiro; OLIVEIRA, José Antônio Puppin de. [Org.]. *Meio Ambiente Brasil: avanços e obstáculos pós-Rio-92*. São Paulo: Instituto Socioambiental; Rio de Janeiro: Fundação Getúlio Vargas, 2002.

CAUBET, C. G.; *et al*. Como reverter o processo de degradação da qualidade e quantidade de água doce no Brasil. In: CAMARGO, Aspásia; CAPOBIANCO, João Paulo Ribeiro; OLIVEIRA, José Antônio Puppin de. [Org.]. *Meio Ambiente Brasil: avanços e obstáculos pós-Rio-92*. São Paulo: Instituto Socioambiental; Rio de Janeiro: Fundação Getúlio Vargas, 2002, pp. 283-304.

FREIRE, P. *Pedagogia do oprimido*. 17ª ed. Rio de Janeiro: Paz e Terra, 1987.

GRAÇA, Luziray Barbosa; CAMPOS, Marcella Pereira da Cunha. Educação Ambiental: uma reavaliação da prática escolar. *Educação Ambiental em Ação*, n. 29, 2009. Disponível em: <http://revistaea.org/artigo. php?idartigo= 736&class=02>. Acesso em: 18 set. 2010.

KOHLHEPP, G. Descobertas científicas da Expedição de Alexander von Humboldt na América Espanhola (1799-1804) sob ponto de vista geográfico. *Revista de Biologia e Ciências da Terra*. v. 6, n. 1, pp. 260-278, 2° sem. 2006.

SANTILLI, Márcio; CARVALHO, Georgia; NEPSTAD, Daniel. O Brasil e as mudanças climáticas globais. In: CAMARGO, Aspásia; CAPOBIANCO, João Paulo Ribeiro; OLIVEIRA, José Antônio Puppin de. [Org.]. *Meio Ambiente Brasil*: avanços e obstáculos pós-Rio-92. São Paulo: Instituto Socioambiental; Rio de Janeiro: Fundação Getúlio Vargas, 2002, pp. 64-83.

SCHMIDT, Ivan. *Energia da cidadania*. CREA-PR, Curitiba, ano 5, n. 20, pp. 10-23, nov./dez. 2002.

TUCCI, Carlos E. M. Recursos hídricos. In: CAMARGO, Aspásia; CAPOBIANCO, João Paulo Ribeiro; OLIVEIRA, José Antônio Puppin de. [Org.]. *Meio Ambiente Brasil: avanços e obstáculos pós-Rio-92*. São Paulo: Estação Liberdade, Instituto Socioambiental; Rio de Janeiro: Fundação Getúlio Vargas, 2002, pp. 265-282.

UNESCO. ORGANIZAÇÃO DAS NAÇÕES UNIDAS PARA A EDUCAÇÃO, A CIÊNCIA E A CULTURA. *Pesquisas e avaliações publicadas sobre meio ambiente no Brasil.* Dados informativos. Disponível em: <http://www.unesco.org/pt/ brasilia/resources-services-in--brazil/studies-and-evaluations-in-brazil/published – studies-and-evaluations-on-environ-ment-in-brazil/> Acesso em: 17 set. 2010.

ZUQUIM, Fernanda Alves; FONSECA, Alysson Rodrigo; CORGOZINHO, Batistina Maria de Sousa. Educação ambiental no ensino médio: conhecimentos, vivências e obstáculos *Revista Educação Ambiental.* n. 32, 2010. Disponível em: <http://www.revistaea.org/ artigo.php?idartigo=868& class=02> Acesso em: 20 set. 2010.

21

EDUCAÇÃO MATEMÁTICA

"Recursos da Informática no Ensino da Matemática"

Prof. Izaías Cordeiro Neri

INTRODUÇÃO

Desde os primeiros anos escolares é comum ouvirmos falar que a Matemática é uma disciplina "amarga" e muito difícil. Que entendê-la é um dom divino, somente alguns são capazes. Bem, se entendê-la fosse um prêmio dado por Deus a algumas pessoas, e ensiná-la? O professor precisaria ter um dom também ou por si só a Matemática se explica? Várias perguntas podem ser feitas quando o assunto é a Matemática — aprendê-la ou ensiná-la.

O estudo do ensino e aprendizagem da Matemática é uma das linhas de atuação da Educação Matemática e, como destacam FIORENTINI & LORENZATO (2007), esta é uma recém-chegada, pouco mais de 40 anos, e está relacionada com outras ciências.

> *A educação matemática, nascida há pouco mais de 40 anos, está, portanto, diretamente relacionada com a filosofia, com a Matemática, com a psicologia e com a sociologia, mas a história, a antropologia, a semiótica, a economia e a epistemologia têm também prestado sua colaboração.*

Alguns professores preferem que fique claro que a Educação Matemática não se finda como apenas metodologia do ensino da Matemática. É um campo mais amplo mantendo intersecções entre a educação e a matemática.

> A educação matemática não se restringe a isso, pois várias das pesquisas que focam ensino e a aprendizagem abarcam discussões de pedagogia em sentido amplo, discutem filosofia da educação, história da matemática e muitos outros aspectos que circundam a educação matemática. (BORBA; SANTOS; 2005, p. 293)

Como uma tendência temática e metodológica de pesquisa em educação matemática, a utilização de Tecnologias da Informação e Comunicação no ensino e na aprendizagem da matemática aparecem a partir da década de 1990, mas pouco se conhece sobre os possíveis benefícios ou malefícios no ambiente escolar. Isso torna o tema mais interessante de ser observado por pesquisadores na área de educação e educação matemática.

Segundo BORBA & PENTEADO (2005), informática e educação são um tema debatido nas últimas duas décadas no Brasil e há mais tempo pelo mundo. Apresentando um discurso mais pessimista quanto ao seu uso em sala de aula, donde o aluno apenas iria apertar um conjunto de teclas e o computador iria fazer tudo sozinho. Em matemática, sendo a fonte do raciocínio lógico, a máquina pensará pelo aluno.

Por outro lado, há aqueles que acreditam que a informática poderá trazer grandes contribuições à educação, e pensando no ensino de matemática pode-se tornar uma forma de ensino eficaz não só na apresentação de conceitos e resultados com as correspondentes técnicas de cálculos, mas também como um treinamento da intuição que permita ao aluno descobrir propriedades e características dos objetos de estudo a partir das análises das diversas situações.

Neste capítulo mostro de uma maneira geral a educação matemática, suas influências, seus objetos de estudo e um breve histórico no Brasil. Em seguida, será explorada a Informática no ensino de matemática e o conceito de Geometria Dinâmica.

21.1 | EDUCAÇÃO MATEMÁTICA: UMA VISÃO GERAL

A Educação Matemática é vista como uma área de conhecimento em desenvolvimento em que até mesmo o seu objeto de estudo se encontra em processo de construção (FIORENTINI & LORENZATO, 2007). Quando surge em alguma discussão a palavra matemática, logo aparece a palavra dificuldade. É comum encontrarmos pessoas que não goste dessa "rainha das ciências". É sabido que em todo o mundo isso acontece, daí, então, a necessidade de se averiguar a matemática ensinada nas escolas, bem como estão ocorrendo os processos de ensino e de aprendizagem.

Há um grande esforço de professores e pesquisadores em Educação Matemática, de diferentes países, em divulgar seus trabalhos e pesquisas com um mesmo ideal: difundir a Matemática e suas teorias de aprendizagem.

Quero deixar claro que Educação Matemática não é um guia de recursos e métodos de como ensinar melhor a matemática, mas certamente é um campo em que nós professores poderemos encontrar teorias e pesquisas que envolvam os processos de ensino e aprendizagem, caminhos ou soluções que promovam a educação por meio da matemática.

A Educação Matemática também recebe influências de outras áreas do conhecimento. É considerada como uma área de conhecimento interdisciplinar e não somente a mera junção de conhecimentos oriundos da matemática e da educação. Incorporando conhecimentos filosóficos, históricos, psicológicos, políticos, metodológicos e culturais na busca por uma melhor compreensão sobre os processos de ensino e aprendizagem da matemática, bem como suas tendências no mundo moderno.

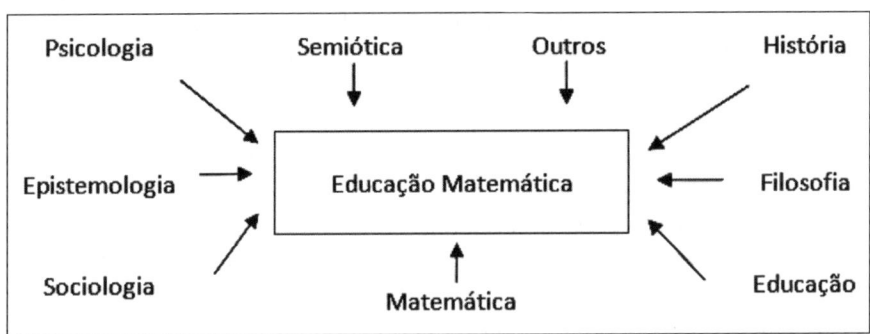

Sobre essa grande influência de outras áreas na Educação Matemática, BORBA & SANTOS (2005) destacam:

> A educação matemática é uma região de inquérito que mantém interseções em educação e matemática, na busca de sua identidade própria; por isso, não se justifica seu distanciamento nem da educação nem da matemática. Decorre daí a tensão vivida por essa região de inquérito. No entanto,

a relação da educação matemática não se dá apenas com as duas áreas das quais toma os nomes emprestados e os justapõe; vai além, pois sintetiza questões filosóficas, sociais, culturais e históricas, entre outras. (p. 294)

Em relação aos objetivos da educação matemática, FIORENTINI (2007) separa-os em dois grupos básicos:

⇒ Objetivos de natureza pragmática: visa à melhoria e qualidade do ensino e da aprendizagem da matemática;

⇒ Objetivos de natureza científica: visa o desenvolvimento da educação matemática enquanto campo de investigação e de produção de conhecimentos.

O que se pode pensar de imediato é que a Educação Matemática é um campo profissional e, ao mesmo tempo, uma área de conhecimento. No campo acadêmico, a Educação Matemática difere, em alguns países, quanto ao nome dado a ela, tais como Didática da Matemática, Metodologia da Matemática ou Matemática Educativa. A escolha por Educação Matemática é mais abrangente, Didática da Matemática possui uma conotação que envolve metodologias e técnicas de ensino da matemática. Essa diferenciação é necessária, pois no Brasil a expressão "didática da matemática" confunde-se como sendo uma disciplina que discute a parte pedagógica dessa disciplina. A definição de Didática da Matemática dada por PAIS (2002), dentro do contexto brasileiro, traduz uma diferença entre os termos citados.

> *A didática da matemática é uma das tendências da grande área de educação matemática, cujo objeto de estudo é a elaboração de conceitos e teorias que sejam compatíveis com a especificidade educacional do saber escolar matemático, procurando manter fortes vínculos com a formação de conceitos matemáticos, tanto em nível experimental da prática pedagógica, como no território teórico da pesquisa acadêmica. (p. 11)*

O termo "didática" quando escrito isoladamente possui um significado que consecutivamente está ligado ao ato de ensinar. Conforme D'AMORE (2007), pode haver uma variação entre alguns autores quando se fala do termo no que corresponde, do que ele trata exatamente.

A Didática é a parte das ciências da Educação que tem por objetivo o estudo dos processos de ensino e aprendizagem em sua globalidade, independentemente da disciplina em questão, considerando, porém, a relação institucional.

D'AMORE (2007) faz uma distinção entre os dois termos da seguinte forma:

⇒ Didática da matemática pode ser considerada uma disciplina que tem por objetivo, dentro dos processos do ensino e aprendizagem, identificar, caracterizar e compreender os fenômenos desses processos.

⇒ Educação Matemática é um sistema mais complexo, pois envolve teorias, práticas, pesquisas e tendências relativas aos processos de ensino e aprendizagem. Sendo a Didática da Matemática considerada como um subgrupo da Educação Matemática.

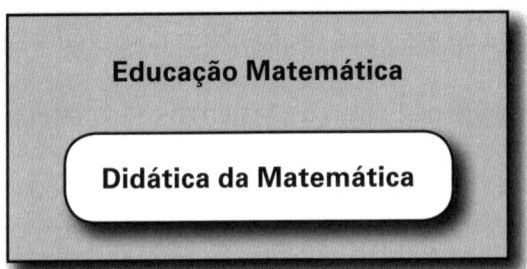

21.2 | VERSÃO BRASILEIRA DA EDUCAÇÃO MATEMÁTICA

Um levantamento histórico da Educação Matemática brasileira aponta para pesquisas de investigação na área com aspectos destacando os principais investigadores e centros dessa investigação, os termos estudados na investigação e as tendências temáticas. Conforme LORENZATO & FIORENTINI (2002), uma pergunta norteou a construção da trajetória brasileira da educação matemática: "...que aspectos e dimensões da EM têm sido, nos diferentes momentos, privilegiados pela pesquisa brasileira e de que forma e em que condições ela tem sido realizada?" (p. 16)

Percebemos que a grande preocupação era em inserir a educação matemática brasileira em um campo profissional e científico valorizando alguns aspectos, tais como formação de professores, recursos didáticos para o ensino, aprendizagem da matemática, entre outros.

É considerado que o desenvolvimento da educação matemática brasileira se construiu em quatro fases.

< 1970	1970 a 1980	1980 a 1990	> 1990
Período de Gestação da EM Brasileira	Nascimento da EM Brasileira	Comunidades de educadores matemáticos	Comunidade científica em EM

No primeiro período (< 1970) considerado como gestação da educação matemática brasileira por ainda não se ter definido essa como uma área de estudo da matemática, mas mesmo assim muitos trabalhos e professores se destacaram no período. Alguns nomes e feitos desse destaque, tais como Euclides Roxo e as reformas curriculares do ensino secundário, Everaldo Backheuser e ensino de matemática na escola primária e Júlio Cesar de Mello e Souza, com a quantidade de publicações, conseguem popularizar a matemática, além de pesquisar e escrever sobre diversas situações em que se fazia presente a matemática.

No período também se destaca a realização e criação de alguns congressos e centros de estudos de assuntos relacionados com a educação matemática, são eles:

⇒ CBEM – Congresso Brasileiro de Ensino de Matemática (num total de cinco) de 1955 a 1966.

⇒ CRPE – Centros Regionais de Pesquisas Educacionais, em 1956.

⇒ GEEM – Grupo de Estudos de Educação Matemática, em 1961.

⇒ GRUEMA – Grupo de Estudos de Matemática, em São Paulo.

⇒ GEPEM – Grupo de Estudos e Pesquisas em Educação Matemática, em 1976.

⇒ GEEMPA – Grupo de Estudos em Educação Matemática de Porto Alegre, em 1970.

No período (1970 a 1980) considerado como nascimento da educação matemática brasileira, conforme destaca LORENZATO & FIORENTINI (2002), alguns acontecimentos marcam esse fato.

> A valorização da educação, pelo regime militar, como locus privilegiado para a formação de mão de obra "mais qualificada", que atendesse às exigências de desenvolvimento e de modernização da nação, desencadearia, no final da década de 1960, uma grande ampliação do sistema educacional brasileiro. Nesse contexto, ocorre um expansionismo universitário desmesurado, no início dos anos 1970, verificado pela multiplicação das licenciaturas em ciências e matemática e pelo surgimento de vários programas de pós-graduação em educação, matemática e psicologia. (p. 22)

No período (1980 a 1990) que abre a existência de uma comunidade de educadores matemáticos é marcado pelas mudanças nas formas investigativas da educação matemática observados nas teses e dissertações da época. Podem-se destacar para o período a existência de trabalhos nas áreas de concentração relacionadas, tais como aplicação de novos métodos de ensino, resolução de problemas, formação de professores, modelagem matemática, etnomatemática e outros em menor número de ocorrência.

Ainda merece destaque alguns trabalhos realizados nas faculdades de Educação como estudos do desenvolvimento de propostas metodológicas ou de projetos curriculares, análise histórica do ensino de matemática, estudos cognitivos do ensino-aprendizagem da matemática, epistemologia e natureza histórico-filosófica.

No período (> 1990) professores que concluíram doutorado em outros países retornam ao Brasil, além dos que concluíram seus doutorados por aqui mesmo nos diversos cursos de pós-graduação em educação, em matemática e outras. É um período de intensa dedicação à Educação Matemática com movimentos para formação de grupos de pesquisa, de consolidação de linhas de pesquisa e cursos de *stricto sensu*. A partir dos anos 90 surgem novas linhas de pesquisa e uma delas gostaria de destacar por ser ênfase desse capítulo – "Informática e ensino de matemática".

O que podemos perceber desses períodos, aqui citados de maneira bem sintetizada, é que a educação matemática brasileira veio ao longo desses anos se consolidando no campo de pesquisa acadêmica envolvendo mais professores, mais teorias e metodologias relacionadas aos processos de ensino-aprendizagem e locais para divulgação de trabalhos criados por faculdades ou pelos grupos de pesquisa citados acima.

21.3 | INFORMÁTICA NO ENSINO DE MATEMÁTICA

A TIC aplicada na educação ainda é um assunto dicotômico no que diz respeito ao seu uso. Alguns pesquisadores se mostram otimistas quanto ao uso das TICs, são esses chamados de *integrados*, mas também há outros que acreditam que o uso das TICs será o fim da inteligência humana, os *apocalípticos*[110].

No que diz respeito à educação matemática, essa é uma linha de pesquisa que teve uma intensidade a partir da década de 70 e que hoje consta com um grande número de trabalhos realizados nos cursos de pós-graduação das grandes universidades brasileiras. Foi com o surgimento do

---

110   Termos criados por Humberto Eco, na década de 70, acerca da indústria cultural.

computador, Internet e *softwares* específicos de algumas disciplinas que educadores matemáticos têm se interessado em tentar usá-las no ensino.

A integração das tecnologias no mundo educacional dispõe ao professor alguns recursos que, usados de forma adequada, se convertem em uma potente ferramenta com recursos interessantes e várias funcionalidades para o ensino e aprendizagem de Matemática.

Segundo GRAVINA (1996), o uso de ferramentas que guardam apenas características dos métodos de ensino, conservando o conhecimento dado de forma passiva na transmissão, não evidencia um verdadeiro conhecimento. Memorização e reprodução de conceitos não podem ser argumentos de destaque para representar o bom aluno. É necessário que ele aja de forma bem diferente do papel passivo, como um balde vazio sendo preenchido (FREIRE, 1987), frente à uma apresentação formal de conhecimentos matemáticos envolvendo definições formais e fórmulas.

O aluno deverá participar das construções que dão sentido ao conhecimento matemático. Programas de computador poderão ser usados explorando suas ferramentas dentro de uma abordagem construtivista, esta, por sua vez, tem como princípio construir o conhecimento a partir de percepções e ações do sujeito, baseado nas teorias de Jean Piaget.

Há também uma argumentação pedagógica a favor do uso das novas tecnologias no ensino. Sobre este ponto de vista existe uma clara visão de que o computador, quando usado de forma criteriosa, se transforma numa potente ferramenta no processo ensino-aprendizagem. Primeiramente o computador, por ser uma máquina interativa, com recursos audiovisuais atrativos pode contribuir na transformação da relação educador-educando, que Paulo Freire descreve como sendo:

> *Falar da realidade como algo parado, estático, compartimentado, quando não falar ou dissertar sobre algo completamente alheio à experiência existencial dos educandos vem sendo a suprema inquietação da educação.* (FREIRE, 1987, pp. 57-64)

Para o ensino de matemática, usar o computador poderá ser uma estratégia de captação de benefícios, mas sem se esquecer de escolher programas adequados e uma metodologia que seja proveitosa das características positivas que o computador pode proporcionar. Vale destacar a rapidez em fazer cálculos e serem ótimos visualizadores de representações gráficas.

Sobre o uso de máquinas (computador) para o ensino de alguns conceitos da matemática, em especial construções gráficas, BARUFI (2002) diz:

[...] a máquina é uma ferramenta muito importante para propiciar a formulação de inúmeros questionamentos, reflexões e análises, que fazem com que a sala de aula se torne visivelmente um ambiente em que relações podem ser estabelecidas, possibilitando articulações diversas e, portanto, a construção do conhecimento. (BARUFI, 2002)

Um exemplo do benefício do uso do computador é a Geometria Dinâmica (GD) que, segundo BRANDÃO (2002), a descreve como sendo o nome designado para especificar a geometria implementada em computador, no qual objetos podem ser manipulados e movidos, mantendo os principais vínculos estabelecidos inicialmente na construção. Não se trata de uma nova geometria e sim de régua e compassos virtuais.

Quando comparado os processos de ensino de geometria do modo tradicional, ou seja, usando papel, régua, compasso e esquadros, com o mesmo processo realizado pelo computador por meio de programas de GD é possível ser descrito uma gama de vantagens desse último pelo primeiro. Um determinado procedimento, no método tradicional, deveria ser repetido tantas vezes quantas fossem necessárias para obter um resultado. No computador, esse processo poderá ser feito, em alguns casos, com apenas um ou dois cliques do *mouse*. O que se demonstra uma enorme vantagem!

21.3.1 | O papel do professor frente às TICs

A informática, assim como outras tecnologias, está associada com o desejo de se obter melhores maneiras em satisfazer as necessidades de realizar tarefas do cotidiano. É na escola que os professores tentam colocá-la a serviço do desenvolvimento das capacidades de seus alunos. Mas a informática por si só não agrega valores a esse processo, depende muito do contexto em que está sendo utilizada. O uso dessas ferramentas informatizadas só faz sentido quando estão utilizadas com uma abordagem qualitativa.

Para o professor existe um desafio em relacionar a informática com sua metodologia de trabalho, a fim de proporcionar aos alunos uma aprendizagem significativa.

Segundo FREIRE 1987, o professor não é o detentor do saber e deve ele se transformar em um guia que oferece dicas e estímulos para que os alunos aprendam.

A implantação do computador em escolas de educação básica e superior está cada vez mais presente e vem até sendo incorporado ao currículo escolar e com grandes benefícios no ensino de Matemática.

Frente a essas novas tecnologias torna-se inconcebível que o ensino de Matemática seja formatado apenas no tradicional, com conteúdos "parados", sem união uns com os outros, e do cotidiano. Sabe-se que esses novos recursos tecnológicos tornam, muitas vezes, o currículo tradicional de Matemática obsoleto e ultrapassado

Por todos esses fatores, o professor está sempre sendo "intimado" a fazer uso dessas novas tecnologias, em especial os *softwares* de ensino, mas isso já deveria ocorrer em sua formação inicial: nas licenciaturas, com a tentativa de sanar a falta de profissionais adaptados ao uso da informática em ambiente escolar.

21.3.2 | O papel do Aluno frente às TICs

A participação do aluno no processo de ensino-aprendizagem é um requisito mínimo para a compreensão do assunto abordado. Sendo assim, o uso de informática para o aprendizado pode tornar o aluno mais ativo pela busca do conhecimento e assim produzir resultado esperado pelo professor.

Deve-se levar em conta que a passagem do ensino tradicional para o mediado por computador requer um processo de adaptação, em que o aluno também deverá sair do comportamento passivo. É por meio da interação e da superação das dificuldades encontradas, durante as atividades propostas pelo professor, que o aluno atinge a maturidade para compreender o conteúdo apresentado.

21.4 | UM POUCO MAIS SOBRE GEOMETRIA DINÂMICA (GD)

O termo Geometria Dinâmica (GD) foi inicialmente usado por Nick Jakiw e Steve Rasmussen da empresa Key Curriculum Press, com o objetivo de diferenciar este termo do termo matemática dinâmica. Usualmente, GD, é um termo utilizado para designar programas interativos que permitem a criação e manipulação de formas e propriedades geométricas, sendo assim, os programas usados em geometria dinâmica não devem ser considerados como uma nova geometria.

Segundo BRANDÃO & ISOTANI (2006), a Geometria Dinâmica pode ser entendida como a implementação da geometria tradicional ao computador. Régua e compassos virtuais. E o termo "dinâmica" dessa geometria é considerado como o oposto de estática, modelo de construção usado na geometria tradicional.

Uma vantagem explorada pela GD é o fato de que o aluno poderá realizar construções geométricas, verificar suas propriedades, fazer conjecturas e poder apagar e reconstruir as formas quantas vezes forem necessárias sem a necessidade de realizar vários desenhos e apagá-los com borracha como feito no método tradicional.

O uso de programas de GD fornece uma poderosa instrumentação para o processo de ensino e aprendizagem da matemática e ajuda na superação de alguns obstáculos da disciplina. Com o uso de informática na matemática, o aluno passa a ter uma postura investigativa em que é constantemente incentivado a produzir seu próprio conhecimento, pois esses ambientes favorecem a experimentar, a interpretar, a visualizar, a conjecturar, a generalizar e outras coisas mais, enfim, é subtraído do aluno seu papel passivo de mero receptor de conhecimentos prontos dados pelo professor.

Ambientes de ensino de matemática baseados em programas de GD possibilitam a aprendizagem sobre uma perspectiva construtivista, que objetiva a construção significativa dos conceitos. Esses programas oferecem uma nova proposta de exploração dos mesmos conceitos de geometria, porém, de forma dinâmica e interativa.

Manipular os elementos de uma construção geométrica ou gráfica de forma virtual cria um dinamismo em que a grande vantagem é a preservação das relações entre os elementos da figura e ganha-se com isso possíveis conjecturas sobre a construção e suas propriedades. Assim, diversos estágios de um problema são explorados. Permitindo um melhor entendimento dos conceitos da Geometria, propondo atividades experimentais, incentivando o aluno a refletir e interagir de uma maneira produtiva durante a aula.

Os benefícios e aplicações de um sistema informático para o ensino de matemática, em especial a geometria, é destacado por RODRIGUES (2002), como sendo:

⇒ **Prova de Teoremas:** Embora a Geometria Dinâmica não possa provar teoremas, a capacidade de experimentação de hipóteses pode motivar a busca pela prova de um teorema, pois induz à convicção de sua validade. Da mesma forma, pode ajudar e sugerir caminhos para a prova formal.

⇒ **Precisão e visualização:** A construção da geometria é feita pelo estabelecimento de relações geométricas entre os elementos (perpendicularismo, paralelismo, pertinência, ângulo etc.). Podem-se medir ângulos e distâncias e calcular relações com precisão, e permitir facilmente a verificação empírica de hipóteses e teoremas. Os conceitos de um teorema podem ser compreendidos por visualização. Adicionalmente, a precisão também é importante porque construções imprecisas podem conduzir o aluno a conclusões errôneas.

⇒ **Exploração e descoberta:** A manipulação de construções permite que se explore a Geometria e que "novas" relações e propriedades sejam descobertas. Muitas vezes, os próprios alunos "redescobrem" teoremas em sala de aula.

⇒ **Transformações e lugares geométricos:** Pela sua capacidade de realizar transformações em figuras geométricas, programas de Geometria Dinâmica são ideais para o estudo de isometrias, similaridades e outras funções. Animando figuras e traçando lugares geométricos de pontos predefinidos, estes aplicativos também podem explicitar problemas e propriedades normalmente não abordadas na literatura por sua inerente dificuldade.

Os potenciais pedagógicos dos programas de geometria dinâmica não contemplam apenas a geometria. Um exemplo disso é o *software* GEOGE-BRA que pode ser usado em aulas de Cálculo, Geometria Analítica, Física, Álgebra Linear e outras partes da matemática do ensino básico e superior.

O *software* GEOGEBRA é um programa de código fonte aberto com uma popularidade crescente no mundo, em especial na Europa e na América do Norte. Ele foi criado pelo professor Markus Hohenwarter's em sua tese de mestrado da Universidade de Salzburg na Áustria. A ideia básica do programa é ter uma incorporação de geometria, álgebra e cálculo. Facilmente pode ser manuseado, pois sua interface é intuitiva por meio de botões que permitem ao usuário construções rápidas e diretas.

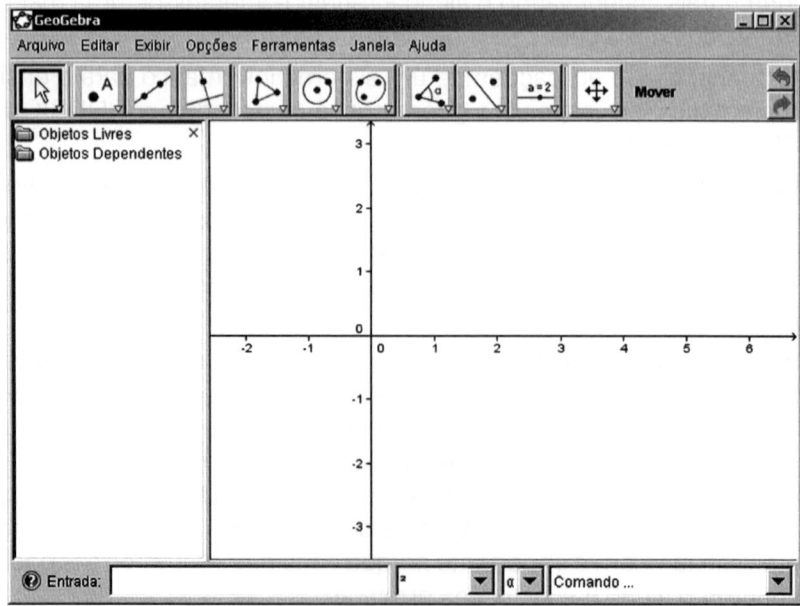

Tela inicial do GEOGEBRA versão 3.2

O GEOGEBRA não é apenas um simples programa de GD, é um projeto mais amplo de apoio ao professor, para mais informações sobre o projeto basta acessar o *site* do desenvolvedor *www.geogebra.org*.

Para discutir e/ou obter outros programas de GD, pode-se visitar o *site* *www.geometriadinamica.com*, do qual eu sou o mantenedor.

CONSIDERAÇÕES FINAIS

Vimos que a educação matemática não está apenas direcionada à metodologia de ensino da matemática, porém, mostrei neste capítulo uma contribuição do uso da informática, sendo esta uma linha de pesquisa e tendência dentro da educação matemática.

Recursos de visualização e interatividade enriquecem o aprendizado, mas usar o computador por usar não mostra uma efetiva aplicação de informática no ensino de matemática. O professor deverá, então, associar essa tecnologia a suas metodologias de ensino em sala de aula, direcionando o aluno para que não use o computador de forma simples e sem objetivos.

O aluno por sua vez ao ter o contato com ambiente informatizado para aprender matemática sairá do seu aspecto receptor passivo e passará a interagir com a máquina e, com isso, será o agente principal do processo de aprendizagem.

Um braço forte aos processos de ensino e aprendizagem da matemática apoiada por computador são os programas de geometria dinâmica que por sua vez favorecem o ensino de matemática, mas sem alterar os conceitos já usuais da disciplina.

Caberá ao professor um esforço maior em trazer para suas aulas o uso de informática como um auxiliador da aprendizagem e deixar de lado os preconceitos com o uso das novas tecnologias já que esse processo é, e continua sendo, inevitável nos dias atuais.

REFERÊNCIAS

BARUFI, M. C. B.; LAURO, M. M. *Funções elementares, equações e inequações: uma abordagem utilizando microcomputador.* 1ª ed. São Paulo: CAEM-IME/USP, 2001, v. 01, 121 p.

BORBA, M. C; SANTOS, S. C. Educação Matemática: propostas e desafios. *EccoS – Revista Científica*, São Paulo, v. 7, n. 2, pp. 291-312, jul./dez. 2005.

BORBA, Marcelo de Carvalho; PENTEADO, Miriam Godoy. *Informática e Educação Matemática.* 3ª ed. Belo Horizonte: Autêntica, 2005.

BRANDÃO, L. O.; ISOTANI, Seiji. *Como Usar a Geometria Dinâmica? O Papel do Professor e do Aluno Frente às Novas Tecnologias.* In: Anais do Workshop sobre Informática na Escola – XXVI Congresso da Sociedade Brasileira de Computação, 2006, p. 121.

BRANDÃO, Leônidas de Oliveira. Algoritmos e fractais com programas de GD. *RPM 49 – Revista do Professor de Matemática*, 2002, p. 27.

D'AMBRÓSIO, Ubiratan. *Educação Matemática: da teoria à prática.* 12ª ed. Campinas: Papirus, 1996. (Coleção Perspectivas em Educação Matemática).

D'AMORE, Bruno. *Elementos da Didática da Matemática.* Tradução de Maria Cristina Bonomi Barufi. 1ª ed. São Paulo: Editora Livraria da Física, 2007.

FIORENTINI, Dario; LORENZATO, Sérgio. *Investigação em educação Matemática; percursos teóricos e metodológicos.* 2ª ed. rev. Campinas: Autores Associados, 2007. (Coleção Formação de Professores).

FREIRE, Paulo. *Pedagogia do Oprimido*, 11ª ed, Rio de Janeiro: Paz e Terra, 1987.

GRAVINA, Maria Alice. *Geometria Dinâmica*: *Uma Nova Abordagem para o aprendizado da Geometria.* In: VII SBIE – Simpósio Brasileiro de Informática na Educação. Belo Horizonte (MG), 1 v., 1996.

LORENZATO, Sérgio. *Para Aprender Matemática.* Campinas: Autores Associados. 2ª ed., 2008. (Coleção Formação de Professores).

PAIS, Luiz Carlos. *Didática da Matemática; uma análise da influência francesa.* Belo Horizonte: Autêntica. 2ª ed., 2002.

RODRIGUES, D. W. L.. *Uma avaliação comparativa de interfaces homem computador em programas de geometria dinâmica.* Santa Catarina, Dissertação de mestrado em Engenharia de Produção. Universidade Federal de Santa Catarina, 2002.

EDUCAÇÃO E MÍDIA

"Uma análise da violência escolar e a influência da mídia sobre adolescentes e jovens"

Prof.ª Alexandra Alves

A adolescência é a idade em que a orientação para o futuro prevalece e o futuro é percebido como apresentando um maior número de possibilidades. (MELUCCI, 1997 *apud* PEREIRA, 2004, p. 5)[111]

INTRODUÇÃO

A escola surge na vida do adolescente como um universo que deveria ser não só de aprendizado, mas um referencial de socialização, promoção de cidadania, formadora de atitudes e opiniões e fonte para o desenvolvimento pessoal.

É no ambiente escolar que o adolescente aprende os conceitos de cidadania, de convívio social e, na prática, vivencia a exclusão, a discriminação, a falta de recursos quando em um sistema público de ensino. Como parte da sociedade, a escola acaba por ser um espelho de modelos contrários àqueles preconizados na teoria.

---

[111] MELUCCI, Alberto. Juventude, tempo e movimentos sociais. In: *Revista da ANPEd*, n. 5 e 6 (Edição Especial), São Paulo, 1997.

Entre transgressões comportamentais as agressões verbais e físicas, a violência escolar são exercidas de diversas maneiras e vêm se tornando uma rotina real e assustadora, assumindo proporções preocupantes e que, portanto, não podem continuar sendo tratadas de forma negligente e superficial pelas instituições de proteção social de adolescentes e jovens, da família e da sociedade, de modo geral.

Mas quando falamos de violência escolar não podemos deixar de lado as diferentes formas em que ela se apresenta. Charlot (2003) classifica a violência escolar em três níveis:

> *a) Violência: golpes, ferimentos, violência sexual, roubos, crimes, vandalismos;*
>
> *b) Incivilidades: humilhações, palavras grosseiras, falta de respeito;*
>
> *c) Violência simbólica ou institucional: compreendida como a falta de sentido de permanecer na escola por tantos anos; o ensino como um desprazer, que obriga o jovem a aprender matérias e conteúdos alheios aos seus interesses; as imposições de uma sociedade que não sabe acolher os seus jovens no mercado de trabalho; a violência das relações de poder entre professores e alunos. Também o é a negação da identidade e da satisfação profissional aos professores, a obrigação de suportar o absenteísmo e a indiferença dos alunos. (apud ABRAMOVAY e RUA, 2003, pp. 23-34)*

Segundo Debarbieux (1996), deve-se considerar:

> *1. Os crimes e delitos, tais como furtos, roubos, assaltos, extorsões, tráfico e consumo de drogas etc., conforme qualificados pelo Código Penal;*
>
> *2. As incivilidades, sobretudo, conforme definidas pelos atores sociais;*
>
> *3. Sentimento de insegurança ou, sobretudo, o que aqui denominamos sentimento de violência, resultante dos dois componentes precedentes, mas, também, oriundo de um sentimento mais geral nos diversos meios sociais de referência. (apud ABRAMOVAY, 2002, p. 22)*

A realidade do contexto escolar e suas relações com a violência é muito complexa. Contudo, essa complexidade acaba por delinear o fracasso escolar e este, por sua vez, traz à tona um ciclo de fracassos que se formam a partir das frustrações daqueles que participam do espaço escola.

Estas frustrações reforçam, assim, a ideia de que o espaço escola não tem correspondido de forma satisfatória às necessidades da pós--modernidade. A esse respeito, Perrenoud (2001) discute que:

> [...] temos de enfrentar a complexidade dos processos mentais e sociais, a ambivalência ou a incoerência dos atores e das instituições, as flutuações da vontade política, a renovação dos currículos e das didáticas, as rupturas teóricas e ideológicas ao longo das décadas. (PERRENOUD, 2001, p. 15)

Deste modo, a existência no contexto escolar de frustrações diversas por si só já denota uma forma de violência. Por violência, nesta pesquisa, tangenciamos o conceito dicionarizado do vocábulo como: "1. Uso de força física; 2. Ação de intimidar alguém moralmente ou o seu efeito; 3. Ação frequente destrutiva exercida com ímpeto, força [...]; 4. Expressão ou sentimento vigoroso: fervor [...]" (HOUAISS, 2008, p. 762)

O Brasil possui aproximadamente 97% de crianças na Escola, porém apresenta também o maior número de evasão por adolescentes em escolas do ensino público (estadual e municipal) por fatores como: ensino de má qualidade, falta de recursos materiais, ausência do corpo docente etc.

Souza (2008) ao pensar a situação do ensino nas escolas introduz o tema da participação dos estudantes, conhecido como protagonismo juvenil, afirmando que:

> Os "conteúdos básicos da aprendizagem" aparecem referidos, não às necessidades intrínsecas do ser humano, ainda que considerado como ser social, mas às necessidades impostas pelo mercado de trabalho: é o próprio mercado que tem necessidades das potencialidades, da aprendizagem constante, da participação no desenvolvimento, enfim, da força de trabalho humana.[112] As necessidades não aparecem no discurso como requisitos do mercado, mas com algo dado e impessoal, decorrência natural e inevitável de uma realidade que se impõe e em relação à qual não há alternativa possível. A distância entre o real e o discurso é

---

112 O texto dos Parâmetros Curriculares Nacionais: Ensino Médio é mais explícito a respeito da coincidência entre as necessidades do mercado e as finalidades educativas, o que, contraditoriamente, é apontado como fator de "autonomia" da educação. "A nova sociedade, decorrente da revolução tecnológica e seus desdobramentos na produção e na área da informação, apresenta características possíveis de assegurar à educação uma autonomia ainda não alcançada. Isto ocorre na medida em que o desenvolvimento das competências cognitivas culturais exigidas para o pleno desenvolvimento humano passa a coincidir com o que se espera na esfera da produção." (BRASIL/CNE, 2000, p. 11)

minimizada como se o próprio real fosse capaz de enunciar suas necessidades. Assim, o tipo de educação proposto, baseado na aprendizagem contínua, "a educação ao longo de toda a vida", é enunciado como uma exigência de algo inexorável, como um dever ao qual ninguém pode furtar-se. Esse tipo de posição discursiva pode ser observada no uso constante de orações com sujeito indeterminado, na frequente utilização de verbos impor e exigir[113] (e seu derivado exigência) e nas referências à chamada "sociedade da informação" e ao "novo século. (SOUZA, 2008, p. 145)

22.1 | O PAPEL DA ESCOLA

Ora, se paramos para pensar sobre a história da "escola de massa", essa nasceu sob a égide de aliar o trabalho à disciplina. A História comprova que as primeiras tentativas de implantação de um sistema escolar aconteceram no Baixo Império Romano e no Império Carolíngio como forma de sustentação de um regime burocrático que necessitava de uma caterva de escribas e funcionários, conhecedores, ao menos, da leitura e da escrita dos rudimentos da lei.

É sabida a importância da escola para os domínios da religião quando da época da Revolução Protestante e a expansão do ensino jesuíta, bem como para a formação dos Estados Nacionais modernos por meio da unificação das línguas como forma de cessar a guerra entre os mesmos povos.

Para Enguita (1989) muito da história da formação das escolas acaba por ser esquecida por um mero comodismo em se revelar apenas aquilo que é "belo" e não o feio que poderia ser passivo de alteração:

> *Entretanto, a maior parte da historiografia da escola, elaborada geralmente por escolares já crescidos, mas que raramente saíram dos claustros da instituição, tendeu a basear-se na mera análise da evolução do discurso pedagógico, da sucessão de escolas modelares por meio das épocas ou da não evolução das cifras agregadas que agrupavam sob epígrafes comuns realidades não acumuláveis nem comparáveis. Por outro lado, é bem sabido que a história é escrita pelos vencedores, que não gostam de mostrar a roupa suja:*

---

113 Chama a atenção o incontável número de vezes que o verbo exigir e a derivação exigência são utilizados no Relatório Delors, numa delas compondo a contraditória expressão "exigência democrática" em referência à "educação ao longo de toda a vida". (DELORS *et al.*, 2003, p. 104)

sempre é mais conveniente apresentar a história da escola como um longo e frutífero caminho desde as presumidas misérias de ontem até as suposta glórias de hoje ou de amanhã que, por exemplo, como um processo de domesticação da humanidade a serviço dos poderosos. A verdade, dizia Hegel, é revolucionária. (ENGUITA, 1989, p. 131)

O papel da escola, portanto, não é o de apenas formar indivíduos para uma vida plena e satisfatória na sociedade, mas acima de tudo para ajudá-lo a entender os processos sociais enquanto partícipes dele. Conforme Delors (2003 *et al.*), "é no seio dos sistemas educativos que se forjam as competências e aptidões que farão com que cada um possa continuar a aprender". Desta forma, o papel da educação seria propiciar um ambiente favorável para que os indivíduos pudessem "desenvolver os seus talentos e permanecerem, tanto quanto possível, donos do seu próprio destino".

O abandono precoce pelos estudantes da escola representa um fator de vulnerabilidade e risco que pode levá-los a ocupar espaços não adequados e sadios para seu desenvolvimento físico, emocional, social, e aumentando as dificuldades de lida com os conflitos.

Segundo SPÓSITO (2001):

> *Entre os anos 80 e início dos anos 90, em virtude da intensificação do crime organizado e do tráfico de drogas, há um recrudescimento do sentimento de insegurança na população em geral e, paralelamente a isso, a imprensa passa a dar destaque aos casos graves de violência que envolvia a escola, como, por exemplo, os casos de homicídio. Por consequência, o final dos anos 90 é marcado pelas iniciativas públicas, algumas em parceria com ONGs e sociedade civil, que visavam à redução da violência. A partir delas buscou-se desenvolver novas concepções sobre segurança, com ênfase no debate sobre a democratização dos estabelecimentos escolares.* (apud RUOTTI, 2007, p. 34)

De acordo com a pesquisa realizada pela autora sobre as relações de violência e escola no Brasil após 1980, observa-se que o tema violência ganha destaque no debate público por ser um momento de grande demanda por segurança, por parte dos moradores das periferias das grandes cidades que denunciam as condições precárias dos estabelecimentos escolares nessas regiões.

Todavia é importante considerar que a violência não deve ser percebida apenas na pós-modernidade. Ao analisarmos a história da humanidade é possível compreender o homem a partir de duas óticas distintas, entretanto, indissociáveis: enquanto aquele que exerce e/ou sofre algum tipo de violência. Ao longo dos tempos, esta lógica também marcou o contexto escolar. O uso da palmatória, de ajoelhar em grãos de milho, uso do chapéu com apologia à inexistência da inteligência discente (orelhas de burro), a reescrita repetitiva de uma palavra inicialmente grafada errada, são exemplos dessa violência.

A desconsideração de sanções como as supracitadas ganhou força, principalmente, a partir da promulgação da Constituição da República Federativa do Brasil, 1988, que em seu *corpus* cita:

Art. 205. A educação, direito de todos e dever do Estado e da família, será promovida e incentivada com a colaboração da sociedade, visando ao pleno desenvolvimento da pessoa, seu preparo para o exercício da cidadania e sua qualificação para o trabalho.

> ***Art. 206.*** *O ensino será ministrado com base nos seguintes princípios:*
> *I – igualdade de condições para o acesso e permanência na escola;*
> *II – liberdade de aprender, ensinar, pesquisar e divulgar o pensamento, a arte e o saber;*
> *III – pluralismo de ideias e de concepções pedagógicas, e coexistência de instituições públicas e privadas de ensino;*
> *IV – gratuidade do ensino público em estabelecimentos oficiais;*
> *V – valorização dos profissionais da educação escolar, garantidos, na forma da lei, planos de carreira, com ingresso exclusivamente por concurso público de provas e títulos, aos das redes públicas;*
> *VI – gestão democrática do ensino público, na forma da lei;*
> *VII – garantia de padrão de qualidade [...]*

E, no diálogo, com o Estatuto da Criança e do Adolescente (ECA), Lei Federal n. 8069 de 1990:

> ***Art. 18.*** *É dever de todos velar pela dignidade da criança e do adolescente, pondo-os a salvo de qualquer tratamento desumano, violento, aterrorizante, vexatório ou constrangedor.*

A partir da legislação, o conceito de práticas pedagógicas sofreu significativa mudança. O ensino passou a seguir uma horizontalidade que se fundamenta na interação humana. Logo, o professor assume a condição de mediador e não mais o detentor de saberes, por conseguinte, a escola passa a ser reconhecida enquanto espaço dialógico, cujo discurso deve apresentar franca coerência à cultura de paz.

O conceito da cultura de paz foi concebido pela Organização das Nações Unidas[114] que a reconhece a partir de três dimensões de cultura:

A primeira dimensão destaca que a paz "possui a marca do humano". Quer dizer, a paz, assim como a violência, se constrói e se aprende pelos seres humanos. As agressões ou guerras são ações humanas. Não fazem parte da natureza, mas da cultura.

A segunda dimensão enfatiza sua enorme abrangência, uma vez que compreende todas as áreas da vida, desde o social, o político e o econômico, até as pequenas ações do cotidiano. Um bom exemplo é a Educação: o diálogo e a não violência foram importantes para mudar o jeito como a escola tratava a diversidade cultural e étnica.

Por fim, a última dimensão consiste na percepção de que não se trata de uma situação já dada, nem atingida por decreto. Ela é um processo, uma construção social. Nesse processo de construir uma cultura da paz, os movimentos sociais reforçam um protagonismo especial: as mulheres, as minorias étnicas, a classe trabalhadora, os pobres de todo mundo, ou seja, grupos que sofrem violações de direitos humanos e que lutam contra elas são os construtores do avanço da cultura da paz.

Tal cultura também foi amplamente valorizada e divulgada pela UNESCO e aparece Relatório elaborado por Delors (1998) referente aos 4 (quatro) pilares da Educação para este novo século[115]:

> **1. Aprender a conhecer:** *A Educação precisa priorizar o domínio dos instrumentos do conhecimento, o aprender a aprender, o aprender ao longo de toda a vida.*
>
> **2. Aprender a fazer:** *O aprender a fazer é indissociável do aprender a conhecer. Trata-se de saber como pôr em prática o conhecimento. Envolve a qualificação profissional e as competências que tornem a pessoa apta a enfrentar situações e trabalhar em equipe.*
>
> **3. Aprender a viver juntos:** *A Educação deve permitir a descoberta do outro e a participação em projetos comuns, trabalhar a diversidade, tomar consciência da semelhança e interdependência entre os seres humanos do planeta.*

---

114 Disponível em: http://dh.educacaoadistancia.org.br/arquivos/2010/Modulo_II.pdf.

115 Delors *apud* Enricone. In: *Fracasso escolar e cidadania: o entrelaçamento da escola que temos e da cidade que queremos*. [...]

Deve também desenvolver atitudes de empatia, capacidade de abertura e alteridade, além de promover projetos de cooperação, participação em atividades sociais.

4. Aprender a ser: *A Educação deve contribuir para o desenvolvimento total da pessoa, mente e corpo, inteligência, sensibilidade, sentido estético, responsabilidade pessoal, espiritualidade. Deve permitir que o sujeito seja autônomo e crítico e possa formular seus próprios juízos de valor.*

Da mesma forma, estes pilares buscam a construção de uma Educação pautada numa escola que priorize a subjetividade humana e o fortalecimento dos laços sociais no enfrentamento de circunstâncias que envolvam a violência.

E aqui encontramos uma problemática: a escola tende a acompanhar a organicidade da sociedade/cultura na qual se insere, portanto, é mutável. Seus paradigmas confirmam essa mutação. Em contraponto, uma circunstância tende a ser considerada violenta quando existe uma tipificação e o devido reconhecimento como tal. Logo, algumas circunstâncias que são reconhecidas como violentas por um nicho social podem não ser reconhecidas por outros.

A Declaração Universal dos Direitos Humanos (1945) propõe um Termo de Ajustamento de Conduta (TAC). Para tanto, são inalienáveis e invioláveis são, assim, inegociáveis. Neste preceito, as violações de direitos humanos não são aceitáveis, de modo algum. Por esse motivo, os direitos humanos devem ser protegidos e amparados pela força da lei e das instituições[116].

Entretanto, o que podemos perceber na atualidade, destoa deste contexto: escolas fragilizadas por falta de políticas públicas concernentes às expectativas da sociedade civil, e por diretrizes muitas vezes contraditórias. Existe neste contento o ato de violar o preceito educacional. E este violar, como a própria etimologia do termo sugere, pressupõe ato de violência.

E essa violência pode ser lida em suas entrelinhas a partir de variantes, é importante considerarmos a violência por intermédio de duas perspectivas: "no" e "do" contexto escolar.

A primeira perspectiva diz respeito à seguinte aplicação: a violência *no* contexto escolar consiste na produção violenta de convívio dentro do espaço escolar, sem contudo, ter relação direta à proposta interna da escola. Por exemplo, com a invasão da escola por gangues ou grupos distintos com a finalidade de práticas ilícitas.

---

116   Disponível em: http://dh.educacaoadistancia.org.br/arquivos/2010/Modulo_II.pdf.

A segunda perspectiva refere-se à violência do contexto escolar, que representa a institucionalização da violência. Em significativa parte reproduzida por intermédio de seus agentes — corpo gestor, administrativo ou docente. Por exemplo, na atribuição de notas como sanção ou nos atos de exclusão.

E é justamente esta perspectiva da escola como instituição atrelada à violência que esta pesquisa se fundamenta. Mais além, a escola não tem dado conta de atender à organização sociocultural que apresenta em seu interior o fator multicultural. Nesta direção Gadotti (1992) enfatiza que "a educação multicultural vem em auxílio do professor para melhor desempenhar sua tarefa de falar ao aluno concreto. Ela valoriza a perspectiva do aluno e abre o sistema escolar e constrói um currículo mais próximo da sua realidade cultural." (1992, p. 4).

Um fator importante verificado ao longo da Historia diz respeito à diversidade cultural. A escola, por esta lógica, passou a acolher diferentes grupos culturais, o que comumente se denomina como diversidade cultural. Entretanto, só acolher não tem sido suficiente. A escola precisa buscar meios para que esta diversidade se encontre numa identidade comum, ou seja, numa consciência individual e coletiva de como ser no mundo.

A lacuna identificada também nos mostra que a maior parte da violência protagonizada por adolescentes se explica pelo senso de não pertencimento ao contexto escolar, que Charlot (1996) assim explica:

> É preciso tentar entender como histórias singulares se desenvolvem no interior de espaços sociais que são os mesmos para todos, e continuam sendo histórias individuais, singulares. (p. 9)

E, para Perrenoud (2001) é compreendido como:

> Não podemos subestimar o choque cotidiano das culturas. Ele influencia o fracasso escolar: as rejeições, as rupturas na comunicação, os conflitos de valores e as diferenças de costumes contam tanto quanto o eventual elitismo dos conteúdos. (p. 57)

A questão é: qual o papel da escola para seu público principal (estudantes) e comunidade escolar e comunidade externa? A escola tem se formalizado a partir da tríade: *dimensão epistêmica* – a serviço da apropriação; *dimensão socializante* – ensaio, preparação de algo ainda por vir; *dimensão profissionalizante* – qualificação para o trabalho, ensino propedêutico. E sua visão romanceada ainda diz respeito ao espaço escolar enquanto aquele favorável ao florescimento das potencialidades humanas. Entretanto, não estamos habilitados para perceber que este ato de florescer tem mudado com o passar dos tempos.

Assim, a escola precisa efetivamente se perceber como uma instituição dependente, que não está dissociada ao contexto sócio-histórico. Ainda trabalhamos com a ideia de que a indisciplina corresponde à bagunça, ao tumulto, à falta de limite, mau comportamento, desrespeito à figura de autoridade, mas nos esquecemos de que o conceito de disciplina diz respeito a um padrão aceitável socialmente. Deste modo, esquecemo-nos de olhar para trás para verificar que o que é aceito hoje, anteriormente já foi indisciplina e assim por diante. A sociedade é orgânica, muda, assim como as demandas que chegam à escola e à sociedade.

As Recomendações Disciplinares de 1922 mostram que o conceito de disciplina era diferente ao que hoje temos por conta da ênfase à obediência e subordinação:

> [...] necessárias principalmente no que tange ao controle e ordenação do corpo e da fala. O silêncio nas aulas é absoluto e, fora delas, contido. Os movimentos corporais, por sua vez, são completamente esquadrinhados: sentados em sala, e em filas fora dela. (AQUINO, 1996, p. 43)

O paradigma educacional atual faz referência ao espaço escolar como democrático ao mesmo tempo em que propõe um padrão de comportamento, um ajustamento social. Mais ainda, na contramão, refere-se à subjetividade humana e no Artigo 205 da Constituição Federal de 1988 faz menção à escolarização já como exercício da cidadania. Logo: quais os novos significados da escola? Um quadro difuso se forma com:

> [...] a gênese da indisciplina não residiria na figura do aluno, mas na rejeição operada por esta escola incapaz de administrar as novas formas de existência social concreta, personificadas nas transformações do perfil de sua clientela. (AQUINO, 1996, p. 45)

Ao nosso tempo, a indisciplina se marca como força legítima de resistência. E a grande questão é: resiste-se ao quê?

Conforme o autor, a resistência diz respeito à sombra da figura de autoridade. O que justamente não condiz com o que se espera para a educação neste novo milênio. Precisa-se buscar a alteridade e esta por sua vez precisa legitimar o *modus operandi* no contexto escolar por intermédio de sua repetição e legitimação, ou seja, o papel da escola precisa ser constituído pela contínua construção e desconstrução e, com isso, fundamentar um novo entendimento do que é a (in)disciplina, pois segundo Aquino (1996) "estamos em outro tempo e precisamos estabelecer outras relações" (p. 67).

22.2 | PESQUISAS EM COMUNICAÇÃO – TEORIA DA "BOLA MÁGICA" E A PROPAGANDA DE GUERRA

A violência é um dos objetos de estudo de diferentes estudiosos e catedráticos no campo da comunicação. Seus efeitos benéficos e nocivos são amplamente questionados e pesquisados.

Um dos primeiros estudos no campo da comunicação que envolvem violência datam do início do século XX nos Estados Unidos da América a partir das necessidades de um Estado de Guerra. Os pesquisadores considerados pioneiros neste campo buscavam obter respostas a partir da propaganda política ideológica dos Estados Unidos da América na Grande Guerra.

Em um Estado de Guerra, a população precisaria estar envolvida no processo para apoiar a Pátria na ação contra o inimigo e assim suportar possíveis privações em consequência da guerra. A persuasão, através dos meios de comunicação de massa, seria utilizada para obter efeitos desejados pelo emissor.

> Os cidadãos tinham de odiar o inimigo, amar sua pátria, e devotar-se ao máximo ao esforço de Guerra. Não se podia depender de que o fizessem por conta própria. Os veículos de comunicação de massa disponíveis então tornaram-se as principais ferramentas para persuadi-los a agir assim. (DEFLEUR e BALL-ROKEACH, 1997, p. 180)

O grande objetivo destas pesquisas era conhecer como se formavam os mecanismos de persuasão por meio dos veículos de massa (rádio e cinema) de forma a atender e satisfazer aos interesses do Estado. Tal estudo ficou conhecido como "Teoria da Bola Mágica" ou "Teoria da Agulha Hipodérmica", que tem como ideia principal o fato de o receptor ser passivo e aceitar as mensagens como são enviadas, sem questionamentos. Pressupõe que a mensagem é enviada e recebida, assim como uma bala disparada em um determinado sujeito.

As propagandas de guerra e os novos meios de comunicação, como o rádio e o cinema, chamaram a atenção dos pesquisadores para o que essas novas formas de comunicação podiam causar nas pessoas. É dessa época o conceito de sociedade de massa, definido como um aglomerado de pessoas, porém todas completamente isoladas umas das outras.

Os esforços da propaganda de guerra, por meio de noticiários radiofônicos, fotos, discursos, livros, sermões e filmes, surtiram efeito na adesão da população à Guerra. Como se concebia que os indivíduos da sociedade de massa estavam isolados e não possuíam vínculos unificadores, passou a ser difundido o pensamento de que a mídia era poderosa numa sociedade sem coletividade e que seus efeitos seriam diretos, uniformes e imediatos nos indivíduos.

No Brasil os efeitos da pesquisa foram identificados nos anos de 1938 e 1939 quando o país sofria forte influência do regime totalitarista e vivia o chamado Estado Novo, que impôs uma forte repressão aos meios de comunicação como forma de controle. Dessa época são datados programas como "Hora do Brasil" (de caráter informativo, cultural e cívico) e a criação do Departamento de Imprensa e Propaganda (DIP) que possuía como principal característica o fortalecimento da censura e o redirecionamento dos conteúdos da mídia.

Outro destaque que merece ser citado na evolução dos estudos dos processos comunicacionais diz respeito ao paradigma criado por Harold D. Lasswell[117], baseado no modelo de Aristóteles[118].

Lasswell (1902-1978) em seu livro *Propaganda Techniques in the World War* (1927) pensava a propaganda (aquela difundida na primeira guerra – 1914 a 1918) como único meio de atrair a adesão com o grande público, de uma maneira não violenta.

> *A propaganda constitui o único meio de suscitar a adesão das massas; além disso, é mais econômica que a violência, a corrupção e outras técnicas de governo desse gênero. Mero instrumento, não é nem mais moral nem mais imoral que "a manivela da bomba d'água". Pode ser utilizada tanto para bons como para maus fins. Essa visão instrumental consagra uma representação da onipotência da mídia, considerada ferramenta de "circulação eficaz dos símbolos". A opinião comum que prevalece no pós-guerra é a de que a derrota das forças alemãs deveu-se enormemente ao trabalho de propaganda dos Aliados. A audiência*

---

117 Cientista político e professor da Universidade de Yale – EUA, um dos pais da *Mass Comunication Research.*

118 Arte Retórica, de Aristóteles (384-322 a.C), a mais conhecida e citada caracterização do processo de comunicação. Ensina o filósofo grego que, pelo recurso à "arte da palavra artificial", comunicar significa persuadir.

é visada como um alvo amorfo que obedece cegamente ao esquema estímulo-resposta. Supõem-se que a mídia aja segundo o modelo da "agulha hipodérmica", termo forjado por Lasswell para designar o efeito ou impacto direto e indiferenciado sobre os indivíduos atomizados. (MATTLELART, 2002, p. 37)

Estudava a comunicação a partir das hipóteses:

⇒ Quem? (Emissor – Análise do controle)

⇒ Diz o quê? (Mensagem – Análise do conteúdo das mensagens)

⇒ Em que canal? (Meio – Análise das mídias)

⇒ Para quem? (Receptor)

⇒ Com que efeito? (*Feedback* – análise da audiência e análise dos efeitos)

Sua teoria trazia como reflexão que a mídia afetava o público pelos conteúdos disseminados; os efeitos produzidos equivaliam a reações manifestas do público e estas reações compreendiam: atenção, compreensão, fruição, avaliação e ação; as reações dependiam de identificações projetivas, anseios e expectativas, latentes ou não, dos membros do público; existia influência do contexto (social, cultural, ideológico) e de predisposições especiais nas reações e os conteúdos estavam inseridos num contexto e constituíam um dos fatores que provocam reações por parte do público.

22.3 | A RELAÇÃO ADOLESCENTES, JOVENS E COMUNICAÇÃO

Neste contexto, surgem as primeiras pesquisas envolvendo jovens e adolescentes, numa tentativa de identificar a influência ou não das mensagens transmitidas pelos veículos de comunicação de massa quando de um período motivado por reformas sociais nos Estados Unidos da América da década de 30.

Em 1933 instituindo uma longa tradição de estudos relativos à questão da mídia e da violência, apareceu sobre o tema o relatório em doze volumes do Payne Fund, no qual psicólogos, sociólogos e educadores eminentes interrogaram-se a respeito dos efeitos do cinema no conhecimento das culturas estrangeiras, nas atitudes em relação à violência e no comportamento delinquente. Afastando-se do postulado de Lasswell, essas pesquisas ilustradas pelo relatório da fundação Payne já puseram em questão a teoria behaviorista do efeito direto das mensagens nos receptores, atentando em fatores de diferenças na recepção das mensagens, tais como idade, sexo, meio social, experiências passadas e influência dos pais. (WARTELLA e REEVES, 1985 *apud* MATTELARD, 2002, p. 41)

A comunicação há muito tem se tornado como um tema polêmico de discussão, ainda mais ao considerarmos a informação como um bem valioso, responsável por erguer e derrubar diferentes lideranças. Na modernidade, uma discussão sobre a temática que vem ganhando cada vez mais adeptos, incluindo o Brasil, são pesquisas denominadas agenda *setting*, *newsmaking* e espiral de silêncio.

Antonio Hohlfeld[119] em *Hipóteses Contemporâneas de Pesquisa em Comunicação* (2001) levanta três hipóteses para o *agendamento*:

> **a)** *O fluxo contínuo de informação – verifica-se que o processo de informação e de comunicação não é, como parecem pressupor as antigas teorias, um processo fechado. [...]. Da manhã à noite, contudo, sofremos verdadeira avalanche informacional que, na maioria das vezes, inclusive, nos leva ao conhecido processo de entropia, ou seja, um excesso de informações que, não trabalhadas devidamente pelo receptor, se perdem ou geram situações inusitadas como aquelas já flagradas no engraçadíssimo* Samba do Crioulo Doido *de Stanislaw Ponte Preta. O que, na verdade, ocorre, é que este fluxo contínuo informacional gera o que McCombs denominará de* efeito enciclopédia *que pode ser inclusive concretamente provocado pela mídia, sempre que isso interesse, por meio de procedimentos técnicos como o chamado* Box *que revistas e jornais muitas vezes estampam junto a uma grande reportagem, visando* atualizar *o leitor em torno de determinado fato [...]*

> **b)** *Os meios de comunicação, por consequência, influenciam sobre o receptor não a curto prazo, como boa parte das antigas teorias pressupunham, mas sim a médio e longo prazos — ou seja, é mediante a observação de períodos de tempo mais longos do que os habitualmente até então configurados que podemos aquilatar, com maior precisão, os efeitos provocados pelos meios de comunicação. Mais*

---

119 Doutor em Letras pela PUCRS, professor e coordenador do Programa de Pós-graduação em Comunicação Social da FAMECO/PUCRS.

que isso, deve-se levar em conta não apenas o lapso de tempo abrangido por uma determinada cobertura jornalística quanto, muito especialmente, o tempo decorrido entre esta publicidade e a concretização de seus efeitos em termos de uma ação e consequentemente por parte do receptor. [...]

c) Os meios de comunicação, embora não sejam capazes de impor o que pensar em relação a um determinado tema, como desejava a teoria hipodérmica, são capazes de, a médio e longo prazos, influenciar sobre o que pensar e falar, o que motiva o batismo desta hipótese de trabalho. Ou seja, dependendo dos assuntos que venham a ser abordados — agendados — pela mídia, o público termina, a médio e longo prazos, por incluí-los igualmente em suas preocupações. Assim, a agenda da mídia de fato passa a se constituir também na agenda individual e mesmo na agenda social. (HOHLFELDT, 2002, pp. 190-191)

Sobre *newsmaking*, Hohlfeldt (2002) nos diz:

A hipótese de newsmaking *dá especial ênfase à produção de informações, ou melhor, à potencial transformação dos acontecimentos cotidianos em notícia. Deste modo, é especialmente, no caso o profissional da informação, visto enquanto intermediário entre o acontecimento e sua narratividade, que é a notícia, que está centrada a atenção destes estudos, que incluem sobremodo o relacionamento entre fontes primeiras e jornalísticas, bem como as diferentes etapas da produção informacional, seja ao nível da captação da informação, seja em seu tratamento e edição e, enfim, em sua distribuição. No horizonte do newsmaking se colocam, dentre os vários temas possíveis, os conhecidos estudos sobre* gatekeeping *ou* filtragem *da informação, que se distingue totalmente da censura, por sua perspectiva distinta da ideologia e mais vinculada às rotinas de produção da informação, verificáveis, assim, tanto entre a mídia capitalista, quanto nas socialistas, por exemplo. [...] Algumas pesquisas feitas entre profissionais indicavam que a recusa ou aceitação de um acontecimento enquanto notícia dependeria muito de uma espécie de conceito difuso do que seja a informação — entenda-se, a informação considerada de interesse jornalístico — vigente entre os profissionais. As referências implícitas dos profissionais pesquisados aos grupos de colegas e ao sistema de fontes foram dois dos elementos mais presentes nestas pesquisas, ultrapassando em muito qualquer preocupação ou referência ao público, ao leitor que seria, em última instância, enquanto receptor, o verdadeiro motivo daquela atividade profissional.* (HOHLFELDT, 2002, pp. 204-205)

Até aqui podemos considerar que a mídia pode causar algum tipo de influência sobre o indivíduo e que seu material é produzido levando em consideração os interesses de determinados grupos e das Instituições que os controlam. Porém, também cabe dizer que na sociedade em que vivemos, repleta de mecanismos provedores de informação, consequência dos avanços tecnológicos, grande parte da informação deve ser filtrada a fim de se moldar aos veículos de comunicação existentes e suas especificidades. Nem tudo que é vivenciado, produzido enquanto informação terá sua divulgação por completo, ao contrário do que acontecia nas chamadas *Gemeinschaften*[120] (sociedades comunitárias), em que todos os indivíduos se conheciam e o processo da informação era de fato unificado. Com a expansão das sociedades, os distanciamentos físicos, a criação de fronteiras culturais e sociais, assemelhamo-nos muito mais com o conceito de *Gesellschaften*[121] (sociedades anônimas).

Noticiar *é um processo organizado que implica uma perspectiva prática dos acontecimentos, uma série produtiva que vai da* pragmaticidade[122] *à factibilidade, num processo múltiplo de descontextualização e recontextualização de cada fato, enquanto narrativa jornalística. A noticiabilidade está regrada por valores-notícia, conjunto de elementos e princípios pelos quais os acontecimentos são avaliados pelos meios de comunicação de massa e seus profissionais em sua potencialidade de produção de resultados e novos eventos, se transformados em notícia. Os valores-notícia (*news value*) não podem nem devem ser analisados isoladamente. Na verdade, eles se combinam sempre enquanto infinitos compostos, só verificáveis após sua concretização, ou seja, apenas depois que um evento se tornou notícia, de*

---

120 Termo preconizado por Tonnies Ferdinand em Comunity and society, East Lansing, Michigan State University Press, 1957 (edição alemã original de 1887). In: Hohlfeldt, 2002, p. 192.

121 Outro termo preconizado por Tonnies Ferdinand.

122 Lembremos, neste sentido, a perspectiva de CHAPARRO, Manuel Carlos. *Pragmática do Jornalismo*. São Paulo: Summus, 1994.

modo retroativo, pode-se analisar a narrativa e reconstituir os valores que influíam na decisão de torná-lo enquanto tal, a partir do acontecimento primeiro. A noticiabilidade é conjunto de regras práticas que abrange um corpus de conhecimento profissional que, implícita e explicitamente, justifica os procedimentos operacionais e editoriais dos órgãos de comunicação em sua transformação dos acontecimentos em narrativas jornalísticas. Reúne o conjunto de qualidades dos acontecimentos que permitem uma construção narrativa jornalística e que os recomendam enquanto informação jornalística. (HOHLFELDT, 2002, pp. 208-209)

Quando os veículos de comunicação, na busca da *noticiabilidade* divulgam material sobre adolescentes e jovens envolvidos em algum tipo de delito, mesmo que se resguardando o direito de não identificar, colocar as iniciais ou citar o nome deste jovem, o faz em alguma situação de risco, pois o entorno da matéria, o contexto da construção de seu *lead*[123] possa de alguma forma identificá-lo por meio de seus pares no que o autor denomina de micro *Gemeinschaften*, comunidades em que este jovem está inserido, podendo ser seu bairro, seu grupo escolar, gangue que faça parte etc. (HOHLFELDT, 2002). Para tanto o Estatuto da Criança e Adolescente em seu art. 17[124] acaba por ser infringido sob a égide do poder da informação: "O direito ao respeito consiste na inviolabilidade da integridade física, psíquica e moral da criança e do adolescente, abrangendo a preservação da imagem, da identidade, da autonomia, dos valores, ideias e crenças, dos espaços e objetos pessoais".

Seria ingênuo pensar que os adolescentes e jovens estão totalmente submissos a tudo que é dito ou pregado pelos veículos de comunicação, pensar que não exista capacidade de discernimento entre o que está ou pode ser "certo" ou "errado". O que acontece, não somente com este público, é que os veículos de comunicação de massa são capazes de provocar no indivíduo o questionamento de ideias e valores e formar o que conhecemos como *opinião pública* e, em uma sociedade cercada por todo tipo de informação, da conversa com o vizinho até a troca de mensagens em redes sociais, todos acabam por se tornarem especialistas nos mais diversos assuntos, deixando de lado, em alguns momentos, a reflexão e

---

123   Na teoria do jornalismo o *lead* (ou, na forma aportuguesada, lide) é a primeira parte de uma notícia geralmente posta em destaque relativo, respondendo as questões: Quem? Diz o quê? Quando? Como? Por quê?

124   **Art. 17.** O direito ao respeito consiste na inviolabilidade da integridade física, psíquica e moral da criança e do adolescente, abrangendo a preservação da imagem, da identidade, da autonomia, dos valores, ideias e crenças, dos espaços e objetos pessoais.

pesquisa mais aprofundada fazendo circular nos diferentes grupos informações tomadas como verdades supremas. É nesse ponto que a influência dos veículos de comunicação de massa passa a ser alvo de estudos mais aprofundados sobre seus efeitos em adolescentes e jovens que estão em "condição peculiar" de desenvolvimento conforme art. 6° do ECA.

Tomando os estudos desenvolvidos pela pesquisadora Noelle-Neumann[125] questionando a influência da mídia de que esta não se estabelecia apenas no *sobre o que pensar ou opinar,* mas *o que pensar ou dizer,* no que ela conveniou chamar de *espiral de silêncio:*

Sua pesquisa indicou que as pessoas são influenciadas não apenas pelo que as outras dizem mas pelo que as pessoas imaginam que os outros poderiam dizer. Ela sugeriu que, se um indivíduo imagina que sua opinião poderia estar em minoria ou poderia ser recebida com desdém, essa pessoa estaria menos propensa a expressá-la.[126]

> *Isso porque, segundo ela, para o individuo, o não isolamento em si mesmo é mais importante que seu não julgamento. Parece ser esta a condição da vida humana em sociedade; caso contrário, não será concretizada uma integração suficiente (p. 118). Para Noelle-Neumann, além do medo ao isolamento, funciona ainda a dúvida sobre a capacidade de julgamento que o indivíduo tem sobre si mesmo e o que o torna vulnerável à opinião dos demais, em especial no caso de pertencer a algum grupo social, que pode puni-lo por ir além da linha autorizada. [...]. Assim, para Elisabeth Noelle-Neumann a opinião pública é na verdade a opinião da maioria que pode e chega a se expressar livremente, na medida em que tenha acesso aos meios de comunicação. Dito de outro modo, a opinião pública é um processo de interação entre as atitudes individuais e as crenças individuais sobre a opinião da maioria. Pela influência provocada na audiência pelos* mass media *chega-se à confluência do que seja a opinião majoritária[127]. Expressões como* Zeitgeist *ou* spiritus loci *traduziriam, filosoficamente, esta realidade, ligando-as, consequentemente, aos processos de opinião pública (*apud *HOHLFELDT, 2002, pp. 229-231)*

---

125 NOELLE-NEUMANN Elisabeth. *Mass media social change in develope societies.* In: Hohlfeldt, 2002, p. 222.

126 SINGLETARY, w. Michael W. e STONE, Gerald. *Communication theory & Research application.*

127 NOELLE-NEUMANN, Elisabeth. *Return to the concept of powerfull mass media, op. cit.,* p. 87.

Sendo assim, o indivíduo moldaria seu pensamento por receio de ser excluído ou simplesmente por achar que seria excluído, de não pertencer mais a determinado grupo social. Não quero aqui dizer que ele deixaria de pensar ou expressar suas opiniões, porém as mesmas teriam forte influência de seu grupo de pertencimento.

Os veículos de comunicação de massa passam a ter um importante papel na "moldagem" destas ideias a partir do momento que a mesma informação, o mesmo fato *noticioso* é transmitido e multiplicado por diferentes veículos em horários diversos. O indivíduo passa então a dar credibilidade e moldar sua opinião por meio destes "recortes da verdade" como forma de sentir-se partícipe em discussões em seu ambiente de trabalho, em casa, com os amigos etc. A necessidade do pertencimento, o medo do isolamento faz com que o homem aja de maneira instintiva em relação à multiplicação da informação. Diferente não o é, o adolescente e jovem, porém seu repertório e vivências são limitados ou restritos por estarem sem condição peculiar de desenvolvimento e que fazem caminhar em um terreno muito mais ardiloso.

Para Wolf (1994):

> *[...] a situação social em que cada um acredita ser o único a pensar algo de certo modo e não expressa sua própria opinião por temor de violar um tabu moral ou uma regra indiscutível, ou por medo de ser impopular. Quando ninguém concorda com uma norma, mas cada um pensa que todos os demais concordam com ela, o resultado final é como se todos concordassem com aquela norma.* (WOLF, 1994, p. 71 *apud* HOHLFELDT, 2002, p. 236)

22.4 | A MÍDIA E A JUVENTUDE NO BRASIL

A mídia mundial e, sobretudo a brasileira, sempre teve um interesse em noticiar todo tipo de desastre e catástrofes. Barthes (1999) fala de *fait divers* como "uma informação monstruosa sobre desastres, assassinatos, raptos, acidentes, roubos, assaltos, esquisitices [...], remetendo ao homem a sua história, a sua alienação, a seus fantasmas, a seus sonhos, a seus medos" (*apud* BARBOSA FILHO, 2004, p. 120).

Em uma sociedade acuada pela violência não é difícil de entender tal tendência dos principais veículos de comunicação que, enquanto grandes indústrias, procuram atender o "gosto do cliente". Imerso nesta indústria da comunicação, como figuras importantes de um segmento cada vez mais crescente, as crianças, adolescentes e jovens.

A adolescência, em grande parte, é alvo de uma mídia equivocada que tem como principal objetivo gerar notícias sem o tempo hábil para analisar e verificar os fatos. A imparcialidade da informação, tida como princípio maior entre os profissionais, dá vez ao imediatismo da indústria do consumo da informação, da concorrência entre os veículos de comunicação. Basta observarmos dados do Ilanud[128] que constata que entre os crimes cometidos por jovens no Brasil, menos de 10% é considerado de caráter grave. Segundo o Relatório "Balas Perdidas" (2001) da Agência de Notícias dos Direitos da Infância (ANDI), crimes contra a vida cometidos por jovens são 37,2% dos casos cobertos pela imprensa. Já os furtos são mencionados em 2% das notícias. (apud Caravana Comunidade Segura, 2007)

No entender de MARCONDES FILHO (1986):

> *Tal visão conduz ao entendimento de que o jornalismo significa, portanto, informação (como notícia) com tênue vinculação com seu produtor ou emissor: objeto de compra e venda em um mercado em que não se sabe como, por que, de onde ou para onde vai. Mercadoria pura e simples, matéria solta e universal, como as demais mercadorias, fato social sem história e com reduzida ação no presente, reduzida inter-relação entre criador e receptor, reduzidas propostas e colaboração para uma transformação individual ou coletiva: alimento simbólico para a mente. Na produção da notícia, no tratamento dos acontecimentos, o que se vende é a aparência do valor de uso. A manchete, o destaque, a atratividade são o chamariz da mercadoria jornal.* (MARCONDES FILHO, 1986, p. 31)

O ECA em seu artigo 18 estabelece: "É dever de todos velar pela dignidade da criança e do adolescente, pondo-os a salvo de qualquer tratamento desumano, violento, aterrorizante, vexatório ou constrangedor". A partir do momento em que a mídia veicula notícias sobre adolescentes e jovens que tenham praticado algum ato fora dos padrões de convivência social ou que apenas sejam suspeitos, abre precedentes para que haja um julgamento social sem levar em consideração, muitas vezes, as circunstâncias em que o fato ocorreu. O contrário também pode acontecer, cujo adolescente e jovem identifica na mídia uma forma de recompensa por seus atos, em que ele terá o seu momento de "fama", tornando-se uma personalidade pública sem importar com as consequências de seu ato.

---

128 Instituto Latino-Americano das Nações Unidas.

Tais atitudes dos adolescentes e jovens perante o poder de sedução da mídia dá-se, na maioria das vezes, por uma falta de aproximação com o veículo. Ferrés (1996), ao se referir à mídia televisiva, argumenta que:

> O jogo de interações que se estabelece entre o especta-
> dor e a televisão não são iguais no espectador adulto e
> na criança. O adulto compara o que está vendo com suas
> expectativas anteriores, sua ideologia, seu valores, suas
> expectativas, seus fantasmas. A criança, no entanto, tem
> poucas experiências prévias. O jogo de relações desen-
> volve-se em um terreno muito mais virgem, muito mais
> vulnerável. (FERREZ, 1996, p. 87)

Pensando na "sociedade do espetáculo" parte dos adolescentes e jovens, independentemente da classe social, ser notícia pode ser motivo de euforia e afirmação de identidade frente a seus pares e com possibilidade de ser reconhecidos pela sociedade. Um exemplo: ao ser visto empunhando uma arma de fogo ele se vê como protagonista de filmes ou de seriados ou de notícias ou de exemplo de exercício de poder que ele vê na mídia, no cinema etc. Neste contexto, o mercado publicitário acaba por encontrar um novo nicho entre aqueles que consomem cada vez mais pela necessidade de autoafirmação social e pela condição "ser jovem é sentir-se jovem".

Para KEHL (2005):

> A adolescência, na nossa cultura, é a idade na qual se
> representam as formas imaginárias do mais gozar. Toda a
> publicidade apela para o "sem limites" da vida adolescente,
> representado pela velocidade da moto, pela potência do
> aparelho de som, pela resistência do carro, pelo barato da
> cerveja e do cigarro, pelo corpo aeróbico e perfeito malhado
> nas academias e transformado em ícone sexual, objeto
> incontestável do desejo de jovens, velhos e crianças. [...]
> O estilo da vida bandida que os adolescentes tentam imitar
> é a linguagem elaborada e estetizada pelo cinema, pelo rap,
> pela televisão. (KEHL 2005 apud NOVAES e VANNUCHI,
> 2004, pp. 102-103)

Os principais efeitos adversos relatados, numa primeira apreciação com a literatura e resultados de pesquisas, adolescentes e jovens estão expostos à violência na mídia por: (a) suscitar atitudes antissociais e agressivas;

(b) tornar o espectador insensível à violência na vida real; (c) aumentar a sensação de medo (STRASBURGER, 1999).

Porém, há que se considerar também que nem tudo são atitudes "apocalípticas" por parte da mídia em geral. Inúmeros são os projetos que tentam aliar uma linguagem mais consciente sobre os veículos de comunicação e a formação do indivíduo.

Para SOARES (2002):

> *Considero necessário, portanto, procurar novas estratégias que permitam uma abordagem diferenciada ao problema. Estou propondo uma mudança da visão dicotômica (o bem contra o mal) e do confronto com os meios de comunicação de massa para uma visão construtivista que torna o contato entre Comunicação e Educação um espaço novo e autônomo para a intervenção criativa. Estou falando do reconhecimento e legitimação de um campo que poderia ser chamado de "campo da educomunicação". Em outras palavras: o conflito e o confronto não seriam abandonados, se necessários. Contudo, além disso, seria construído ou reforçado um espaço para a autointervenção: o espaço da Educomunicação. Ao adotar a perspectiva da Educomunicação, quero dizer que uma nova produção simbólica e uma nova prática comunicativa serão geradas a partir dela. O Campo da Educomunicação é compreendido, portanto, como um conjunto de ações que permitem que educadores e estudantes desenvolvam um novo gerenciamento, aberto e rico, dos processos comunicativos dentro do espaço educacional e de seu relacionamento com a sociedade. O Campo da Educomunicação incluiria, assim, não apenas relacionamentos de grupos (a área da comunicação interpessoal), mas também atividades ligadas ao uso de recursos de informações no ensino-aprendizagem (a área das tecnologias educacionais), bem como o contato com os meios de comunicação de massa (área de educação para os meios de comunicação) e seu uso e manejo (área de produção comunicativa). (SOARES, 2002, p. 64)*

Neste sentido, é necessária a criação de novos instrumentos de conscientização e utilização por parte da mídia, escolas e sociedade em geral para fazer frente ao número de incidência de violência juvenil por meio de um processo de formação e transformação do indivíduo, não perdendo de vista seus direitos enquanto cidadão.

Abramo (2003) também defende que a mídia, sobremaneira o jornalismo pode e deve agir como mecanismos sociais que os caracterizam:

> *Assim, é defensável que o jornalismo, ao contrário do que muitos preconizam, deve ser não neutro, não imparcial e não isento diante dos fatos da realidade. E em que momento o jornalismo deve tomar posição? Na orientação para a ação. O órgão de comunicação apenas pode, mas deve orientar seus leitores/espectadores, a sociedade, na formação da opinião, na tomada de posição e na ação concreta como seres humanos e cidadãos.* (ABRAMO, 2003, p. 38)

Ingênuo pensar que os veículos de comunicação mudarão do dia para a noite o seu *modus operandi* e passarão a cumprir de fato seu papel, regimentado pelo Código de Ética da profissão que em seu artigo 6°, parágrafo XI diz "é dever do jornalista defender os direitos do cidadão, contribuindo para a promoção das garantias individuais e coletivas, em especial as das crianças, adolescentes, mulheres, idosos, negros e minorias". Ingenuidade, pois a mídia é apenas uma das ramificações da sociedade que precisa melhor executar o seu papel. Ao discutirmos a questão da violência escolar, da mídia, da juventude, não podemos perder o foco sobre todos os personagens envolvidos nesse processo, sobremodo o Estado enquanto instituição maior na preservação das garantias de direitos dos cidadãos.

REFERÊNCIAS

ABRAMO, H. W. Considerações sobre a tematização social da juventude no Brasil. *Revista Brasileira de Educação*, São Paulo, 1997.

ABRAMOVAY, Miriam. *et al. Gangues, galeras, chegados e* rappers. *Juventude, violência e cidadania nas cidades da periferia de Brasília*. Rio de Janeiro: Garamond, 1999.

AQUINO, Julio Groppa. A desordem na relação professor-aluno: indisciplina, moralidade e conhecimento. In: AQUINO, Julio Groppa [Org.]. *Indisciplina na escola: alternativas teóricas e práticas*. São Paulo: Summus, 1996.

CHARLOT, Bernard. *Da Relação com o Saber. Elementos para uma teoria*. Porto Alegre: Artmed, 2000.

DEFLEUR, Melvin de; BALL-ROKEACH, Sandra. *Teorias da Comunicação de Massa*. Rio de Janeiro: Jorge Zahar, 1997.

DELORS, J. *Educação: um tesouro a descobrir.* 2ª ed. São Paulo: Cortez Brasília, DF: MEC/ UNESCO, 2003.

ENGUITA, Mariano F. *A face oculta da escola: educação e trabalho no capitalismo.* Tradução de Tomaz Tadeu da Silva. Porto Alegre: Artes Médicas, 1989.

FERRÉS, Joan. *Televisão e educação.* Porto Alegre: Artes Médicas, 1996.

GADOTTI, Moacir. *Diversidade Cultural e Educação para Todos.* Rio de Janeiro: Editora Graal, 1992.

HOHLFELDT, Antonio; MARTINO, Luiz C; FRANÇA, Vera Veiga [Orgs.]. *Teorias da comunicação: conceitos, escolas e tendências.* Vozes, 2001.

KEHL, Maria Rita. A juventude como sintoma da cultura. In: NOVAES, Regina; VANNUCHI, Paulo [Orgs.]. *Juventude e Sociedade: trabalho, educação, cultura e participação.* São Paulo: Editora Fundação Perseu Abramo, 2005, pp. 89-114.

MARCONDES FILHO, Ciro. *O Capital da Notícia: jornalismo como produção social da segunda natureza.* São Paulo: Editora Ática, 1986.

MATTELARD, Armand e Michéle. *História das teorias da comunicação.* São Paulo: Loyola, 2002.

PEREIRA, Irandi. *Trabalho infantil: mitos e dilemas.* Dissertação de Mestrado. Faculdade de Educação da USP, 1999.

PERRENOUD, Philippe. *A Pedagogia na Escola das Diferenças. Fragmentos de uma Sociologia do Fracasso.* Porto Alegre: Artmed, 2001.

RUA, M. das G. *As políticas públicas e a juventude dos anos 90.* Brasília: CNPD, 1998. 2 v.

RUOTTI, Caren. *A violência na escola: um guia para pais e professores / Caren Ruotti, Renato Alves, Viviane de Oliveira Cubas.* São Paulo: Andhep / Imprensa Oficial do Estado de São Paulo, 2007.

SOARES, I. de O. Gestão comunicativa e Educação: caminhos da Educomunicação. In: Comunicação & Educação, 23, pp. 16-25, São Paulo, jan./abr. 2002.

SOARES, I. de O. *Mas, afinal, o que é Educomunicação?.* Disponível em: www.usp.br/nce. Acesso em: 27 de janeiro de 2007.

SOUZA, Regina Magalhães de. *O discurso do protagonismo infantil.* São Paulo: Paulus, 2008.

SPOSITO, M. Trajetórias na constituição de políticas públicas de juventude no Brasil. In: FREITAS, M. V.; PAPA, F. de C. [Org.]. *Políticas públicas: juventude em pauta.* São Paulo: Cortez, 2003.

STRASBUSGER, V. C. *Os adolescentes e a mídia: impacto psicológico.* Porto Alegre: Artmed, 1999.

EDUCAÇÃO CORPORATIVA

"Pedagogia corporativa: atuação em espaços alternativos"

Prof.ª Rosa Maria Maia

INTRODUÇÃO

A área de Pedagogia, Psicologia Escolar, Clínica e Organizacional, oferecem valiosos subsídios para a atuação do pedagogo, entre eles os diversos aspectos da subjetividade do futuro profissional nas relações ensino-aprendizagem que se evidenciam nas concepções teóricas de Rey (2002). Trata-se de uma visão que, além de contemplar a complexidade da organização simultânea e contraditória dos espaços individuais e sociais, nos remete a reflexões que começaram a se definir durante a nossa trajetória profissional: como docente universitária. Nessa atuação profissional, foi possível observar, questionar e refletir sobre a importância da formação de professores no cotidiano profissional e no trato direto com o sujeito atendente.

Questionamentos acontecem sobretudo nas relações entre a formação do professor e as formas de compreender e atuar frente aos processos de ensino-aprendizagem. Na atuação docente universitária, evidenciou-se uma formação e uma consciência fragmentadas, segundo Ortiz (1998), na qual também o currículo se apresenta sem alteração durante décadas, sem conexão com as reais necessidades educacionais do século XXI, que se apresenta a cada momento com novos desafios e tecnologias na empresa-escola.

A questão apontada acima é preocupante, pois, na maioria das vezes, a formação inicial do professor será a única oportunidade de profissionalização. Nesse sentido, um profissional crítico, criativo, reflexivo, questionador e investigativo, ou seja, um profissional percebido em vários aspectos de seus processos de aprender e ensinar é de extrema importância na empresa e na escola. Entretanto, para a ocorrência de tal fato, seria necessário que o curso de formação inicial, hoje Pedagogia, estivesse atento a este enfoque multidimensional. A subjetividade, assim como a cultura e a ciência, são entendidas a partir de uma visão de diferença e descentralização de alternativas de flutuações, que surgem em conjunto com aspectos construtivos e processos auto-organizativos, mudanças e incertezas. (GONZÁLEZ REY, 2005)

Sendo assim, a subjetividade é compreendida como algo processual e dinâmico que está em permanente construção.

Outro fator importante são as trajetórias de vida do sujeito, existe a consciência que o ser é histórico, e, por este motivo, integrado nas experiências anteriores, ou seja, em seus conhecimentos, vivências, culturas, acertos, erros, encontros e desencontros que se foram acumulando ao longo do cotidiano e de inúmeras gerações. Nessa perspectiva, o sujeito não se constitui e se reconstitui de forma alienada o seu ambiente social, do mesmo modo que ele é influenciado por seu tempo histórico, social e cultural — o sujeito é constituinte e constituído.

As emoções vivenciadas pelo sujeito estão presentes na construção da subjetividade. Ela se encontra associada à produção de sentidos subjetivos que evocam de forma permanente uma multiplicidade de processos simbólicos, do mesmo modo que os processos simbólicos em associação com o sentido subjetivo evocam emoções sem que nenhum dos dois se transforme na causa do outro.

A produção de sentidos subjetivos constitui-se como uma verdadeira mistura de sensações subjetivas envolvidas constantemente na tensão de processos simbólicos e emocionais, constituídos por inúmeras configurações de sentidos em espaços socialmente compartilhados de práticas profissionais e sociais.

Os sentidos subjetivos produzidos nos processos de aprender e de ensinar, nas trajetórias de vida dos pedagogos, podem evidenciar valores, crenças, expectativas acerca desses processos. Tal fato aponta a necessidade de considerar a subjetividade dos professores nas diversas áreas de atuação como algo importante e em construção constante. Sem isso, poucas mudanças ocorrerão na direção de uma melhor qualidade de ensino tanto na escola como na empresa. Sempre acreditamos que a Pedagogia e a Empresa fazem um casamento perfeito. Ambas têm o mesmo objetivo, a relação subjetiva nas relações pessoais, especialmente nos tempos atuais onde o investimento maior das empresas é no "capital humano".

Uma Empresa sempre é a associação de pessoas com subjetividade que se processa a partir do processo natural de construção do conhecimento. Para explorar uma atividade com objetivo definido, liderada pelo Empresário, pessoa empreendedora, que dirige a atividade com o fim de atingir ideais e objetivos também definidos e com toda sua subjetividade que contempla experiências vividas e relações sociais de acertos e erros.

A Pedagogia é a ciência que estuda e aplica doutrinas e princípios visando a um programa de ação em relação à formação, aperfeiçoamento e estímulo de todas as faculdades da personalidade das pessoas, de forma subjetiva, e de acordo com as experiências vividas de cada sujeito/funcionário, e também o estudo dos ideais e dos meios mais eficazes para realizá-los, de acordo com uma determinada concepção de vida. Tanto a Organização /Empresa, como a Pedagogia/Educação agem em direção à realização de ideais e objetivos definidos, no trabalho capaz de provocar mudanças no comportamento das pessoas. Esse processo de mudança provocada, no comportamento das pessoas em direção a um objetivo, chama-se aprendizagem. É aprendizagem a partir da subjetividade e seus processos de ensinar e aprender devem ser a especialidade da Pedagogia e do Pedagogo na organização e/ou na escola. Para a Empresa/Escola conseguir as mudanças desejadas no comportamento das pessoas, os meios utilizados têm de ser adequados aos seus objetivos e ideais.

23.1 | A EDUCAÇÃO, A EMPRESA E A ESCOLA

O papel do pedagogo é facilitar a aprendizagem e enfatiza, nesse procedimento, a bagagem de informação trazida por todos os envolvidos. Desta participação nossos processos de decisão e de compreensão podem derivar contornos originais de resolução de problemas, de liderança, identidades e mudanças de atitudes em um espaço mais significativo.

Durante séculos o problema educacional e o estudo do comportamento humano (a formação do caráter e da personalidade das pessoas) são objetos de estudo e de meditação, sem que se atribuísse a este conjunto de conhecimentos, mais ou menos sistematizados, qualquer designação relacionada diretamente com a pedagogia, pois esta sempre foi encarada como voltada à educação escolar, quando, na realidade, a educação permeia as relações sociais e organizacionais.

Porém, entre a realidade prática e a filosofia havia uma grande distância. Aos poucos, foram surgindo pessoas que começaram a se relacionar diretamente com as questões práticas educativas, os pedagogos e os psicólogos

Na Grécia e em Roma, chamava-se Pedagogo ao servo ou escravo que era guardião, conduzia e acompanhava as crianças. O próprio termo significa aquele que conduz a criança. Com o tempo, o Pedagogo, que começou como simples condutor ou guardião da criança acabou por se transformar, em Roma, num Preceptor (mestre).

À medida que a sociedade modifica seus valores, o pedagogo tem sua função inicial de "professor" ampliada para várias outras áreas, e pode atuar em hospitais, empresas e não somente em sala de aula, sendo assim, tem na subjetividade um processo em construção, uma visão pedagógica empresarial como no a partir do Projeto Pedagógico da escola que se baseia na ideia de que todo trabalho em equipe requer ampla maturidade e inteligência emocional, pois deve ser construído a partir de relação subjetiva entre os envolvidos tanto a escola como a empresa que devem ter na Gestão de Pessoas objetivos claros de democracia, ética e transparência. Com cultura, valores e política própria, a organização/empresa busca excelência no trabalho com espírito otimista, comprometimento e consciência da realidade social em que vivemos.

A atuação do pedagogo, em parceria junto a empresas, busca renovar, inovar, motivar a equipe, resultando assim em maior rendimento e menor rotatividade de funcionários.

A atuação do pedagogo na organização está diretamente relacionada a auxiliar no diagnóstico dos reais motivos da baixa lucratividade e do não rendimento por parte dos funcionários.

23.2 | ANDRAGOGIA

Andragogia é o ensino voltado para adultos que busca promover o aprendizado por meio da experiência, estimulando e transformando o conteúdo, impulsionando a assimilação, foi criado pelo norte-americano Malcolm Knowles.

Em 1950, Malcolm Knowles, começou uma tentativa de formular a Teoria de Aprendizagem de Adultos e mais tarde, em 1960, pela primeira vez, teve contato com a palavra Andragogia por meio de um educador iugoslavo, que participava de um *workshop* de verão na Universidade de Boston. Foi então quando ele entendeu o significado da palavra e a adotou como a mais adequada para expressar a "arte e ciência de ajudar adulto a aprender". Quando Professor Dr. Knowles começou a construir o modelo andragógico de educação, ele o concebeu como a antítese do modelo pedagógico: "Andragogia × Pedagogia".

23.2.1 | Andragogia × Pedagogia

A história explícita da Andragogia tem suas raízes na pedagogia e por isso temos de resgatar um pouco da sua memória evolutiva. No começo do século VII, foram implantadas na Europa escolas para o ensino de crianças, cujo objetivo era preparar jovens rapazes para o serviço religioso — eram conhecidas como Catedrais ou Escolas Monásticas.

Os professores dessas escolas tinham como missão a doutrinação dos jovens na crença, fé e rituais da igreja. Eles juntaram uma série de pressupostos sobre aprendizagem, ao que denominaram de "pedagogia" — a palavra, literalmente, significa "a arte e ciência de ensinar crianças".

Esse modelo de educação monástico foi mantido através dos tempos até o século XX, por não haver estudos aprofundados de sua inadequação para outras faixas etárias que não a infantil. Infelizmente ele veio a ser a base organizacional de todo o nosso sistema educacional, incluindo o empresarial. Entretanto, logo após a Primeira Guerra Mundial, começou a crescer nos Estados Unidos da América e na Europa um corpo de concepções diferenciadas sobre as características do aprendiz adulto.

Mais tarde, após o intervalo de duas décadas, essas concepções se desenvolveram e assumiram o formato de teoria de aprendizagem, com o suporte das ideias dos pensadores. Nosso sistema acadêmico cresce em ordem inversa: disciplinas e professores constituem o centro educacional. Na educação convencional é exigido do estudante ajustar-se ao currículo estabelecido; na educação de adulto o currículo é construído em função da necessidade do estudante. Todo adulto se vê envolvido com situações específicas de trabalho, de lazer, de família, da comunidade etc., situações essas que exigem ajustamentos. O adulto começa nesse ponto.

Pensamos que as disciplinas acadêmicas só devem ser introduzidas quando necessárias. Kelvin Miller afirma que estudantes adultos retêm apenas 10% do que ouvem, após 72 horas, concordamos com a afirmação do autor, pois vivenciamos a prática acadêmica, que dependendo do professor da didática, e metodologia, não há atenção e a distração e falta de concentração estão cada vez mais presentes no cotidiano da empresa escola.

Entretanto, adultos serão capazes de lembrar-se de 85% do que ouvem, veem e fazem, após o mesmo prazo. Observamos que as informações mais lembradas sejam aquelas recebidas nos primeiros 15 minutos de uma aula ou palestra e que estejam relacionadas e que, de forma subjetiva, estejam relacionadas à sua história de vida. Estamos falando de necessidades e do inconsciente que determina de forma subjetiva o que devemos ou não "guardar ou lembrar", o que devemos selecionar como importante ou não. Para melhorar estes números, faz-se necessário conhecer as peculiaridades da aprendizagem no adulto e adaptar ou criar métodos didáticos para serem usados nesta população específica.

O pedagogo, quando auxilia o psicólogo no diagnóstico, pode acontecer a identificação de lacunas que interferem no bom funcionamento empresarial. É neste momento que o pedagogo pode atuar por meio da própria história de vida dos funcionários, pela "Andragogia", que é a aprendizagem a partir da realidade do educando adulto (funcionário). Novamente tratamos da subjetividade como algo em constante construção entre o sujeito atendente, o meio e o sujeito ensinante num processo intrínseco, falamos do instrumento maior para aprendizagem e qualquer movimento humano que é a motivação, o sentimento de pertencimento, de sentir-se valorizado, em que a afetividade estará permeando as relações profissionais e pessoais beneficiando, assim, empresa e funcionário.

Neste âmbito em que as relações interpessoais são determinantes, o pedagogo pode atuar por meio da andragogia levando em consideração o contexto social em que os valores das gerações "X" e"Y" contrapõem-se dentro de uma mesma jornada de trabalho, o mundo se globaliza e a tecnologia passa a ser uma constante na sociedade. Entende-se por geração "X" os funcionários com mais de cinquenta nos que precisaram se informatizar, e a geração "Y", a geração de jovens que conseguem realizar diversas atividades ao mesmo tempo e, hoje, já está na geração que nasceu teclando antes mesmo de falar, que prefere o computador, o celular, a brinquedos como bola de gude, carrinho, bonecas, pois convivem com os mais avançados modelos da tecnologia.

Este momento de transformação exige da empresa uma gestão de liderança com uma visão de 360°, que veja o todo em suas particularidades, que administre com responsabilidade e democracia, uma vez que a gestão autoritária e de chefia já não cabe mais em nosso momento histórico – para isso. Características como humildade, percepção, autoconhecimento, comunicação são importantes características necessárias ao líder e ao gestor do século XXI, no livro *O monge e o executivo*, de J. Hunter. O autor nos traz diferentes exemplos de fundamentos de liderança em suas mais variadas áreas e busca sanar as necessidades dos envolvidos tanto na gestão quanto daqueles subordinados a ela seguindo o modelo da Pirâmide das necessidades humanas de Maslow.

O funcionário, por sua vez, deve estar atento às mudanças e buscar capacitação e sempre a partir da subjetividade como um processo em construção nas relações ensinante e aprendente. As habilidades e competências, que compõem o perfil ideal do funcionário necessário às organizações desta nova era vão ao encontro do perfil do pedagogo do século XXI, das formas de atuação do pedagogo, além do ambiente escolar, o que elimina a ideia de que a Pedagogia está relacionada somente à escola. Por isso, acreditamos que a subjetividade por meio de processos de ensinar e aprender está presente nas relações organizacionais e na formação continuada com a contribuição do pedagogo no processo ensino-aprendizagem permite que a autoestima e a motivação dos profissionais sejam trabalhadas com prioridade e persistência, resultando em um trabalho cada vez melhor. Em nenhum momento estamos colocando o pedagogo como substituto do psicólogo, pois este tem atividades específicas relacionadas ao estudo do comportamento humano, mas falamos da importância do pedagogo nas organizações ou empresas.

Nessa época, a palavra Pedagogo, começou a ser usada como sinônimo de Mestre-Escola. Como estes Pedagogos passaram a se apresentar com ar doutoral de superioridade, o público passou a atribuir à palavra Pedagogo, durante muito tempo, o significado de pedante (quem ostenta conhecimentos que na verdade não tem).

Foi da palavra Pedagogo que derivou o termo Pedagogia, vocábulo que aparece para designar uma ciência e uma arte que tinha raízes antiquíssimas, quase tão velhas como a própria humanidade — a da educação das pessoas.

No século XVIII surge, pela primeira vez, no *Dicionário da Língua Francesa*, o vocábulo Pedagogia, como Ciência da Educação, que já se usava na linguagem corrente. Com a formação definitiva da Ciência da Educação, o vocábulo Pedagogia se enobreceu e enobreceu a palavra e a profissão de Pedagogo.

Neste século, pedagogo é o especialista em Pedagogia, a Ciência e a Arte da Educação, é o especialista em conduzir o comportamento das pessoas.

A Andragogia e a aprendizagem apresentam uma particularidade: a independência e a autogestão para a aplicação prática. A circunstância de aprendizagem deve caracterizar-se por um "ambiente adulto". O papel do pedagogo/consultor é facilitar o aprendizado na confrontação da experiência entre dois adultos. Transforma o conhecimento em uma ação recíproca de troca de experiências vividas e construção da subjetividade entre os sujeitos envolvidos, sendo um aprendizado uma via de mão dupla.

São relações horizontais, parceiras, entre facilitador e aprendizes, colaboradores de uma iniciativa conjunta, em que os empenhos de autores e atores são somados.

O adulto como aprendiz tem características diferentes da criança, e estas características no adulto, leva o indivíduo a modificar seu autoconceito de dependente para independente, acrescenta experiências diferentes das experiências da criança, tem sua motivação cada vez mais orientada para buscar e desenvolver seu papel social e modificar sua perspectiva de tempo; isto é, conhecimento com aplicação imediata.

Nesta fase da Andragogia, o professor/pedagogo atua a partir da subjetividade do sujeito e da sua própria subjetividade, ou seja, há um processo em construção, e o sujeito ensinante, pedagogo/professor é um facilitador e orientador do conhecimento das equipes de trabalho, em que a ação cooperativa é voluntária, tanto no planejamento como no processo. Observamos muita dificuldade quando o aluno inicia o curso superior, e ele ainda se apresenta imaturo, não seguro de sua escolha e, ao mesmo tempo, meio adulto, sua atitude muitas vezes reflete a prática pedagógica, em que o professor manda, se coloca como um ser superior, ele "sabe o saber e sabe tudo", e cada pergunta tem de ter uma resposta sem a participação do aluno na pesquisa, ou seja, desconsidera-se a subjetividade do aluno, funcionário, sujeito aprendente, e o professor/pedagogo se coloca como um ser superior, muitas vezes reproduz experiências vividas por ele quando estudante.

O professor ou pedagogo que trabalha com adultos deve ter percepção e saber que a todo o momento as relações estão sendo construídas pela interação com o meio, deve ter uma flexibilidade de fazer com que o jovem e o adulto se integrem de forma suave, começando a entender a utilidade da aplicação do método Andragógico para sua vida, e valorizar a sua história e, assim, elevando sua autoestima e respeitando toda bagagem de vida e experiências já vividas e com resultados positivos ou não, mas que fazem parte de sua história e subjetividade e jamais devem ser desconsideradas.

A idade adulta traz a independência. O indivíduo acumula experiência de vida, aprende com os próprios erros, apercebe-se daquilo que não sabe e o quanto este conhecimento lhe faz falta. Infelizmente alguns professores, escolas e universidades ainda usam ou orientam as mesmas técnicas para crianças, como para adultos.

A mudança precisa ser entendida pelos profissionais da educação e de recursos humanos, que ainda questionam as vantagens da adaptação, logicamente não estamos propondo o abandono de métodos tradicionais pedagógicos, mas propondo uma reflexão acerca das mudanças que acontecem em tempo real. É preciso incluir o Andragógico, começando pela disposição das cadeiras em classe ou sala de treinamento para que não haja a ideia de "barreira" entre ensinante e aprendente de forma a facilitar as discussões em grupos menores, sair das tradicionais fileiras ou um atrás do outro as empresas, hoje, já se apresentam de forma menos formal e em um ambiente mais acolhedor, menos individualista, mais próximo.

Os funcionários e/ou alunos devem ser estimulados à troca de experiências, informações e tomadas de decisões em conjunto, que serão trabalhados para a formação de cidadãos conscientes de seus direitos, deveres e suas responsabilidades sociais.

Paulo Freire nos deixa a propostas de que a relação entre professor e aluno centraliza-se na dimensão do conhecimento, no sentimento de aceitação do outro, na interação e na intersubjetividade.

Quadro Comparativo Pedagogia × Andragogia

Características da Aprendizagem	Pedagogia	Andragogia
Relação Professor/ Aluno/Funcionário	Professor é o centro das ações, decide o que ensinar e avalia aprendizagem	A aprendizagem adquire uma característica mais centrada no aluno, na independência e na autogestão da aprendizagem
Razões da Aprendizagem	Crianças (ou adultos) devem aprender o que a sociedade espera que saibam (seguindo um currículo padronizado)	Pessoas aprendem o que realmente precisam saber (aprendizagem para a aplicação prática na vida diária)
Experiência do Aluno/Funcionário	O ensino é didático, padronizado e a experiência do aluno tem pouco valor.	A experiência é rica fonte de aprendizagem, por meio da discussão e da solução de problemas em grupo
Orientação da Aprendizagem	Aprendizagem por assunto ou da matéria	Aprendizagem baseada em problemas, exige ampla gama de conhecimentos para se chegar à conclusão

23.3 | METODOLOGIA UTILIZADA NA ORGANIZAÇÃO

A metodologia de ensino e aprendizagem fundamenta-se em eixos articuladores da motivação e subjetividade como processo em construção nas relações pessoais e interpessoais.

Partindo de uma perspectiva andragógica, o "aprender fazendo", o treinamento é baseado nas experiências e referências de cada indivíduo, não perdendo de vista as suas experiências, seus sentidos e subjetividade, pelo contrário, eles são valorizados e desta forma influem diretamente na autoestima do sujeito.

Assim, a produção de sentidos a partir de vivências é um aspecto determinante na aplicação desse programa. Para tanto, são usadas estratégias que propiciam experiências enriquecedoras do ponto de vista de aprendizado, capacitação, desenvolvimento e relacionamento.

Observa-se que os métodos andragógicos nas empresas estão se expandindo para a Gestão de Pessoas, Planejamento Estratégico, *Marketing*, Comunicação, Processos de Qualidade, desde simples reuniões até complexos projetos de Planejamento Estratégico estão seguindo métodos baseados em conceitos andragógicos.

Muitas empresas já perceberam as vantagens deste método e a importância da relação pedagogo/educador com funcionário/aluno, e rapidamente implantaram programas de formação para transformarem seus funcionários em facilitadores permanentes dentro da organização.

O trabalho em grupo, jogos de empresas, *cases*, filmes, leituras dirigidas, treinamento dentro dos princípios da construção coletiva do conhecimento, são algumas dessas estratégias.

A pedagogia empresarial é um tema bastante atual, um novo horizonte, o qual o pedagogo deve buscar especialização, apesar de ser pouco conhecido pelo profissional da educação, quando falamos em professor, relacionamos a aluno, ou seja, relações subjetivas entre professor e aluno, em processo de construção constante, o mesmo acontece na empresa.

Por isso o pedagogo na organização empresa é sujeito ensinante e aprendente ao mesmo tempo na construção do conhecimento, deve-se ter o conhecimento e a certeza que o espaço empresarial precisa de profissionais que tenham na educação o seu objeto de estudo. Acreditamos que este processo está ainda no início, e que os futuros educadores devem buscar o desenvolvimento da melhor forma para as funções destinadas a este profissional.

O curso de Pedagogia ainda se encontra voltado quase totalmente para a educação em ambiente escolar, o que dificulta o desenvolvimento em outros espaços. A pedagogia tendo como principal objeto a educação, deveria oportunizar ao estudante, futuro professor pedagogo, práticas e vivências durante a formação que lhe ofereçam condições e habilidades para estar presente e atuando de forma eficaz em qualquer espaço que se desenvolva a prática educativa.

Acreditando também que é necessária a presença do pedagogo nas empresas, para que o funcionário, trabalhador, não se torne apenas objetos ou mão de obra barata de uma empresa.

A educação humaniza o homem, tornando conhecedor de si mesmo e dos outros, a subjetividade humana é uma experiência em constante transformação capaz de levá lo a desenvolver relações saudáveis.

O comprometimento com o sucesso de um novo projeto é imediato quando todos os envolvidos saem da posição de espectadores para a posição de participantes.

Para exemplificar alguns destes espaços não escolares, vejamos o que diz Líbano:

> *[...] Há práticas pedagógicas nos jornais, nas rádios, na produção de material informativo, tais como livros didáticos e paradidáticos, enciclopédias, guias de turismo, mapas, vídeos, revistas; na criação e elaboração de jogos, brinquedos; nas empresas, há atividades de supervisão do trabalho, orientação de estagiários, formação profissional em serviço. As empresas reconhecem a necessidade de formação geral como requisito para enfrentamento da intelectualização do processo produtivo; [...] há profissionais que exercem sistematicamente atividades pedagógicas e os que ocupam parte de seu tempo nessas atividades: formadores, animadores, instrutores, organizadores, técnicos, consultores, orientadores [...].* (LIBÂNEO, 2001, pp. 153-176)

23.3.1 | O pedagogo e a educação corporativa

A educação corporativa é uma resposta à carência de profissionais que atendam as demandas e necessidades de uma realidade em constante transformação. Compreende uma filosofia destinada a identificar e aperfeiçoar as competências necessárias para o sucesso de uma organização.

O modelo mais eficaz e comum de educação corporativa é a Universidade Corporativa, em que as empresas montam verdadeiras instituições de ensino que se preocupam não só com o treinamento específico da profissão desempenhada, mas também com a educação de forma mais ampliada. Estas instituições oferecem desde cursos de alfabetização até cursos de graduação presenciais ou *on-line*.

Nas Universidades Corporativas, o Pedagogo avalia os cursos, profissionais, auxilia na escolha da grade curricular que melhor se adapte à empresa, além de assumir a direção, coordenação e administração destas unidades.

23.3.2 | O pedagogo nos recursos humanos

Nos dias atuais, há a preocupação não só com treinamento, mas treinamento aliado à educação. Mantendo uma coerência entre a cultura da empresa e princípios pedagógicos, pode-se garantir o sucesso no mercado, estamos nos referindo mais uma vez à subjetividade como um processo em constante construção, em que há interação e a bagagem de cada sujeito é respeitada e valorizada por meio da "Andragogia", aprender a partir de sua história de vida.

Os primeiros departamentos de recursos humanos surgiram nos Estados Unidos da América no início do século XX. No Brasil, data de 1930. Durante anos, tratavam apenas dos assuntos relacionados à legislação das contratações e direitos dos funcionários. No momento em que a mão de obra precisou estar mais qualificada, passaram a preocupar-se também com o treinamento e qualificação dos funcionários ligados à educação.

Hoje, o pedagogo nestes espaços elabora projetos educativos, planeja ações da organização, presta apoio pedagógico, além de atuar como professor em organizações que mantêm escolas em suas dependências.

O Pedagogo na área de Recursos Humanos das empresas coordena projetos educacionais, elabora programas de avaliação de desempenho, pesquisa, analisa e seleciona cursos e projetos a serem adotados pelas empresas. Oferece treinamento aos funcionários, com a finalidade de aumentar a produtividade.

Existem empresas de Recrutamento e Seleção que terceirizam o trabalho dos Pedagogos, e estes são responsáveis pela triagem dos candidatos, entrevistas, elaboração de material didático, aplicação de testes para seleção de pessoal, tarefas anteriormente destinadas apenas aos psicólogos.

23.3.3 | O pedagogo nas editoras

O Pedagogo desenvolve projetos pedagógicos e estratégias de divulgação de livros, CDs, revista e vídeos, é responsável pelo departamento de divulgação da editora e atuam como editores de livros infantis.

23.3.4 | O pedagogo nos sindicatos

Ministram cursos, elaboram projetos e planejam sobre as ações da organização. Nos Órgãos Judiciários, o Pedagogo atua nas Varas da Infância e Juventude integrando equipes psicossociais. Nas EMISSORAS de TV e Rádio, o Pedagogo é responsável pela área de Difusão Cultural, elaboração de mensagens educativas sobre variados temas, tais como: educação ambiental, programas preventivos, programas ligados à sexualidade, à prevenção de drogas.

23.3.5 | O pedagogo nas empresas/agências educativas

Sabe-se que o pedagogo, tanto em uma instituição de ensino quanto em uma organização, oferece um suporte de valorização e conhecimentos de aprendizagem educacional que ambos exigem. Portanto, a presença desse profissional é de grande importância dentro de uma empresa, em que este estará implementando ações que facilite as qualidades profissionais dos colaboradores, os trabalhos em equipes, a produtividade, a qualidade de vida no trabalho, treinamentos e apontar os direito e deveres dos funcionários, assim como mostrar o prestígio que estes têm junto ao crescimento da empresa e até mesmo de si próprio.

Entre as diversas atividades que o pedagogo executa dentro das empresas, ele pode também estar utilizando os quatros pilares da educação (aprender a conhecer, aprender a fazer, aprender a conviver e aprender a ser), englobando esses conhecimentos dará aos funcionários motivação no cotidiano, trazendo para a organização lucros e valorização.

As organizações devem sempre procurar investir em treinamentos contínuos, pois o alto nível de atendimento é um grande alvo para satisfação, retorno de cliente e garantia de crescimento da empresa. Para tanto, não adianta as empresas terem apenas bons produtos e serviços se não tiverem um quadro de profissionais preparados para um atendimento de qualidade.

Dentro das organizações, o pedagogo pode executar projetos que ressaltem diversos tópicos como meio ambiente, responsabilidade social, reciclagem, valorização e conservação de bens patrimoniais, entre outros importantes para contribuição do desenvolvimento profissional. Sendo os tópicos citados essenciais para sociedade em geral.

Entende-se que a responsabilidade social empresarial são ações que a organização pratica alem de suas obrigações legais. Para execução dessas responsabilidades é necessário que as organizações criem um documento formal e divulgue sua ética de relacionamento com clientes, colaboradores, parcerias e comunidades, transmitindo o que ela se propõe a realizar com princípios como honestidade, justiça, respeito ao próximo, integridade, lealdade e solidariedade.

A responsabilidade social é, ainda, um processo em crescimento em vários países do mundo e, principalmente, no Brasil. As empresas que são responsáveis socialmente por uma responsabilidade social devem integrar-se à comunidade e buscar contribuir, oferecendo e patrocinando serviços. Podendo ser como a adoção de um equipamento público para cuidar, oferecimento do espaço da empresa para realização de atividades educacionais, de lazer ou culturais, manifestado ainda por meio da doação de verba para projetos sociais.

As organizações que investem em projetos sociais demonstram que um programa de responsabilidade social só traz resultados positivos para a sociedade e para a empresa se for efetuado de forma autêntica, porque desenvolver programas sociais apenas para divulgar a empresa, ou como forma compensatória, não traz resultados positivos sustentáveis.

Porém, as organizações que incorporam os princípios e os aplicam corretamente podem ter resultados como valorização da imagem institucional e da marca, maior lealdade do consumidor, maior capacidade de recrutar e manter talentos, flexibilidade, capacidade de adaptação e longevidade.

Uma questão importante para a formação e a atuação do Pedagogo Empresarial diz respeito ao entendimento dos comportamentos humanos no contexto organizacional, tendo em vista que toda sua atuação está pautada na dimensão humana. As políticas de Recursos Humanos, por si só, não garantem mudanças ou comprometimentos mais ou menos efetivos; tem no elemento humano o seu ponto principal. A maneira de agir desse novo profissional precisa ocorrer de forma relacionada e cooperativa com a dos outros profissionais de gestão. Precisamos aprender a desenvolver algumas virtudes essenciais para o trabalho nas empresas, principalmente a ética, moral e sobretudo ser humano.

O papel do pedagogo existe também longe da escola, entretanto, a busca de uma identidade profissional fica clara à medida que o educador integra diferentes enfoques existentes no processo metodológico, prático, tendo como suporte o conhecimento na área da educação, como também a possibilidade de interagir e colaborar para o desenvolvimento do indivíduo na sua área de atuação profissional.

Segundo Libâneo (2001, p. 116):

> *É quase unânime entre os estudiosos, hoje, o entendimento de que as práticas educativas estendem-se às mais variadas instâncias da vida social, não se restringindo,*

portanto, à escola e muito menos à docência, embora estas devam ser a referência da formação do pedagogo escolar. Sendo assim o campo de atuação do profissional formado em pedagogia é tão vasto quanto são as práticas educativas na sociedade. "Em todo lugar onde houver uma prática educativa com caráter de intencionalidade, há aí uma pedagogia."

Não se pode conceber as práticas educativas como formas isoladas das relações sociais que caracterizam a estrutura econômica e política de uma sociedade, mas estão subordinadas a interesses de grupo e de classes sociais. O cuidado de se pensar essa relação torna-se importante ao pedagogo que atua no ambiente empresarial, pois sua prática poderá estar direcionada apenas para contribuição de se orientar seres humanos para o serviço do "poder", tornando sua prática desumanizadora e não humanizadora, ou seja, tornando o homem objeto dentro de uma empresa. O pedagogo deverá ser um profissional capacitado para lidar com fatos e situações diferentes da prática educativa em vários segmentos sociais e profissionais, que a sua ação seja holística, deverá ser além da relação de poder. Com estas atitudes ele será capaz aos poucos de romper o conceito de que só poderia atuar em uma instituição de ensino.

Além de uma visão humanística, pode-se dizer que, dentro de uma organização, o papel do pedagogo também tem seu lado específico, ou seja, ele planeja, coordena, executa e avalia programas e projetos educacionais dentro da empresa

O pedagogo acompanhará todo o desenvolvimento do funcionário, ou seja, o seu desempenho, direcionando-o para o caminho que este deverá seguir dentro da empresa, facilitando, enquanto agente provocador de mudança de mentalidade e de cultura. Sua capacidade em lidar com a comunicação e com a aprendizagem faz com que ele conduza as pessoas e direcione suas verdadeiras funções, não implicando a mudança de seu comportamento, mas ajudando o funcionário a descobrir seu verdadeiro potencial, para que possa desempenhar sua função de acordo com as necessidades de cada organização.

Com as mudanças no mercado de trabalho as habilidades do pedagogo têm sido valorizadas dentro da empresa, ou deveria ser valorizada, uma vez que ele é um profissional que pode contribuir para o crescimento dos indivíduos, por meio de atividades formativas, descobrindo seus verdadeiros potenciais, levando-os à produtividade, trabalhando o lado humano do funcionário.

Diante da lógica das competências busca-se mobilizar o trabalhador em todas as suas dimensões: intelecto, força física, emoções, atitudes e habilidades, entre outras, embora com muita sutileza, especialmente porque usa mecanismos diversos como o de autocontrole, em que controla seus atos e emoções para entender e atender as exigências do mercado.

23.4 | PEDAGOGO: CRÍTICO-REFLEXIVO NO AMBIENTE EMPRESARIAL

Com a abertura deste novo espaço ao pedagogo empresarial, cabe ao pedagogo investir em constante manutenção de sua atualização, sem comodismo deverá ir ao encontro de novos conhecimentos, novos cursos de especialização, com a consciência que necessita ser olhado, respeitado e reconhecido.

Na empresa, o pedagogo encontra-se ao nível de ascensão, à procura de seu espaço, tendo diante de si uma grande responsabilidade e também um leque de opções de trabalho, tendo como papel fundamental cuidar da educação de adultos para integrá-los, e reconhecê-los em primeiro lugar como seres humanos que atuam em uma organização e que precisam se reconhecer e serem reconhecidos como tais, e garantir um melhor padrão de dignidade pessoal e profissional.

Nesta nova perspectiva pressupõe que o pedagogo deverá continuar a construção de um perfil cada vez mais atualizado, que desponta com distintas capacidades de trabalhar coletivamente e pedagogicamente no ambiente empresarial.

23.5 | GESTÃO DE LIDERANÇA

Líderes vencedores dão prioridade pessoal à tarefa de ensinar, e utilizam todas as oportunidades para aprender e ensinar, pois têm valores e ideias claras, baseados em conhecimentos e experiências, e articulam suas ideias com as dos outros.

Embora a administração e a liderança sejam importantes, há uma diferença profunda entre as duas. "Administrar" significa "ocasionar, realizar, assumir a responsabilidade, conduzir". "Liderar" é "influenciar, guiar em direção a curso, ação, opinião".

Uma empresa com bons líderes não é somente uma empresa de sucesso, é também uma escola em que se aprende e se generaliza o aprendizado para a família e para outras instâncias da sociedade.

23.6 | MULTICULTURALISMO EMPRESARIAL

Questões como globalização e responsabilidade socioambiental ganharam espaço em velocidade e dimensão, enquanto um movimento de multiculturalismo ainda está muito aquém do seu potencial de oxigenar a Gestão Empresarial.

Como cultura entendemos as crenças e comportamentos transmitidos de geração a geração, através da educação. Um condicionamento que traz consigo o risco de atrofia biológica e miopia cultural.

A subjetividade que cada pessoa carrega e constrói em suas relações de ensinar e aprender nos diversos espaços educacionais, hoje, é reconhecida como uma competência central da Gestão Empresarial. O multiculturalismo, visto por meio dos cinco continentes, evidencia um prisma colorido de etnias, raças, culturas e habilidades físicas, composto da seriedade europeia, do pragmatismo americano, da flexibilidade latina, da veia comercial árabe, da sabedoria oriental, da humildade africana e da modernidade australiana.

Nesta perspectiva, é necessária uma Gestão Empresarial que integre a diversidade cultural de tal forma que permita combinar a subjetividade nos processos de ensinar e aprender de forma a preservar a identidade cultural existente nas relações pessoais.

No âmbito individual, a Internacionalização é um convite atrativo para o profissional que é aberto a incorporar outras culturas no seu modo de pensar, sentir e agir, na medida em que virtudes de outras culturas possam embasar seu crescimento pessoal e profissional.

No âmbito empresarial, as práticas de diversidade multicultural visam a medidas que promovam a diferença racial, mental e comportamental entre pessoas, como um valor a ser desenvolvido em benefício da inteligência corporativa.

No âmbito individual, a Internacionalização é um convite atrativo para o profissional que é aberto a incorporar outras culturas construindo constantemente sua subjetividade de forma a enriquecer o processo natural da troca de experiências, do momento único no seu modo de pensar, sentir e agir, à medida que virtudes de outras culturas possam embasar seu crescimento pessoal e profissional.

Uma equipe diversificada, aberta à construção de novos saberes a partir dos processos de ensino-aprendizagem, permite que a empresa aumente suas oportunidades de negócio e encontre soluções inovadoras de forma subjetiva. O trabalho do pedagogo em parceria com outros funcionários da empresa, pessoas que entendam diferentes desejos e necessidades em novos mercados, segmentos e clientes, a empresa pode se aproveitar de raciocínios e estratégias diferentes que melhor atendam às respectivas demandas e o pedagogo com toda sua habilidade e subjetividade irá contribuir somando, percebendo, observando e atuando como educador nos mais diversos espaços, além do espaço tradicional "escola".

CONCLUSÃO

A educação aparece neste contexto como um processo amplo que permite ao indivíduo desenvolver-se como um todo e em todas as dimensões subjetivas que permeiam as relações de ensinar e aprender e de conviver em sociedade, seja no ambiente profissional ou social. Os objetivos são amplos, e neste momento de mudanças em tempo real se faz necessário algo mais que o acúmulo de técnicas a partir de cansativos treinamentos que muitas vezes se repetem nas empresas.

Segundo Chiavenato (1999, p. 90):

> Desenvolver pessoas não é apenas dar-lhes informação para que elas aprendam novos conhecimentos, habilidades e destrezas e se tornem mais eficientes naquilo que fazem. É, sobretudo, dar-lhes a formação básica para que elas aprendam novas atitudes, soluções, ideias, conceitos e que modifiquem seus hábitos e comportamentos e se tornem mais eficazes naquilo que fazem. Formar é muito mais do que simplesmente informar, pois representa um enriquecimento da personalidade humana.

A aprendizagem, a qualificação e o conhecimento nos tornam seres humanos livres e reflexivos, e capazes de ter uma visão além de obstáculos muitas vezes colocados por nós mesmos. O indivíduo, após passar por um processo de aquisição de um determinado conhecimento, jamais terá uma visão de antes, adquirindo novos conhecimentos. E, com certeza, contribuirá para o seu desenvolvimento e, consequentemente, um avanço maior da empresa para a qual trabalha. É necessário inovar, motivar e buscar sempre algo novo, diferente, pois é evidente a existência de cobrança do mercado de trabalho, principalmente por profissionais qualificados, habilitados e com energia para exercer o seu cargo adequadamente, com serenidade e autonomia.

O Pedagogo reflexivo e atuante deve ter como base o projeto pedagógico para executar, acompanhar e avaliar, deverá buscar maneiras de realização de uma prática educativa de qualidade e reflexiva aos trabalhadores, que muitas vezes, não sabem o "porquê" de estarem inseridos em uma sala de aula no seu ambiente de trabalho,

Atualmente as empresas buscam formação e aprendizagem, não buscam apenas treinar os seus empregados, mas criar um ambiente de aprendizagem contínua, no qual as pessoas possam, a partir da subjetividade dos processos de aprender e ensinar, construir, criar, adquirir e transferir conhecimentos, de forma processual e em constante movimento, refletindo em sua vida pessoal e profissional.

Desta forma, as empresas buscam maneiras inovadoras de enfrentar os problemas e buscar soluções adequadas à realidade e ao contexto que vivenciam. Concluímos que a subjetividade dos processos de aprender e ensinar ocorre na escola e na empresa, pois hoje a complexidade das relações que se processam no contexto ensino-aprendizagem, este sempre é relacionado de forma intrínseca e processual.

A educação, seja na escola ou na empresa, deve ser abrangente e buscar o investimento no capital humano a partir da subjetividade do sujeito ensinante e sujeito aprendente, que se apresenta de forma diferenciada.

Os treinamentos buscavam alcançar a forma mais adequada de realização de tarefas, sem considerar a subjetividade dos funcionários, apenas com treinamentos, os funcionários eram treinados para uma determinada função, pois deveria desempenhar esta função de forma adequada, e se houvesse um pensamento contrário, não haveria espaço nem tempo para que ele se colocasse.

Hoje observamos a importância da Andragogia e da Subjetividade nas relações ensino-aprendizagem, como forma processual de buscar o resultado com respeito às diferenças individuais e tendo como fator importante a humildade, característica principal dos líderes e dos profissionais ensinantes.

A pedagogia corporativa é um espaço rico para aprendizagem, e o pedagogo deve desenvolver habilidades e competências para atuar de forma subjetiva e saber que o funcionário aprendente traz consigo uma subjetividade, uma história de vida que pode e deve ser considerada.

REFERÊNCIAS

CHIAVENATO, Idalberto. *Gestão de Pessoas*, 1999.

LIBÂNEO, José Carlos. *Organização e Gestão da Escola*. São Paulo, 2001.

OLIVEIRA, Rosa M. Maia de. *Subjetividade e Formação de Professores nas Relações de Ensino Aprendizagem nas Escolas Públicas do Estado de São Paulo*. (Pesquisa para dissertação de Mestrado em Psicologia na UNIFIEO – Osasco-SP), 2010.

_____. Artigo apresentado XVI Jornada de Investigación Y Práctica Professional..In: Psicología Universidad de Buenos Aires Facultad de Psicologia UBA – 6 de agosto de 2009.

REY, Fernando Gozález. *Pesquisa Qualitativa e Subjetividade*, 2005.

_____. *Psicoterapia, Subjetividade e Pós-Modernidade*, 2007.

RIBEIRO, Amélia Escotto Amaral. *Pedagogia Empresarial – Atuação do pedagogo na Empresa*. São Paulo, 2007.

_____. *Temas Atuais em Pedagogia Empresarial*. São Paulo, 1999.

Documentos on line (internet)

www.votorantim.com.br

www.atento.com.br